# SUPER HORMÔNIO

William Regelson, M.D.
Carol Colman

# Super Hormônio

Tradução de
Roberto Argus

EDITORA RECORD
RIO DE JANEIRO • SÃO PAULO

CIP-Brasil. Catalogação-na-fonte
Sindicato Nacional dos Editores de Livros, RJ.

Colman, Carol
C676s Super-hormônio / Carol Colman, William Regelson; tradução de Roberto Argus. – Rio de Janeiro: Record, 1998.

Tradução de: Superhormone promise
Apêndice: DHEA
Inclui bibliografia
ISBN 85-01-05047-4

1. Hormônios – Efeitos fisiológicos. 2. Envelhecimento – Prevenção. 3. Saúde. I. Regelson, William. II. Título.

CDD – 612.405
98-1789 CDU – 612.018

Título original norte-americano
THE SUPER-HORMONE PROMISE



Os conceitos, condutas e sugestões contidos neste livro não têm a intenção de substituir os serviços de um profissional de saúde treinado. Tudo que diz respeito à sua saúde necessita de supervisão médica. Se você apresenta algum problema de saúde preexistente ou toma remédios regularmente, por favor, consulte seu médico antes de adotar as sugestões e condutas descritos neste livro ou de tomar qualquer hormônio. Em certos casos, alguns dos hormônios podem intensificar os efeitos de determinados tipos de medicamentos, de modo que você talvez precise reduzir a dosagem de acordo. Qualquer aplicação dos tratamentos apresentados nesta obra são de responsabilidade do leitor.

Os nomes de algumas pessoas
neste livro foram alterados.

O autor agradece sinceramente a permissão de Mary Ann Liebert, Inc., Publishers para reeditar "DHEA (Dehydroepiandroesterone) — A Pleiotropic Steroid. How Can One Steroid Do So Much?", de *Advances in Anti-Aging Medicines*, vol. I, editado por Ronald M. Klatz, Nova York: Mary Ann Liebert, Inc., Publishers, 1996.



Impresso no Brasil

ISBN 85-01-05047-4

PEDIDOS PELO REEMBOLSO POSTAL
Caixa Postal 23.052
Rio de Janeiro, RJ – 20922-970

# Agradecimentos

GOSTARÍAMOS DE AGRADECER a todos os pesquisadores dos Estados Unidos da América e de todo o mundo, que com tamanha boa vontade compartilharam informações e idéias, beneficiando-nos com seus trabalhos.

Obrigado, Laurie Bernstein, editora fantástica, cuja dedicação, visão inigualável e trabalho persistente tornaram esta obra uma realidade. Agradecimentos especiais a Annie Hughes, incansável trabalhadora com quem sempre podemos contar para ter um trabalho pronto, não importa a dificuldade. Somos muito gratos a Ted Landry e Gypsy da Silva por terem dado aquele passo extra. Também agradecemos a Barbara Lowenstein, agente de Bill, e Richard Curtis, agente de Carol, que ajudaram neste e em todos os outros projetos, bem como a Eva Gross, secretária de Bill há mais de vinte anos.

Além disso, Bill agradece a contribuição do Fund for Integrative Biomedical Research (FIBER), fundação sem fins lucrativos que incentivou a pesquisa da biologia do envelhecimento (1980-1985). Esta fundação foi organizada por Don Yarborough e pelo senador Alan Cranston, e atua como um disciplinador interdisciplinar, um Instituto sem fronteiras, que considerou a fraqueza e dependência do envelhecimento como um problema que poderia ser solucionado. Graças ao FIBER, Bill conseguiu desenvolver uma colaboração criativa com Walter Pierpaoli, Norman Applezweig e outros cientistas que consideravam o envelhecimento como uma síndrome, um evento programado, e não um conjunto aleatório de doenças degenerativas. Bill também gostaria de mencionar especialmente seu bom amigo Mohammed Kalimi, que tornou possível sua participação nas pesquisas do DHEA. Arthur Schwartz agiu como um catalisador, focalizando nossa atenção no DHEA, o que resultou em seu dramático reconhecimento. O falecido Vernon Riley foi o primeiro a observar o papel antiestresse do DHEA, mas não viveu o suficiente para ver sua elaboração. J.B. Hamilton, professor de anatomia de Bill, primeiro a chamar sua atenção para o papel desempenhado pelos hormônios de reprodução como um fator de envelhecimento, quando Bill ainda era estudante. Por fim, Bill agradece a seu amigo Paul Gallop, cujos esforços nos impelirão além da reposição hormonal como recuperação do centro fundamental da fisiologia do envelhecimento, que se inicia com a perda da integridade mitocondrial e da energia, e a Paul Glenn, que fielmente apoiou a pesquisa do envelhecimento.

*A Michael e Josh, com cujo amor e apoio sempre pude contar.*

— CC

*A nossos pais e nossa maravilhosa família.*

— WR

# Sumário

## PARTE IV



## PARTE V



## PARTE VI

# Prefácio

QUANTAS VEZES você já ouviu alguém fazer um brinde de aniversário, desejando que aquela pessoa "viva até os 120 anos e que eu possa estar lá para celebrar com você"?

Inúmeras, sem dúvida. E também inúmeras vezes você provavelmente considerou tal discurso nada mais que um brinde divertido.

Peço que você reconsidere.

Na verdade, *todos deveríamos aspirar chegar aos 120 anos!*

A ciência já demonstrou que nós, humanos, temos a capacidade de viver doze décadas. Quase nunca o conseguimos porque não sabíamos como parar o processo de envelhecimento, que nos deixa vulneráveis às doenças que nos roubam a energia — e principalmente a expectativa de vida.

Não estou me referindo ao processo pelo qual acumulamos anos e sofremos o desgaste natural. Isso é meramente a passagem do tempo. Mais do que isso, refiro-me ao envelhecimento pelo que ele realmente é: um processo de doença.

À proporção que o corpo envelhece, ocorre um enfraquecimento dos sistemas corporais que nos torna mais suscetíveis às doenças. Estas, por sua vez, provocam o envelhecimento do corpo, e o ciclo se repete. Há, entretanto, um modo de intervir e interromper este ciclo de envelhecimento→ doença→ envelhecimento. A espiral descendente do declínio físico e mental, que chegamos a aceitar como parte natural do envelhecimento, não é nosso destino inevitável. Não é algo que precisemos aceitar. Pelo contrário, nada existe de natural em tornar-se mais fraco a cada ano que passa! A boa-nova é que isto não é mais necessário.

Se você leu O *milagre da melatonina*, livro que escrevi com o Dr. William Regelson e Carol Colman, que agora escreveram *Super-*

*hormônio*, sabe que um dos meus objetivos principais — que divido com Bill e Carol — é incentivar um desvio básico na maneira como encaramos o envelhecimento. Quero que as pessoas reconheçam que a deterioração progressiva que ocorre nos nossos anos adultos e que nos torna cada vez mais vulneráveis à doença pode ser permanentemente prevenido, tratando-se do mal subjacente, ou seja, o envelhecimento propriamente dito. Minha esperança é que o público em geral e os profissionais médicos venham a entender que a solução mais eficiente contra o envelhecimento, como em qualquer doença, é a prevenção.

*O milagre da melatonina* abriu nossos olhos para o fato de que a chave para interromper o ciclo envelhecimento→ doença→ envelhecimento é manter a energia e o bom funcionamento dos sistemas do nosso corpo. *O milagre da melatonina* nos mostrou que, mantendo nossos sistemas em uma condição saudável, podemos prevenir a debilidade e as doenças que chegaram a se incorporar no processo de envelhecimento.

A promessa dos super-hormônios é que cada um deles desempenha seu papel ímpar na prevenção, bem como no tratamento dos males do envelhecimento e do mal que chamamos de envelhecimento.

Acredito que não há ninguém mais qualificado para levar esta mensagem de afirmação de vida do que Bill, um brilhante oncologista, pesquisador e professor, responsável em grande escala pelas primeiras pesquisas contra envelhecimento nos Estados Unidos da América. Ele também é um dos primeiros cientistas a reconhecer e estudar a força do hormônio desidroepiandrosterona, ou DHEA, principal enfoque deste livro. Não consigo pensar em melhor colaborador para ele do que Carol, que, em um trabalho quase artístico, traduziu a mais complexa informação científica e técnica em prosa legível e compreensível.

Francamente, não sei se meu maior respeito por Bill é devido à profundidade e alcance de seu conhecimento ou à sua generosidade de espírito.

Bill é um médico oncologista que também atua nos campos da microbiologia e engenharia biomédica. Quando estudante na University of North Carolina, interessou-se por fisiologia e embriologia (o estudo da vida nos estágios iniciais). Depois de diplomado pelo Downstate Medical College, da State University of New York, fez seu treinamento de pós-graduação médica no famoso Memorial Sloan-Kettering Cancer Research Institute, onde foi um dos primeiros pesquisadores no campo da quimioterapia e imunoterapia contra o câncer. Bill continuou suas pesquisas no Buffalo's Roswell Park Memorial Institute, o mais antigo centro de pesquisas contra o câncer da nação, posteriormente unindo-se à faculdade do Medical College of Virginia, na Virginia Commonwealth University.

Bill muitas vezes declarou que seu interesse pela biologia do envelhecimento era uma conseqüência natural de seus esforços para controlar o câncer porque, embora atingindo qualquer pessoa a qualquer momento, o câncer é principalmente uma doença do envelhecimento. Em outras palavras, nosso risco de contrair câncer aumenta significativamente à proporção que envelhecemos. Os muitos anos de pesquisa e tratamento de pacientes fizeram com que Bill chegasse à conclusão que para prevenir o câncer era necessário prevenir a deterioração física que ocorre em nosso corpo quando envelhecemos. Se pudermos manter uma condição juvenil, nosso corpo continuará jovem e forte, tornando-nos menos vulneráveis ao câncer e outras doenças.

Há aproximadamente duas décadas Bill organizou o Fund for Integrative Biomedical Research (FIBER), que ele descreve como um "instituto sem fronteiras". A FIBER dedicou-se a incentivar e consolidar pesquisas inovadoras no campo do envelhecimento. O objetivo de Bill era promover programas interdisciplinares de pesquisa e conseguir dinheiro para cientistas que apresentassem novas idéias, de maneira a auxiliá-los a serem reconhecidos, assegurando fundos adicionais de fontes tradicionais. A esperança era encorajar um espírito de cooperação e associação entre os cientistas. Quando há escassez de fundos, os cientistas, às vezes, tendem a ser mais reservados e superprotetores em relação a seus trabalhos, o que não serve aos interesses de ninguém, ainda menos ao público. O objetivo da FIBER era resistir àquela tendência e encorajar uma troca mais livre de idéias entre cientistas. Eu fui um dos pesquisadores que a FIBER trouxe aos Estados Unidos da América em 1979 e 1980. Sinto-me particularmente em dívida para com a FIBER por aquela oportunidade, pois não só me permitiu uma rápida amizade com Bill, como também me possibilitou conhecer outro cientista que tanto Bill quanto eu muito respeitamos, o falecido Dr. Vernon Riley, cujo inovador trabalho na documentação dos efeitos letais do estresse está relatado no capítulo sobre o DHEA. Vernon morreu prematuramente. Bill e eu sentimos muita sua falta tanto como amigo quanto como colega.

Após passar algum tempo com Bill, fiquei tão impressionado com seu trabalho que o convidei a trabalhar comigo na pesquisa que enfim levou à descoberta do relógio de envelhecimento do corpo, o centro, no cérebro, que controla o processo de envelhecimento, revelando-nos o papel da melatonina, seu mensageiro químico.

O interesse de Bill na pesquisa contra o envelhecimento inspirou-o, há vinte anos, a estudar o DHEA. Suas suposições sobre esta substância já foram completamente validadas. Comprovou-se que o DHEA protege contra o câncer e os problemas cardíacos, melhora a memória, o humor e a função sexual nos homens. Curiosamente, quando trabalhávamos em *O milagre da melatonina*, Bill me disse, com alguma tristeza, que temia que se passassem anos antes que o público pudesse se beneficiar do DHEA, do mesmo modo que se beneficiaria da melatonina, porque, naquela época, só se podia obter o DHEA com receita médica. Este não é mais o caso, pois já se pode comprar o DHEA em qualquer farmácia. Gostaria de pensar que este bem-vindo evento se deve, pelo menos em uma pequena parcela, aos elevados interesses na pesquisa para evitar o envelhecimento e na força e promessa dos super-hormônios que *O milagre da melatonina* inspirou.

E assim inspirado, encerro com um brinde, certo de que após a leitura de *Super-hormônio* você certamente compreenderá que este é mais do que um desejo apaixonado, mas um objetivo que pode ser alcançado.

Desejo-lhe saúde e longa vida, esperando estar com você no seu aniversário de 120 anos.

WALTER PIERPAOLI, M.D., Ph.D.
Interbion Foundation for Basic
Biomedical Research
Bellinzona, Suíça
Agosto de 1996

# Introdução:
# A Revolução do Super-hormônio

## O Antídoto Contra o Envelhecimento

IMAGINE O SEGUINTE:

É sua trigésima reunião do colégio. Você está almoçando com seu ex-colega de quarto. Lembra-se que na reunião anterior ele parecia exausto e flácido, arrastando-se de evento a evento e reclamando sem parar sobre o quanto estava cansado. Mas hoje sua aparência é melhor do que há anos. Os músculos estão firmes, sua postura, perfeita, e você poderia jurar que ele está menos careca e com menos rugas na face. Você come alface enquanto ele saboreia uma generosa porção de massas, perguntando em voz alta qual será a sobremesa. Você comenta que há anos não consegue comer daquela maneira. Se o fizesse, pensa, estaria pesando mais de cem quilos. Não importa quanto exercício faça, ainda continua engordando e perdendo tônus muscular.

Seu colega de quarto conta a você que ele e a esposa voltaram recentemente de uma semana romântica no Caribe, mergulhando e fazendo esqui aquático. Você também costumava fazer isso, mas agora, pensa, se o tentasse, iria se matar. Ouvi-lo falar fez com que você percebesse claramente que já não faz mais muitas coisas a que estava acostumado. Não consegue acompanhar os jovens do escritório, não gosta mais de esportes e no que concerne a romance... bem, você como que perdeu o apetite. Então seu colega lhe diz que se comprometeu a organizar a quadragésima reunião da turma e pergunta (entre mordidas na torta de chocolate) se deveria realizar o evento em um chalé de esqui em Biarritz ou em alguma estância retirada no Marrocos, onde pudessem praticar balonismo sobre o Saara. Você pensa que há algo de errado nesta história e, de súbito, compreende exatamente o que é: enquanto você envelhece, seu colega, inexplicavelmente, parece rejuvenescer.

— Então, finalmente, lhe perguntei — diz Jeff Miller, cujo nome foi modificado, mas cuja história, verdadeira, é a base desta vinheta. — O que está acontecendo aqui? Cumpro minha dieta, faço exercício, mas pareço e me sinto horrível. O que você está fazendo que eu não faço?

Então o colega de Jeff, um bioquímico, pegou sua caneta e desenhou um gráfico sobre um guardanapo. Traçou uma série de linhas curvas que, explicou, representavam certos hormônios, cujos níveis caíam à proporção que envelhecíamos. Os hormônios, esclareceu, são mensageiros químicos do corpo que dizem às nossas células o que fazer. Eles regulam praticamente todas as funções corporais, desde a geração e organização dos pensamentos no cérebro até os batimentos de nosso coração. Além disso, os hormônios desempenham um papel fundamental em nos manter saudáveis e jovens.

Depois contou o segredo. Seu médico lhe receitara suplementos hormonais e por isso, acreditava, ele parecia, se sentia e estava melhor do que nunca, o que lhe permitia dizer, com absoluta certeza, que viveria até os 120 anos.

Tão surpreendente quanto pudesse soar, Jeff via claramente que o que quer que seu colega estivesse fazendo, funcionava. Ao pensar no assunto, Jeff compreendeu que tinha duas escolhas.

— Eu poderia ter ido ao meu próprio médico, mas toda vez que eu tentava lhe dizer que não me sentia bem e que não conseguia fazer as coisas de que gostava, ele respondia: "Bem, Jeff, meu garoto, o que sente é perfeitamente normal para um homem da sua idade." Então, decidi fazer algo diferente.

Jeff foi ao médico do seu colega, que lhe pediu um exame de sangue para verificar seus níveis hormonais. Os resultados mostraram por que Jeff se sentia tão abatido e fatigado. Como na maioria das pessoas de sua idade, os níveis de quase todos os hormônios estavam baixos, reduzidos praticamente à metade do que haviam sido na juventude. Em outras palavras, o corpo de Jeff já tinha começado sua descida para a idade avançada, e como um avião que estivesse perdendo combustível, só havia um lugar aonde poderia ir... para um passeio rumo à morte.

Este doutor, entretanto, lhe jogou um pára-quedas e Jeff o agarrou. O médico lhe receitou um "coquetel de hormônios", uma combinação de suplementos hormonais, específico para suas necessidades particulares, a fim de levar seus níveis hormonais de volta aos da juventude.

Jeff descreve os resultados como nada menos que miraculoso.

— Em seis meses meu peso estava sob controle e a gordura corporal caíra de 26% para 13%. Já recuperei meu tônus muscular e minha pele parece suave e jovem. Trabalho bastante e faço exercício três vezes por semana. Tenho energia de sobra. Sinto como se minha vida me tivesse sido devolvida.

Jeff, sorrindo maliciosamente, diz que ele e sua esposa, que também começou a tomar suplementos hormonais, estão planejando uma segunda lua-de-mel no mês seguinte e, com um sorriso ainda mais malicioso, conta-me que já se comprometeu a organizar a reunião de cinqüenta anos da turma.

## Bem-vindo à Revolução do Super-hormônio

A história de Jeff é igual à que está sendo relatada por dezenas de milhares de homens e mulheres que fazem parte de uma mudança revolucionária na prática da medicina e, mais importante, na forma como vivemos e envelhecemos. É uma revolução que começou porque as pessoas começam a perceber que não precisam mais aceitar como "normal" que, à proporção que os anos passam, devem estar cada vez mais doentes, frágeis e incapacitadas. A revolução do super-hormônio é a culminância de anos de pesquisa em alguns dos mais renomados centros do país, de Harvard a Stanford, do Johns Hopkins à University of Washington. O que os cientistas estão descobrindo (inclusive eu mesmo) é como a diminuição e fluxo destes hormônios — nós os chamamos de *super-hormônios* para distingui-los dos outros que pulsam através do corpo — determinam como e com que rapidez envelhecemos.

A Revolução dos Super-hormônios não só produziu incríveis resultados nos laboratórios de pesquisa, como também, ainda mais animador, atingiu outro estágio e já está em vigor em milhares de consultórios médicos. Muitos destes renomados e bem treinados doutores compreenderam ser insuficiente a conduta tradicional de simplesmente tentar tratar os sintomas individuais do envelhecimento à proporção que aparecem. Concluíram corretamente que só aconselhar os pacientes a diminuir suas expectativas a cada ano que passa não é praticar uma "boa medicina". Estes médicos reconhecem que agora, pela primeira vez, a ciência tem ferramentas para estender a vida, enquanto também melhoram sua qualidade pela prevenção e até reversão dos danos do envelhecimento. Estes profissionais compreendem que não há qualquer razão para que não possamos viver até os 90, 100, 110 anos, e talvez até o nosso potencial máximo de expectativa de vida, 120 anos, com corpos fortes e saudáveis. (Os cientistas sabem que alcançar 120 anos é teoricamente possível para todos, porque alguns homens e mulheres já o conseguiram.) Estes médicos praticam a verdadeira medicina preventiva e estão prestes a criar um novo paradigma sobre o que é o envelhecimento. Eles e seus pacientes entendem que agora é possível, mesmo com a passagem dos anos, "rejuvenescermos" em um corpo forte, saudável e vigoroso.

*O milagre da melatonina* marcou a salva de abertura na Revolução do Super-hormônio. Naquele livro inicial, meu bom amigo e co-autor, Dr. Walter Pierpaoli, e eu apresentamos os leitores ao conceito radical de que a espiral descendente, que chegamos a aceitar como parte do processo normal de envelhecimento, nada tem de normal nem inevitável. Explicamos que suplementos do hormônio melatonina podem diminuir a velocidade e reverter o processo de envelhecimento.

Em *Super-hormônio* esta história continua, com mais novidades sobre as últimas descobertas no campo da reversão do envelhecimento e como estas descobertas podem modificar todas as nossas vidas. Nesta obra eu falarei não somente sobre as novas observações a respeito do poder miraculoso da melatonina, mas também sobre os outros super-hormônios que diminuem à proporção que ficamos mais velhos e que, como a melatonina, precisam ser repostos para que rejuvenesçamos, mesmo que, cronologicamente, estejamos envelhecendo.

No cerne da história sobre os super-hormônios está a descoberta do relógio de envelhecimento, uma pequena glândula chamada pineal e localizada no cérebro, glândula esta que é o mecanismo que controla como e quando envelhecemos. A pineal produz o super-hormônio melatonina, que atua como um maestro em relação a todos os super-hormônios e que também transmite informações ao restante do corpo. Em determinado ponto, geralmente por volta dos quarenta e cinco ou cinqüenta anos de idade, os níveis de melatonina começam a diminuir significativamente, avisando ao restante dos super-hormônios e aos outros sistemas do corpo que atingimos o limiar e que se inicia o processo de envelhecimento. E não só o relógio envia o sinal para que o corpo comece a declinar, como ele próprio começa a se desgastar, devido aos menores níveis de melatonina. Na verdade, a espiral descendente que associamos ao envelhecimento normal é uma conseqüência direta do desgaste do relógio corporal. A novidade é que acreditamos ser possível reajustar o relógio do envelhecimento e diminuir sua velocidade, ou até mesmo reverter o processo de envelhecimento, pelo restabelecimento dos níveis dos super-hormônios aos picos da juventude.

Quando falamos sobre um relógio de envelhecimento, não nos referimos a um relógio que simples e passivamente marca a passagem do tempo. Falamos, na verdade, sobre um mecanismo que regula, de maneira ativa, como e com que rapidez envelhecemos por meio da transmissão de mensagens "sincronizadas" através do corpo, provocando alterações específicas em importantes momentos no desenrolar de nossas vidas. Por exemplo, entre os dez e doze anos de idade, o relógio do envelhecimento atinge a puberdade, quando um sinal transmitido da glândula pineal via melatonina diz ao nosso corpo que é hora de começar a bombear os super-hormônios que controlam o crescimento e desenvolvimento sexual. No decorrer dos anos de jovem adulto, o relógio bate poderosamente, avisando a virtualmente todas as células que somos jovens, fortes e em plena forma física. E então, quando chegamos aos quarenta ou perto dos cinqüenta anos, para a maioria de nós o relógio assinala a meia-idade, momento em que o próprio relógio começa a se desgastar. Como resultado, nossos níveis de melatonina diminuem, avisando ao restante do corpo que é chegado o momento de começar a descida para a "velhice". Em outras palavras, foi enviado um sinal de que ultrapassamos nossa plenitude, e o modo como este sinal percorre o corpo é pela diminuição na produção dos super-hormônios. Como resultado, começamos a "esvaziar". Tornamo-nos cada vez mais vulneráveis às doenças do envelhecimento ou, mais precisamente, à doença do envelhecimento. Mas agora temos os instrumentos e o conhecimento para mudar isso.

No entanto, para compreender a ciência da Revolução do Super-hormônio, você primeiro precisa entender por que a Mãe Natureza nos faz envelhecer — ou por que nossos relógios foram programados para o desgaste. Do ponto de vista da natureza, todas as criaturas, desde o mais simples organismo unicelular até seres humanos, têm uma função: reproduzir-se. Para que qualquer espécie sobreviva, ela precisa transferir material genético aos jovens. Para que se reproduzam, nossos corpos precisam ser saudáveis e fortes não só durante alguns meses, para conceber e levar a progênie a termo, mas por muitos anos daí em diante, para que possam cuidar da sobrevivência e assegurá-la à descendência.

Quando estes anos se passaram e terminamos nossas tarefas de reprodução e nutrição, tornamo-nos, segundo a Mãe Natureza, dispensáveis.

A Mãe Natureza não quer saber se desejamos cuidar dos netos, começar uma nova carreira ou desfrutar a aposentadoria. Ela não se importa se queremos viajar ou aperfeiçoar nosso jogo de golfe, realizar algum trabalho voluntário, escrever romances ou fazer todas aquelas coisas que fomos adiando porque tínhamos de ganhar a vida para cuidar de nossos filhos e ajudá-los a crescer. No que diz respeito à Mãe Natureza, quando não somos mais capazes ou necessários à propagação da espécie, não há razão para nos mantermos fortes e em boas condições.

É claro que nós, humanos, fomos abençoados com cérebros extraordinários, que nos permitiram vencer muitos desafios da vida. Enquanto as espécies menos inteligentes não têm outra opção a não ser permitir que a natureza dite as regras, nós, felizmente, temos outras idéias.

## Projeto da Natureza

Desde os primeiros dias registrados da história, o homem busca a fonte da juventude, o elixir que evitaria as inclemências do tempo e interromperia o processo de envelhecimento. A ironia é que a resposta sempre esteve dentro de nós. Como você verá, a natureza nos dotou de nosso próprio projeto pessoal para a reversão do envelhecimento, impresso nos nossos hormônios ou, mais exatamente, nos super-hormônios.

Eles controlam virtualmente todas as nossas funções corporais, inclusive os sistemas reprodutores e imunológicos, e nosso metabolismo. A qualquer momento flui pela corrente sangüínea uma grande quantidade de hormônios, a maioria com uma única tarefa a cumprir. Contudo, identifiquei os oito super-hormônios cujos efeitos são muito mais amplos e profundos em diversos sistemas corporais. Os super-hormônios, na verdade, determinam como envelhecemos pelo controle de nossa saúde física e mental como um todo. Eles são o que denomino de *biorrealizadores* do envelhecimento, isto é, um verdadeiro reflexo do processo de envelhecimento propriamente dito. À proporção que os níveis destes super-hormônios diminuem, o mesmo acontece conosco física e mentalmente. A perda destes preciosos super-hormônios consome energia e vitalidade, ceifando décadas de nossas vidas. Quando, pela reposição, estes super-hormônios voltam aos níveis da juventude, é possível recuperar o ardor e a energia daquela época, fortalecendo a mente e o corpo.

Além da melatonina, os nomes de alguns outros super-hormônios provavelmente já lhe são familiares, como *estrogênio, progesterona* e *testosterona*. Talvez você se surpreenda ao encontrá-los na relação, mas, embora já tivéssemos conhecimento há décadas de sua existência, não conhecíamos o papel mais importante que desempenham no nosso corpo. Só agora sabemos que são super-hormônios, influenciando profundamente nossas vidas. Você provavelmente ainda não ouviu falar de outros super-hormônios, como *desidroepiandrosterona* (DHEA), *pregnenolona, hormônio de crescimento humano* e *hormônio tiróideo*. Estas novas crianças, os super-hormônios que recentemente chamaram a atenção dos pesquisadores médicos em função dos seus notáveis atributos, ainda não são muito conhecidas pelo público em geral. Comentarei as últimas descobertas, assegurando-lhe que você logo entenderá por que estão provocando tamanha excitação na comunidade científica.

## Juventude Significa Poder de Recuperação

Para que você compreenda mais facilmente o que nos acontece quando os níveis de super-hormônios diminuem, quero que faça um exercício. Pense como seu corpo era quando você tinha vinte ou trinta anos. Provavelmente encontrava-se no auge da condição física. Seu coração estava forte; seu sistema imunológico, eficiente; seu cérebro, aguçado; seus músculos, firmes. Você atingira seu pico sexual. Naquela época, você provavelmente nem se preocupava com doenças. Por quê? Porque as doenças degenerativas, como os problemas cardíacos, o câncer e a artrite, geralmente não atacam na juventude; são doenças do envelhecimento. O simples fato é que conseguimos resistir muito melhor às doenças quando somos jovens, quando nosso corpo está em suas melhores condições. Não é por mera coincidência que na plenitude de nossas vidas os níveis destes super-hormônios estejam em seus picos adultos. Nos anos subseqüentes, estes níveis diminuem gradativamente. Ao chegarmos aos quarenta ou cinqüenta anos de idade, o efeito deste declínio torna-se evidente pela primeira vez, manifestando-se através de sutis mudanças na aparência e em como nos sentimos. A despeito dos nossos melhores esforços para fazermos exercícios e nos alimentarmos bem, tornamo-nos gordos e flácidos, nossos impulsos sexuais diminuem e observamos que nos cansamos com mais facilidade e estamos mais vulneráveis às doenças. Em suma, nosso corpo e nosso cérebro começaram o declínio que aprendemos a aceitar como envelhecimento normal.

Para mim, o mais impressionante neste processo é que os mesmos desafios que conseguimos vencer com tamanha facilidade aos vinte ou trinta, e até mesmo aos quarenta anos, tornam-se, com o passar do tempo, cada vez mais difíceis. Pense a respeito. No decorrer de nossas vidas, somos bombardeados com "estressores" que exigem uma rápida reação por parte dos diversos sistemas corporais. Quando emprego a palavra "estressor" não estou me referindo somente ao estresse emocional, como um dia bastante tenso no trabalho, mas também aos constantes desafios ambientais com que nos defrontamos diariamente e aos quais precisamos responder. Por exemplo, se nos expomos a um vírus, bactéria ou agente causador de câncer, o que ocorre diariamente, nosso sistema imunológico precisa organizar um ataque imediato, para expulsar o invasor antes que ele provoque a doença. Além destes, diariamente nos deparamos com os desafios de ordem física. Quando, por exemplo, precisamos correr para pegar o ônibus ou trem, o coração precisa bombear o sangue com mais rapidez, enviando oxigênio extra que energizará as células. Se nos defrontamos com uma tarefa mental desafiadora, faz-se necessário que o cérebro funcione rápida e eficientemente, para que consigamos resolver o problema. Ao nos ferirmos, precisamos que as próprias células do corpo se reparem com rapidez, começando o processo de cura. O que descrevi são tipos de ocorrências ou "estressores" com que nos defrontamos todos os dias de nossas vidas.

Quando somos jovens e os super-hormônios estão no nível máximo, o corpo tem resistência para suportar os constantes desafios de nossa vida cotidiana. Recuperamo-nos rapidamente de cada um destes estressores diários, renovados e prontos para encarar o próximo. À proporção que envelhecemos, no entanto, torna-se mais difícil absorver estes golpes e não tão fácil suportar os desafios. Os estressores que conseguíamos controlar facilmente contribuem para nosso enfraquecimento e cobram seu preço. Quando o relógio do envelhecimento começa a se desgastar, o mesmo acontece com os sistemas orgânicos dos quais dependemos — coração, sistema imunológico e, em alguns casos, até mesmo o cérebro, deixando-nos mais vulneráveis aos estressores que anteriormente não costumavam nos ameaçar. Na verdade, perdemos a habilidade, que tínhamos quando jovens, de lutar contra as ameaças e nos recuperarmos. O que nos define como velhos é a perda do poder de recuperação.

Acreditamos que o processo de envelhecimento — a perda do poder de recuperação da juventude — não é um evento normal da vida, mas uma doença em si e por si só. Ela é simplesmente causada pelo declínio dos super-hormônios. De modo geral, quando você pensa em doenças, considera-as isoladamente, como o câncer, os problemas cardíacos ou a artrite, cada uma com um motivo independente. Trabalhei como oncologista clínico durante mais de trinta anos e também costumava considerar as doenças como ocorrências isoladas e não relacionadas. Porém, através de meu trabalho como pesquisador do câncer, observei que, em muitos casos, as doenças que inicialmente pareciam eventos isolados tinham, na verdade, uma origem comum. Eram meros sintomas de uma "doença" subjacente: o próprio processo de envelhecimento.

Deixem-me explicar: como pesquisador do câncer, no decurso dos anos testei muitas drogas novas. Uma técnica que usei envolvia o implante de um tumor canceroso em um animal e, em seguida, a administração de uma nova droga, para ver como o animal respondia. Eu sabia que deveria fazê-lo em um animal jovem, porque seu sistema imunológico seria suficientemente forte para resistir ao tumor com ou sem a droga que eu estava testando, de modo que ele continuaria livre do câncer. Se eu implantasse o mesmo tumor em um animal mais velho, no entanto, este sucumbiria rapidamente à doença. Isso, você provavelmente está pensando: "Por que o animal jovem é imune, enquanto o mais velho desenvolve fácil e previsivelmente o câncer? Alguém precisa pesquisar isto!" Bem, a resposta a esta pergunta agora parece óbvia, mas naquela época, no início do meu trabalho, ninguém (inclusive eu) pensou em perguntar. Por quê? Acho que não prestamos atenção ao fato porque estávamos certos de que a cura para o câncer viria sob a forma de alguma "bala mágica", desenvolvida por um de nós em nossos laboratórios. Nunca nos ocorreu que a Mãe Natureza já nos pudesse ter respondido. Após décadas de busca pela cura do câncer e nunca a encontrando, compreendi que eu estava olhando para o lado errado do problema. O ambiente interno dos animais jovens lhes permitia vencer o estressor (câncer, no caso) que matava os mais velhos. Finalmente me ocorreu que para aprender como derrotar esta doença teríamos de descobrir por que os animais jovens resistem às doenças, enquanto os velhos estão propensos a sucumbir a elas. Ocorreu-me que a resposta para o câncer, e para todos os outros males que haviam se tornado sinônimos de envelhecimento normal, consistia na cura da condição subjacente que permite à doença se instalar. A resposta, na verdade, sempre estivera bem à nossa frente. A condição subjacente que nos torna suscetíveis ao câncer e a outras doenças degenerativas é um colapso sistemático no desempenho dos nossos sistemas corporais — principalmente o imunológico —, e este colapso é parte do processo que chamamos de envelhecimento. Então, o que consideramos envelhecimento normal é a própria doença subjacente, que nos deixa à mercê de uma hoste de devastações que gradativamente nos debilitam. Esta revelação despertou meu interesse pelo processo de envelhecimento e, por conseguinte, pelo papel desempenhado pelos super-hormônios para revertê-lo.

Como será explicado em *Super-hormônio*, quando restituímos estes super-hormônios aos níveis próximos dos da juventude, podemos eliminar, em alguns casos até mesmo reverter, muitos dos sintomas que associamos à velhice. É possível reaver o poder de recuperação que nos permite enfrentar com tranqüilidade os estressores que nos desafiam diariamente.

Quero deixar claro que não estou sugerindo que com os super-hormônios nos manteremos eternamente com dezenove, vinte e nove ou até mesmo trinta e nove anos de idade. Os anos ainda passarão. A diferença é que com super-hormônios conseguimos impedir o declínio acelerado que ocorre após a meia-idade. Isto significa que a transição dos cinqüenta para os sessenta e setenta, ou dos oitenta para os noventa e cem, pode ser tão calma quanto dos vinte para os trinta e quarenta. Não ocorrerão abalos repentinos na nossa saúde física e mental.

Também não estou sugerindo que você deve saturar seu corpo com substâncias químicas antinaturais ou desnecessárias. Nosso objetivo é simplesmente fazer com que os hormônios que já existem naturalmente no corpo voltem aos níveis adequados, necessários à manutenção da sua saúde e vigor.

Cada super-hormônio desempenha seu próprio papel no corpo, mas o segredo de sua capacidade em assegurar a vida e reverter o envelhecimento é a maneira como trabalham em conjunto, produzindo um efeito sinérgico. O princípio subjacente do meu programa não é impulsionar qualquer hormônio a um nível artificialmente elevado, mas sim restaurar o equilíbrio entre os super-hormônios fundamentais, para que eles continuem a funcionar tão bem e com a mesma eficiência de quando você era mais jovem. *Quando tomados em associações adequadas às suas necessidades específicas, os super-hormônios são impressionantes contra o processo de envelhecimento.* Seus níveis sangüíneos e como você se sente indicam sua carência hormonal; por isso, a chave para ao *super-hormônio* é um coquetel individual, feito sob medida para as necessidades particulares de cada pessoa. Tais necessidades, não só variam de indivíduo para indivíduo, como também ao longo do tempo, de modo que periodicamente precisam ser feitos alguns ajustes.

Este livro explicará como fazer com que a revolução do super-hormônio trabalhe para você, analisará os oito super-hormônios e mostrará como trabalham juntos para dificultar e reverter o processo de envelhecimento. Mas primeiro vejamos uma pequena explanação sobre os oito super-hormônios.

**DHEA** Considero-o a superestrela dos super-hormônios. Ele não somente realiza milagres no interior do corpo, rejuvenescendo virtualmente todo o sistema orgânico, mas também faz com que você pareça, se sinta e raciocine melhor. Em determinada época, era difícil obter o DHEA, porque só podia ser comprado com receita médica e em alguns poucos estabelecimentos. Agora, pela primeira vez, pode-se comprá-lo no balcão de qualquer farmácia e lojas de produtos naturais. Você observará que o capítulo sobre o DHEA é bastante extenso, porque há muito a se dizer sobre este notável hormônio. Há cinco anos editei um livro erudito sobre o DHEA para a comunidade científica, e uma das razões de ter escrito *Super-hormônio* é partilhar algumas destas animadoras novidades também com o público em geral. Passei mais de vinte anos pesquisando o DHEA e receitando-o a pacientes e no decorrer dos últimos dez anos eu mesmo o venho tomando, junto com melatonina. Minha mulher, Sylvia, já o toma há quase dezoito anos. Pela minha própria experiência com o DHEA, posso afirmar que os benefícios são sentidos quase imediatamente. Ele restaura a energia, melhora a disposição, aumenta o impulso sexual e a memória, alivia o estresse, reduz a gordura corporal, suaviza sua pele e até recupera o brilho dos seus cabelos. Também é um potente adversário contra o câncer, além de apresentar alguns notáveis efeitos de reforço no sistema imunológico. Acredito que quase todos os adultos com quarenta e cinco anos de idade ou mais podem se beneficiar com o DHEA.

**Pregnenolona** Este é o esperto super-hormônio que melhora a função cerebral. Você provavelmente nunca ouviu falar dele, mas nos idos de 1940 dava-se pregnenolona aos funcionários das fábricas para aumentar seu desempenho no trabalho. Estudos mais recentes mostraram que este super-hormônio tem um efeito positivo no aprendizado e na concentração.

**Testosterona** É o super-hormônio do sexo e da força, controlando o impulso sexual em ambos os sexos. Acredito que em um futuro próximo a testosterona, para os homens de meia-idade, será tão comum quanto o estrogênio é hoje para as mulheres. Em aproximadamente 1/3 dos homens ocorrerá um declínio significativo na testosterona, o que pode afetar sua saúde física e mental. Os estudos comprovaram que a recuperação aos níveis da juventude combate a depressão, aumenta o estímulo sexual, mantém a força muscular e protege contra problemas cardíacos, principal causa da morte de homens de meia-idade. Embora a testosterona seja conhecida como o hormônio sexual masculino, ela não serve somente para homens. As mulheres também o produzem, e após a menopausa os níveis deste hormônio diminuem significativamente, o que também pode provocar depressão e perda de libido. Uma diminuta quantidade de testosterona no coquetel de hormônios para mulheres pode causar uma diferença enorme na sua aparência, maneira de amar e viver.

**Estrogênio** Considero o estrogênio como, de certo modo, a "mãe" da revolução do super-hormônio, porque vem sendo empregado há mais tempo, servindo como modelo para o que agora consideramos a revolução do super-hormônio. As mulheres o usam, logo que sobrevém a menopausa, há mais de trinta anos, o que significa que, hoje em dia, aproximadamente dez milhões de mulheres tomam estrogênio, a mais receitada droga nos Estados Unidos da América. Desde os primórdios da terapia por reposição de estrogênio aprendemos bastante sobre este super-hormônio. Descobrimos que ele é muito mais do que a cura para os fogachos; também tem um notável poder contra o envelhecimento. O estrogênio tem um profundo efeito no corpo e mente femininos, contribui para a inteligência e emagrecimento e protege contra a doença de Alzheimer, além de reduzir significativamente o risco de doenças cardíacas. É um poderoso antioxidante. Pode evitar a osteoporose e o câncer de cólon. No capítulo dedicado a este hormônio, falarei sobre a existência de novas formas "inteligentes" de estrogênio, que realmente protegem contra o câncer.

**Progesterona** Este é o super-hormônio do "bem-estar" feminino, melhorando naturalmente a disposição. Produzido em grandes quantidades durante a gravidez, aumenta a sensação de bem-estar da mãe e, atualmente, está sendo incluído cada vez mais na terapia feminina. Nas farmácias e lojas de produtos naturais há cremes à base de progesterona e, com receita médica, é possível comprar cápsulas deste hormônio para o tratamento de problemas da menopausa e outros que surgem durante a meia-idade. Nas mulheres, a progesterona também é empregada, junto com estrogênio, na prevenção do câncer uterino e perda de tecido ósseo. Alguns estudos sugerem que a progesterona natural pode oferecer os mesmos benefícios que o estrogênio, sem os riscos remotos de câncer, por vezes associados ao estrogênio convencional.

**Hormônio tireóideo** É o super-hormônio da energização, fornecendo vigor a virtualmente toda parte do corpo que seja essencial à conservação do "estado jovem". Como os outros super-hormônios, os níveis da tireóide também diminuem com a idade, e pelo menos uma em cada dez mulheres e um entre cada vinte homens de mais de cinqüenta anos de idade apresenta sinais de deficiência tireóidea. Inúmeros sintomas que chegamos a associar ao envelhecimento normal, como função imunológica deficiente, morosidade e dificuldade em manter o calor corporal, são, na verdade, provocados por deficiência do hormônio tireóideo.

**Hormônio de crescimento humano** Uma das mais promissoras pesquisas é com o hormônio de crescimento humano, o super-hormônio "reconstituinte", responsável pelo crescimento das crianças. Nos adultos, este super-hormônio reconstrói o que o tempo destruiu. O hormônio de crescimento humano não só contribui para que as pessoas se sintam melhor, mas também mais jovens. Reforça ossos e músculos e reduz a gordura corporal. É o "reparador" definitivo para as "avarias" que ocorrem no sistema orgânico quando a doença do envelhecimento já se instalou no corpo. Empregado com sucesso no tratamento da insuficiência renal, pode evitar a necessidade de diálise. Recentemente, os pesquisadores descobriram que o hormônio de crescimento humano consegue reverter cardiomiopatias, um problema cardíaco potencialmente fatal. Atualmente, uma desvantagem deste hormônio é o preço, pois é muito caro, mas já estão sendo testadas novas drogas destinadas a estimular o corpo a produzir, ele próprio, o hormônio de crescimento humano. Estas drogas são apropriadamente chamadas de *fatores de liberação do hormônio de crescimento humano.* Os pesquisadores estimam que próximo ao ano 2005 todas as pessoas com mais de cinqüenta anos de idade estarão tomando uma pílula para estimular a produção deste hormônio pelo próprio organismo.

**Melatonina** A história da melatonina continua com alguns fantásticos capítulos novos. O super-hormônio que deu início à revolução não só prolonga a vida e reverte o envelhecimento, como também reforça o sistema imunológico, aumenta nossa resistência ao câncer e outras doenças, é seguro, não causa dependência, diminui o colesterol, alivia o estresse e cura os efeitos de longas viagens aéreas que atravessam fusos horários. Os últimos estudos sugerem que a melatonina pode restaurar os padrões da juventude dos impulsos sexuais em animais mais velhos e também confirmam que se trata de um poderoso antioxidante.

O que é especialmente importante e notável sobre os super-hormônios é que cada coquetel é feito sob medida para suprir as necessidades do seu corpo. *O seu* coquetel individual de hormônios deve ser especificado para repor *a sua* deficiência, e a dose baseia-se naquilo que é necessário para restaurar *as suas* funções. Nem todos os super-hormônios são para todas as pessoas durante todo o tempo. Os níveis variam enormemente de pessoa para pessoa. Em alguns de nós há carência de determinado hormônio, enquanto em outros não há a menor necessidade de reposição deste hormônio em particular.

É também importante ter em mente que, de tempos em tempos,

nossos níveis hormonais podem mudar. Por exemplo, uma senhora com quarenta e cinco anos de idade pode necessitar de melatonina e DHEA, mas só quando entrar na menopausa precisará incluir estrogênio e progesterona em seu coquetel. Mesmo então pode descobrir, como muitas mulheres, que o DHEA torna desnecessário o uso de estrogênio. Um homem com cinqüenta anos que toma DHEA talvez não precise de testosterona. Mais adiante, neste livro, explicarei como obter a receita correta de super-hormônio para suas necessidades específicas.

Não estou defendendo a prática da medicina por números. Só os resultados de testes não determinam o tratamento; o estado do paciente também é importante, podendo revelar dados que os resultados dos testes não indicam. Por exemplo, alguns homens com baixos níveis de testosterona podem estar "normais", segundo os livros, mas apresentam sintomas que indicam deficiência de testosterona. A despeito do que dizem os números, você e seu médico precisam discutir seu estado físico e emocional para que possam determinar seu super-hormônio pessoal. Além disso, também precisam rever os efeitos específicos de cada hormônio, para que você possa escolher o programa que lhe trará os maiores benefícios.

Embora quatro destes super-hormônios possam ser comprados em qualquer farmácia, recomendo veementemente a consulta ao médico, por várias razões. Em primeiro lugar, quem toma qualquer remédio regularmente, seja aspirina, melatonina ou DHEA, deveria ser monitorado. Com todos os medicamentos, de aspirina a antiácidos, acompanhe como seu organismo está respondendo. Isto é de importância fundamental se você já estiver tomando remédios para algum problema crônico. Por exemplo, a melatonina muitas vezes contribui para abaixar a pressão arterial; por isso, muitos pacientes, a partir do momento em que começam a usá-la, conseguem diminuir seus remédios contra pressão alta. Em alguns casos, as pessoas que tomam DHEA descobrem que não precisam mais dos medicamentos que diminuem o nível de colesterol ou, nos diabéticos, as necessidades de insulina podem mudar. Tanto você quanto seu médico precisam estar cientes destas e de outras alterações que ocorrem em seu organismo, que podem requerer alguma alteração na dosagem das outras medicações ou alguma mudança no seu regime hormonal.

Também sugiro que você tente trabalhar com seu médico atual, que o conhece e com quem você, presumivelmente, já tem um bom diálogo.

Compreendo que o conceito de super-hormônios "direcionados" é novo e que muitos doutores talvez ainda não estejam cientes de seus benefícios. Por este motivo também incluo uma bibliografia detalhada para médicos (ou para leigos) que desejem ler mais a respeito deste fascinante campo.

Acredito que a revolução do super-hormônio é a mais animadora inovação médica das últimas décadas, e suas implicações são enormes. Pela primeira vez não precisamos mais ser vítimas indefesas e infelizes, enquanto o processo de envelhecimento nos deixa vulneráveis às doenças e à fraqueza. Nós agora temos o conhecimento e o poder para "parar o relógio", além de frear e reverter a espiral descendente. Com os super-hormônios podemos evitar que as doenças do envelhecimento se apoderem de nossos corpos. A descoberta dos super-hormônios não significa, entretanto, que podemos esquecer as outras rotinas de saúde que seguimos. Embora os super-hormônios tenham o poder de nos dar uma segunda oportunidade quanto à saúde e ao condicionamento físico que tínhamos na juventude, não devemos abusar de nosso corpo, fumar, nos alimentar mal, usar drogas nocivas, exagerar no álcool ou praticar sexo sem segurança, esperando que uma grande quantidade de remédios nos salve. Com os super-hormônios podemos obter resultados miraculosos, *mas precisamos trabalhar com eles e não contra eles.* O que comemos, nosso estilo de vida e nossos hábitos podem fazer uma profunda diferença, ajudando para que os níveis permaneçam em seus patamares adequados e fazendo com que o coquetel de hormônios funcione com mais eficiência, mantendo-nos em plena forma, independente da idade que possamos ter.

Sem dúvida aparecerão opositores, cientistas e leigos, alegando que intervir no processo de envelhecimento é, de certa forma, antinatural, que não deveríamos nos intrometer, mas sim permitir que a natureza seguisse seu curso. Nem seria de surpreender que os críticos lançassem mão desse velho argumento. Desde o advento da medicina moderna, os inovadores sempre ouviram que deviam deixar a natureza seguir seu curso, e a história da medicina está repleta de exemplos dramáticos a respeito. Embora seja difícil de acreditar nos dias atuais, é fato histórico que quando a anestesia foi empregada pela primeira vez, no século dezenove, muitos protestaram contra seu uso, e os médicos estavam entre os oponentes mais ferrenhos. Estas pessoas acreditavam que o destino do homem era sentir dor e ficaram positivamente escandalizadas com a possibilidade de eliminar o sofrimento na cirurgia. Antes da descoberta dos antibióticos e vacinas, acreditava-se que a única maneira de lidar com infecções era "permitir que a natureza seguisse seu curso". Agora sabemos que isto, com certeza, não é verdade. Anestesia, antibióticos e vacinas salvaram milhões de vidas. Aguardar que a natureza siga seu curso resulta, freqüentemente, em sofrimento e morte prematura. Não os considero fatos naturais.

Anestesia, antibióticos e vacinas, além de se revelarem verdadeiros salvadores de vidas, mudaram nossas opiniões sobre como a medicina deve ser praticada. Hoje em dia, por exemplo, seria inimaginável que um paciente tivesse de sofrer uma dolorosa intervenção cirúrgica sem o benefício da anestesia. Os pais também considerariam inaceitável que o pediatra de seus filhos não tivesse vacinas e não as administrasse nas épocas apropriadas. Nenhum médico digno deste título permitiria que seu paciente fosse para casa com pneumonia bacteriana sem lhe receitar um regime de antibióticos. Do mesmo modo que estas inovações afetaram a prática da medicina, creio que a revolução do super-hormônio também alterará nossa expectativa sobre a maneira com que o médico nos deve tratar quando chegarmos à meia-idade.

Permita que eu lhe dê um expressivo exemplo do que quero dizer e do impacto que acredito que a medicina normalmente praticada sofrerá com a revolução do super-hormônio. Hoje, se qualquer médico observasse que um dos seus pacientes jovens apresentava nível elevado de açúcar no sangue, condição que pode provocar diabetes e problemas cardíacos, sem dúvida prescreveria tratamento imediato. O médico, no mínimo, receitaria a seu paciente jovem uma dieta e medicamentos, além de exercícios regulares. Em contraste, se um paciente de sessenta ou setenta anos apresentasse os mesmos níveis de açúcar no sangue, seu médico provavelmente consideraria o fato como um simples sinal da idade, e o paciente velho seria enviado para casa de mãos vazias. Francamente, considero esta atitude arcaica, tão arcaica quanto não receitar antibióticos no tratamento de infecções graves ou não empregar anestesia para eliminar a dor da cirurgia. Não importa a idade do paciente; se níveis elevados de açúcar no sangue não são saudáveis para uma pessoa com vinte anos, certamente serão ainda mais perigosos para outra mais idosa, que corre o risco de desenvolver graves doenças, algumas até mesmo provocadas por aquela condição. Graças à revolução do super-hormônio, um médico não poderá mais aceitar que o organismo de um paciente, pelo simples fato de ter atingido certa idade cronológica, esteja "fora de combate", nem assumir como de certo modo "normal" o que seria considerado anormal para os mais jovens. Como agora podemos prevenir a doença e a incapacidade associadas ao envelhecimento, será impensável que um médico diga a um paciente que ele precisa aceitar os problemas das doenças degenerativas como "normais".

Nossa nova visão da vida nas décadas superiores será a de homens e mulheres saudáveis, fortes, ativos e ainda em plena forma. Os pacientes exigirão que seus médicos usem as ferramentas já à disposição para dar nova corda ao relógio do envelhecimento, restaurando o corpo ao seu pico da juventude.

Alguns não concordarão com a interferência no processo de envelhecimento. São de opinião que deveríamos ficar satisfeitos por envelhecermos naturalmente. Com este termo querem dizer que deveríamos esperar deitados, conformados com nosso destino, enfraquecidos, debilitados, perdendo nossa capacidade mental e, finalmente, nos tornando dependentes dos outros. Permita que eu lhe diga que nada há de natural em envelhecer naturalmente. Tenho setenta e um anos de idade e me sinto e pareço vinte anos mais jovem. Se não praticasse o que prego, se não tomasse super-hormônios, não poderia fazer o que faço. Não conseguiria lecionar e praticar medicina em tempo integral, escrever, dar conferências e encontrar tempo e energia para me divertir com meus seis netos maravilhosos. Para mim é muito natural viver uma vida longa e plena, parecendo e sentindo-me jovem e forte. Acho que nada há de errado em desejar viver mais tempo para que possa continuar contribuindo positivamente para este mundo.

Baseado nas minhas pesquisas no campo no decorrer destes vinte anos, acredito ser possível que as pessoas vivam mais de cem anos, eventualmente atingindo o período máximo de 120 anos. Não me refiro a vidas confinadas a cadeiras de rodas ou asilos, mas a cidadãos fortes, saudáveis e produtivos, em corpos funcionais e mentes bem lúcidas.

A Revolução do Super-hormônio não é importante apenas para a qualidade da nossa sobrevivência individual, mas também para a sobrevivência da nação. Pensem a respeito. O segmento da população que cresce com maior rapidez nos Estados Unidos da América é o dos homens e mulheres com setenta e cinco anos de idade ou mais. Em 2030,

52 milhões de americanos terão mais de setenta anos. Já estamos nos preparando para o custo de cuidar dos idosos e enfermos. Na verdade, um recente estudo governamental concluiu que se a tendência atual continuasse, o fundo para assistência médica ficaria sem dinheiro quando os velhinhos começassem a cobrar seus benefícios. Como nação, não temos condições de, indefinidamente, pagar a conta para uma população cada vez mais debilitada e dependente, nem podemos abandonar as pessoas que precisam de ajuda. Precisamos fazer mais para proporcionar uma sobrevivência com boa qualidade de vida, por isso é imperativo que a profissão médica, em vez de tratar as doenças do envelhecimento, cuide do que creio ser o ponto fundamental: o envelhecimento propriamente dito. Devemos nos esforçar para que as pessoas tenham condições de viver uma vida longa, com saúde e vitalidade, e por isso a revolução do super-hormônio está se tornando cada vez mais decisiva.

O que me levou a escrever este livro foi, antes de tudo, o desejo de informar sobre a revolução do super-hormônio, mas também despertar o interesse da comunidade de pesquisa científica. Eis a razão: os hormônios são substâncias naturais e, com poucas exceções, não podem ser patenteados. Em conseqüência, há pouco incentivo para que as indústrias farmacêuticas financiem pesquisas sobre hormônios que, além de serem baratos, já se encontram à disposição há muito tempo. O custo para lançar uma nova droga no mercado, percorrendo todo o caminho de aprovação da FDA, é de centenas de milhares de dólares, de modo que é difícil condenar as indústrias farmacêuticas por não quererem investir em algo com que possivelmente não conseguirão recuperar o investimento. Espero que a demanda obrigue o governo a patrocinar alguns destes estudos. Para quem quiser saber por que escrevo este livro agora, em vez de aguardar o final de todos os estudos e resultados e a aprovação da FDA para cada hormônio, em todos os usos possíveis, eis minha resposta: nem eu nem a maioria de vocês podemos esperar tanto tempo. Todos estes eventos, caso se concretizem, só ocorrerão daqui a décadas. A morosa burocracia só aprovará oficialmente o que já contribui para reverter o envelhecimento, restaurando os super-hormônios aos seus picos da juventude, em meados do século vinte e um, e eu não estou disposto a esperar. Se seguisse esta filosofia, não estaria onde estou agora. Não teria a mesma força e vigor, nem conseguiria manter minha vida ativa. Sinto-me no dever de contar a história do super-hormônio e de transmitir a vocês e seus médicos a informação necessária para que comecem seu próprio programa de reversão de envelhecimento.

Além do mais, considero injusto que cientistas e pesquisadores ocultem do público a salvadora informação sobre a revolução do super-hormônio. Como já mencionei, venho tomando DHEA e melatonina há anos. Vários outros pesquisadores também já tomam seu próprio coquetel de hormônios. Na minha opinião, o público tem o direito à informação, para que possa fazer uma escolha consciente a respeito. Penso que seria errado não divulgar algo que não só pode prorrogar, mas também melhorar a qualidade de sua vida.

Finalmente, acredito que este livro seja importante para pessoas de todas as idades. Quer você tenha quarenta ou oitenta, pode se beneficiar com os super-hormônios, embora, naturalmente, os benefícios não sejam os mesmos. Se você está ao redor dos trinta, esta é a época conveniente para começar a pensar e se informar sobre seus hormônios, aprender as opções e planejar com antecedência. Se tem entre trinta e quarenta, é hora de verificar seus níveis hormonais e começar a organizar seu programa.

Acima de tudo, espero que este livro mude para sempre sua opinião sobre o processo de envelhecimento e suas expectativas sobre como será a sua vida e a de seus entes queridos nas décadas vindouras. O futuro nunca esteve tão brilhante, e esta é a mensagem de esperança que quero deixar com você antes que continue o restante deste livro e de sua vida. Somos realmente abençoados, pois pela primeira vez na história conseguiremos acabar nossos dias com energia e vitalidade, sem doenças ou debilidade. Com os super-hormônios podemos viver como quisermos, conforme nossos termos.

## Observação aos Leitores

Alguns de vocês provavelmente já estão impacientes para começar a aprender como, com seu médico, podem organizar seu próprio programa pessoal. Sem dúvida, também têm uma série de dúvidas. Nos capítulos seguintes, responderei a todas as suas perguntas sobre cada um destes hormônios, mas, antes disso, seguem-se algumas informações preliminares.

Como já comentei, metade destes super-hormônios (melatonina, DHEA, progesterona natural e pregnenolona) já pode ser adquirida em qualquer balcão de farmácia ou lojas de produtos naturais.

**Melatonina** Vendida em várias concentrações e apresentações, inclusive tabletes, cápsulas e uma forma sublingual.

**DHEA** Até recentemente só vendido com receita, agora já existe livremente em cápsulas e tabletes, em concentrações de 25 a 50mg, nos mesmos estabelecimentos já mencionados.

**Progesterona natural** Existe em forma de creme (concentração abaixo de 3%) nas farmácias e lojas de produtos naturais.

**Pregnenolona** Tabletes e cápsulas de 10 a 50mg.

O DHEA, a progesterona natural e a pregnenolona só podem ser comprados em concentrações maiores com receita médica, do mesmo modo que os demais (estrogênio, testosterona, tireóideo e de crescimento humano).

Alguns super-hormônios recebem outros nomes pela indústria farmacêutica e são enviados às farmácias em doses previamente medidas e embaladas. Por exemplo, o Premarin, o estrogênio mais usado nos Estados Unidos da América, é tipicamente vendido em tabletes com concentrações de 0,625mg e o Provera, a progesterona sintética mais comum, existe em tabletes de 2,5 ou 5mg.

Embora o DHEA e a pregnenolona possam ser comprados sem dificuldades, também são produzidos por grandes laboratórios farmacêuticos e enviados a granel, em forma de pó, às farmácias, que o manipulam ou "compõem" em cápsulas, cremes, geléias, tabletes ou supositórios em diferentes dosagens, segundo as prescrições médicas.

Os super-hormônios dividem-se em duas categorias: naturais e sintéticos. O termo "hormônio natural", na verdade, não está correto, porque todos os hormônios atualmente à venda são, de um modo ou de outro, processados quimicamente. Na realidade, o termo "natural" refere-se à sua estrutura química. Acredita-se que os chamados hormônios naturais apresentam uma estrutura química mais próxima dos hormônios produzidos pelo organismo do que os sintéticos. Por exemplo, muitos médicos estão prescrevendo estrogênio natural (estradiol ou estriol) derivado da soja, pois acredita-se que sua composição seja mais próxima à do estrogênio produzido pelo organismo humano do que o Premarin. O uso de hormônios naturais *versus* sintéticos é, hoje em dia, um dos assuntos mais debatidos na medicina e será discutido posteriormente, com mais detalhes, neste livro.

Nem todos os farmacêuticos possuem o treinamento ou as ferramentas para preparar receitas, e você terá de checar vários em sua área até que encontre uma "farmácia de manipulação".

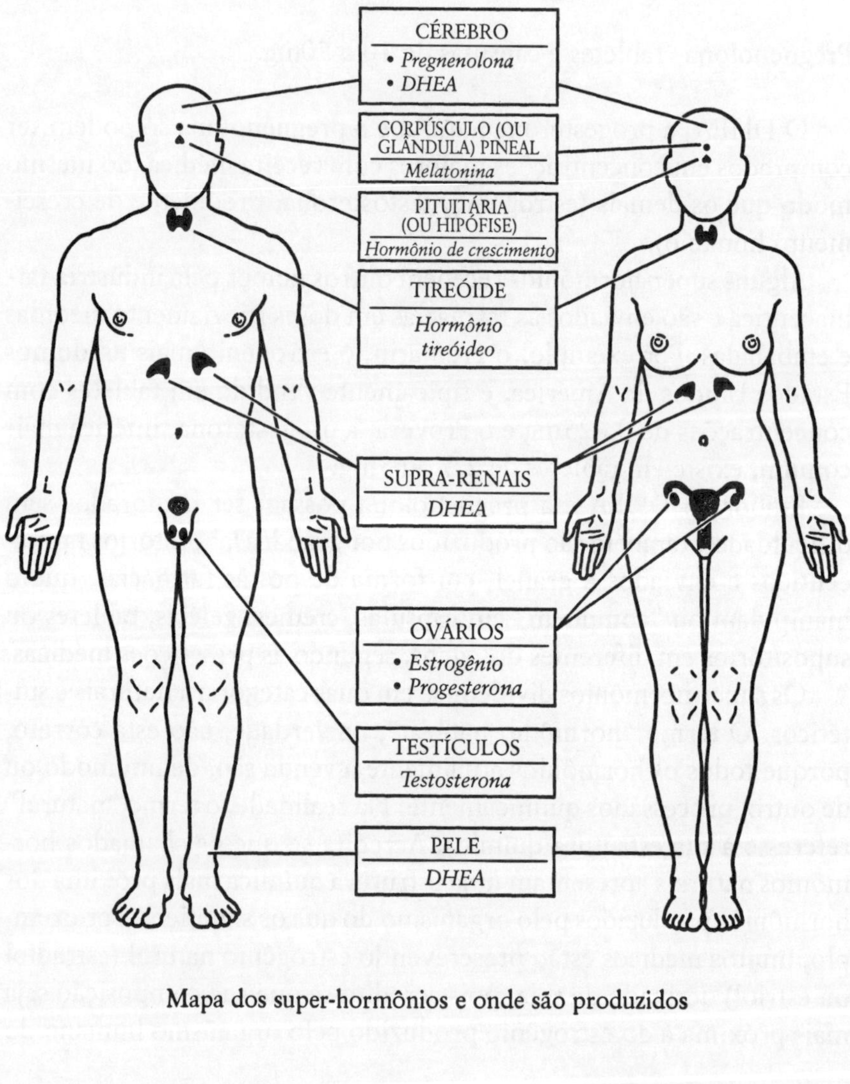


Mapa dos super-hormônios e onde são produzidos

# Parte I

# Dois Super-hormônios sob a Luz dos Refletores

## Introdução: DHEA e Pregnenolona

Esta seção do *Super-hormônio* é dedicada ao DHEA e à pregnenolona, dois super-hormônios que estão atraindo a atenção da comunidade médica/científica e do público em geral.

Durante a década passada, os cientistas, inclusive eu, estudaram o DHEA como um agente contra envelhecimento. Agora esta promessa se realizou de maneira espetacular. As dramáticas descobertas sobre o DHEA, em laboratórios do mundo inteiro, despertaram tamanha atenção que, pela primeira vez, está à venda em qualquer farmácia.

Um subproduto do nosso trabalho com o DHEA foi a descoberta — ou, deveria dizer, a "redescoberta" — do poder de outro super-hormônio, intimamente relacionado e similar ao DHEA. Este parente chama-se pregnenolona e também pode ser comprado em qualquer estabelecimento especializado. Digo redescoberto porque, como será visto, a pregnenolona foi usada há cinqüenta anos para melhorar a memória e a capacidade de aprendizado e no tratamento da artrite. Inspirados pela promessa do DHEA, os pesquisadores mostram renovado interesse pela pregnenolona, e os resultados de estudos recentes são quase surpreendentes. Embora na época em que esta obra foi escrita ainda não tivéssemos sobre a pregnenolona a mesma quantidade de informações que temos sobre o DHEA, seu potencial é enorme, como você observará, mesmo com os resultados preliminares disponíveis.

## CAPÍTULO 1

# DHEA

### A Superestrela dos Super-hormônios

Proporciona energia
Melhora a libido
Recupera a memória
Rejuvenesce o sistema imunológico
Diminui o estresse
Evita o câncer
Previne problemas cardíacos
Reduz a gordura corporal
Terapia para a menopausa
Ajuda a apagar pequenas rugas
Auxilia a lubrificar os olhos
Nova esperança para os sofredores de lúpus
Cura queimaduras

*Há épocas em que tenho estas fases de energia e bem-estar, recordações da juventude. Não me lembro de tê-las experimentado há muito, muito tempo. Não me sentia assim há dezenas de anos.*

— MÔNICA R., 44 anos, advogada,
tomando DHEA há três meses

*Comecei a observar que estava me tornando mais lenta. Não conseguia mais fazer o que fazia antes. Dou aulas no segundo ano primário, e mesmo após passar o dia com vinte agitadas crianças de sete anos, costumava ter uma vida social bastante ativa após o trabalho. À noite não pensava em outra coisa a não ser ir ao cinema com amigos ou dançar. Mas, depois, eu mal conseguia me arrastar para fora da cama pela manhã e passava o dia com dificuldade. Eu queria desesperadamente me sentir como antes. O médico verificou meu nível de DHEA, e como estava muito baixo, recomendou que eu começasse a tomá-lo. Em um mês eu estava de volta ao normal, com minha força de volta. Tinha energia suficiente para fazer o que quisesse. Observei outros fatos interessantes acontecerem comigo. Minha aparência melhorou, a pele está mais suave e o cabelo mais brilhante. Não me sentia nem parecia tão bem há meses.*

— KAREN B., 49 anos,
tomando DHEA há um ano

*Corro três milhas pela manhã e vou à academia de ginástica pelo menos três vezes por semana antes de ir para casa. Ainda trabalho como advogado em tempo integral. Tomo melatonina e DHEA todos os dias. A maioria das pessoas com setenta e cinco anos anda por aí, encurvada, inativa. Estou apreciando verdadeiramente a vida. Todos querem saber meu segredo.*

— JOHN G., 75 anos,
tomando DHEA há seis anos

*Se tivessem me perguntado no ano passado como seria minha velhice, teria respondido que, lá pelos oitenta anos, provavelmente a passaria em uma clínica geriátrica, pois é o que acontece com a maioria dos membros da minha família. Se hoje me fizessem a mesma pergunta, a resposta seria bastante diferente. Ainda continuo com minhas invenções. Comecei a escrever música. Tenho uns dois ou três planos profissionais. Espero estar muito ativo nos próximos anos, pelos oitenta ou noventa, e por que não cem? Tenho filhos e netos e estou certo de que verei meus bisnetos.*

— STEVEN R., 72 anos,
tomando DHEA há um ano

EMBORA ESTES RELATOS pareçam surpreendentes, são similares aos que outros médicos e eu, que temos receitado DHEA para nossos pacientes, ouvimos com freqüência. Eles declaram se sentir com mais energia, saúde e mais sensuais do que na juventude. Tudo isto no exterior, pois, interiormente, o DHEA está corrigindo e revertendo grande parte da degeneração dos seus corpos e sistemas orgânicos — o "use e jogue fora" — que vem ocorrendo desde que atingiram a meia-idade.

Considero o DHEA a "superestrela" dos super-hormônios por seus extraordinários efeitos tanto no corpo quanto na mente. Durante a década passada, os pesquisadores (inclusive eu) descobriram alguns fatos incríveis sobre este super-hormônio, que não só faz com que as pessoas se sintam maravilhosamente bem, como realiza coisas notáveis em virtualmente todos os sistemas orgânicos importantes. O DHEA rejuvenesce o sistema imunológico, melhora a função cerebral, alivia o estresse e talvez se confirme como a mais potente droga anticâncer de todos os tempos. Ainda mais impressionante é o fato de o DHEA já poder ser comprado em qualquer balcão de farmácia, permitindo que este super-hormônio seguro e eficiente esteja disponível a todos.

O que é DHEA? É a abreviação de *Desidroepiandrosterona*. Como o estrogênio e a testosterona, o DHEA é um esteróide, uma espécie de hormônio que se distingue dos outros por sua estrutura química única. Embora isso possa lembrar os esteróides sintéticos que os atletas tomam para "se encher de músculos", os esteróides produzidos naturalmente pelo nosso organismo são bastante diferentes. O DHEA é produzido pelas glândulas supra-renais (localizadas nos rins), pelo cérebro e pela pele, sendo o esteróide mais abundante no corpo humano. Em comparação com os outros hormônios, produzimos enormes quantidades de DHEA, mas, ironicamente, até por volta da década passada, ele era considerado "dispensável", de pouca importância. Os cientistas simplesmente não sabiam o que fazer com o DHEA, pois ele não se comportava como os outros hormônios.

O químico francês Etienne-Emile Baulieu é considerado o primeiro pesquisador a isolar o DHEA dos outros esteróides. O Dr. Baulieu mostrou que o DHEA é feito de um outro super-hormônio, a pregnenolona, e que o DHEA, por sua vez, é convertido em estrogênio e testosterona tanto nos homens quanto nas mulheres. As mulheres produzem mais estrogênio e os homens, mais testosterona. O que confundia os cientistas, entretanto, é que, diferente do estrogênio e da testosterona, o DHEA parecia não ter qualquer função específica no organismo. Os cientistas sabiam que o estrogênio regulava os ovários e que a testosterona afetava os testículos; sabiam, também, que uma deficiência de estrogênio nas mulheres, ou de testosterona nos homens, causaria sintomas específicos. Por exemplo, em mulheres com baixo nível de estrogênio, as menstruações eram irregulares, enquanto os homens com pouca testosterona mostravam diminuição da libido ou fraqueza muscular. Na opinião dos cientistas, o organismo não parecia responder especificamente ao aumento ou diminuição nos níveis de DHEA; por isso, muitos concluíram que o DHEA era simplesmente um precursor dos outros hormônios, isto é, a matéria de que os outros eram feitos.

No entanto, outros cientistas (inclusive eu) não conseguiam aceitar que nosso corpo produzisse uma substância inútil em quantidade tão grande. Suspeitávamos que a natureza tinha uma utilidade para este hormônio, mesmo que ainda não tivéssemos conseguido descobrir qual era. Um desses cientistas foi o Dr. Norman Orentreich, o mundialmente famoso dermatologista que talvez seja mais conhecido pela invenção do transplante de cabelo, mas que também contribuiu para a nossa compreensão do DHEA. Em 1984, o Dr. Orentreich foi um dos primeiros a provar que os níveis de DHEA decrescem gradativamente à proporção que envelhecemos, sugerindo que este hormônio poderia ser uma espécie de "marcador biológico", ou medida, do próprio processo de envelhecimento. A equipe de pesquisa do Dr. Orentreich comprovou que entre os vinte e cinco e trinta anos de idade o nível de DHEA atinge o máximo, depois começa a cair a uma razão de, aproximadamente, 2% ao ano. Também nos mostrou que o aumento e queda nos níveis de DHEA obedecem a um padrão específico. O DHEA existe em grande quantidade no feto humano em desenvolvimento e atua sobre a cérvice uterina da mãe, provocando seu relaxamento pouco antes do trabalho de parto. (No Japão, os médicos dão DHEA às futuras mães com o mesmo objetivo.)

O capítulo anterior mencionou um relógio de envelhecimento que, além de acompanhar a passagem do tempo, distribui informação através do organismo, controlando a diminuição e o fluxo dos superhormônios. Se você observar o aumento e a diminuição do DHEA no decorrer de sua vida, verá a evidência dramática do relógio do envelhecimento em ação. Como recém-nascidos, temos um nível extremamente elevado de DHEA, mas alguns dias após o nascimento, este nível cai até próximo de zero. Então, entre os seis e oito anos de idade, ocorre a chamada "adrenarche", quando nossas glândulas supra-renais começam a se agitar e acelerar para o início da puberdade. Nesta mesma época, gradualmente, o nível de DHEA também começa a subir, continuando até o máximo, aproximadamente aos vinte anos de idade. Deste ponto em diante, ele diminui à razão de mais ou menos 2% ao ano, e começamos a sentir os efeitos desta diminuição aos quarenta e poucos anos. Com oitenta, nosso nível de DHEA é de apenas 15% do que era aos vinte. Com noventa, 5%; e pouco antes de morrermos ele praticamente não existe.

Comecei a me interessar pelo DHEA em 1980, depois de uma conferência científica sobre biologia do envelhecimento que ajudei a organizar. Arthur G. Schwartz, um jovem pesquisador do câncer da Temple University, mencionou um hormônio chamado DHEA que, segundo ele, apresentava algumas propriedades fascinantes. Ele nos contou o que um pesquisador de certa indústria farmacêutica descobrira: adicionando-se DHEA à comida de ratos obesos, este hormônio literalmente dissolvia a gordura, embora ninguém soubesse como. O Dr. Schwartz nos falou a respeito de um pesquisador inglês do câncer que havia observado que os níveis de DHEA eram anormalmente baixos em mulheres com câncer de mama. Ninguém sabia a razão. O próprio Dr. Schwartz realizara algumas experiências fascinantes, dando a ratos um potente carcinógeno, que normalmente provocava desenvolvimento tumoral. Ele, entretanto, descobriu que, quando dava aos ratos uma injeção de DHEA antes da administração do carcinógeno, o câncer não se desenvolvia.

NÍVEIS DE SULFATO DE DHEA NO DECORRER DA VIDA

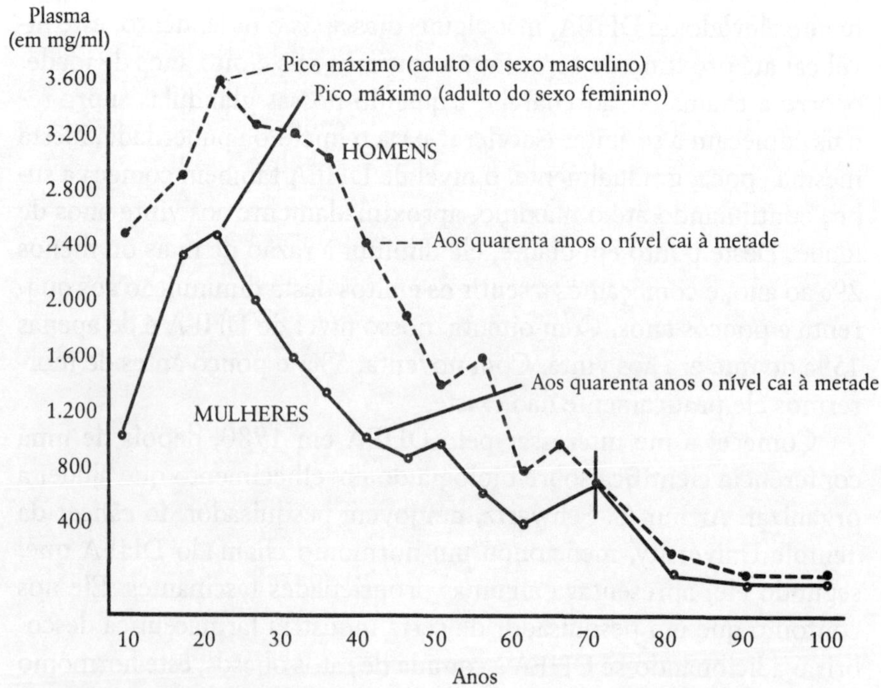


Por volta dos quarenta anos de idade, produzimos metade do DHEA produzido quando tínhamos vinte, nosso pico máximo de adulto

Como oncologista que dedicava sua carreira a tratar de pacientes depois que estes já haviam desenvolvido a doença, fiquei animado com a possibilidade de existir uma substância que talvez ajudasse a impedir, antes de tudo, a ocorrência de câncer. Como cientista pesquisador que tentava despertar o interesse em pesquisas bem fundamentadas sobre envelhecimento, também fiquei curioso com a possibilidade de que o DHEA pudesse desempenhar um importante papel no processo de envelhecimento. Decidi aprender o máximo possível sobre o DHEA, e no decorrer da última década e meia dediquei boa parte do meu tempo ao estudo e observação deste notável super-hormônio. Realizei vários estudos, publiquei inúmeros artigos e co-editei um livro científico sobre o DHEA. Durante anos receitei-o a pacientes, familiares e amigos, que precisavam e se beneficiaram com ele. Quanto mais aprendo sobre o DHEA, mais me convenço de seu papel crucial na nossa saúde e bem-estar, e mais certeza tenho de que o DHEA revelar-se-á a superestrela dos super-hormônios.

O DHEA, atualmente, é o centro de atenção de uma das mais emocionantes pesquisas médicas deste século. Os pesquisadores de importantes centros médicos dos Estados Unidos, inclusive Harvard, Stanford e as Universidades de Wisconsin, Utah e Califórnia, estão estudando as possibilidades e promessas do DHEA. Ele é, comprovadamente, um potente protetor contra o câncer, e Arthur Schwartz está prestes a desenvolver uma droga baseada no DHEA que talvez venha a ser a primeira pílula anticâncer. Descobriu-se que o DHEA protege contra problemas cardíacos, pois diminui o colesterol no sangue e não permite a formação de coágulos. Os estudos também demonstraram que ele contribui para melhorar a memória, reforçar o sistema imunológico, prevenir a perda de tecido ósseo e nos protege até mesmo contra o diabetes e as doenças auto-imunes. O DHEA evita a fadiga e a depressão, aumenta a sensação de bem-estar e a força. Alivia os sintomas da menopausa, reduz a gordura corporal e também é conhecido por melhorar a libido. Não é de estranhar que pesquisadores de todo o mundo estejam começando a tratar com mais respeito, e por vezes até mesmo reverência, o que anteriormente era considerado um hormônio "dispensável". Neste capítulo, vou rever meus próprios resultados e os de outros colegas, mas, antes, gostaria de transmitir o que aprendi sobre o DHEA, através das minhas próprias experiências fora do laboratório.

Venho tomando DHEA durante os últimos dez anos e minha mulher, Sylvia, há dezesseis. Em que ele me ajudou? Tenho setenta e um anos e me considero com sorte, pois não senti aquele cansaço típico da velhice. Eu ensino, cuido de pacientes, escrevo, oriento pesquisas e participo de conferências. Não penso em me aposentar, nem sinto necessidade de diminuir minhas atividades diárias. Na verdade, nunca tive uma vida tão plena. Minha mulher, com sessenta e nove anos, tem uma programação diária similar. Sylvia é uma colecionadora de arte bem conhecida, especializada em cerâmica africana e americana. Além de administrar seu próspero negócio, ainda passa bastante tempo com nossos filhos e netos. Em resumo, sua vida poderia ser considerada agitada para uma senhora de qualquer idade. Que eu saiba,

Sylvia toma DHEA há mais tempo que qualquer um. Ela é um "estudo clínico" que está firmemente convencida de que o DHEA melhorou a qualidade da sua vida. Segundo suas próprias palavras, "o DHEA lhe dá mais energia, ambição e ânimo".

O que o DHEA pode fazer por você? O fato de o DHEA lhe dar mais energia e fazer com que você se sinta mais forte, mais centrado e até mesmo mais feliz é, na minha opinião, uma dádiva. Estes benefícios já estão bem documentados. Acredito, no entanto, que os efeitos do DHEA são muito mais profundos e de maior alcance. Ao tomá-lo, você não somente conserta os estragos que o tempo infligiu a seu corpo, mas também assume o controle do processo de envelhecimento propriamente dito. Você não é mais uma "vítima" indefesa contra as devastações do envelhecimento; é o mestre, o responsável, que está no controle. Com o DHEA, a superestrela dos super-hormônios, você também será capaz de viver sua vida com plenitude, sem receio de precisar "diminuir a velocidade" (a não ser que queira) ou abandonar seus sonhos e ambições. Com super-hormônios em geral, mas principalmente com o DHEA, você conseguirá manter o corpo forte e a mente alerta ao longo das suas próximas décadas, até os setenta, oitenta e noventa. Não sentirá a queda de energia e vitalidade que tipicamente começam na meia-idade, acelerando-se à proporção que chegamos à "velhice". Na minha opinião, não há nada mais triste do que ter sonhos e fazer planos que não possam ser realizados por causa, acredito, de condições físicas e mentais que podem ser evitadas. O Super-hormônio pretende estender a vida e manter uma saúde jovem, para que possamos viver plenamente até nossos últimos dias. O Super-hormônio recorda nossa vida com alegria, sem tristeza ou arrependimento pelo que poderíamos ou deveríamos ter feito, se ainda tivéssemos saúde. O Super-hormônio quer romper as barreiras que não nos permitem fazer o que queremos quando assim o desejamos. Seu propósito é revitalizar corpo e espírito, de modo que tenhamos liberdade para realizar nosso potencial, a despeito da idade cronológica. O DHEA é uma das mais poderosas ferramentas para nos ajudar a atingir estes objetivos de vida.

Como o DHEA está se mostrando tremendamente promissor em tantas áreas, nas páginas seguintes falaremos detalhadamente sobre cada uma.

## DHEA: O Energizador

Um dos modos de o DHEA auxiliar a reverter a espiral descendente da "velhice" é nos ajudando a recuperar a energia da juventude. A energia produzida a partir do combustível que mantém o corpo em funcionamento e sua falta, que ocorre com quase todos nós, pode prejudicar seriamente a qualidade de vida. Sem energia, não conseguimos apreciar a vida nem realizar nossos sonhos.

Atualmente, dezenas de milhares de médicos por todo os EUA receitam DHEA aos seus pacientes para o tratamento de diversos problemas e estão adotando o conceito de que a restauração do DHEA aos níveis da juventude é um "tônico" para evitar a devastação do envelhecimento. Estes profissionais observaram que o DHEA é muito eficiente na luta contra a fadiga. Uma das queixas mais freqüentes de pessoas na meia-idade e acima é que não têm mais o mesmo ânimo de antes. Enquanto no passado conseguiam trabalhar e se divertir intensamente, agora descobrem, bastante frustrados, que se esgotam bem antes do que gostariam. Simplesmente não têm mais a mesma resistência.

A fadiga é uma das queixas muitas vezes ouvidas por Robert Rountree, um clínico geral com próspera clientela em Boulder, Colorado. O Dr. Rountree é um médico tradicionalmente treinado e bastante respeitado, conhecido por suas técnicas inovadoras no tratamento dos pacientes. Seu objetivo, segundo suas próprias palavras, é "proporcionar disponibilidade de cuidados médicos e holísticos à maioria das pessoas que trabalham". O interesse específico do Dr. Rountree é a medicina nutricional. Ele acredita que uma boa alimentação e um estilo de vida adequado sejam essenciais à saúde, mas também crê no poder do DHEA. Quando seus pacientes reclamam de fadiga, além dos exames normais no consultório e dos exames laboratoriais de rotina, o Dr. Rountree verifica os níveis de DHEA no sangue. Se estiverem baixos, como freqüentemente acontece, ele pode receitar DHEA, para que o nível volte ao patamar da juventude, como parte de seu programa de tratamento genérico. Ele comenta que "o DHEA tem um efeito muito característico nos pacientes. Eles me dizem que, no decorrer de um dia, fazem mais coisas do que antes. Podem não sentir qualquer diferença na primeira ou segunda semanas, mas depois de alguns meses notam que algo importante lhes aconteceu. Têm mais energia e ânimo e se sentem melhor. Se você lhes pergunta se desejam parar de tomar o DHEA, respondem que não".

O Dr. Rountree ficou tão impressionado com os efeitos do DHEA que lhe prestou a máxima homenagem: receitou-o a Dot, sua própria mãe. Ela é a maestrina da igreja local, o que lhe exige longas horas de dedicação e paciência ilimitada.

— Minha ocupação é envolvente — explica ela. — Trabalho dia e noite com pessoas de faixas etárias diferentes, que vão desde crianças do segundo ano até adultos. Tenho que me adaptar a todas elas, o que pode ser bastante cansativo.

Quando Dot chegou próximo aos sessenta anos, observou que se cansava facilmente, faltando-lhe o ânimo de antes; entretanto, não queria abandonar seu trabalho ou diminuir seu ritmo. Adorava o que fazia e se ressentia por seu corpo a impedir de ter uma vida ativa. Quando explicou seu dilema ao filho, este sugeriu que ela visitasse seu clínico, para uma verificação do nível de DHEA. Quando o exame de sangue revelou que este nível estava baixo, o Dr. Rountree receitou DHEA. Pouco tempo depois, Dot se sentia revigorada.

— Minha energia voltou e passo o dia sem me sentir exausta — declara alegremente.

O Dr. Rountree diz que receitou DHEA a diversos pacientes, sempre com os mesmos resultados positivos.

O recompensador na história de Dot é a evidente comprovação que o DHEA lhe permitiu continuar vivendo *segundo as condições que ela mesma estabeleceu*. Em outras palavras, ela não precisa alterar seu ocupado cronograma nem seu estilo de vida só porque os anos estão passando. No meu entender, nisto se resume a revolução do super-hormônio: permitir que vivamos como quisermos, sem os entraves normalmente associados ao envelhecimento.

Embora tais relatos anedóticos sejam importantes porque nos informam como as pessoas realmente se sentem quando tomam DHEA, para os cientistas, o principal padrão de pesquisa é uma objetiva e bem-elaborada análise clínica. Um destes estudos foi recentemente realizado por um grupo, liderado pelo Dr. Samuel S. C. Yen, na Universidade de San Diego. O estudo durou seis meses. No decorrer de três meses, treze homens e dezessete mulheres, com idades entre quarenta e setenta anos, tomaram DHEA em quantidades suficientes para restabelecer seus níveis sangüíneos ao de um adulto jovem. Nos três meses seguintes, os participantes receberam um placebo. Ninguém (pesquisadores e pacientes) sabia quem estava tomando DHEA ou placebo, ou seja, o estudo era o que chamamos de "duplo-cego". Os pesquisadores descobriram que quando os participantes tomavam DHEA, ocorria "um notável e perceptível aumento no bem-estar físico e mental tanto nos homens quanto nas mulheres". Em outras palavras, sob DHEA, eles se sentiam melhor, muito melhor. O grupo do Dr. Yen concluiu que eles experimentavam um aumento de energia e dormiam melhor; sentiam-se mais relaxados e em melhores condições para lidar com o estresse. Aqueles com história de sintomas de artrite alegavam sentir menos dor nas articulações. Além disso, nenhum dos participantes sofreu qualquer efeito colateral negativo. O mais significativo no estudo do Dr. Yen é que ele demonstra, sem a menor dúvida, um verdadeiro efeito rejuvenescedor, em termos de melhoria na disposição e recuperação da energia. Não tenho dúvidas de que a revolução do super-hormônio aumentará significativamente o tempo de vida, mas sua maior importância é permitir que nós também tenhamos ânimo para sermos produtivos, desfrutando totalmente estes anos adicionais.

A melhoria na disposição e o aumento nos níveis de energia que as pessoas sentem quando tomam DHEA se estende a muitos outros aspectos da vida. Muitos usam esta recém-descoberta energia para viver a vida com o mesmo prazer de quando eram mais jovens, e esta feliz observação levou-me a discutir sobre a libido, outro maravilhoso efeito positivo do DHEA.

## "Minha Vida Sexual Nunca Esteve Melhor"

Algumas pessoas consideram que a essência da juventude — sentir-se plenamente vivo — é a libido. O que chamo de "condição juvenil" ou "vantagem da juventude" é, na verdade, a possibilidade de ser estimulado ou excitado pelo ambiente que nos cerca. Por isso, acredito que uma sexualidade ativa é, muitas vezes, a chave para a manutenção da juventude. Idade avançada significa, com freqüência, perda de energia e interesse pelo sexo, então esta é outra área onde o DHEA pode ajudar a voltar o relógio.

Um dos comentários repetidos com mais freqüência pelos pacientes, colegas e amigos que tomam DHEA é a recuperação do interesse sexual, principalmente nos homens. Outros médicos declaram que muitos dos seus pacientes do sexo masculino sentiram aumento na libido e que outros, já mais velhos, que há vários anos não tinham ereções matinais, repentinamente começaram a tê-las após tomarem DHEA. Como assinala um amigo meu, um bioquímico que toma DHEA:

— Sinto-me como se tivesse novamente com vinte anos. O sexo nunca esteve tão bom.

Nem é preciso dizer que ele nunca deixou de me agradecer por tê-lo apresentado ao DHEA. Nem sua esposa. Embora, na opinião das mulheres, o DHEA contribua para que se sintam melhor e com mais energia, o aumento da libido não lhes é tão evidente, talvez porque não sintam um declínio tão pronunciado, o que é comum aos homens que atingem uma idade avançada.

O efeito do DHEA sobre as funções sexuais masculinas foi documentado no inovador Massachusetts Male Aging Study (Estudo de Massachusetts Sobre o Envelhecimento Masculino), que investigou, entre outras coisas, a função e atividade sexual dos homens com idades entre quarenta e setenta anos. Os pesquisadores queriam determinar se havia alguma correlação entre problemas de saúde ou de personalidade e a impotência, característica comum nos homens de meia-idade e mais idosos. Pelo menos metade de nós, uma vez ou outra, experimentamos a impotência, definida pelos pesquisadores como "a incapacidade persistente de conseguir e manter a ereção adequada para permitir desempenho sexual satisfatório". O estudo de Massachusetts demonstrou que o risco de impotência total ou grave triplica com a idade. Em outras palavras, 5,1% dos homens com quarenta anos e 15% daqueles com setenta anos alegavam impotência total. Os pesquisadores observaram que a impotência freqüentemente está associada a outros fatores de ordem médica subjacentes, como problemas cardíacos ou de pressão arterial elevada, e algumas vezes surge como um efeito colateral dos medicamentos usados no tratamento de tais condições. O consumo excessivo de álcool e fumo também foram confirmados como fatores contribuintes. Uma das descobertas, entretanto, chamou-me a atenção: dos dezessete hormônios medidos em cada homem, só um apresentou uma correlação direta e consistente com a impotência: o DHEA. À proporção que seus níveis decresciam, aumentava sua incidência.

Os pesquisadores de Massachusetts não conseguiram explicar por que os níveis de DHEA eram mais baixos em homens impotentes. Aventaram a hipótese de que a diminuição dos níveis de DHEA e a impotência poderiam ser somente duas características isoladas e coincidentes no processo de envelhecimento. Também especularam que, uma vez que o DHEA parecia proteger contra os problemas cardiovasculares, e como pacientes cardíacos também estavam propensos à impotência, os níveis de DHEA seriam naturalmente mais baixos nesses pacientes. Estas explicações certamente esclarecem parte da história, mas outros pesquisadores e eu acreditamos que o DHEA também tem um efeito muito maior sobre a sexualidade. Sabemos que ele é convertido, tanto nos homens quanto nas mulheres, em testosterona, conhecida por aumentar a libido em ambos os sexos. Isto explicaria por que os homens, quando tomam DHEA, experimentam aumento de libido.

A sexualidade humana, no entanto, é um processo muito mais complexo que a simples interação entre hormônios. É uma experiência física e emocional, onde corpo e mente desempenham papéis igualmente importantes. O DHEA aumenta a sensação de bem-estar e contribui para que nos sintamos com mais energia e felizes. Reduz a fadiga e a depressão, duas condições comuns, com intenso efeito atenuador sobre a libido. Em se tratando de sexualidade, creio que o efeito do DHEA acima do pescoço é tão importante, e não menos profunda, do que no restante do corpo.

## Recuperação da Memória

O esquecimento é um dos primeiros sinais de envelhecimento. Não é raro que pessoas em torno dos quarenta ou cinqüenta anos comecem a dizer que sua memória já não é mais a mesma de antes.

Quem toma DHEA, entretanto, muitas vezes declara que ele as ajudou a "pensar melhor". Dizem que sua concentração e memória melhoraram. Um dos meus colegas expôs este fato habilmente quando disse:

— Desde que comecei a tomar DHEA, recordo-me com muito mais

facilidade das coisas que normalmente esqueceria. Quanto mais velhos somos, mais aparentes são os efeitos positivos do DHEA sobre a função mental.

De certo modo, a primeira experiência humana quanto aos efeitos do DHEA sobre a memória foi realizada em 1980, com minha sogra, Gussie. Por acaso, esta também foi a primeira vez em que receitei DHEA a um paciente. Com oitenta anos, Gussie sofria da doença de Berger, um problema vascular, particularmente cruel, que provoca coágulos nos pequenos vasos, prejudicando a correta irrigação sangüínea das pernas. Privada de sangue e oxigênio, uma das pernas de Gussie "atrofiou-se", ou morreu, e precisou ser amputada. Após a cirurgia, Gussie ficou profundamente deprimida e totalmente confusa. Esta mulher, antes inteligente e cheia de vida, estava alheia ao ambiente, não conseguia se lembrar dos nomes dos membros mais íntimos da família e parecia em vias da completa senilidade. Seu médico já havia desistido, dizendo que pouco mais se podia fazer, de modo que decidi tentar algo diferente. Preparei um "coquetel" de drogas, incluindo magnésio, hidergine e algumas outras vitaminas. (Naquela época, pensava-se que o hidergine melhorava a memória, mas pesquisas posteriores não confirmaram tal crença.) Nada aconteceu. Então, acrescentei DHEA ao seu regime diário de medicamentos. Em duas semanas vimos uma diferença dramática. A mente de Gussie estava tão aguçada quanto antes e, graças a Deus, sua memória tinha sido recuperada.

Embora os últimos dias de Gussie ainda tenham sido difíceis, ela estava tranqüila e grata por sua mente funcionar bem até o dia em que faleceu. Sentia-se mais controlada e capaz de enfrentar uma situação extremamente difícil para todos. Como no coquetel de Gussie foram acrescentadas várias outras substâncias, este experimento não pôde ser considerado prova suficiente de que o DHEA foi, por si só, responsável pela recuperação da sua memória e mente. Além disso, minha opinião foi comprovada por diversos estudos subseqüentes que mostraram, acima de qualquer dúvida, que o DHEA exerce um efeito direto e profundo na capacidade de processamento e armazenamento de informações do cérebro. Estes resultados levaram alguns pesquisadores a considerar que o DHEA talvez desempenhe um papel importante na prevenção do terrível flagelo mental e da memória que chamamos de doença de Alzheimer.

Antes de comentar estes estudos, preciso dar algumas explicações sobre como o cérebro organiza e armazena a memória. Quando recebemos um novo estímulo, ou seja, quando aprendemos algo novo, isto é "memorizado" ou gravado por células especiais no interior do cérebro, os neurônios, que formam redes conectadas umas às outras. Milhões de redes de neurônios estão em constante comunicação entre si e outras partes do cérebro. Quanto mais neurônios formamos, maior nossa capacidade de memória e, por conseguinte, maior nossa capacidade de aprender e guardar informações.

Sabemos, por estudos com animais, que quando um camundongo, rato ou macaco é criado em jaula, sem estímulos externos, seu cérebro não forma redes de neurônios, fato que prejudica seriamente sua capacidade de aprendizado. O mesmo se aplica às crianças e por isso os pais são orientados a falar e ler para seus filhos o mais cedo possível, até mesmo antes que compreendam as palavras, fornecendo-lhes estímulos sensoriais desde os primeiros dias da infância. Sempre que abraçamos uma criança, ajudamos na produção de uma rede funcional de neurônios. Não é só para efeito decorativo que, intuitivamente, pintamos os quartos dos nossos filhos com cores vivas e penduramos móbiles e outros brinquedos em sua linha de visão. Fazemos tudo isso para estimular a formação destes preciosos neurônios.

Não pense, entretanto, que a formação de neurônios só se aplica às crianças. Embora elas tenham mais capacidade para formá-los, o mesmo processo se aplica às pessoas mais velhas, embora a uma velocidade mais lenta. É por isso que, à proporção que envelhecemos, temos uma dificuldade cada vez maior para aprender coisas novas, além de sentirmos que nossa memória de curto prazo por vezes falha. Se nos é difícil aprender um novo idioma ou recordar nomes de pessoas que conhecemos em uma festa, isto se deve, pelo menos em parte, às nossas redes de neurônios, que se esgotam com mais rapidez do que conseguimos repô-las.

Em vista do importante papel que a formação de neurônios desempenha no aprendizado e na memória, não é de surpreender que os cientistas há muito busquem uma substância que a estimule. A boa-nova é que recentes estudos sobre o DHEA mostram que ele consegue fazer exatamente isso!

Em um estudo inovador, realizado no City of Hope Hospital, em

Duarte, Califórnia, pelo mundialmente famoso cientista Eugene Roberts, o efeito do DHEA na função cerebral foi testado de duas maneiras. Primeiro, o Dr. Roberts colocou culturas de tecidos celulares neurais (do cérebro) de camundongos em lâminas de Petri, depois adicionou DHEA. Ele descobriu que o hormônio estimulava o desenvolvimento tanto das membranas axiais quanto das pequenas pontas que interconectam os neurônios uns aos outros. Em outras palavras, o DHEA nos ajuda a "desenvolver" nossas redes cerebrais, pela formação dos neurônios de interconexão.

No segundo estudo, o Dr. Roberts resolveu ensinar novos truques a camundongos velhos. Juntou um grupo de camundongos velhos e jovens em um labirinto, onde os animais receberiam fracos choques elétricos se fossem na direção errada. Os mais jovens logo aprenderam as lições e, após alguns choques, não repetiram os erros. Além disso, bastante tempo após o término da sessão de treinamento ainda se lembravam do caminho seguro para atravessar o labirinto. Por outro lado, os mais velhos não se saíram tão bem. Eles não só tinham mais dificuldades para aprender, como também esqueciam rapidamente as lições.

O Dr. Roberts, então, repetiu a experiência, mas desta vez deu uma injeção de DHEA nos camundongos mais velhos, dois minutos após o treinamento no labirinto. Depois de receber o DHEA, os camundongos mais velhos passaram a atravessar o labirinto com a mesma facilidade e agilidade dos jovens. Duas semanas mais tarde, quando todos foram novamente testados, os tratados com DHEA ainda retinham a informação, do mesmo modo que os jovens. Este estudo mostrou que apenas uma dose de DHEA produzia um efeito profundo e duradouro na memória dos camundongos. Tais resultados surpreendentes em estudos com animais logo despertaram a atenção dos pesquisadores, que queriam saber se o DHEA poderia operar o mesmo tipo de mágica no cérebro humano.

Outro estudo particularmente interessante foi realizado pelo Dr. Owen M. Wolkowitz, do Departamento de Psiquiatria da Universidade da Califórnia, em São Francisco. Esta pequena mas fascinante experiência envolveu seis pacientes de meia-idade e mais idosos, todos sofrendo de grave depressão e com problemas de memória. Eles tomavam de 60 a 90mg de DHEA oral todos os dias, durante quatro a seis semanas. Os pacientes, além de um alívio significativo na depressão, também sentiram melhora na memória, principalmente em dois aspectos específicos: acidental e semântico. É importante saber o significado destes termos. Memória acidental é a habilidade de recordar detalhes. Por exemplo, você assistiu a uma conferência e no dia seguinte, em vez de lhe pedirem para falar sobre o tema, que provavelmente foi o foco da sua atenção, perguntam-lhe algo menos óbvio, como a roupa do orador ou a cor das paredes do salão. Neste caso, você estará utilizando a memória acidental. A memória semântica envolve acessar o arquivo cerebral de dados de informação para dar uma resposta adequada. É mais fácil compreendê-la comparando-a com o que denominamos memória episódica. Se lhe perguntarem, por exemplo, o que você comeu hoje no café da manhã, você estará sendo solicitado a usar sua memória episódica ou seja, aquela que se lembra do que você fez ou do que aconteceu em determinado instante de tempo. Mas se a pergunta for: "O que geralmente se come no café da manhã?", entrará em funcionamento a memória semântica, isto é, você não precisará se lembrar de um evento ou incidente específico, mas buscará dados comparativos arquivados.

O efeito do DHEA sobre as memórias acidental e semântica é fascinante, porque estas são as primeiras a se deteriorarem nos pacientes que sofrem da doença de Alzheimer, abreviadamente "DA", uma forma irreversível de demência, caracterizada pela lenta destruição de áreas vitais do cérebro que controlam o raciocínio e a memória. O cérebro de pacientes com DA fica saturado por uma espécie de proteína chamada beta-amilóide, que forma placas ou emaranhados característicos, que alguns pesquisadores acreditam que sejam os responsáveis pela destruição das células cerebrais sadias.

Aproximadamente quatro milhões de americanos sofrem de DA, incluindo-se cerca de 10% de todas as pessoas com mais de sessenta e cinco anos. A causa exata desta doença é desconhecida, e até hoje não existem tratamentos eficientes. Se o DHEA auxilia na preservação do tipo de memória que os pacientes com DA perdem, não poderia ser uma ferramenta útil no tratamento da própria doença? O grupo do Dr. Wolkowitz está realizando dois estudos para determinar se o DHEA pode alterar as conseqüências da DA. Um destes estudos, financiado pelo National Institute on Aging, envolve um grupo de pacientes com

DA. Durante seis meses, metade receberá DHEA, e a outra, um placebo. Os pesquisadores observarão se no grupo tratado com DHEA houve melhora no desempenho dos testes psicológicos e se a qualidade de vida desses pacientes está perceptivelmente melhor.

Em outro estudo, financiado pela Alzheimer's Association, o Dr. Wolkowitz simplesmente acompanhará o progresso de trinta pacientes com DA e de outras trinta pessoas saudáveis durante dezoito meses, analisando seus níveis de DHEA, sulfato de DHEA (o organismo converte DHEA em sulfato de DHEA) e cortisona (hormônio do estresse), para ver se existe alguma relação entre o progresso de cada paciente e seus níveis hormonais. Dos doze aos dezoito meses cada grupo passará por uma rigorosa bateria de testes psicológicos. Os pesquisadores tentarão determinar se os níveis de DHEA podem, de algum modo, ajudar a prever a possibilidade de DA. É interessante observar que alguns estudos já mostraram níveis significativamente baixos de DHEA em pacientes com DA, enquanto outros, não. Os pesquisadores da Universidade de Wisconsin também estão realizando estudos similares em pacientes com problemas de memória, inclusive naqueles em que a DA começa a se manifestar e em outros com mais de oitenta anos de idade.

Recentes estudos com doses elevadas de DHEA no tratamento de pacientes com DA muito avançada não obtiveram sucesso, por isso foram rejeitados. O Dr. Wolkowitz acredita, e eu concordo com ele, que aqueles estudos apresentaram duas falhas: primeiro, em se tratando de DHEA (ou qualquer outro hormônio para este fim), uma grande quantidade não é necessariamente mais eficiente. Doses artificialmente elevadas, na verdade, talvez não funcionem tão bem quanto as baixas, mais próximas aos níveis de DHEA naturalmente produzidos pelo organismo, razão pela qual recomendo que as pessoas tomem apenas o suficiente para elevá-lo ao nível normal, ou seja, ao pico da juventude. É por isso, também, que cada indivíduo precisa ter seus níveis hormonais checados, para ver que grau de deficiência deve ser corrigido. Uma dose excessivamente elevada de um hormônio como o DHEA pode inundar as células cerebrais, sobrecarregando os receptores celulares e impedindo que o DHEA funcione com eficiência. Em segundo lugar, dar DHEA a pacientes com DA em estágio avançado, uma vez já tendo havido dano, pode ser muito tarde. O Dr. Wolkowitz crê que o papel do DHEA seja ajudar na prevenção ou impedir a progressão da DA, mas ele não consegue reverter a doença quando esta já se estabeleceu.

— Penso que este efeito é mais permissivo, isto é, se estiver ocorrendo um processo de degeneração neurotóxica por qualquer outro motivo, baixos níveis de DHEA podem prejudicar a habilidade natural do organismo para repará-lo. Em outras palavras, se o cérebro estiver sofrendo algum tipo de dano, a correção dos níveis de DHEA pode facilitar a recuperação ou evitar que progrida.

O DHEA pode proteger o cérebro do desgaste causado pela DA de diversas maneiras. Uma delas é a sua habilidade específica para nos proteger dos efeitos prejudiciais dos hormônios do estresse. Quando estamos estressados, seja por uma discussão com um colega de trabalho, um engarrafamento de tráfego, uma doença ou qualquer outro evento da vida, nossos corpos produzem hormônios de estresse, chamados de corticosteróides, que podem infligir graves danos a muitos órgãos do nosso corpo, inclusive o cérebro. O estresse, e o resultante fluxo de corticosteróides, é particularmente prejudicial para as pessoas mais idosas, porque, à proporção que envelhecemos, os níveis dos corticosteróides permanecem elevados por períodos mais longos do que nos jovens, ou seja, quando envelhecemos e nos expomos ao estresse, nossos organismos são inundados com estes hormônios prejudiciais durante muito tempo, e ficamos mais vulneráveis aos danos que podem causar. Os cientistas da McGill University descobriram que à proporção que os níveis de hormônios do estresse aumentam, nossa capacidade de atenção e memória diminui. Parece que estes hormônios afetam algumas células do hipocampo, porção do cérebro responsável pela memória e pelo aprendizado. Os pacientes com DA muitas vezes apresentam níveis elevados de corticosteróides e, como observado anteriormente, baixos níveis de DHEA. Isto sugere que, à proporção que envelhecemos e nossos níveis de DHEA diminuem, tornamo-nos mais suscetíveis aos efeitos prejudiciais dos corticosteróides, inclusive danos ao hipocampo cerebral, o que pode ser um fator, se não a provável causa, da doença de Alzheimer.

Esta é uma hipótese atormentadora. O DHEA deve ser usado por pacientes com diagnóstico precoce de DA? Como a relação DHEA/Alzheimer ainda está em estudos, o Dr. Wolkowitz é de opinião que recomendá-lo de maneira generalizada a pacientes com DA é uma atitude prematura. Ele afirma, no entanto, que caso haja interesse por parte dos médicos em receitar DHEA a pacientes com DA, ele está disposto a discutir suas próprias experiências com cada um destes profissionais individualmente, para que eles decidam se desejam usar o DHEA com esta finalidade específica. Minha opinião pessoal é que, como não existem tratamentos eficientes para a doença de Alzheimer, o emprego do DHEA pode ser apropriado e racional. Também acredito que, começando a tratar das pessoas de maneira oportuna, isto é, logo que seus níveis naturais de DHEA e outros super-hormônios começarem a decrescer, conseguiremos adiar e até mesmo evitar, em muitos casos, o aparecimento da doença de Alzheimer.

Tenho obtido grande sucesso ao usar o DHEA no tratamento de outra condição que produz sintomas parecidos aos da DA em pessoas jovens: a demência relacionada à AIDS, provocada pela destruição do sistema nervoso central. Um dos aspectos mais cruéis da AIDS é que ela pode privar as vítimas da habilidade de pensar com clareza, e mesmo que elas não estejam fisicamente afetadas, podem estar mentalmente prejudicadas para trabalhar ou desempenhar as funções necessárias à vida diária. Receitei DHEA a dois pacientes com demência provocada por AIDS. Ambos estavam confusos, apáticos, deprimidos e com falta de energia. Seus níveis de DHEA, como já era de se esperar, estavam próximos a zero, e os de corticosteróides atravessavam o teto. Pouco tempo depois que começaram a tomar DHEA estes pacientes recuperaram seus próprios egos. Conseguiam pensar com clareza e expressar os pensamentos de maneira coerente. A capacidade funcional de um deles melhorou tanto que ele pôde voltar a trabalhar. Baseado na minha experiência, sinto que os médicos com pacientes aidéticos sofrendo de demência deveriam considerar o DHEA para seus tratamentos.

## "Os Resfriados Pararam": Rejuvenescendo o Sistema Imunológico

Eu disse inúmeras vezes que o DHEA não é meramente uma pílula do bem-estar, que seus efeitos são sentidos pelo organismo em um nível muito mais profundo e significativo. O DHEA atua de maneira notável no sistema imunológico do corpo, e freqüentemente o receito como reforço. Um caso que gostaria de comentar é o de um amigo e paciente, eminente biólogo, que se queixava de estar sempre doente. Ele passava bastante tempo voando para conferências científicas em todo o mundo, respirando o ar reciclado, não renovado, de aviões. Quando era mais jovem, conseguia resistir às infecções e quase não ficava resfriado. Recentemente, contudo, descobriu que todas as vezes que retornava de uma de suas viagens, um terrível resfriado o acometia. No seu qüinquagésimo aniversário meu amigo se dividia entre limitar suas aparições nestes importantes encontros profissionais, por precisar diminuir as viagens aéreas, ou se resignar a infecções respiratórias crônicas. Ofereci-lhe outra opção: recomendei que começasse a tomar DHEA. Alguns meses mais tarde ele me contou que havia registrado outras vinte mil milhas de passageiro habitual e, inacreditavelmente, nunca mais ficara doente.

— Os resfriados se foram — disse-me ele, com um amplo sorriso. E, como cientista cuidadoso, meu amigo e eminente biólogo acrescentou: — Não direi que é devido ao DHEA, porque não o estudei, mas também não poderei afirmar que não é.

O mais revelador é que ele pretende continuar tomando o DHEA indefinidamente. Pelo que vi em experiências clínicas e pesquisas sobre o DHEA, tanto minhas quanto de outros profissionais, não receio em atribuir a melhora de saúde do meu amigo à sua dose diária de DHEA, revigorando seu sistema imunológico e dando-lhe força e energia para resistir à infecção. Baseio minha opinião no fato de que algumas das mais intrigantes pesquisas sobre o DHEA focalizam-se na sua capacidade para manter um sistema imunológico forte e jovem. O importante nesta pesquisa é que ela mostra com precisão como o DHEA pode evitar a senescência, a espiral descendente associada ao envelhecimento tradicional, através do fortalecimento de nosso corpo contra as doenças.

Embora à primeira vista a conexão entre o sistema imunológico e o envelhecimento não pareça evidente, eles são reflexos um do outro. O sistema imunológico envelhece ao mesmo tempo que o corpo (e vice-versa), e seu estado muitas vezes demonstra quão bem ou mal estamos envelhecendo. Um sistema imunológico "velho" deixará o corpo vulnerável a uma pletora de enfermidades que, além de encurtarem a vida, ainda degradam sua qualidade. Um sistema imunológico forte e jovem contribui para que nos mantenhamos saudáveis, protegendo-nos dos incontáveis "inimigos" que podem destruir nossos sistemas corporais e acelerar o processo de envelhecimento. O DHEA, comprovadamente, pode nos ajudar a manter um sistema imunológico vigoroso. As pesquisas também mostraram que ele consegue fazer o que antes era considerado impossível: transformar um sistema imunológico "defeituoso" em outro, jovem e em perfeito estado de funcionamento.

Para compreender a importância do DHEA e seus efeitos sobre o sistema imunológico, você precisa aprender algumas coisas a respeito de seu funcionamento. O sistema imunológico é um conjunto de células especiais que protegem o corpo contra as doenças. Uma árdua tarefa. Os seres humanos são apenas um dentre as muitas centenas de milhões de organismos que vivem neste planeta, todos tentando sobreviver, apesar dos outros. A qualquer momento existe um número incontável de vírus, bactérias e fungos tentando fixar residência em nosso corpo. Felizmente, um tipo especial de linfócito, ou glóbulo branco, do nosso sistema imunológico — a célula T — identifica tal invasor indesejável e o destrói antes que possa causar dano.

Existem diversos tipos de células T. Um deles, chamado de célula imunossupressora, ajuda o organismo a diferenciar entre invasores inimigos e o tecido do próprio corpo. As células imunossupressoras são muito importantes, porque evitam que o corpo ataque a si mesmo. Quando estas células deixam de funcionar, tornamo-nos vulneráveis a doenças auto-imunes, como a artrite reumatóide e o lúpus.

Depois há as células de imunização chamadas, em inglês, de NK (*natural killers* — matadoras naturais). Estas células monitoram constantemente nosso corpo, em busca de sinais de desenvolvimento celular anormal, que poderia redundar em câncer. Quando as NK identificam qualquer reprodução anormal, elas a atacam.

Outras células de imunização, conhecidas como macrófagas, perambulam pela corrente sangüínea, engolindo todo material estranho que cruza seus caminhos. Por fim, existem também as células de imunização chamadas dendrites foliculares (FDCs), responsáveis pela memória imunológica a longo prazo. Estas células decaem com o tempo e também estão entre as primeiras a serem infectadas pelo vírus da

AIDS. Elas ainda afetam outras células imunológicas, as células B, produtoras de substâncias chamadas anticorpos, que atacam a si próprios para invadir e matar vírus e bactérias. Após derrotar um inimigo, continuam no organismo, emboscando vírus ou bactérias, caso ataquem de novo. Este é o princípio que explica por que desenvolvemos imunidade contra certas doenças. Por exemplo, a maioria de nós só tem catapora uma vez na vida, porque depois desenvolvemos anticorpos que não permitirão que a peguemos novamente.

Quando envelhecemos, entretanto, algumas notáveis mudanças no sistema imunológico afetam nossa saúde de maneira profunda e negativa. As células T tornam-se lentas e menos eficientes na defesa contra os invasores. Assim, ficamos mais propensos a pegar um forte resfriado ou vírus da gripe, e talvez desenvolvamos uma pneumonia quando, em outras condições, aquilo seria uma infecção respiratória benigna. A isto chamamos de "imunossenescência" e é a razão pela qual aconselhamos às pessoas mais velhas que tomem injeções contra gripe nas estações do ano em que elas são mais freqüentes. Um vírus facilmente derrotado por um sistema imunológico jovem pode abalar rapidamente um outro mais velho. Nossas células imunossupressoras não têm mais a mesma facilidade para distinguir entre nosso próprio tecido e o dos invasores, fazendo com que as doenças auto-imunes sejam mais comuns entre os idosos. Nossos anticorpos começam a perder a memória, confundindo amigos com inimigos, permitindo a proliferação de bactérias e vírus e atacando o tecido saudável. As células NK, que formam nosso sistema corporal de vigilância anticâncer, adormecem ao volante, por assim dizer, e não evitam mais os crescimentos cancerosos, o que faz com que a probabilidade de desenvolvermos um câncer aumente de maneira alarmante à proporção que envelhecemos.

Muitos de nós da comunidade científica começamos a acreditar que o declínio imunológico devido à idade não é inevitável, sendo na verdade um resultado direto da diminuição de produção dos super-hormônios, inclusive o DHEA. De todos os super-hormônios, o DHEA pode exercer o mais profundo efeito sobre a imunidade, transformando-o em peça-chave para a manutenção da saúde e da longevidade.

## DE IDOSO A JOVEM

Entre os eminentes pesquisadores que trabalham no papel desempenhado pelo DHEA na função imunológica está o Dr. Raymond A. Daynes, da Escola de Medicina da Universidade de Utah. Ele descobriu o DHEA acidentalmente, há seis anos, quando estudava os efeitos da radiação ultravioleta sobre o sistema imunológico. Naquela época, já se sabia muito bem que a exposição aos raios UV era um fator de risco para o câncer de pele e que o sistema imunológico, de algum modo, estava envolvido. O Dr. Daynes e seu grupo de pesquisa expuseram ratos aos raios UV e depois lhes injetaram células tumorais. Sob condições normais, o sistema imunológico do animal conseguia eliminar aquelas células antes que elas pudessem matar o hospedeiro. Após a exposição, entretanto, as células se desenvolveram incontrolavelmente. O Dr. Daynes quis saber por que os ratos expostos aos raios UV não conseguiam mais detectar e eliminar os tumores e decidiu ver o que havia mudado em seu organismo, provocando tamanha alteração no sistema imunológico. Observou que, após a exposição, os ratos produziam níveis bastante elevados de hormônio de estresse. Naquela época, sabia-se que tais hormônios eram capazes de inibir a reação imunológica — um ponto ao qual voltarei e sobre o qual falarei pormenorizadamente, mais tarde, neste capítulo —, de modo que o Dr. Daynes imaginou uma experiência para verificar se, com a eliminação dos hormônios do estresse, os animais expostos aos raios UV conseguiriam voltar a conter o desenvolvimento tumoral. Neste estudo, ele administrou uma droga que inibia a produção de hormônios de estresse em um grupo de ratos. Depois, como na primeira experiência, expôs os animais a altas doses de radiação ultravioleta e lhes injetou células tumorais, descobrindo algo surpreendente: os ratos que haviam recebido a droga para inibir a produção de hormônios do estresse não desenvolveram tumores. Além disso, sua reação imunológica era muito mais forte que a dos outros, ratos absolutamente normais, usados como grupo de controle!

Em outras palavras: ele havia reforçado o sistema imunológico daqueles animais, o que os protegera dos efeitos cancerígenos dos raios ultravioleta.

Ninguém ficou mais surpreso do que o próprio Dr. Daynes.

— Eu fiquei ali sentado, pensando: “O que, diabos, nós fizemos?”

Como ele mais posteriormente compreendeu, a explicação era muito simples. Quando o Dr. Daynes deu aos ratos a droga que bloquearia a produção de hormônios de estresse, o percurso normal do hormônio no organismo foi alterado, ou seja, abriu-se uma espécie de desvio, enviando uma cascata de reações químicas por outra estrada. Este outro trajeto provocou um aumento da produção de DHEA. Em vez de produzirem hormônios de estresse, que podem debilitar o sistema imunológico, os ratos estavam produzindo maiores quantidades de DHEA, que, aparentemente, o reforçou.

Intrigado com estas descobertas, o Dr. Daynes realizou muitas experiências empregando diretamente o DHEA. Um grupo de testes particularmente interessante mostrou que o alquebrado sistema imunológico dos ratos mais velhos podia ser rejuvenescido com injeções ou administrações orais de sulfato de DHEA. Todos os animais, inclusive os humanos, podem ser imunizados contra determinados vírus tomando, geralmente sob a forma de injeções, uma variedade atenuada deste mesmo vírus. O organismo reage à sua presença, desenvolvendo anticorpos. Posteriormente, se o corpo for exposto ao vírus "verdadeiro", estes anticorpos rapidamente o identificam, atacam e destroem, antes que provoque a doença. Você provavelmente reconhece esta técnica, similar à usada para nos imunizar contra pólio, varíola e gripe, para citar apenas alguns exemplos. Um fato bem conhecido é que quando se vacina um rato velho contra uma bactéria ou vírus causadores de doença, praticamente não há qualquer reação imunológica, ou seja, parece que a presença daquela espécie não é percebida, não havendo produção de anticorpos. É como se seu sistema imunológico já estivesse demasiadamente cansado para reagir à vacina. Mas o Dr. Daynes descobriu que quando estes mesmos ratos recebiam DHEA antes de serem vacinados, o sistema imunológico respondia violenta e vigorosamente, do mesmo modo que o dos mais jovens.

## Tudo Sobre Citocinas

O trabalho do Dr. Daynes mostra claramente como o DHEA consegue "recuperar" e rejuvenescer um sistema imunológico mais velho, para que funcione do mesmo modo que um mais jovem. Por que o envelhecimento exerce um efeito negativo tão acentuado sobre nosso sistema imunológico? Por que um sistema imunológico mais velho é menos eficiente contra a infecção? Por que o sistema imunológico mais velho fica "confuso" e produz anticorpos que atacam seu próprio tecido? Por que o sistema imunológico mais velho tem tamanha dificuldade em distinguir um amigo de um inimigo?

O Dr. Daynes e os membros do seu grupo de pesquisas descobriram alguns fatos que podem ajudar a responder a estas perguntas. Eles acreditam que a resposta esteja nas substâncias similares aos hormônios, chamadas citocinas, que são produzidas pelas células imunológicas. Estas moléculas são liberadas pelas células imunológicas e transmitem informações a outras. As citocinas controlam como nossas células respondem a determinada situação. Elas podem estimular ou bloquear crescimentos, desencadear uma reação ou inibi-la. O exército de células que compõe o sistema imunológico "presta atenção" às citocinas, conhece seus níveis normais, e só inicia uma reação caso estes níveis se alterem. As células, segundo o Dr. Daynes, precisam saber discriminar entre informação e ruído. Tanto nos animais quanto nos humanos, já identificamos citocinas individuais, conhecidas por determinadas reações que desencadeiam, e até mesmo a menor alteração nas citocinas pode provocar um efeito bastante intenso. Por razões que não compreendemos bem, algumas destas citocinas-chave alteram-se com o envelhecimento. O sistema que transmite os sinais entre as células por algum motivo, "quebra", e as células de imunização "ouvem" e reagem a "ruídos" indesejáveis. O nível de uma citocina conhecida como IL 6, por exemplo, que se apresenta elevado em animais e humanos idosos, também é alto em pessoas que sofrem de doenças auto-imunes, osteoporose e certas formas de câncer. Alguns estudos indicaram que níveis elevados de IL 6 podem estimular o desenvolvimento de tumores. É importante observar que estas três doenças são mais comuns nos idosos. Além disso, à proporção que envelhecemos, a IL 2, citocina responsável por ativar a proliferação de células que lutam contra as doenças, diminui, deixando-nos ainda mais vulneráveis às infecções.

Quaisquer anormalidades nas citocinas fazem com que o sistema imunológico se torne completamente confuso. Elas estimulam as células imunológicas a atacar o próprio tecido do corpo e também podem avisar ao sistema imunológico que é tempo de retirada quando, na verdade, ele deveria estar desencadeando um ataque maciço contra algum invasor. Em outras palavras, o "ruído" das citocinas consegue distrair o sistema imunológico, não permitindo que ele execute seu trabalho. O Dr. Daynes acredita que o DHEA rejuvenesce a função imunológica pela reorganização das citocinas fora de controle.

Quando um hormônio ou droga funciona em estudos com animais tão bem quanto o DHEA, existe uma boa possibilidade de que ele também seja igualmente eficiente em seres humanos, mas é claro que a comprovação só se obtém na prática. Os estudos sobre os efeitos do DHEA no sistema imunológico humano demonstraram claramente que a administração de suplementos deste hormônio pode ajudar na recuperação dos níveis normais de citocina e na reação imunológica de pacientes que apresentam claras anormalidades nas citocinas. (Como será explicado em detalhes mais tarde, o DHEA parece ser um tratamento eficiente contra o lúpus, uma das doenças auto-imunes mais comuns e difíceis de tratar.)

Em um trabalho realizado na Universidade do Tennessee, os cientistas relataram que quando uma mulher, após a menopausa, recebia DHEA, o número de células NK, que agem contra o câncer, aumentava, e o nível de citocinas IL 6, relacionadas às doenças auto-imunes e outras do envelhecimento, diminuía.

O Dr. Omid Khorram, ex-professor de medicina da Universidade da Califórnia, em San Diego, e agora membro da Universidade de Wisconsin, considerou o trabalho do Dr. Daynes intrigante e empreendeu um estudo humano inovador sobre o DHEA e a função imunológica. Esta é uma investigação científica particularmente importante, porque é o mais longo estudo sobre os efeitos da recuperação do DHEA aos níveis da juventude em pessoas idosas que, de outro modo, seriam consideradas saudáveis. Na pesquisa do Dr. Khorram, nove homens idosos e saudáveis tomaram DHEA durante cinco meses, e ele descobriu que o hormônio realmente exercia um efeito rejuvenescedor palpável e mensurável, sobre o sistema imunológico em envelhecimento. Ele descobriu que o DHEA aumentava os níveis de IGF-1 nos homens, hormônio através do qual, segundo acreditamos, opera um outro super-hormônio, o do crescimento. O IGF-1, a ser discutido posteriormente, aumenta extraordinariamente a capacidade de imunização. O DHEA também normalizou os níveis dos homens da citocina IL 6, relacionada às doenças auto-imunes. Aumentou os níveis da citocina IL 2, responsável pela aceleração do sistema imunológico na luta contra invasores indesejáveis. Estimulou a produção de células B, produtoras de anticorpos que atacam vírus e bactérias, bem como a produção de macrófagos, os glóbulos brancos que agem contra as infecções "mastigando" os organismos infectantes. O DHEA aumentou o número e a atividade das células NK, que vigiam atentamente células cancerosas em potencial, destruindo-as antes que se desenvolvam.

O Dr. Khorram observou que o DHEA, de fato, fazia com que o sistema imunológico das suas cobaias humanas voltasse a um "padrão de reação mais juvenil". Como isto acontece? A hipótese do Dr. Khorram é que o DHEA realiza sua mágica no sistema imunológico através de um modo virtualmente indireto. Ele acredita que este hormônio controla o efeito dos hormônios do estresse que, como já vimos, exercem um efeito atenuador sobre o sistema imunológico. Ao neutralizar estes inimigos, o DHEA, indiretamente, favorece o funcionamento daquele sistema.

Como já foi mencionado, inúmeros estudos comprovaram que os hormônios do estresse podem destruir células vitais ao combate de doenças no sistema imunológico, deixando-nos vulneráveis às mesmas. Na verdade, muitos pesquisadores chegaram à conclusão que o declínio na proporção entre o DHEA e os corticosteróides pode ser o motivo fundamental para que o sistema imunológico torne-se totalmente confuso, o que faz bastante sentido. Quando somos jovens, nossos níveis elevados de DHEA ajudam a manter os hormônios do estresse sob controle, dando-lhes espaço suficiente para que façam seu trabalho, mas limitando sua atuação antes que possam causar danos. À proporção que ficamos mais velhos, os níveis de DHEA diminuem, permitindo que os hormônios do estresse se alastrem, danificando, lenta e traiçoeiramente, importantes sistemas orgânicos. Quando os níveis de DHEA voltam aos da juventude, consegue-se evitar que estes estragos ocorram. Um sistema imunológico forte e jovem consegue impedir as doenças do envelhecimento, mantendo nossa saúde e vigor.

Vários estudos, tanto do Dr. Kalimi quanto meus, demonstram que o DHEA exerce um efeito protetor contra hormônios do estresse potencialmente letais, e eu agora gostaria de falar a respeito deles. Como você verá, a recuperação do DHEA aos níveis da juventude pode, com certeza, servir como proteção contra os hormônios do estresse, razão pela qual ele é uma arma contra o envelhecimento tão poderosa.

## Domando o Estresse Assassino

Uma das áreas a que eu, pessoalmente, tenho dedicado bastante estudo é ao efeito dos hormônios do estresse sobre a imunidade e, particularmente, como o DHEA protege o organismo contra os estragos daqueles hormônios descontrolados.

Pelas respostas das pessoas que tomam DHEA, realmente não é uma surpresa que nossas pesquisas estejam comprovando o efeito do DHEA sobre os hormônios do estresse. Quem toma DHEA declara, freqüentemente, sentir-se mais capaz de lidar com o estresse, mais tranqüilo e, em resumo, com uma perspectiva mais agradável da vida. O que estas pessoas estão na verdade sentindo é a capacidade particular do DHEA para domar os hormônios produzidos quando o organismo está sob estresse.

Quando estamos estressados, as glândulas supra-renais produzem corticosteróides, substâncias químicas que desencadeiam uma reação orgânica. Os corticosteróides aumentam o nível de açúcar no sangue e aceleram os batimentos cardíacos, fornecendo ao corpo um acréscimo de energia adequado ao desafio físico. Sob condições ideais, a onda de corticosteróides é rapidamente absorvida durante um súbito aumento de atividade física. A maioria de nós, entretanto, não vive em condições ideais. Em muitos casos, nós interiorizamos o estresse, e os destrutivos hormônios permanecem em nossa corrente sangüínea. A doença concentra uma tremenda quantidade de estresse no organismo e, com freqüência, quando adoecemos, os níveis de corticosteróides estão bem elevados. Embora esta condição possa prover o organismo com um rápido incremento de energia, ela pode provocar um efeito atenuador no sistema imunológico. Na verdade, os estudos já mostraram que após períodos de grande estresse nossas "ajudantes" células T, que nos protegem contra as infecções, não funcionam com a mesma eficiência e ficam incapazes de nos proteger das doenças. É por isso que é tão comum que colegas de escola fiquem gripados ou resfriados após completarem seus exames finais. Os mesmos hormônios que lhes forneceram energia para uma noite inteira de estudos e um dia repleto de exames os deixaram vulneráveis à infecção.

O estresse extremo, que geralmente acompanha ou até mesmo induz uma depressão, também pode nos deixar especialmente vulneráveis às doenças viróticas. Há vários anos foi realizado um estudo fascinante em uma base militar em Maryland, que provou com clareza o efeito potencialmente letal dos hormônios do estresse sobre a imunidade. Na época da pesquisa, a gripe asiática grassava por toda a Europa e esperava-se que em breve chegasse aos Estados Unidos. Antes que a epidemia alcançasse as praias americanas, todos os militares da base de Maryland foram avaliados psicologicamente, para que se pudesse determinar sua condição mental. Daqueles que mais tarde pegaram a gripe, os pesquisadores descobriram que 90% tinham sido classificados anteriormente como deprimidos ou demasiadamente estressados, e estes levaram três semanas para se recuperar da gripe. Por outro lado, os soldados que não sofriam de depressão ou estresse recuperaram-se totalmente da doença em cinco dias. Este estudo, na minha opinião, demonstra claramente os efeitos letais do estresse.

Com o passar dos anos, os corticosteróides que produzimos sob estresse continuam na nossa corrente sangüínea por períodos de tempo maiores. Em outras palavras, à proporção que nosso corpo envelhece, tornamo-nos menos eficientes para lidar com estes hormônios, permitindo que causem danos ao sistema imunológico. (O sistema imunológico não é o único afetado pelos níveis elevados de hormônios do estresse. Existem provas de que estes hormônios podem provocar efeitos desastrosos no coração e no cérebro, pontos que discutirei posteriormente.) Nossa incapacidade para lidar com os hormônios do estresse à proporção que envelhecemos é um exemplo primordial de como perdemos nosso poder de recuperação no decorrer dos anos. No capítulo 1 mencionei que, quando somos jovens, estamos mais bem-equipados para nos recuperarmos dos estressores da vida, e como "estressores", considerei qualquer um dos, literalmente, milhares de desafios aos quais nosso corpo é obrigado a responder. À proporção que envelhecemos, temos menos condições de encarar estes desafios com sucesso e passar ao seguinte. A alteração no modo com que nosso organismo lida com os hormônios do estresse demonstra claramente este ponto crítico.

Desde o primeiro momento em que ouvi falar a respeito do DHEA, observei que quando seu nível diminui em nosso organismo, começamos a sofrer os efeitos nocivos dos hormônios do estresse. Eu sabia, pelas pesquisas existentes, que o DHEA tinha uma relação inversa com os hormônios do estresse — ou seja, quando os níveis dos hormônios do estresse sobem, os níveis do DHEA baixam. Então liguei este fato a outro fenômeno enigmático: quando pessoas mais jovens estão sob estresse intenso ou crônico, seus níveis de DHEA tendem a cair verticalmente, tornando-se bastante semelhantes aos das mais idosas! Minha experiência como clínico e médico pesquisador ensinou-me que isto não podia ser mera coincidência. No decorrer dos anos, aprendi que sempre existe alguma relação entre tais eventos biológicos, mesmo que não esteja aparente de imediato.

Para testar minha emergente hipótese sobre o papel do DHEA no sistema imunológico, lá pelo início dos anos 1980 planejamos uma experiência para verificar se o DHEA poderia realmente "salvar" o sistema imunológico dos efeitos destruidores dos hormônios do estresse. Meu amigo íntimo, Dr. Vernon Riley, foi um pioneiro no campo da neuroimunomodulação, o estudo do relacionamento entre o sistema endócrino (que produz hormônios), o sistema imunológico (que nos protege contra doenças) e o cérebro (que controla ambos). O trabalho de Riley e outros pensadores inovadores, inclusive o Dr. Walter Pierpaoli, meu co-autor em *O milagre da melatonina*, foram as bases para o que agora denominamos "medicina corpo/mente". Graças a eles sabemos que o estado emocional pode afetar profundamente a saúde global e, em particular, a condição do sistema imunológico.

Eu tinha uma idéia e pedi ajuda ao Dr. Riley para colocá-la em prática. Em experiências anteriores, o Dr. Riley mostrara que o estresse intenso podia produzir alguns efeitos físicos bastante reais e tangíveis nos animais, podendo, em alguns casos, até matá-los. Ele descobriu que quando expunha um rato a uma situação estressante durante um longo período — por exemplo, quando colocava o animal sobre uma plataforma giratória, amarrava-o e enfiava-o no refrigerador ou molhava-o com água gelada —, seu sistema imunológico sofria algumas alterações peculiares. A glândula timo, localizada sob o externo, onde são armazenadas as importantes células T, parava de funcionar, se atrofiava e morria. O Dr. Riley também observou que uma injeção de hormônios do estresse produzia o mesmo efeito devastador no timo do camundongo. Fato interessante é que em animais mais idosos, inclusive humanos, o timo se atrofia — ou, como nós, cientistas, dizemos, involui — à proporção que envelhecem. Mas o Dr. Riley foi capaz de causar a involução do timo em animais jovens submetendo-os ao estresse ou injetando-lhes os hormônios do estresse! Em outras palavras: o estresse, literalmente, *envelhecia* um sistema imunológico jovem!

Sabendo que os hormônios do estresse podiam provocar a involução do timo e que o DHEA parecia modular os níveis dos hormônios do estresse, sugeri ao Dr. Riley a seguinte experiência: dar aos ratos uma dose de DHEA, estressá-los, colocando-os sobre uma superfície em constante rotação, e observar o que acontecia a seus timos. Ele fez este teste com dúzias de ratos adultos jovens, e os resultados foram notáveis. Quando os ratos recebiam DHEA, o timo não apresentava sinais de danos. Continuava forte e jovem, sem qualquer sinal de estresse. Portanto, o DHEA agira como um amortecedor, um pára-choque, contra os hormônios do estresse potencialmente perniciosos.

O Dr. Riley e eu tentamos outra variação da mesma experiência, cujos resultados são importantes para nossa compreensão sobre como empregar eficientemente os super-hormônios. Em vez de tentarmos evitar a deterioração do timo, desta vez tentamos rejuvenescê-lo depois de já haver sofrido danos. Demos DHEA a animais mais velhos e fizemos com que passassem pelas mesmas provações. Nada aconteceu. Desta vez a glândula continuou atrofiada e "doente". Embora o DHEA fosse um poderoso protetor contra os estragos que o estresse causava ao timo, ele não conseguia reverter os danos já existentes. Menciono o fato porque existe outro super-hormônio que se mostrou capaz de rejuvenescer o timo, e este hormônio é a melatonina, assunto do meu livro anterior. Este é um exemplo de como um super-hormônio pode assumir a partir do ponto abandonado por outro, e é por isso que a administração de um "coquetel" de hormônios promete ser mais eficiente do que a administração de um único.

Talvez o experimento mais constrangedor, quanto aos efeitos positivos do DHEA sobre os hormônios do estresse — e um dos que mais claramente ressaltou seu poder como um super-hormônio —, tenha sido realizado com meu estimado colega Mohammed Kalimi, Ph.D., na Virginia Commonwealth University. Demos aos ratos uma forte dose de dexametasona, um hormônio que imita a liberação de hormônios de estresse e faz com que a pressão arterial se eleve a alturas estratosféricas. Pouco depois de receberem a dose de dexametasona, eles morreram por parada cardíaca ou derrame. No entanto, descobrimos que se os animais tivessem recebido uma injeção de DHEA antes da droga letal, eles não somente teriam sobrevivido, como também teriam normalizada sua pressão arterial. Isto demonstrou que o DHEA age como uma poderosa proteção contra as doenças induzidas por estresse.

Mais recentemente, um grupo liderado pelo Dr. Ben Nathan, em Israel, testou o efeito do DHEA sobre o estresse e a imunidade. Neste estudo, expuseram os ratos a vírus que, sob condições normais, são benignos e aos quais os animais resistem com facilidade. Quando os animais foram expostos ao frio intenso, condição altamente estressante, sucumbiram à infecção virótica e morreram. Quando receberam DHEA antes da exposição ao frio, todos sobreviveram. O hormônio lhes deu 100% de proteção contra o efeito potencialmente letal do estresse sobre seus sistemas imunológicos.

Por que o fato de o DHEA poder proteger contra o estresse é tão importante? Muitas doenças comuns que nos afligem hoje em dia, desde os problemas cardíacos até a artrite, são, segundo se acredita, pelo menos em parte resultantes do estresse. Além disso, o estresse agrava praticamente todas as enfermidades. Portanto, qualquer substância que consiga amortecer o golpe infligido pelo estresse crônico é verdadeiramente preciosa.

A essa altura acho que você já está começando a ver por que considerei o DHEA como o principal super-hormônio contra o envelhecimento, por que me sinto tão seguro com relação a ele, por que eu mesmo o tomo e o receito aos membros da minha família e por que dediquei vinte anos da minha vida estudando-o. O DHEA não só faz com que as pessoas se sintam fortes e vigorosas, mas também tem um acentuado efeito positivo sobre o sistema imunológico, o que ajuda a manter as doenças do envelhecimento a distância. Mas quero salientar que seu efeito sobre o sistema imunológico não é o único modo pelo qual o DHEA luta contra as doenças. O verdadeiramente extraordinário a respeito deste super-hormônio é que ele ataca a doença em diversas frentes. Ajuda nosso organismo a resistir às doenças e apresenta algumas propriedades inigualáveis neste combate. Atualmente, há um trabalho incrível em curso, sobre o papel do DHEA na prevenção e tratamento de doenças específicas, e algumas das pesquisas mais fascinantes são na área do câncer, a respeito do que falaremos agora.

## Um Guerreiro Contra o Câncer

*A quimioterapia estava me matando... O DHEA salvou minha vida.*

— ALEX T., 84 anos, paciente com câncer

O câncer é uma doença muito relacionada ao envelhecimento. Não é por coincidência que ele tende a nos atingir quando ficamos mais velhos e nosso sistema imunológico começa a se "aposentar". Uma pessoa com sessenta e cinco anos tem uma probabilidade cinqüenta vezes maior de ter câncer do que outra com trinta e cinco. Os estudos mostram que, expostos ao mesmo agente causador, um animal jovem conseguirá resistir, enquanto um mais velho sucumbirá. É por isso que grande parte das pesquisas dedica-se a estratégias de prevenção contra câncer.

Quando comecei a estudar o DHEA, foi com a modesta esperança de que este hormônio um dia pudesse ser uma ferramenta útil no tratamento do câncer. Agora, praticamente duas décadas mais tarde, acredito firmemente que o DHEA provou ser muito mais do que apenas outro agente quimioterápico. Por favor, não pensem que considero as drogas quimioterápicas sem importância. Muito pelo contrário: eu as vejo como decisivamente importantes, e foram o primeiro foco da minha pesquisa contra o câncer. No entanto, estas drogas só são úteis depois que o câncer já se estabeleceu. O que outros cientistas e eu achamos tão excitante em relação ao DHEA é que ele parece ser um tipo diferente de droga anticâncer — talvez até mesmo o principal guerreiro contra esta doença —, isto é, um verdadeiro *anticarcinógeno*, já que ele realmente *previne* o aparecimento desta doença mortal.

Compartilho esta esperança com o Dr. Arthur G. Schwartz, da Temple University, um dos líderes mundiais na pesquisa do DHEA e o cientista que, como já comentei, foi o primeiro a me apresentar a este hormônio. Nos idos de 1974, bem antes que eu ou a maioria dos outros membros da comunidade científica tivéssemos sequer ouvido falar a respeito, o Dr. Schwartz já testava as propriedades anticancerígenas do DHEA. Ele e seus colegas documentaram o poder de luta contra o câncer deste hormônio em centenas de outros estudos, empregando tubos de ensaio e animais. O DHEA parece proteger contra uma ampla variedade de carcinógenos e muitas formas diferentes de câncer. Por exemplo, um suplemento de DHEA na comida evitou que um grupo de ratas morresse em decorrência de câncer de mama. Em outro experimento com animais, o hormônio inibiu o desenvolvimento de tumores de pele, cólon e pulmões que haviam sido quimicamente induzidos.

Estas e outras experiências comprovam que o DHEA protege contra o câncer, mas não explica como ele realiza esta proeza. O Dr. Schwartz e seus colegas levaram mais de vinte anos para começar a desvendar este mistério, e embora tenham obtido algumas respostas, ainda há muito o que aprender.

Eis o que sabemos até agora. Quando você pensa em câncer, provavelmente imagina uma célula que de algum modo ficou "má", multiplica-se com rapidez, produzindo mais células "más", que devoram o corpo, privando-o de sua nutrição. Isto é basicamente correto, mas o processo é muito mais complicado e abrange vários níveis diferentes. Para entender como o DHEA funciona, é necessário considerar o câncer como um processo que não se limita a uma célula somente, mas compõe-se de toda uma cascata de eventos. O processo começa com a introdução de um carcinógeno, ou iniciador, uma substância que inicia as primeiras alterações na célula que pode resultar no desenvolvimento do câncer. A relação de prováveis iniciadores inclui: luz ultravioleta, fumo, metais pesados, gorduras, álcool e radiação. Uma célula danificada pode continuar em hibernação durante décadas, até ser "acordada" por uma substância capaz de estimular um tumor, incentivando estas células a se dividirem.

O DHEA parece impedir o processo canceroso nos estágios iniciais frustrando a ação dessas substâncias. O DHEA faz isso inibindo a atuação de uma enzima (uma substância química do organismo) chamada desidrogenase glicose-6-fosfato, abreviadamente G6PDH. Quando pode prosseguir com seus próprios planos, o G6PDH estimula outra enzima, o NADPH, provocando uma reação química que transforma carcinógenos em hibernação em carcinógenos bastante ativos. Carcinógenos inativos ou sedentários não são propriamente um problema, porque não são ativados e deixam as outras células em paz, mas quando são acordados pelo G6PDH e pelo NADPH, tornam-se ativos, e quanto mais ativo um carcinógeno, mais prejuízos pode infligir a outras células. O DHEA evita o câncer interceptando estes chamados celulares para despertar.

## O Antioxidante Definitivo

O DHEA pode desempenhar um papel ainda mais importante para ajudar a prevenir o câncer e outras doenças. O NADPH, a enzima que ativa ou desperta os carcinógenos, também tem uma função fundamental em um grupo de enzimas que geram radicais livres ativados pelo oxigênio. O oxigênio atua no metabolismo, processo pelo qual as células produzem energia. Obviamente, o oxigênio é essencial à vida, e não podemos viver muito tempo sem ele. No conceito da bioquímica, entretanto, o oxigênio é uma faca de dois gumes. Quando produzimos energia, também produzimos radicais livres, átomos muito instáveis, cujo único propósito é se ligarem a outros átomos. Neste processo de ligação, os radicais livres emitem grandes quantidades de energia, que podem destruir ou danificar as células do corpo. Os radicais livres podem causar danos às delicadas membranas celulares protetoras das células, depois se infiltrar no núcleo e afetar o DNA, nosso precioso material genético, provocando todo tipo de mutações que desencadeiam o desenvolvimento celular irregular, o qual, por sua vez, pode levar ao câncer.

Sem dúvida você já ouviu falar a respeito de antioxidantes e talvez até tome vitaminas antioxidantes e outros suplementos, como vitaminas C e E e beta-caroteno. A melatonina e o estrogênio, dois superhormônios que serão discutidos oportunamente neste livro, também são poderosos antioxidantes. Antioxidantes são substâncias que protegem contra os danos provocados pelos radicais livres. Os radicais livres não estão envolvidos só com o câncer, mas também com outras doenças, inclusive aterosclerose (endurecimento das artérias), inflamações e doenças auto-imunes, como lúpus e artrite reumatóide. Um número cada vez maior de pesquisadores tende a considerar os efeitos nocivos dos radicais livres como a principal razão para o envelhecimento. Eu, pessoalmente, não concordo que esta seja a única causa — penso que existem outros fatores envolvidos —, mas creio que eles são os maiores culpados no processo de envelhecimento. Os antioxidantes, como vitaminas C e E, são "lixeiros" de radicais livres, porque eles os "catam" depois que já se formaram e os desmontam. Há boas razões para se acreditar que o DHEA seja o antioxidante definitivo, porque ele parece evitar, antes de tudo, a formação dos radicais livres, bloqueando o NADPH antes que este consiga gerá-los. Esta teoria faz bastante sentido, porque o organismo muitas vezes tem sistemas sobressalentes para compensar qualquer possível falha. Parece muito improvável que uma função tão importante quanto lutar contra os radicais livres fosse relegada a um pequeno grupo de "catadores de radicais", que atuaria na desmontagem, ou seja, depois do fato consumado. O organismo é muito mais esperto para uma atitude assim. Deve haver algum mecanismo que evite previamente a formação dos radicais livres, e as evidências apontam para o DHEA como o chefe da "polícia contra os radicais livres" do organismo.

## O DHEA Posto à Prova

Fui oncologista durante quarenta anos e no decorrer deste tempo o tratamento de determinados tipos de câncer evoluiu a passos largos. Quando comecei a praticar medicina, leucemia era um diagnóstico fatal para crianças, as probabilidades de cura para mulheres com câncer de mama eram baixíssimas e a maioria dos homens com câncer testicular ou pessoas com doença de Hodgkin não viviam o suficiente para comemorar o quadragésimo aniversário. Graças à medicina tradicional e à pesquisa de muitos cientistas dedicados, a leucemia infantil muitas vezes é curável, mulheres com diagnóstico precoce de câncer de mama têm uma chance de 90% ou mais de sobrevivência e já se consegue curar o câncer testicular e a doença de Hodgkin. No tocante ao tratamento do câncer, fui acusado de ser, de certo modo, conservador. Sou a última pessoa a recomendar experiências com tratamentos não-testados ou não-aprovados e fico furioso quando alguns pacientes buscam tratamentos "alternativos" para tipos de câncer que, tenho certeza, podem ser tratados com sucesso através da terapia convencional. Considero tal atitude uma irresponsabilidade, algo que pode levar a trágicas conseqüências. Também conheço, por experiência própria, as limitações da medicina moderna. Embora já tenhamos evoluído bastante, muito sobre esta doença ainda nos confunde e continua um mistério. Ainda não sabemos com certeza o que provoca o câncer e, em alguns casos, o tratamento padrão é cruel, apresenta vários efeitos colaterais e não funciona. Lamentavelmente, nossa evolução quanto ao tratamento de certas variedades de câncer é abismal. Embora, na minha opinião, sejam necessárias mais pesquisas sobre o DHEA antes que possamos incluí-lo rotineiramente em nosso arsenal de agentes quimioterápicos, bem como a realização de testes clínicos para que possamos observar contra que tipos de câncer ele é mais eficaz, considero-o bastante promissor no tratamento do câncer. Uma das razões por que escrevo este livro é incentivar o interesse público e profissional para esta pesquisa. Pelo que já sabemos sobre o DHEA, contudo, penso que os clínicos deveriam considerá-lo como um tratamento contra o câncer, principalmente para as pessoas que não foram muito sensíveis à quimioterapia convencional.

Eu mesmo testei o DHEA, com algum sucesso, tanto em humanos quanto em animais. Primeiro usei-o para tratar de um tumor em Kitty, nossa amada gata, que desenvolvera um sarcoma, um tumor protuberante na órbita de seu olho. Embora este tipo específico de câncer não se desenvolva em humanos, é o mais comum em cães e gatos, e não é diferente do humano em termos de desenvolvimento. No caso de Kitty, o tumor crescia rapidamente, expandindo-se tanto que seu olho estava literalmente sendo empurrado para fora da órbita. Nosso veterinário sentiu que nada mais podia ser feito por Kitty e recomendou que nós a sacrificássemos. Decidi tratá-la com doses elevadas de DHEA. Em três meses o câncer praticamente se dissolvera e a gata gozava de boa saúde. Kitty morreu três meses mais tarde, mas, aparentemente, o DHEA estendeu sua vida por mais uns seis meses e melhorou sua saúde global.

Encorajado pelos efeitos do DHEA no câncer de Kitty, decidi ver que efeito, caso houvesse algum, ele exerceria sobre outros tumores veterinários, o que foi feito em colaboração com Greg MacEwen, D.V. M., atualmente professor de medicina veterinária na Universidade de Wisconsin. A mesma coisa que vi em Kitty observamos em cachorros e gatos depois que começaram a tomar DHEA: uma regressão significativa dos sarcomas. Demos aos animais doses bem elevadas, mas não ocorreram efeitos colaterais desagradáveis.

Como os animais toleraram doses tão altas, senti que o DHEA podia ser usado com segurança em humanos. Resolvi testá-lo, naquilo que é chamado de estudo fase I, nos meus pacientes com diagnóstico de câncer avançado, já em fase terminal. O objetivo era determinar a dosagem ideal para humanos, bem como a tolerância global à droga. No decorrer de dois anos e meio, dei a dezenove pacientes doses extremamente altas de DHEA — 40mg diários por quilo de peso corporal em doses divididas. Considerando que o paciente médio pesava entre 70 e 80 quilos, esta era uma dosagem espantosamente elevada, entre 2.800 e 3.200mg diários. Praticamente em todos os casos o DHEA foi bem tolerado, o que, para mim, confirmava a segurança daquele super-hormônio. Quase todos disseram sentir-se melhor e menos cansados. Fato deveras interessante é que os dois pacientes com o pior prognóstico — câncer renal avançado, uma malignidade particularmente mortal — pareciam sentir-se melhor do que os outros. Estes pacientes terminais tinham uma limitada expectativa de vida, mas o DHEA impediu a progressão de suas doenças. Um deles sobreviveu mais um ano e meio; outro, dois anos, sem regressão, mas também sem progressão. O verdadeiro mérito é que meus pacientes se mantiveram em condições estáveis e sem dor durante a maior parte do seu "tempo adicional". Por isso, embora o DHEA não tenha "curado" o câncer, ele melhorou as condições físicas globais daqueles pacientes e aumentou muito sua qualidade de vida.

Eu não sou o único clínico a obter sucesso no tratamento de câncer avançado com DHEA depois que os convencionais falharam. Por exemplo, um médico que conheço já usa o DHEA há vários anos e recentemente decidiu tentá-lo com pacientes terminais. Um destes pacientes, Alex, homem de oitenta e quatro anos, tinha linfoma avançado. Depois de duas sessões de quimioterapia, o câncer não mostrava qualquer sinal de regressão, mas os efeitos colaterais da quimioterapia eram angustiantes. Alex perdera a sensibilidade no braço e ficara surdo de um dos ouvidos. Sua boca inchara tanto que ele não conseguia comer. Sentia dores e estava de tal modo enfraquecido que mal conseguia se mover. Tudo isso representava um golpe para aquele homem, antes vigoroso e ativo.

— A quimioterapia — relembra Alex — quase me matou, e decidi que aquilo era o bastante. Então fui a um clínico que foi tradicionalmente treinado, mas que pratica uma combinação de medicina tradicional e alternativa.

Alex se lembra que na primeira consulta disse ao novo médico:

— Tenho caroços por todo o corpo. Eu desisto. Acho que estou morrendo.

O novo clínico receitou-lhe DHEA e antioxidantes. O resultado foi impressionante. Hoje, Alex conta:

— Tenho mais energia. Não sinto mais aquelas dores. Embora não possa mais correr, ainda posso andar, usar uma pá, cortar madeira. Não estou exatamente como antes... agora preciso usar uma serra elétrica... mas me sinto muito melhor.

Acreditem, estes são relatos de casos, e a eficiência do DHEA como tratamento para o câncer ainda não foi devidamente avaliada em exames clínicos rigorosos. Mesmo assim, acredito haver um conjunto grande e verossímil de evidências sugerindo que o DHEA pode ser útil quando associado à quimioterapia convencional. Espero que, ao escrever este livro, eu consiga despertar o interesse para este tipo de pesquisa, fazendo com que o DHEA e outros tratamentos em potencial sejam adequada e clinicamente investigados.

## DHEA: O Hormônio do Coração Saudável

Na virada do século, a expectativa média de vida era de 49 anos, e a causa mais comum de morte eram as infecções. Graças às descobertas dos antibióticos e das vacinas, a morte por infecção atualmente é rara. O tempo de vida aumentou em mais de trinta anos, fato, com certeza, digno de aplausos. Todavia é importante observar que, a despeito destes avanços, poucos alcançam a expectativa de vida máxima, 120 anos, porque a maior parte é atingida mais cedo por uma ou outra doença do envelhecimento.

O problema que com mais freqüência bloqueia nosso caminho é o cardíaco. Mais do que qualquer outra doença, o problema cardíaco pode limitar a vida e é o assassino número um de homens e mulheres. Segundo a American Heart Association, se este problema fosse eliminado, a expectativa de vida aumentaria em quase dez anos! Além disso, os problemas cardíacos podem nos roubar o tipo de qualidade de vida que faz com que ela valha à pena. A novidade — e ela existe — é que eu acredito ser possível nos mantermos livres destes problemas. Para atingir este objetivo, no entanto, precisamos mudar radicalmente a maneira como os tratamos. Em vez de esperar que a doença se manifeste e tratar os sintomas, como fazemos agora, precisamos nos concentrar no que acontece no interior do nosso corpo que estabelece as condições para que esta doença consiga se manifestar.

Estou convencido de que o declínio no DHEA e de outros super-hormônios é um fator primordial para a progressão do problema cardíaco. No decorrer da década passada, apareceram algumas evidências, se bem que circunstanciais, de que o DHEA — ou, mais exatamente, a falta dele — é um dos principais fatores para o aparecimento da aterosclerose. Não pretendo sugerir que este hormônio seja a cura para a doença cardíaca, mas outros pesquisadores e eu agora acreditamos que a queda nos níveis de DHEA causada pelo envelhecimento cria um ambiente propício às cardiopatias. Este é outro exemplo do desempenho do DHEA como hormônio atenuador, que ajuda nosso organismo a manter a normalidade, e mostra que, quando estes níveis diminuem, os eventos "anormais" que desencadeiam o processo de envelhecimento começam a ocorrer.

Para se prevenir contra os problemas cardíacos, você precisa aprender algumas coisas sobre como um coração saudável adoece. Quando empregamos os termos "problemas cardíacos ou doenças do coração", na verdade estamos nos referindo à aterosclerose, uma doença que faz com que os vasos que enviam o sangue ao coração se estreitem ou fiquem totalmente obstruídos. (A aterosclerose algumas vezes é chamada de doença arterial coronariana, ou DAC.) O fluxo sangüíneo é bloqueado por depósitos de placas, uma substância espessa, amarelada, cérea, composta por uma variedade de células, incluindo o colesterol, uma espécie de gordura produzida pelo fígado e que pode produzir coágulos sangüíneos. Se o coração for privado de sangue, o músculo cardíaco morrerá, provocando um ataque cardíaco.

A aterosclerose é uma ameaça tão mortal porque, a despeito de décadas de pesquisas, ainda não compreendemos totalmente o que a causa e não temos nenhuma "bala mágica" para tratá-la. A maioria dos pesquisadores acredita que a aterosclerose é causada por uma associação de fatores, que incluem dieta, predisposição genética à doença e estilo de vida. Por exemplo, sabemos que as pessoas que fumam são mais suscetíveis a desenvolvê-la e que a obesidade e o diabetes aumentam substancialmente as probabilidades de alguém falecer devido a um ataque cardíaco.

Também sabemos que a aterosclerose é uma doença basicamente do envelhecimento. Cada década de vida após os cinqüenta anos aumenta exponencialmente a possibilidade de desenvolvê-la. Na verdade, um em cada dois americanos morrerá de problemas cardíacos. Isto vale tanto para homens quanto para mulheres. Embora, tipicamente, os homens sofram ataques cardíacos mais cedo que as mulheres, a partir do momento em que as mulheres atingem a menopausa, elas rapidamente se equiparam aos homens, e esta doença se torna a principal causa de morte para ambos os sexos.

Por que o risco de uma doença cardíaca aumenta tão dramaticamente com a idade? Que papel o DHEA desempenha para nos proteger? A associação entre a diminuição deste hormônio e os problemas cardíacos tem sido objeto de discussões há mais de quarenta anos. Lá pelos idos de 1950, um pesquisador solitário revelou uma descoberta intrigante: as pessoas com problemas cardíacos apresentavam níveis mais baixos de DHEA, fato comprovado por vários estudos posteriores, e esta relação ocorre com muito mais freqüência nos homens.

O interessante sobre a maneira como o DHEA funciona é que ele não nos protege de um modo específico, mas, aparentemente, de várias maneiras diferentes, cada uma das quais explicarei com alguns detalhes.

**A relação com a insulina** Um dos pontos principais deste livro é que super-hormônios como o DHEA não operam no vácuo; eles regulam uns aos outros ou interagem entre si e também com outros hormônios.

Quando os níveis dos super-hormônios caem, o papel e a influência destes outros hormônios pode se alterar, muitas vezes com efeitos prejudiciais à nossa saúde. A relação crítica entre o DHEA e a insulina é um exemplo deste processo, por que demonstra como um declínio no DHEA permite que um hormônio necessário à vida, a insulina, se torne potencialmente letal, principalmente para nossos corações.

A insulina é um hormônio segregado no pâncreas, uma glândula sob o estômago e o fígado, e através deles por células especiais chamadas ilhotas de Langerhans. A insulina é essencial ao controle do metabolismo dos açúcares e amidos corpóreos. Ela transforma o açúcar, ou glicose, para que seja utilizado pelas células do corpo. A incapacidade para produzir insulina suficiente pode levar ao diabetes, uma doença caracterizada pelo excesso de açúcar no sangue ou na urina.

Existem dois tipos de diabetes. O *diabetes do Tipo I* (também chamado *diabetes infanto-juvenil*) ocorre tipicamente durante a infância. Neste tipo de diabetes, o pâncreas não produz bastante insulina e as pessoas com esta doença precisam tomá-la adicionalmente, sob forma injetável. O *diabetes do Tipo II* (também chamado de *diabetes da adolescência*) é a forma mais comum desta doença e não é provocado por falta de insulina. Paradoxalmente, existe insulina em quantidades mais do que suficientes circulando. O problema é que essa insulina não trabalha com a mesma eficiência e não metaboliza o açúcar com a rapidez necessária. Em conseqüência, os níveis de açúcar no sangue sobem, assim como no diabetes Tipo I. Como o corpo tornou-se resistente à ação da insulina, o diabetes Tipo II algumas vezes é chamado de *resistente à insulina*. Este tipo de diabetes pode ser tratado com perda de peso e dieta. Em geral recomenda-se aos pacientes que observem dietas com pouca gordura e muitos carboidratos. Algumas vezes eles também tomam medicação oral ou insulina para controlar as variações de açúcar no sangue.

Aproximadamente 14 milhões de americanos têm alguma forma evidente de diabetes e 85% de todos os casos ocorrem em pessoas com trinta e cinco anos ou mais velhas. Quanto mais velhos somos, maiores as probabilidades de desenvolvermos diabetes do Tipo II. Embora este tipo de diabetes não implique em risco de vida por si só, é um dos principais fatores de risco para aterosclerose e pressão alta, dois assassinos em potencial, que não devem ser menosprezados. Níveis elevados de insulina constituem um risco específico para crianças e jovens adultos. De acordo com o famoso Bogalusa Heart Study, uma pesquisa de vinte e dois anos sobre os fatores predisponentes a doenças cardíacas e de vasos sangüíneos, níveis de insulina cronicamente elevados (um sinal de resistência à insulina) desde a infância até a idade adulta aumentaram enormemente a possibilidade de desenvolvimento de doenças cardíacas, pressão alta, colesterol elevado, danos renais, obesidade e outros graves problemas de saúde. Os pesquisadores do Bogalusa afirmam que um diagnóstico de insulina elevada, sem outros fatores de risco, já é motivo suficiente para começar um tratamento médico sem demora.

Embora ainda não compreendamos muito bem por que a resistência à insulina é um dos fatores de risco para cardiopatias, sabemos que a própria condição pode ter efeitos devastadores nos vasos sangüíneos. Por exemplo, em condições normais, a insulina ajuda a dilatar ou relaxar estes vasos, melhorando o fluxo através do corpo. No entanto, quando as pessoas são resistentes à insulina, seus vasos estão mais sujeitos a espasmos, isto é, podem, repentinamente, contrair-se, bloqueando a irrigação sangüínea e aumentando o risco de ataques cardíacos ou danos isquêmicos às extremidades inferiores. As mulheres têm duas vezes mais probabilidade de desenvolver diabetes do que os homens e também são mais sujeitas a sofrer espasmos arteriais.

Parece que também existe uma relação direta entre a resistência à insulina e a obstrução de vasos sangüíneos devido à formação de placas. Um vaso sangüíneo é muito mais do que um tubo através do qual o sangue flui passivamente; ele também é uma bomba, que precisa empurrar o sangue pelo corpo de maneira ativa. Assim, precisa ser suficientemente elástico para apresentar alguma flexibilidade, e a resistência à insulina aparentemente o endurece. Isto não só interfere com a capacidade de bombeamento dos vasos, mas também pode danificar suas paredes, primeiro passo no muito complicado e mortal processo de formação das placas e coágulos que entopem as artérias.

A resistência à insulina provoca ainda mais estragos nos vasos de pequeno diâmetro, chamados capilares, que enviam sangue aos tecidos periféricos (externos) do corpo. Ela parece inibir o desenvolvimento de capilares, reduzindo o suprimento sangüíneo, o que provoca condições graves, como a neuropatia periférica, ou danos aos nervos, nas extremidades (pernas, mãos e pés).

É óbvio que a resistência à insulina é um problema potencialmente grave, que, sob certas circunstâncias, pode ser desastroso. Se conseguíssemos preveni-la, haveria uma diminuição significativa nas mortes por problemas cardíacos. Sabemos que um peso compatível com a altura, evitando a obesidade, ajuda a controlar a resistência à insulina. Também há evidências quanto ao DHEA desempenhar um papel no controle dos efeitos nocivos da insulina. Meu colega, o Dr. John Nestler, do Medical College of Virginia, assinalou que existe uma relação inversa entre os níveis de DHEA e insulina, isto é, quando um aumenta, o outro diminui. À proporção que envelhecemos, nossos níveis de DHEA naturalmente diminuem e os de insulina aumentam. O Dr. Nestler sugeriu uma teoria muito interessante: que o aumento da insulina, devido à idade, provoca o declínio do DHEA. Então, se pudermos tratar a resistência à insulina em seus estágios iniciais, seremos capazes de recuperar os níveis de DHEA aos da juventude.

Além disso, o Dr. Nestler supõe que o DHEA pode ser o "elo perdido" entre a resistência à insulina e a aterosclerose. Ele acredita que a diminuição do DHEA pode precipitar a deterioração do sistema cardiovascular, que provoca as cardiopatias. Em testes clínicos, o Dr. Nestler ministrou medicamentos a homens com resistência à insulina para normalizar tanto a insulina quanto os níveis de açúcar no sangue. Após a ingestão da droga, seus níveis de DHEA aumentaram significativamente, comprovando haver uma relação inversa entre aqueles dois hormônios.

Considero o trabalho do Dr. Nestler fascinante, e falarei ainda um pouco mais a respeito dele. Parece-me lógico que o DHEA deve, de algum modo, atenuar ou nos proteger dos efeitos prejudiciais da insulina, e à proporção que envelhecemos e o nível de DHEA diminui, o equilíbrio entre estes dois hormônios é alterado, permitindo que a insulina comece a fazer seus estragos, deste modo aumentando nossa vulnerabilidade ao diabetes do Tipo II.

Isto não é especulação de minha parte. Existem fortes evidências de que o DHEA desempenha um papel protetor contra o diabetes, principal fator de risco para problemas cardíacos. Por exemplo, em 1983, Les Coleman, Ph.D., nos Jackson Laboratories, em Bar Harbor, Maine, persuadido por mim, testou o DHEA em ratos que foram especialmente criados para desenvolver diabetes e obesidade. A despeito de sua forte predisposição genética, aqueles ratos não desenvolveram a doença e continuaram com seus pesos normais. Este e outros experimentos semelhantes nos dizem que o DHEA poderia ser uma poderosa ferramenta na prevenção do diabetes. (Na bibliografia sobre o DHEA, incluí diversos estudos adicionais que documentam o potencial do DHEA como tratamento ou agente preventivo contra o diabetes.)

Como você vai ver, outros pesquisadores também mostraram que o DHEA exerce um efeito benéfico sobre diversos aspectos do sistema cardiovascular e, aparentemente, corrige os problemas provocados pela resistência à insulina e danos aos vasos sangüíneos. Também há outros fatores que podem provocar estes danos, que mencionarei a seguir.

## EVITA O "SANGUE PEGAJOSO"

As plaquetas são as partículas responsáveis pela formação dos coágulos sangüíneos. Elas são a versão da Mãe Natureza para o Band-Aid. Quando nos machucamos, as plaquetas correm ao local do ferimento e se aglomeram, formando uma cobertura protetora para estancar a hemorragia. Elas desempenham um trabalho muito importante. Se as plaquetas não estivessem atuando, sangraríamos até a morte. Entretanto, quando são excessivamente zelosas, as plaquetas também podem nos causar problemas. Muitas pessoas têm o sangue "pegajoso", com tendência à formação de excessivos coágulos, que podem se alojar nas artérias, bloqueando o fluxo sangüíneo através do corpo. Muitas dessas pessoas precisam tomar remédios que tornem o sangue menos espesso, como o Coumadin ou a aspirina.

Plaquetas descontroladas também podem ser a principal causa da formação de depósitos plaquetários. Como já mencionei, ninguém sabe exatamente o que provoca estes depósitos, mas existem algumas explicações prováveis. Diversos cientistas acreditam na teoria da resposta aos ferimentos, isto é, a placa começa a se desenvolver quando ocorre algum ferimento nas paredes internas de uma artéria. Se cortarmos uma artéria no sentido transversal, veremos camadas de círculos concêntricos, similares aos de uma cebola. A cavidade central da artéria, por onde passa o sangue, é chamada de luz e fica envolta pelo endotélio, uma fina camada de células epiteliais protetoras. Pela teoria da resposta aos ferimentos, a aterosclerose começa quando o endotélio é ferido. Neste contexto, o ferimento é mais genericamente definido como um "insulto" que poderia afetar a função celular. Uma quantidade excessiva de gordura oxidada no fluxo sangüíneo, por exemplo, poderia "machucar" a célula por causa da alteração no equilíbrio orgânico normal. Muitos pesquisadores também crêem que níveis elevados de insulina de algum modo "ferem" a parede arterial. Em geral, o endotélio (a camada de células epiteliais) consegue curar a si mesmo, mas se o ferimento for grave, o local será preenchido por outras células que a ele acorrem, algumas vezes ocorrendo uma grande confusão por causa do afluxo desordenado. As plaquetas dispersam-se rapidamente pela área, liberando uma substância que faz com que se aglutinem e formem um coágulo. Outros fatores, inclusive o colesterol, alisam as células musculares, juntam-se ao tumulto e tornam-se parte daquilo que se desenvolve como um espesso depósito plaquetário. Se um pedaço deste depósito se desprende, pode se alojar em uma artéria que irriga o coração, provocando um ataque cardíaco, ou em alguma artéria que irriga o cérebro, causando um derrame cerebral.

Ensaios laboratoriais e estudos com seres humanos indicaram que o DHEA evita a formação de tais coágulos. Em uma destas pesquisas, no Medical College of Virginia, colocaram-se plaquetas derivadas de sangue humano em um tubo de ensaio, adicionando-se uma substância aglutinante. Em condições normais, elas formariam um coágulo, mas, adicionando-se DHEA, a probabilidade de se ligarem foi muito menor. Em um segundo estudo, administrou-se DHEA a pacientes propensos à formação de coágulos sangüíneos. Quando os pesquisadores, posteriormente, examinaram o sangue daqueles pacientes, observaram uma significativa diminuição daquela tendência. O DHEA protege contra os ataques cardíacos e derrames cerebrais porque evita a excessiva formação de coágulos.

## Diminui o Colesterol

O colesterol é uma espécie de gordura produzida no fígado e encontrada em alguns alimentos, principalmente nos produtos animais.

Nosso organismo consegue converter gordura, particularmente a animal saturada, em colesterol, que não é de todo mal, pois a partir dele são produzidos todos os super-hormônios, inclusive o DHEA. Existem duas espécies de colesterol: LDL (*low density lipoprotein* — proteína de baixa densidade) e HDL (*high density lipoprotein* — proteína de alta densidade). O tipo LDL é o maior condutor de colesterol na corrente sangüínea. Acredita-se que níveis elevados de LDL sejam o principal fator para a formação de placas. A espécie HDL é conhecida como o bom colesterol, porque carrega o excesso de colesterol para o fígado e intestinos, onde pode ser eliminado do corpo.

Embora o colesterol seja essencial ao funcionamento normal de nosso organismo, níveis elevados podem ser perigosos. Diversos estudos comprovaram haver uma relação direta entre altos níveis de colesterol e problemas cardíacos, por isso organizações como a American Heart Association recomendam que tentemos manter os níveis de colesterol abaixo de 200 miligramas por decilitro de sangue. Como o seu médico provavelmente já lhe disse, tentar manter uma boa relação entre o colesterol total e o HDL também é importante. Por exemplo, se o colesterol total for de 240mg/dl, o HDL precisa ser de 40mg/dl ou mais.

Fazer com que estes valores elevados diminuam não é tão fácil. Reduzir a ingestão de gordura saturada e comidas ricas em colesterol ajuda bastante, mas muitas vezes podem ser necessários outros suplementos (como a niacina ou as novas drogas que diminuem o colesterol, como lovastatin), principalmente se estiverem envolvidos outros fatores que aumentem o risco de desenvolvimento de problemas cardíacos. Como muitos medicamentos empregados para reduzir o colesterol apresentam efeitos colaterais graves, a descoberta de uma substância como o DHEA, que pode fazê-lo com segurança e eficiência, é muito importante. Em 1980 trabalhei como orientador médico de um estudo no qual se administrava DHEA a mulheres que já haviam passado da menopausa, a fim de determinar seus efeitos nos níveis de colesterol no sangue. Depois da menopausa, os níveis de colesterol das mulheres tendem a aumentar, bem como o risco de um ataque cardíaco. (Na verdade, quando as mulheres atingem os sessenta e cinco anos, têm a mesma probabilidade que os homens de sofrer um ataque cardíaco!) Após três meses tomando DHEA, as senhoras da nossa pesquisa apresentaram um declínio de 8% a 10% nos níveis totais de colesterol, fato bastante significativo, porque para cada 1% de queda no colesterol existe uma diminuição de 2% no risco de problemas cardíacos. Desde então, outros estudos confirmaram nossas descobertas.

Por que o DHEA diminui o colesterol? Uma das razões é que o DHEA melhora a capacidade do fígado para utilizar ou se descartar dos lipídios, o que significa que menos colesterol é liberado para a circulação. Outra razão poderia ser a ação antioxidante do DHEA, como explicado a seguir.

## Ação Antioxidante

Em uma das seções anteriores, quando discuti o papel do DHEA como o anticarcinógeno definitivo, expliquei como ele ajuda a proteger as células contra os danos infligidos pelos radicais livres, aquelas moléculas de oxigênio altamente instáveis que destroem as membranas celulares e afetam o DNA. Os radicais livres não só estão envolvidos com o câncer, mas também parecem desempenhar um papel significativo nos problemas cardíacos. Acredita-se que eles danificam o LDL, o assim considerado colesterol ruim. O LDL "ferido" atrai outras células, conhecidas como células de limpeza, que as devoram, formando o que chamamos de células lisas, o que inicia a formação da placa na artéria. Parece que o DHEA detém este insidioso processo nos seus estágios iniciais ao bloquear a seqüência enzimática que desencadeia a formação destes importunos radicais livres. Mais uma vez, este é um bom exemplo de um super-hormônio impedindo o aparecimento de uma doença, interceptando-a nos estágios iniciais, muito antes que possa se manifestar.

O DHEA pode evitar um problema cardíaco ainda de outra maneira: controlando a obesidade, principal fator de risco de problemas cardíacos e derrame cerebral.

## Lutando Contra a Gordura

*Nosso objetivo é ajudar as pessoas a apreciar, com o mesmo prazer, tanto uma tigela de salada com baixo teor de gordura quanto um prato com um monte de batatas fritas de alto teor de gordura.*

— DR. FRANK SVEC, Louisiana State University

O "terror" do peso é um dos maiores problemas da meia-idade e além. A cada ano a maioria de nós aumenta em circunferência e, à proporção que os anos passam, torna-se mais e mais difícil nos livrarmos do excesso de bagagem. Nosso metabolismo torna-se menos acelerado e, em conseqüência, não necessitamos mais da mesma quantidade de comida de quando éramos jovens, mas poucos de nós a diminui. Quer gostemos ou não, os quilos começam a se acumular, resultando naquele corpo flácido, em más condições, fora de forma, que se tornou o padrão do envelhecimento. Nada mais posso fazer além de pensar que isso é muito triste. A aparência física é o âmago da auto-estima, sendo imensamente difícil se sentir bem quando não se tem uma boa aparência. E isso é verdade tanto para os homens quanto para as mulheres.

Muitos passam a segunda metade da vida tentando recuperar o soberbo físico. Alguns até conseguem perder alguns quilos de tempos em tempos. Não importa o método que empreguemos, a probabilidade de engordarmos novamente é elevada. Aproximadamente 90% das pessoas que fazem dieta engordam novamente no decorrer de um ano. Perder peso e mantê-lo é um processo complicado, sobre o qual há muitas coisas a aprender. Uma das áreas de pesquisa mais interessantes e promissoras é a que lida com os efeitos dos hormônios, principalmente o DHEA, sobre o apetite e a perda de peso. Associado a outros medicamentos e estratégias para perder peso, o DHEA parece ser uma arma fantástica na contínua batalha contra as "protuberâncias".

Em 1977, o papel do DHEA como "guerreiro contra as gorduras" se destacou, quando um pesquisador de um laboratório farmacêutico descobriu que o DHEA podia, literalmente, derreter a gordura de ratos obesos. O fato particularmente interessante neste estudo foi que ele demonstrou que o DHEA conseguia provocar perda de peso mesmo que os animais não diminuíssem sua ingestão de comida. Em outras palavras, o DHEA parecia atuar no metabolismo, o processo pelo qual o organismo converte alimento em energia. A perspectiva de uma pílula que pudesse "ajustar" ou acelerar o metabolismo era tão tentadora que despertou a atenção de outros cientistas, inclusive do Dr. Greg MacEwen, da Universidade de Wisconsin. O Dr. MacEwen sabia que os humanos não eram a única espécie a ter dificuldades em manter o peso; a obesidade também é um grande problema para cães, podendo provocar graves problemas de saúde. Como os humanos, muitos cachorros simplesmente não sabem quando devem parar de comer e devorarão qualquer comida que seu dono lhes der — e ainda mais, se o conseguirem. Também como os humanos, para muitos cães obesos, perder peso pode ser um processo lento e difícil, especialmente quando ficam mais velhos. O Dr. MacEwen decidiu testar o efeito do DHEA em cachorros gordos. Na primeira experiência, deu-lhes um suplemento de DHEA em dose bem elevada e permitiu que comessem sua dieta habitual. Ao fim de três meses, dois terços mostraram significativa perda de peso (além de redução nos níveis de colesterol). Com uma terça parte dos cães não houve qualquer mudança. Em outro estudo, o Dr. MacEwen colocou dois grupos de cães obesos sob dieta de baixas calorias. A um deles administrou suplemento de DHEA, enquanto o outro recebeu um placebo. Ao final de três meses, observou que os animais que receberam DHEA perderam 10,7% de seu excesso de peso por mês, enquanto aqueles que tomaram o placebo perderam somente 5,5%, ou seja, os cães sob DHEA perderam o dobro do excesso de peso que os cães que não foram tratados com o super-hormônio, o que indica que apenas a dieta não poderia ser responsável pela perda de peso.

Curiosamente, o Dr. MacEwen observou que um pequeno grupo de cães, aproximadamente 10% do total, não respondeu ao regime DHEA/dieta. Independente do que comiam ou faziam, seu peso continuava estável. Todos eles foram considerados "patologicamente obesos". Diz-se que a obesidade começa quando o peso está 20% acima do ideal e, naqueles cachorros, o excesso era de mais de 40%. O fato destes cães não responderam ao DHEA poderia indicar que os fatores envolvidos nos casos de obesidade patológica são diferentes daqueles da obesidade "normal" e que alterações significativas nas interações hormonais ou contribuem para o desenvolvimento da obesidade patológica ou simplesmente a tornam mais difícil de tratar. Esta descoberta também sugere que a obesidade — não importa se em humanos ou cães — talvez não seja uma doença, mas o resultado de diversas anormalidades químicas e, por isso, um mesmo tipo de tratamento não funciona para todos.

A despeito de o DHEA não ter conseguido ajudar àquele pequeno grupo de cães obesos, a maioria perdeu bastante peso. Como este hormônio estimula a perda de peso? Ele, aparentemente, atua de várias maneiras no metabolismo, o que poderia explicar como consegue melhorar a capacidade do organismo para perder alguns quilos e, ainda mais importante, manter esta condição.

## O DHEA Aumenta o Calor

Sabemos, por vários estudos diferentes, que o DHEA pode desencadear a perda de peso mesmo que a dieta não sofra alterações, embora esta perda de peso seja mais surpreendente se este hormônio for associado a uma dieta de baixas calorias. No entanto, o fato da perda de peso ter sido alcançada sem alterações na alimentação demonstra claramente que apenas a quantidade de comida ingerida não comprova a eficiência do DHEA como ferramenta de emagrecimento. Muitos cientistas chegam a acreditar que o DHEA tem um efeito intensificador na maneira como o organismo metaboliza e utiliza o alimento. Embora possa parecer contraditório, o DHEA realmente pode fazer com que o corpo seja menos eficiente quanto à conservação de energia, e neste caso em particular, menos é melhor. Quando se trata de perder peso, nós, humanos, muitas vezes estamos trabalhando contra a natureza. Do ponto de vista da natureza, a sobrevivência freqüentemente depende de uma capacidade animal para suportar períodos de fome ou escassez. Convertemos alimento em energia e medimos em termos de calorias a energia que tiramos do alimento. A comida nem sempre é abundante para certas espécies (e, infelizmente, também para alguns humanos); assim, a natureza estabeleceu que precisamos viver com tão pouca energia (ou calorias) quanto possível. Os humanos, no entanto, comem muito mais do que o necessário para manter o organismo em funcionamento. O excesso de calorias é convertido em gordura armazenada, aumentando o peso. Para que não engordemos, precisamos queimar aquelas calorias extras antes que o corpo as converta em gordura. É por isso que as pessoas muito ativas conseguem comer enormes quantidades de comida e, ainda assim, continuam magras, enquanto aquelas de vida sedentária precisam controlar cada caloria.

Quando metabolizamos, ou processamos, alimentos, nosso organismo queima energia — é o combustível que mantém o corpo funcionando. Segundo a perspectiva da natureza, é proveitoso metabolizar o que comemos com a máxima eficiência possível, ou seja, devemos utilizar o mínimo de energia, ou combustível, possível, para que armazenemos o excesso como gordura, em uma preparação para um período de escassez. Parece que o DHEA altera esta equação, fazendo com que o corpo queime mais energia para o mesmo trabalho, deste modo utilizando o alimento que seria convertido em gordura e, posteriormente, em aumento de peso. Em outras palavras, para realizar determinada tarefa, o corpo precisa queimar muito mais calorias. É claro que este é um modo bem menos eficiente de operar, mas maravilhoso para a liberação das calorias em excesso.

## Formação de Blocos de Gordura

Outros cientistas explicam que o efeito do DHEA sobre o emagrecimento é totalmente distinto. Acreditam que o DHEA, na verdade, evita a formação dos ácidos graxos, que são armazenados como gordura no nosso corpo. O processo segundo o qual o organismo produz gordura é uma fantástica cascata de eventos bioquímicos, que envolve diversas reações enzimáticas. Em algum ponto ao longo desta complexa trilha, o DHEA bloqueia a ação de uma determinada enzima, inibindo a síntese da gordura, o que poderia explicar por que os animais conseguiram perder peso embora estivessem ingerindo a mesma quantidade de alimento.

## COMENDO MENOS COM SATISFAÇÃO

O efeito mais interessante do DHEA quanto ao emagrecimento talvez seja sobre o apetite. Ele, aparentemente, é um supressor natural da fome, alterando o sistema cerebral de sinalização do apetite (o centro da saciedade), de modo que um animal atinge este ponto comendo menos. Além disso, o DHEA parece reduzir um desejo animal de comer um determinado tipo de comida rico em calorias — gordura. Como a gordura tem mais que o dobro de calorias por grama que a proteína e os carboidratos (a gordura tem nove calorias por grama *versus* quatro calorias por grama para as proteínas ou carboidratos), uma dieta com pouca gordura naturalmente provocaria perda de peso.

Alguns dos estudos mais interessantes sobre o DHEA, ingestão de gordura e controle de peso estão sendo realizados no laboratório dos pesquisadores Frank Svec e John Porter, na Louisiana State University. Os doutores Svec e Porter imaginaram uma experiência para testar o efeito do DHEA sobre a seleção de alimentos de um rato Zucker (uma espécie que, se deixada sem controle, comeria uma dieta de 50% ou mais de gordura). Os pesquisadores desenvolveram três tipos de ração para ratos, com diferentes quantidades de gordura, proteínas e carboidratos. Um continha 90% de gordura, 5% de carboidratos e 5% de proteínas. O outro, 90% de proteínas, 5% de gorduras e 5% de carboidratos. O terceiro, claro, compunha-se de 90% de carboidratos, 5% de gorduras e 5% de proteínas. Um grupo de ratos Zucker podia escolher qualquer um dos compostos alimentares. Em condições normais, eles escolheriam aquele com maior teor de gordura. Mas quando receberam DHEA, eles não só passaram a comer menos, como também mostraram uma preferência marcante pelo alimento com baixas calorias e rico em carboidratos, ou seja, mesmo podendo comer o que quisessem, eles, na verdade, haviam desenvolvido uma predileção por menos comida e menos gordura!

Será que o DHEA pode fazer o mesmo pelos humanos? A dieta rica em gorduras, típica de muitos americanos, foi considerada um fator de risco para muitas doenças graves, inclusive problemas cardíacos, diabetes e câncer. Fazer com que os americanos reduzam sua ingestão de gorduras, mesmo que pouco, poderia provocar um profundo impacto em sua saúde global. Neste aspecto, os resultados dos estudos laboratoriais sobre o DHEA e perda de peso são muito promissores. O que o torna tão especial como um "guerreiro contra o peso" é que, diferente das pílulas emagrecedoras, que oferecem a melhor solução temporária para a perda de peso, diminuindo o apetite sem mudar os hábitos alimentares, ele tem potencial para oferecer uma solução duradoura para a obesidade, uma vez que não só controla o apetite, mas também parece mudar as preferências alimentares. O DHEA pode ser o instrumento para ajudar as pessoas com excesso de peso a emagrecer e continuar assim permanentemente.

O único problema quanto ao emprego do DHEA como um agente de controle de peso é que a dosagem necessária para conseguir perda de peso em ratos era extremamente elevada, e preferimos usar doses mais baixas em pessoas, mais de acordo com nossos níveis naturais de DHEA. Mas este problema não é insolúvel, e acredito que será contornado em breve. Para que o DHEA seja usado como instrumento de redução de peso em humanos, ele teria que ser eficaz em doses baixas, o que poderia ser conseguido associando-o a outra droga, fazendo com que atuasse sinergicamente ou intensificando sua ação. Esta é exatamente a abordagem que os doutores Svec e Porter estão adotando em seus estudos mais recentes. Eles testaram o DHEA associado a um antidepressivo (fenfluramine), também já empregado com algum sucesso como auxílio ao emagrecimento. Similar ao Prozac, outra droga mais conhecida, o fenfluramine é uma serotonina que inibe a recuperação de peso, classe de drogas com um efeito bem definido nos centros cerebrais que controlam o apetite e a saciedade, não só reduzindo a ingestão de comida, mas também diminuindo o desejo por carboidratos.

O problema com o fenfluramine é que, embora inicialmente provoque perda de peso, os pacientes logo desenvolvem uma tolerância a ele, tornando a droga ineficaz. Além disso, o fenfluramine pode gerar dependência, e a FDA não permite que seja receitado durante muito tempo. (Contudo, esta proibição pode acabar em breve. Logo estará disponível uma forma nova e biologicamente mais ativa do fenfluramine, o deoxifenfluramine, considerada tanto segura quanto eficaz.)

Os doutores Svec e Porter quiseram saber se o DHEA e o fenfluramine poderiam continuar a partir do ponto abandonado pelo outro, isto é, se o DHEA poderia intensificar a ação do fenfluramine, estendendo seu período de eficiência, e se o fenfluramine poderia aumentar a atividade do DHEA, para que fosse eficaz em dosagens mais baixas. Eles repetiram seu estudo inicial com os obesos ratos Zucker, permitindo-lhes escolher livremente entre as comidas ricas em gorduras, proteínas ou carboidratos. Desta vez, entretanto, foi administrada uma combinação de baixa dosagem de DHEA e fenfluramine a um grupo de ratos. Outro grupo (o de controle) nada recebeu, também lhe sendo permitido escolher a alimentação. Os resultados foram notáveis. Os ratos de controle engordaram 30% durante a experiência, mas os ratos que receberam a associação hormônio/antidepressivo emagreceram 20%, não desenvolveram tolerância ao coquetel e continuaram a perder peso durante os vinte e oito dias do estudo. O Dr. Svec disse que enquanto lhes deram as drogas, os animais emagreceram drasticamente, acrescentando que, embora os ratos tivessem parado de comer, algumas vezes durante dias, pareciam saudáveis e com energia.

Depois de documentados os efeitos dramáticos do DHEA e fenfluramine, os doutores Svec e Porter declararam que sua próxima tarefa é identificar o mecanismo exato que faz com que a associação funcione. Eles tentarão descobrir como o DHEA e o fenfluramine afetam os neurotransmissores no hipotálamo, o centro cerebral que controla o apetite. A resposta pode preparar o caminho para um tratamento similar, adequado aos humanos.

— Nosso objetivo é descobrir o que acontece no cérebro que o obriga a mudar sua seleção e quantidade de comida — disse o Dr. Svec.

O interessante nesta conduta é que ela visa um problema maior e aparentemente intratável, defrontado por todos que fazem regime. Embora possam emagrecer obedecendo a uma rigorosa dieta de baixas calorias, esse rigor é tedioso e provoca a tentação de voltar aos antigos hábitos alimentares. Portanto, a conclusão óbvia é que todo aquele que faz regime eventualmente engordará de novo.

— O problema com a dieta e os exercícios padronizados é que, embora ajudem a manter o peso, as pessoas ainda sentem vontade de comer — assinala o Dr. Svec. — Existe algo de prazeroso no comer. A associação de DHEA e fenfluramine funcionou com os ratos Zucker. Eles podiam ingerir toda a gordura que quisessem, mas não a desejavam. Ainda não podemos responder a todas as perguntas, mas se a associação DHEA/fenfluramine influenciar a alimentação e nós conseguirmos descobrir um modo de amplificar e anular esta ingestão, teremos algo realmente definitivo e emocionante.

Por que emocionante?

— Nossa esperança é que um dia, se estiver tomando DHEA e fenfluramine, você consiga se dirigir ao balcão de saladas e apreciar realmente a salada, e não o molho que colocará por cima!

## De Interesse Especial para Mulheres

### Terapia do Super-hormônio para a Menopausa

A menopausa é uma época em que as mulheres geralmente se sentem como meras espectadoras, enquanto seus hormônios disparam descontrolados, causando uma devastação no corpo. Muitas se consideram vítimas desamparadas de um evento biológico que não conseguem dominar. Portanto, esta não é a melhor época na vida de uma mulher para que ela assuma o comando da situação.

É importante que toda mulher compreenda o que é a menopausa e seu impacto em potencial sobre a saúde e o bem-estar emocional. A partir deste conhecimento, ela e seu médico podem estabelecer um programa de super-hormônios adequado às suas necessidades individuais. Uma postura ativa pode fazer uma enorme diferença entre sentir-se desamparada e sem esperança ou com bastante controle não só da menopausa, mas de todo o processo de envelhecimento. Este assunto será discutido com mais detalhes nos capítulos sobre estrogênio e progesterona. Aqui, no entanto, gostaria de falar sobre uma emocionante inovação quanto ao emprego do DHEA para mulheres em período pós-menopausa, que merece uma discussão.

Uma das perguntas que me fazem com mais freqüência é se as mulheres que já passaram pela menopausa podem tomar DHEA em vez da típica combinação estrogênio/progesterona. Mais especificamente, elas querem saber:

- O DHEA oferece os mesmos benefícios do estrogênio, sem alguns dos seus efeitos colaterais?
- O DHEA pode evitar a osteoporose, uma doença grave, na qual

os ossos se tornam frágeis e quebradiços, deixando-os vulneráveis a fraturas? (A osteoporose tende a se manifestar após a menopausa, e acredita-se que seja causada pela perda de hormônios femininos.)

- O DHEA consegue proteger as mulheres contra os problemas cardíacos?
- O DHEA ajudará a aliviar alguns dos desagradáveis sintomas da menopausa, como os fogachos (ondas súbitas de calor no rosto) e a atrofia vaginal, que pode ser muito dolorosa?

Durante várias décadas o DHEA, comercializado sob o nome de prasterona, foi usado na Europa para o tratamento da depressão associada à menopausa. Na Itália, uma combinação de DHEA com estrogênio, conhecida como astenile, vem sendo empregada para tratar dos fogachos e outras formas de desconforto da menopausa. Para aqueles de nós que estudam as propriedades do DHEA, faz bastante sentido que o DHEA seja um tratamento útil para a menopausa, porque ele é um precursor do estrogênio, ou seja, é convertido em estrogênio no organismo. Após a menopausa, quando os ovários não produzem mais este hormônio, as supra-renais ainda continuam a fabricar pequenas quantidades dele a partir de outros hormônios, inclusive do DHEA. Por isso, um suplemento de DHEA para mulheres após a menopausa parece ser um modo de aumentar naturalmente os níveis de estrogênio. Além disso, o DHEA apresenta algumas propriedades únicas, que o tornam de grande utilidade para estas mulheres.

Minha mulher, Sylvia, que já toma DHEA há dezesseis anos, tendo começado muitos anos antes da menopausa, decidiu não adotar a terapia de substituição de estrogênio depois da menopausa. Ela nunca precisou. Nunca teve um fogacho, nem experimentou qualquer dos desconfortos normais associados à perda de estrogênio. Embora em sua família existam casos de osteoporose, ela continua esbelta e com postura reta, não apresentando esta doença. Sylvia diz que o DHEA ajudou-a a passar pela menopausa, que ela chama calmamente de "evento inexistente" em sua vida.

Atualmente estão em curso inúmeras pesquisas sobre o potencial do DHEA como substituto para o estrogênio, e diversas que já foram completadas produziram resultados positivos. As descobertas preliminares indicam que o DHEA oferece muitos dos mesmos benefícios do estrogênio, sem os seus vários efeitos colaterais potencialmente perigosos. Embora o DHEA possa não fazer tudo que o estrogênio faz, ele é uma eficiente ajuda quanto a aliviar os sintomas da menopausa e proteger contra as doenças, inclusive com algumas vantagens que o estrogênio não apresenta.

Em uma recente reunião sobre DHEA em Quebec, no Canadá, o Dr. Pierre Diamond descreveu um estudo realizado no Le Centre Hospitalier de l'Université Laval. Nesta pesquisa, o Dr. Diamond receitou uma terapia com suplemento de DHEA a vinte senhoras em período pós-menopausa, com idades variando entre sessenta e setenta anos, durante um ano. Nenhuma delas tomava estrogênio. O DHEA era administrado sob a forma de creme, que as mulheres aplicavam diariamente. Os níveis sangüíneos eram medidos periodicamente, para que se pudesse ter certeza de que o DHEA tinha voltado aos níveis dos vinte anos. Depois de um ano, as mulheres, sem saber, receberam um placebo.

Segundo o Dr. Diamond, durante o período em que elas estavam tomando o DHEA, apresentaram melhora significativa em várias áreas fundamentais. Quase todas declararam um aumento de energia e bem-estar global. Durante o tempo em que as senhoras tomavam DHEA, o Dr. Diamond também percebeu algumas alterações físicas importantes, inclusive as seguintes:

1. Redução nos níveis de insulina e glicose no sangue, o que reforça nossa crença de que o DHEA exerce um efeito positivo sobre a resistência à insulina. Como esta resistência é um fator de risco para problemas cardíacos, isto sugere que o DHEA protege as mulheres em período pós-menopausa contra seu assassino número um.
2. Embora o peso das mulheres continuasse o mesmo, o "índice de massa", ou seja, a razão entre músculo e gordura, se alterou. Os níveis de gordura diminuíram e os de músculos aumentaram.
3. No decorrer da década após a menopausa, as mulheres, tipicamente, perdem em torno de 2% a 4% da massa óssea por ano. Como resultado, muitas sofrem fraturas da bacia ou coluna vertebral. A grande novidade é que, enquanto tomavam DHEA, a densidade óssea aumentou significativamente. Na verdade, após um ano, a

densidade óssea média nos quadris e na coluna, dois lugares particularmente vulneráveis à osteoporose, aumentou.

4. O DHEA provocou uma modesta queda, de 3% a 10%, no colesterol sangüíneo. Neste contexto, modesto não significa insignificante: até mesmo uma queda modesta pode significar grande diminuição de problemas cardíacos.
5. Pelo menos metade das mulheres sofria de atrofia vaginal, ou seja, um afinamento das paredes internas da vagina (o endotélio), ocorrência bastante comum após a menopausa, e de redução na produção de secreções vaginais que lubrificam a vagina. Estas alterações não só provocam desconforto, mas também infecções, podendo tornar as relações sexuais muito dolorosas. O estrogênio tomado oralmente ou um creme à base de estrogênio aplicado diretamente na vagina podem ajudar a aliviar este problema, e parece que o DHEA também é um bom remédio. Oito senhoras com esta atrofia melhoraram bastante após a administração do DHEA. Na verdade, este hormônio, aparentemente, estimulou o desenvolvimento do endotélio vaginal e aumentou as secreções, restaurando a vagina às condições da juventude.

Como oncologista, considero ainda mais interessante o que o DHEA *não faz*: embora ele contribua para o desenvolvimento do revestimento vaginal, não faz o mesmo em relação ao útero. Neste aspecto, o DHEA oferece uma vantagem decisiva sobre a terapia de reposição de estrogênio. Lembre-se que o estrogênio é o hormônio que estimula a formação mensal de tecido sobre o revestimento uterino, preparando-o para receber o óvulo fertilizado em caso de gravidez. Quando a mulher ainda está menstruando, a progesterona desencadeia a descamação deste tecido, expelido durante a menstruação. No período pós-menopausa, entretanto, quando terminam as ondas mensais de progesterona, este excesso de tecido continua aumentando no revestimento uterino, podendo tornar-se canceroso. Esta é a razão pela qual se costuma receitar progesterona sintética (progestin), um hormônio que simula o fluxo menstrual mensal, às mulheres que tomam estrogênio após a menopausa e que não sofreram histerectomia. Em conseqüência, elas continuam experimentando o sangramento mensal, bastante similar ao que acontecia durante o ciclo menstrual. Na verdade, muitas mulheres param de tomar hormônios porque não querem continuar tendo ciclos mensais. Outras descobrem que o progestin as torna melancólicas e que faz com que sintam os mesmos sintomas associados à tensão pré-menstrual (TPM), como inchações e irritabilidade. Os pesquisadores das principais indústrias farmacêuticas estão tentando descobrir uma forma segura de estrogênio, com todos os seus efeitos positivos, que não estimule o desenvolvimento de tecido uterino, eliminando a necessidade de progesterona. Caso tal hormônio seja desenvolvido, não há dúvidas de que muitas mulheres estarão dispostas a experimentá-lo. (Falo a respeito, com mais detalhes, na seção deste livro intitulada "O Novo Estrogênio", no capítulo 5.) O DHEA parece oferecer muitos dos benefícios do estrogênio, sem produzir os efeitos indesejáveis no útero. O único efeito colateral negativo observado pelo Dr. Diamond foi que algumas pacientes apresentaram manchas faciais muito suaves, tratadas eficientemente com um creme tópico.

As descobertas do Dr. Diamond quanto aos ossos me deixaram bastante intrigado, demonstrando claramente que o DHEA pode ajudar na preservação da massa óssea. Sua pesquisa é a primeira a testar e comprovar este efeito sobre mulheres após a menopausa, e seus resultados coincidem com as observações de outros pesquisadores. O Dr. Raymond Daynes, por exemplo, cujo trabalho está relatado na seção deste capítulo sobre o DHEA e o sistema imunológico, demonstrou que o DHEA reduz os níveis de IL 6, um hormônio que se acredita estimular a atividade dos osteoclastos, células especiais que provocam a decomposição óssea. Quando somos jovens, produzimos ossos novos com mais rapidez do que os antigos se decompõem. Portanto, nossos ossos se mantêm fortes. À proporção que envelhecemos, ocorre o contrário, isto é, não conseguimos fazer a reposição com a mesma rapidez, e os ossos se tornam mais fracos. Ao inibir o IL 6, o DHEA pode estar bloqueando este processo destrutivo.

Estão sendo realizadas outras experiências fascinantes sobre DHEA/osteoporose que poderão nos ajudar a compreender melhor a complexa relação entre hormônios e ossos. Uma das mais inovadoras está em curso no Brigham and Women's Hospital, na Harvard Medical School, pela Dra. Julie Golwacki. Ela explica que todas as mulheres experimentam uma diminuição no nível de estrogênio quando envelhecem, ainda que nem todas tenham osteoporose. A Dra. Golwacki acredita que a diminuição de estrogênio não é a única razão pela qual isso acontece, mas que existem outros fatores envolvidos. Sua hipótese é que talvez exista alguma diferença na composição da medula óssea das mulheres propensas ao desenvolvimento de osteoporose. Eis a razão: em se tratando de estrogênio, você provavelmente pensa no hormônio produzido nos ovários, mas, na verdade, ele também pode ser produzido em outros lugares do organismo, fora do sistema reprodutor, no chamado tecido periférico. Alguns pesquisadores crêem que o estrogênio produzido pelo tecido periférico é mais seguro do que o dos órgãos reprodutores, porque ele não entra na corrente sangüínea, circulando pelo organismo. Ele permanece no tecido de onde se origina. A medula óssea pode ser um destes locais de produção, pelo menos em algumas mulheres, e talvez até mesmo em alguns homens.

Em seu estudo, a Dra. Golwacki retira amostras de medula óssea de mulheres que estão sofrendo intervenções cirúrgicas ortopédicas por condições não inflamatórias, ou seja, devido a fraturas características da osteoporose, e as analisa para verificar, entre outras coisas, os níveis dos hormônios principais, inclusive o DHEA (que, como já vimos, é convertido em estrogênio nas mulheres). Seu objetivo é determinar se as mulheres com osteoporose apresentam níveis hormonais mais baixos do que o normal na medula óssea. Se ficar comprovado que o DHEA é um dos elementos da produção de estrogênio na medula óssea, então ele pode ser um tratamento tão eficiente quanto o estrogênio para a osteoporose, talvez ainda melhor, porque pode desencadear a produção daquele hormônio no lugar exato onde é necessário.

## Pele Ressecada

Existem certas alterações relacionadas ao envelhecimento que, embora não signifiquem risco de vida, podem interferir gravemente com a qualidade de vida. Um destes problemas é a pele ressecada. À proporção que envelhecemos, nossa pele torna-se seca, irritada e escamosa. Este problema pode atormentar homens e mulheres, porém é mais comum entre mulheres após a menopausa. Há centenas de marcas de cremes destinados a aliviar os irritantes sintomas da pele seca no mercado, todavia nenhum deles consegue chegar à origem do problema.

A pele seca é, na verdade, o resultado da queda na produção de sebo, uma substância oleosa produzida por glândulas especiais na pele, conhecidas como glândulas sebáceas. O sebo lubrifica a pele. O renomado dermatologista e pesquisador Dr. Norman Orentreich demonstrou que a função das glândulas sebáceas está diretamente relacionada aos níveis de DHEA. Nossas glândulas sebáceas produzem enormes quantidades de sebo quando os níveis de DHEA aumentam durante a puberdade. O excesso de sebo pode provocar acne, problema típico da adolescência. Quando os níveis de DHEA caem, a produção de sebo diminui e nossa pele torna-se mais seca.

O Dr. Orentreich também mostrou que a recuperação dos níveis de DHEA (via suplementos orais ou cremes) pode reativar as glândulas, permitindo que a produção de sebo retorne a níveis mais próximos aos da juventude. O efeito é o de "endireitar" a pele, dando-lhe uma aparência mais jovem. Um dos comentários mais freqüentes (e satisfeitos) que já ouvi de pessoas que tomam DHEA é que a sensação e a aparência da pele são melhores. Sei o que querem dizer. Minha face está virtualmente sem rugas, o que é bastante excepcional, se considerarmos que tenho setenta e um anos de idade. Não consegui resistir à vontade de procurar um artigo que apareceu na *The Sciences*, uma revista popular publicada pela New York Academy of Sciences: um jornalista me descrevia como alguém que "parece vinte anos mais moço do que sua idade". Imaginem só!

## Sensação de Secura nos Olhos

Olhos secos, caracterizados por irritação, vermelhidão e coceira, é outra condição incômoda que se torna mais comum quando chegamos à meia-idade. Embora também afete os homens, atinge principalmente as mulheres, geralmente começando no período pouco antes da menopausa, aqueles anos em que os níveis de estrogênio começam a decrescer rapidamente. Esta condição é particularmente problemática para as mulheres que usam lentes de contato e, na verdade, muitas precisam parar de usá-las. Existem diversos tipos de colírios destinados a lubrificar os olhos, mas nenhum destes produtos resolve realmente o problema. Segundo o Dr. Michael Zeligs, um clínico de

Boulder, Colorado, que estuda a intervenção no processo de envelhecimento e já realizou profundas pesquisas sobre a síndrome dos olhos ressecados, o problema com estas gotas artificiais é que lhes faltam algumas substâncias importantes que existem nas lágrimas verdadeiras. Embora a maioria das pessoas considere as lágrimas como pequenas poças de água, elas contêm uma combinação de lipídios, ou gorduras, altamente complexa. Sem estes lipídios, a lágrima nunca conseguiria se espalhar ou cobrir o olho. Ela evaporaria rapidamente quando exposta ao ar. Embora os produtos artificiais contenham lubrificantes, estes, de modo algum, conseguem se igualar aos produzidos naturalmente pelo olho. Os lipídios encontrados nas lágrimas são produzidos por glândulas produtoras de sebo muito especiais.

Conhecendo o trabalho do Dr. Orentreich, quanto ao estímulo do DHEA sobre as glândulas sebáceas, o Dr. Zeligs procurou saber se ele teria o mesmo efeito sobre aquelas glândulas especiais que produzem os lipídios para os olhos. Assim, o Dr. Zeligs desenvolveu um colírio contendo DHEA e verificou sua teoria em cães pequineses, uma raça que freqüentemente sofre de olhos ressecados. Os cachorros melhoraram bastante. Seus olhos não só ficaram menos irritados, como também ocorreu uma acentuada melhora na produção natural das lágrimas. O Dr. Zeligs, então, receitou o colírio com DHEA a senhoras em torno dos quarenta anos que, por sofrerem de olhos ressecados, haviam desistido de usar lentes de contato. Após o emprego do colírio, as irritações diminuíram e a produção natural de lágrimas melhorou. Muitas conseguiram, sem problemas, voltar a usar lentes. (Para maiores informações sobre como obter este colírio, ver capítulo 10, "Como Tomar os Super-hormônios".)

## No Horizonte

Como já mencionei, um de meus principais objetivos ao escrever este livro é alertar o público para as importantes pesquisas que estão sendo realizadas sobre os super-hormônios como o DHEA. Na seção que se segue revisarei algumas destas inovadoras pesquisas atualmente em curso sobre o DHEA, que tem o potencial de estender a vida e melhorar sua qualidade para inúmeras pessoas.

## Nova Esperança para Aqueles que Sofrem de Lúpus

Alguns dos mais impressionantes trabalhos realizados sobre o DHEA são os estudos clínicos sobre uma das doenças auto-imunes mais comuns e de mais difícil tratamento: o lúpus eritematoso sistêmico, mais conhecido como lúpus ou LES (em inglês, SLE — *systemic lupus erythematosus*), para o qual o DHEA mostrou-se bastante eficaz.

Doenças auto- (de "em si mesmo") imunes são as que ocorrem quando as células do sistema imunológico, sem qualquer razão aparente, atacam o próprio tecido do corpo. Quando o sistema imunológico é jovem e está funcionando corretamente, ele envia células especiais — apropriadamente chamadas de células "supressoras" — que evitam que o sistema imunológico inicie o considerado "fogo amigo" sobre seus próprios tecidos e órgãos. À proporção que envelhecemos, estas células supressoras tornam-se menos eficientes, passando a ter mais dificuldade para distinguir amigo de inimigo. Neste caso, o sistema imunológico se descontrola e o exército de células que lutam contra as doenças, que deveria nos proteger, nos ataca. As doenças auto-imunes são mais freqüentes em pessoas idosas, uma vez que o sistema imunológico começa a falhar, tornando-se menos eficiente. É por isso que o risco de se desenvolver uma doença como a artrite reumatóide ou a doença de Hashimoto (uma disfunção da tireóide) aumenta com a idade. Algumas doenças auto-imunes, entretanto, também são comuns em pessoas jovens, principalmente mulheres. Não sabemos o que provoca a reação auto-imune; imaginamos que pode ser desencadeada por alguma infecção virótica não detectada, um defeito genético na produção ou metabolismo dos hormônios sexuais ou uma combinação de todos estes fatores.

O lúpus é uma doença inflamatória crônica, que pode afetar virtualmente qualquer parte do corpo. Caracteriza-se por uma hiperatividade do sistema imunológico, que produz *auto*-anticorpos, atacando os próprios tecidos do corpo. Os casos de lúpus podem ser brandos ou graves. No último caso, estes auto-anticorpos podem provocar um descontrole total no organismo, atacando diversos lugares, inclusive a medula óssea (resultando em grave anemia), tecidos conjuntivos (com dores nas articulações, artrite e inflamação muscular) e órgãos como os rins, coração e cérebro.

Aproximadamente meio milhão de americanos têm lúpus e, destes, 90% são do sexo feminino. Embora o lúpus possa se desenvolver durante a infância, ele atinge com mais freqüência as mulheres com idade para engravidar, ou seja, entre quinze e quarenta anos. Os sintomas variam de paciente para paciente. As queixas mais comuns são fadiga excessiva, dores nas articulações, erupções na pele, dores no tórax (causadas por inflamações nos tecidos que revestem o coração e os pulmões), dores de cabeça, secura nos olhos e na boca, mãos e pés frios e dificuldade de concentração. O lúpus algumas vezes pode ser bastante brando e diminuir até praticamente desaparecer durante meses ou até mesmo anos. Depois o paciente pode atravessar um período de graves sintomas, chamado de "explosão".

Embora, como já assinalei, a origem exata do lúpus não seja conhecida, os cientistas identificaram certas alterações, no sistema imunológico, que são características da doença. Os pesquisadores médicos acreditam que o desencadeamento da produção de auto-anticorpos pode ser provocado por uma falha de comunicação no interior das células do sistema imunológico, que precisa manter um delicado equilíbrio entre agressão e inatividade. Os glóbulos brancos, chamados linfócitos, são os principais responsáveis pela produção de anticorpos. Os linfócitos B produzem anticorpos quando o organismo precisa deles e são controlados pelas células T. Um grupo destas células, que chamamos de auxiliadoras, incentiva os linfócitos B a produzir mais anticorpos, reforçando as defesas do organismo. Outro grupo de células T, as supressoras, diz às células B quando é hora da retirada. O lúpus parece ocorrer quando as células supressoras não se comunicam adequadamente com as células B, que não ouvem, ou não prestam atenção, ao comando para parar a produção de anticorpos. Como resultado, as células B se descontrolam, produzindo anticorpos contra o mesmo tecido que o sistema imunológico deveria proteger.

Não existe cura para o lúpus, mas existem alguns tratamentos eficientes, cada um com suas desvantagens. Nos casos brandos, por exemplo, pode ser receitado qualquer antiinflamatório sem esteróides (NSAIDs — *nonsteroidal anti-inflammatory*). Estes medicamentos podem proporcionar algum alívio, mas sua eficiência diminui após mais ou menos um ano, quando o remédio deve ser trocado. Também podem ocorrer alguns efeitos colaterais indesejáveis, desde suaves indisposições estomacais até sangramento gastrintestinal, retenção de líquidos, problemas hepáticos e anormalidades na função renal. As drogas contra a malária também são eficazes contra o lúpus, mas, assim como as anteriores, podem causar efeitos colaterais potencialmente perigosos, inclusive danos aos olhos, queda de cabelo e neuropatia periférica (problemas nos nervos).

Aos pacientes que não respondem bem aos medicamentos já citados pode-se dar corticosteróides, os quais, como já vimos, são hormônios que o organismo produz durante épocas de estresse. Funcionam muito bem, os pacientes sentem-se melhor da noite para o dia, mas os corticosteróides podem produzir efeitos colaterais graves, como aumento de peso, diabetes, pressão alta, aumento do nível de colesterol, osteoporose prematura e maior suscetibilidade à infecção. (Ao reprimir a função imunológica, os corticosteróides reduzem a produção de auto-anticorpos, mas também fazem o mesmo com a produção de anticorpos que lutam contra as doenças.)

Drogas imunossupressoras ainda mais fortes, do tipo usado no tratamento do câncer, também podem ser dadas aos pacientes com lúpus. Estas drogas, como o Cytoxan, atingem as células que se dividem com rapidez e, enquanto "reduzem" a função imunológica, podem apresentar, a longo prazo, efeitos colaterais devastadores, inclusive danos ao fígado, queda de cabelo, infertilidade e um risco maior de câncer. Por isso estas drogas só são receitadas quando absolutamente necessárias ao tratamento dos casos mais graves de lúpus.

Como você já pode imaginar, o desafio ao tratar de pacientes com lúpus é descobrir a terapia que alivia os sintomas — e controla o sistema imunológico superativo — sem infligir danos posteriores. Dois pequenos, mas bem-sucedidos, estudos realizados no Stanford University Medical Center mostraram que o DHEA é um eficiente tratamento em casos de lúpus. Um grupo liderado por Ronald F. van Vollenhoven testou o efeito deste hormônio em pacientes femininas com lúpus brando ou moderado. No primeiro estudo, os pesquisadores deram 200mg de DHEA via oral a dez pacientes, por um período de três a seis meses. No decorrer deste tratamento, oito das dez pacientes não só declararam que estavam se sentindo e passando melhor (impressão compartilhada pelos respectivos clínicos), como também apresentaram melhora quanto à função imunológica. Houve uma significativa diminuição na atividade auto-imunológica, enquanto outros sinais da doença, como anormalidade na função renal e contagem de glóbulos vermelhos, mostraram-se significativamente melhores. O encorajador a respeito deste estudo é que as pacientes conseguiram reduzir suas doses de prednisona, um corticosteróide (ou corticóide) empregado no controle dos sintomas de lúpus.

Estes resultados foram tão encorajadores que os pesquisadores decidiram realizar uma experiência ainda mais ambiciosa. Empreenderam um estudo duplo-cego envolvendo outras vinte e oito mulheres que sofriam de lúpus brando a moderado. Durante três meses o grupo de controle recebeu um placebo, enquanto ao outro administrou-se DHEA. Ninguém, nenhum dos membros dos grupos nem os pesquisadores envolvidos no estudo, sabia quem estava recebendo DHEA ou placebo. Após três meses, 2/3 das mulheres que tomaram DHEA melhoraram significativamente e conseguiram reduzir suas doses de prednisona. Quanto àquelas que receberam o placebo, não houve qualquer alteração. O único efeito colateral negativo foi uma erupção de manchas em oito mulheres, tratadas eficientemente com um creme tópico.

O Dr. van Vollenhoven diz que ainda não pode explicar por que o DHEA não funcionou com 1/3 das mulheres, mas continua incentivado por causa da significativa melhora apresentada pela maioria. Como ele mesmo explica:

— Cientificamente, você se orienta pela média, e embora não o tenha escrito no estudo, para mim o maior sinal de esperança e o que foi especialmente encorajador foi o impressionante número de pacientes que nos disseram coisas como: "Sabe, sofri uma mudança radical. Tive lúpus e 'explosões' durante anos e nunca me senti verdadeiramente saudável, jamais me senti realmente bem. Mas parece que com o DHEA voltei ao normal."

O Dr. van Vollenhoven também considera digna de nota a declaração das pacientes quanto a se sentirem com mais energia.

— A fadiga sempre é um fator importante em casos de lúpus. Já foi claramente documentado que a grande maioria dos pacientes sente cansaço, mesmo que a doença tenha sido tratada e esteja sob controle. Com a maioria dos pacientes que toma DHEA a melhora é dramática. Por exemplo, alguns pacientes que nunca conseguiram fazer compras de Natal me disseram que, após a experiência, estavam fazendo compras pela primeira vez em anos. Isso, para nós, é o mais excitante.

O Dr. van Vollenhoven também diz que o efeito do DHEA nos casos de lúpus ainda não está totalmente compreendido, mas teoriza que aquele hormônio funciona corrigindo certas anormalidades no sistema imunológico. Por exemplo, existe um hormônio produzido pelas nossas células imunológicas chamado citocina IL 6. Os níveis deste hormônio estão aumentados nos pacientes que sofrem de lúpus e outras doenças inflamatórias. Parece que o DHEA faz com que os níveis de IL 6 voltem ao normal. Do mesmo modo, os níveis de citocina IL 2 (acredita-se que controlem a produção de células supressoras) estão anormalmente baixos nestes pacientes. Mais uma vez, o DHEA, aparentemente, normaliza os níveis de IL 2.

— Parece que o DHEA corrige um desequilíbrio existente em pacientes com lúpus — observa o Dr. van Vollenhoven.

Como tratamento para o lúpus, o DHEA oferece amplos benefícios em comparação com outras drogas, principalmente os corticosteróides. Um dos problemas com o uso prolongado destes corticóides é que eles provocam o adelgaçamento dos ossos, provocando osteoporose prematura, condição na qual os ossos estão sujeitos a quebras e fraturas. Em casos graves, isto pode levar à necrose óssea. Estudos preliminares sugerem que o DHEA pode ter o efeito de poupar os ossos, proporcionando muitos dos benefícios dos corticosteróides sem os seus danos.

O Dr. van Vollenhoven diz que os resultados do estudo em Stanford são bastante promissores, mas o grupo em tratamento era pequeno, sendo necessário comprovar os resultados com uma população maior. Já está em curso uma grande experiência clínica, envolvendo vinte e cinco universidades e mais de duzentos pacientes. O grupo do Dr. van Vollenhoven também está investigando se o DHEA seria uma terapia coadjuvante útil em pacientes com lúpus grave e se este hormônio ajudaria a controlar as funções mentais daqueles pacientes que muitas vezes sentem dificuldades com tarefas como memória e concentração.

Ele acredita que o ideal é que os pacientes com lúpus esperem pelos resultados dos grandes testes clínicos antes de começarem a tomar DHEA, mas recebe consultas de reumatologistas interessados em empregar o DHEA no tratamento de seus pacientes com lúpus. O Dr. van Vollenhoven enfatiza que qualquer paciente que deseje tomar DHEA deve fazê-lo somente sob os cuidados de um reumatologista ou clínico treinado, devendo ser constantemente monitorado. (Concordo plenamente com isso.) Na bibliografia deste livro há uma relação de artigos sobre o uso do DHEA em casos de lúpus. Se você é um paciente com lúpus e seu reumatologista ou clínico está interessado em aprender mais sobre o DHEA, por favor, recomende-lhe esta lista.

Como o DHEA funcionou tão bem para lúpus e parece ser um tratamento seguro e eficaz, praticamente sem qualquer efeito colateral, acho imperativo que sejam realizadas mais pesquisas sobre o potencial deste hormônio como tratamento de outras doenças auto-imunes. Se o DHEA pode melhorar a qualidade de vida e diminuir o grau da doença em mulheres com lúpus, provavelmente também funcionará como tratamento para outras condições similares.

## CURANDO QUEIMADURAS

O sistema imunológico não está envolvido somente com a luta contra as doenças. Ele também é uma peça importante para a recuperação de ferimentos. Um dos trabalhos mais interessantes que está sendo realizado nos laboratórios do Dr. Daynes é quanto ao efeito do DHEA sobre queimaduras e cicatrização de ferimentos. Nos últimos anos, os pesquisadores descobriram que uma queimadura grave não é profunda somente em relação à pele; ela pode ter um impacto negativo na função imunológica. Sabemos, por exemplo, que pessoas gravemente queimadas são particularmente vulneráveis à infecção, não só porque a perda de pele abre um caminho conveniente para a entrada de vírus e bactérias ao interior do organismo, mas também, talvez, porque seus níveis de hormônios de estresse estão tão elevados que atenuam a função imunológica. O mesmo é verdade para os animais. Se um animal (após ser anestesiado) receber uma pequena queimadura por água quente no dorso, seu sistema imunológico ficará abalado durante semanas após aquele ferimento. No entanto, o Dr. Daynes descobriu que se o animal receber uma só injeção de sulfato de DHEA no decorrer dos três dias subseqüentes ao ferimento, sua função imunológica voltará ao normal. Além disso, se o DHEA for administrado dentro de três a quatro horas após a queimadura, ela ficará curada mais depressa.

Para entender por que o DHEA promove a cura, você precisa saber alguma coisa sobre a anatomia de uma queimadura. Uma queimadura raramente é igual ou uniforme. Quando você se queima gravemente, pode apresentar áreas que não são tão profundas ou críticas quanto outras. Em outras palavras, em uma mesma queimadura podem existir áreas de segundo grau e outras de terceiro. Os especialistas sabem que uma queimadura grave muitas vezes piora antes de melhorar, simplesmente porque o ferimento progredirá até sua máxima profundidade durante os primeiros dois ou três dias. Isto acontece porque imediatamente depois da queimadura as plaquetas se aglutinam na área, bloqueando a irrigação sangüínea e privando-a de oxigênio. Na ausência de oxigênio, ocorrem certas alterações enzimáticas no tecido que, na presença do oxigênio, provocariam danos. Quando o aglomerado de plaquetas se dissipa e o fluxo sangüíneo é restaurado, uma repentina "rajada" de oxigênio pode provocar a formação de radicais livres, que, por sua vez, prejudicam ainda mais o tecido circundante. O Dr. Daynes suspeita que o DHEA ajuda a prevenir este tipo de propagação, por isso o animal tratado com DHEA fica curado mais depressa. O DHEA promoveu a cura de ferimentos em camundongos, ratos e porcos, e embora ainda não tenha sido clinicamente testado em humanos, o Dr. Daynes suspeita que fará a mesma coisa.

Eis um excelente exemplo para explicar por que são necessários mais estudos sobre o DHEA e por que esta importante pesquisa precisa ser realizada.

## O DHEA o Ajudará a Viver Mais Tempo?

Quando escrevemos *O milagre da melatonina*, assinalamos que só existiam dois modos comprovados de prolongar a vida de um animal. O primeiro era submetê-lo a uma dieta severamente restrita. Dissemos isto porque uma série de estudos documentou que quando os ratos ou camundongos só recebiam comida suficiente para a sobrevivência, viviam um tempo consideravelmente maior do que aqueles a quem era permitido comer quanto quisessem. O segundo método — e aquele que nós e, sem dúvida, os animais consideramos muito mais agradável — é tomar um suplemento de melatonina. Quando a melatonina era adicionada à água potável que ficava à disposição de muitas espécies diferentes de ratos durante a noite, os animais viviam 40% a mais, além de continuarem saudáveis e vigorosos. A boa notícia é que algumas pesquisas realizadas na Universidade de Wisconsin, em Madison, sugerem que o DHEA também pode ajudar a estender a vida.

Richard Weindruch, professor associado do departamento de medicina, está conduzindo um estudo de laboratório, cuidadosamente planejado, para testar o efeito do DHEA sobre o tempo de vida dos ratos. Neste estudo, o Dr. Weindruch está acompanhando o progresso de quatro diferentes grupos de camundongos, cada um com setenta e cinco animais, todos tendo começado seu tratamento na idade de um ano. O primeiro grupo (de controle) está sendo alimentado com ração normal. O segundo grupo come a mesma coisa que o primeiro, com sulfato de DHEA adicionado à água que bebem. O terceiro grupo recebe uma dieta pobre em calorias. O quarto grupo alimenta-se com uma dieta também pobre em calorias e sulfato de DHEA adicionado à água. Se o DHEA puder estender o tempo de vida, os animais que estão tomando este hormônio devem estar em melhores condições que os demais. Ao juntar o grupo da dieta pobre em calorias, o Dr. Weindruch pode comparar os efeitos do DHEA em relação à dieta de baixas calorias. À proporção que o estudo progride e cada animal morre, ele é autopsiado para que seja determinada a causa da morte. Os resultados desta pesquisa não serão conhecidos por, pelo menos, mais um ano, e o Dr. Weindruch, um cientista cuidadoso, reluta em divulgar qualquer informação prematuramente. Ele, entretanto, admite que, baseado em dados preliminares, a metade dos camundongos ainda vive, mas que os que tomam DHEA estão em melhores condições. Já ouvimos por colegas do Dr. Weindruch que os camundongos que tomam o hormônio estão muito melhores que os de controle, e eles estão bastante otimistas quanto ao DHEA se comprovar como um instrumento que estenderá a vida.

Eu concordo. Diante de tudo que já sabemos a respeito deste extraordinário super-hormônio e de seu enorme e verdadeiramente espantoso alcance em termos de benefícios à saúde já documentados, não me surpreenderia se futuras pesquisas revelassem que o DHEA é o segundo super-hormônio a receber não apenas o crédito de rejuvenescer, mas também o de realmente poder prolongar a vida.

CAPÍTULO 2

# Pregnenolona

## O Super-hormônio para o seu Cérebro

**Poderoso intensificador da memória**
**Reforça a concentração**
**Combate a fadiga mental**
**Alivia a artrite**

QUARENTA ANOS COMO clínico e médico pesquisador me ensinaram que nada do que acontece no organismo ocorre em um vácuo isolado. Um evento produz uma cascata de outros eventos, que podem, eventualmente, se refletir em todas as células de todo o sistema orgânico. É exatamente isto o que acontece quando o relógio do envelhecimento começa a parar e nossos níveis de super-hormônios diminuem. Não sentimos apenas uma simples alteração nos níveis hormonais, mas sim mudanças profundas, que afetam todos os aspectos do nosso bem-estar físico e mental.

Estas alterações refletem-se no nosso comportamento e na nossa perspectiva da própria vida. Perdemos o prazer de viver. Perdemos a energia psíquica. Perdemos a vitalidade mental que mantém nosso entusiasmo e faz com que nos sintamos parte do mundo em que vivemos. Perdemos a vontade de aprender e tentar coisas novas. Uma das expressões que ouvimos com freqüência para descrever uma pessoa mais idosa é que "ela já se conformou". Acredito que isto se deva à perda de energia psíquica, responsável pelo medo de tentar algo novo. À proporção que envelhecemos, sentimo-nos oprimidos pelas novas experiências e respondemos tentando evitá-las. Tal atitude pode ser mortal. Na minha opinião, é ainda pior que mortal. É monótono. Enfraquece nosso prazer e entusiasmo pela vida. *Não deveria ser desta maneira!*

Sempre assumimos que as mudanças na função mental que ocorrem entre as pessoas mais velhas são perfeitamente normais, meramente uma parte inevitável do processo de envelhecimento. Como consideramos normal que estas pessoas experimentem uma espiral descendente, esperamos que seus cérebros também se deteriorem. Tenho a esperança de que, através deste livro, eu consiga dar um fim a este tipo de tolice. Não há absolutamente qualquer razão pela qual homens e mulheres devam se conformar e permitir que suas funções cerebrais entrem em declínio, ou que as doenças da idade consumam seus corpos. Com os super-hormônios à nossa disposição, não precisamos deixar que nosso cérebro "enferruje", nem experimentar uma diminuição na capacidade de memória ou vivacidade. Com os super-hormônios, podemos continuar espertos e inteligentes durante toda a vida. A promessa dos super-hormônios é que teremos as condições mentais para bem acolher as novas experiências e o vigor para desfrutá-las.

A pregnenolona é um super-hormônio fundamental para manter nosso cérebro funcionando na capacidade máxima. Alguns cientistas acreditam que ele é o mais poderoso intensificador de memória de todos os tempos. Talvez ainda mais espantosos sejam os estudos que demonstram que a pregnenolona melhora nossa capacidade de executar um trabalho, ao mesmo tempo em que intensifica a sensação de bem-estar. Em outras palavras, este super-hormônio parece fazer com que nos sintamos mais espertos e felizes. Ele melhora a memória e a função mental, e acredito que consegue restaurar a energia psíquica, que considero crucial para que desfrutemos uma vida plena e feliz em qualquer idade.

Você provavelmente nunca ouviu falar de pregnenolona, então me permita explicar-lhe o que é, de onde vem e que papel este super-hormônio desempenha no seu organismo.

Como os outros hormônios esteróides (DHEA, testosterona e estrogênio), a pregnenolona é sintetizada a partir do colesterol. Como você sabe, o colesterol é um tipo de gordura (ou "lipídio") encontrado em certos alimentos (principalmente na carne e nos produtos de laticínio) e também produzido em nosso organismo. Nos últimos anos o colesterol adquiriu a reputação de não ser saudável, de ser algo que se deve evitar, pois as pessoas com níveis elevados de colesterol estão mais sujeitas ao desenvolvimento de problemas cardíacos. Como resultado, esforçamo-nos para diminuir a ingestão de alimentos ricos em colesterol e alguns de nós, se o nível estiver muito elevado, tomam medicamentos para reduzi-lo. O colesterol, no entanto, foi injustamente condenado. Em quantidades excessivas, pode aumentar o risco de problemas cardíacos, mas também é perigoso ter um nível de colesterol baixo. Permitam-me explicar: sem colesterol, não se poderia viver. Ele é essencial à maioria dos processos orgânicos: é fundamental para a produção de vitamina D, necessária à absorção de cálcio e produção de bile, responsável pela absorção da gordura dos intestinos, e faz parte da produção de mielina, a camada adiposa que circunda os nervos, inclusive os nervos, a coluna vertebral e do cérebro. Estudos mostraram que as pessoas com baixos níveis de colesterol são mais propensas ao câncer ou às doenças mentais.

O colesterol também é um importante componente para a produção de esteróides. Em uma complexa série de etapas, ele é transformado em diversos esteróides, à proporção que o organismo deles necessita. Primeiramente, ele é sintetizado em pregnenolona e usado pelo corpo nessa forma. O que não é utilizado passa por uma alteração química, que o "reorganiza" em DHEA. Este último, por sua vez, é usado pelo corpo como DHEA e também é transformado em estrogênio e testosterona. Esta cadeia de hormônios é chamada de "caminho de esteróides". Como os outros hormônios são produzidos a partir da pregnenolona, algumas vezes ela é considerada como o "hormônio mãe".

A pregnenolona é produzida tanto pelo cérebro quanto pelas supra-renais, as glândulas localizadas acima dos rins. Como os outros super-hormônios, a produção de pregnenolona diminui com a idade. Aos setenta e cinco anos de idade, estamos produzindo 60% menos pregnenolona do que o fazíamos aos trinta.

À medida que nossa produção de pregnenolona diminui, o mesmo acontece com os outros hormônios esteróides do caminho. Uma vez que a pregnenolona é o hormônio mãe a partir do qual os outros hormônios se originam, isto faz sentido perfeito. A pregnenolona fornece a matéria bruta para estes outros hormônios, de modo que quando seu nível diminui, o mesmo acontece com os níveis dos outros hormônios que dela são feitos.

Pela primeira vez a pregnenolona, como o DHEA, é vendida em qualquer drogaria ou loja de produtos naturais, além de poder ser obtida, com receita médica, nas farmácias de manipulação. Não tenho dúvidas de que, devido à fácil obtenção deste hormônio e seu grande potencial, ele logo será adotado por uma geração de homens e mulheres que não deseja permitir que corpo e mente se deteriorem com a idade, que quer continuar a envelhecer e a se tornar mais sábia, mas com um cérebro e um corpo que ainda usufruam da "vantagem da juventude" em termos de acuidade mental e aptidão física.

## A Pregnenolona e sua Memória

Embora poucas pessoas tenham ouvido falar em pregnenolona antes, ironicamente, este super-hormônio foi um dos primeiros a ser estudado e o primeiro a ser considerado comprovadamente seguro e eficaz. Em meados de 1940, um grupo de psicólogos de determinada indústria testou a pregnenolona em estudantes e trabalhadores e descobriu que sua capacidade de aprendizado e memorização de tarefas difíceis haviam melhorado muito. Como já comentei, a pregnenolona foi recentemente redescoberta como um poderoso agente intensificador de memória.

Para compreender por que as últimas descobertas são tão emocionantes, você precisa aprender um pouco mais sobre as drogas para a memória em geral. Existem inúmeras substâncias que podem melhorar a memória, mas estão longe da perfeição. O problema é que muitas funcionam obedecendo a uma faixa de dosagem muito limitada, e se a dose ideal for excedida, as drogas podem ser consideradas ineficazes ou, ainda pior, causar amnésia. Como você bem pode imaginar, é imperativo o uso da dose correta para cada paciente, e conseguir tal façanha pode ser muito complicado. Se um pesquisador fosse planejar um agente intensificador de memória ideal, este teria de ser muito potente, de maneira que fosse necessária a mínima quantidade para se obter os resultados desejados. Seria algo que funcionasse em várias gamas de dosagens, havendo pouco ou nenhum risco de dosagens sub ou superdimensionadas para um paciente.

Estudos recentes tanto em animais quanto em humanos indicam que a pregnenolona pode ser esta droga intensificadora de memória ideal, além de também ser a mais potente conhecida até agora. Esta empolgante pesquisa está sendo realizada, em conjunto, em duas ilustres instituições: no Beekman Research Institute, no City of Hope Hospital, sob a direção de Eugene Roberts, Ph.D., um brilhante pesquisador e amigo de longa data, cujo trabalho acompanhei durante mais de duas décadas, e na St. Louis University School of Medicine, por dois notáveis pesquisadores e clínicos no campo da gerontologia, John E. Morley, M.D., e James F. Flood, M.D. Em um de seus estudos, eles administraram hormônios, inclusive a pregnenolona, em camundongos que estavam aprendendo a atravessar um labirinto. O objetivo do estudo era verificar se algum destes hormônios atuava sobre a memória e o aprendizado. Os camundongos, como os humanos, são destros ou canhotos. Conseqüentemente, se forem colocados em um labirinto, correrão automaticamente em uma direção ou outra, dependendo do lado dominante. Neste experimento, os pesquisadores tentaram obrigar os camundongos a ir em uma direção contrária à que naturalmente prefeririam. Cada vez que tentavam ir na direção "errada", recebiam um leve choque elétrico. Após alguns começos errados, os camundongos aprenderam a atravessar o labirinto da maneira correta. Depois, foram divididos em dois grupos. Um deles recebeu uma injeção de hormônio diretamente na região cerebral que, se acredita, seja responsável pelo controle da memória. As injeções continham DHEA, testosterona ou pregnenolona. Nada foi administrado ao outro grupo. Uma semana depois, os camundongos foram novamente colocados no mesmo labirinto e outra vez testados, para ver se ainda se lembravam do caminho correto para a saída. Aqueles que receberam as injeções de qualquer dos hormônios utilizados recordavam-se bem de suas lições; rapidamente atravessaram o labirinto. A diferença importante estava na dosagem para produzir os efeitos. Só eram necessárias de 15 a 145 moléculas de pregnenolona, em comparação com dosagens muito mais elevadas de testosterona e DHEA para os mesmos resultados. Esta experiência demonstrou de maneira insofismável que a pregnenolona é, de fato, um potente intensificador da memória.

Como explicou o Dr. Morley:

— A pregnenolona faz bastante sentido. É, sem dúvida, o mais potente dos neuro-esteróides para melhorar a memória, apresentando uma resposta muito mais ampla, o que a torna um agente quase ideal não só para a própria memória, como também para as conseqüências da sua degeneração associada ao envelhecimento.

Já vimos que a pregnenolona funciona com os camundongos, mas terá o mesmo efeito para as pessoas? Felizmente, a resposta é um sonoro sim. Como já assinalei, há mais de cinqüenta anos os pesquisadores demonstraram que este hormônio exercia um efeito excepcional sobre a função mental e da memória. Lá pelos idos de 1940, os pesquisadores da Universidade de Massachusetts imaginaram um experimento para verificar o efeito da pregnenolona sobre o desempenho psicomotor, inclusive a coordenação "mão-para-o-olho", aprendizado, memória e vigor. Em seu estudo, eles treinaram quatorze pessoas para operar um simulador de vôo. O aparelho parecia e funcionava mais ou menos como os jogos controlados por *joystick* de nossos filhos e netos. A idéia era fazer com que o "avião voasse" corretamente, evitando obstáculos e impactos. Se lhe for difícil visualizar este quadro, observe, durante cinco minutos, as crianças jogando *video game*, e você verá como esta tarefa pode ser difícil e angustiante — pelo menos para adultos. De qualquer modo, sete eram pilotos, enquanto os outros não tinham qualquer experiência anterior. Antes de cada "rodada", os participantes tomavam cápsulas com 50mg de pregnenolona ou um placebo. Os testes, realizados no decorrer de várias semanas, mostraram que a habilidade dos participantes para "pilotar" o avião imaginário melhorava significativamente após tomarem a pregnenolona. Esta melhora ficava ainda mais evidente depois que o participante já estava tomando pregnenolona há, pelo menos, duas semanas, o que sugere que o efeito deste hormônio na função mental talvez seja cumulativo. Ainda mais interessante foi o relatório dos pilotos profissionais, onde eles assinalavam que, enquanto participavam da experiência, executavam melhor seu trabalho em vôos verdadeiros e cansavam-se menos.

O mesmo grupo de pesquisa testou suplementos de pregnenolona em trabalhadores de uma fábrica, para ver se ela afetaria sua produtividade no trabalho. O efeito sobre a produtividade foi mais evidente naqueles que trabalhavam sob condições estressantes, como os que recebiam por peça e, por isso, tinham de produzir certo número de itens em determinado período de tempo, de maneira a ganharem seu sustento. Estes trabalhadores, quando tomavam pregnenolona, apresentavam melhor rendimento do que os que trabalhavam com salários fixos. O hormônio não só melhorou a produtividade, como muitos funcionários também disseram que o mesmo ocorreu quanto à disposição. Quando tomavam pregnenolona, sentiam-se mais felizes e em melhores condições de enfrentar as pressões do trabalho.

Agora, aproximadamente cinqüenta anos depois, a pregnenolona é mais uma vez assunto de intenso interesse médico. Na St. Louis University School of Medicine, a pesquisadora Rahmawhati Sih, Ph.D., realizou diversas experiências para testar a eficiência da pregnenolona na função mental. Embora os resultados sejam bastante preliminares, a Dra. Sih foi suficientemente gentil para compartilhá-los conosco. Em um destes testes, ela administrou uma cápsula de 500mg de pregnenolona ou um placebo em um pequeno grupo de idosos (senhores e senhoras). Três horas mais tarde, pediram-lhes que realizassem alguns testes de memória, inclusive recordação de parágrafos, construção com blocos e testes de concentração. Os que receberam pregnenolona mostraram melhoras na memória, cuja característica variou conforme o sexo. Os homens tenderam a melhorar nas tarefas que envolviam visão espacial, isto é, construção com blocos, conexão de linhas e outras que implicavam pensamento tridimensional. Por outro lado, as senhoras apresentaram maior aproveitamento em recordação verbal. Por exemplo, se lhes lessem uma relação de palavras e mais tarde pedissem que as recordassem, conseguiam lembrar-se de mais palavras após tomarem pregnenolona. Em outros estudos, quando os homens idosos receberam testosterona, todos melhoraram nas tarefas de visão espacial, e quando as senhoras tomaram estrogênio, alcançaram pontuações mais elevadas em memorização verbal. Veremos esta diferença de gênero novamente nos capítulos sobre estrogênio e testosterona. O experimento da Dra. Sih não só mostra que a pregnenolona ajuda a recuperar as funções mentais esgotadas, mas também aponta para outro fato ainda mais intrigante. Seus resultados sugerem que a pregnenolona é processada de maneira diferente por homens e mulheres, isto é, parece ter um efeito similar ao da testosterona nos homens e do estrogênio nas mulheres, o que faz sentido, porque, como expliquei, a pregnenolona é o hormônio precursor, a partir do qual todos os outros super-hormônios — DHEA, estrogênio, testosterona e progesterona — são obtidos.

Isto, por outro lado, levanta outra questão ainda mais intrigante: se, à proporção que envelhecemos, recuperarmos os níveis de pregnenolona aos valores da juventude, também conseguiremos fazer o mesmo com todos os outros hormônios que dela derivam? Em outras palavras, tomando apenas pregnenolona, poderemos reverter o declínio em todos os super-hormônios? Esta é uma pergunta interessante e até agora ninguém sabe a resposta. Alguns pesquisadores que apresentaram esta questão não acreditam que somente a pregnenolona seja suficiente para compensar o declínio dos outros super-hormônios, associado ao envelhecimento, mas acham que uma combinação de DHEA e pregnenolona talvez o consiga, o que, para mim, também parece bastante razoável. Muitos de nós que estudamos ambos os hormônios acreditamos que os dois parecem trabalhar em harmonia. Você pode estar pensando: se a pregnenolona se transforma nos outros super-hormônios, isso também não aumentará o próprio nível de DHEA? Por que tomar DHEA adicional? A resposta é realmente bastante simples. Como você agora sabe, à proporção que envelhecemos, nossa produção de DHEA diminui. Por quê? Por causa da queda na produção de uma enzima necessária à transformação de pregnenolona em DHEA. Por isso, se tomamos suplementos de pregnenolona, podemos ainda não ter condições de produzir DHEA em quantidades suficientes, pois nos falta aquela enzima essencial. Como resultado, a pregnenolona pode ultrapassar (ou não realizar) o estágio do DHEA, sendo transformada diretamente nos esteróides sexuais ou em outros hormônios no caminho.

A propósito, há outra razão para adicionar DHEA ao coquetel de pregnenolona. Se ela impulsiona a bomba que produz os outros super-hormônios, existe a possibilidade de também aumentar a produção de corticosteróides, os hormônios do estresse, pelo menos em algumas pessoas. Como sabemos que o DHEA atenua o efeito dos corticosteróides e é um poderoso alívio para o estresse, isto é motivo suficiente para incluí-lo no coquetel, mesmo que a pregnenolona seja tudo em que os pesquisadores acreditam. No meu entender, isto só confirma minha afirmativa quanto à conduta do "coquetel" ser a correta e que nossos super-hormônios trabalham melhor quando interligados.

## Pregnenolona e Depressão

À proporção que os níveis dos super-hormônios diminuem, o mesmo acontece com nossa energia psíquica, o combustível que nos mantém interessados e ligados ao mundo. Quando a energia psíquica começa a se esgotar e perdemos o interesse pelo mundo, não é incomum que nos isolemos, o que, por sua vez, prepara o cenário para a depressão.

Nos últimos anos aprendemos que muitos casos de depressão são provocados por um desequilíbrio das substâncias chamadas neurotransmissores, componentes químicos do cérebro profundamente envolvidos em como nós pensamos e nos sentimos. O Prozac, por exemplo, provavelmente o mais conhecido dos antidepressivos, atua recuperando o equilíbrio normal de um neurotransmissor conhecido como serotonina. Além de desempenharem as funções habituais dos hormônios, agora sabemos que os super-hormônios também são similares aos neurotransmissores; localizam-se no cérebro e agem intensamente na função mental. Por este motivo, creio que muitos casos de depressão em pessoas idosas são, na verdade, provocados pela diminuição dos super-hormônios e, particularmente, da pregnenolona e/ou DHEA. Acredito que a restauração de super-hormônios como a pregnenolona aos níveis da juventude evitará muitos casos de depressão que ocorrem em idosos, freqüentemente considerados como parte "normal" do processo de envelhecimento.

Minha esperança foi confirmada por um estudo recente realizado pelo National Institute of Mental Health; ele mostrou que pessoas com depressão clínica apresentam níveis de pregnenolona mais baixos do que os normais no fluido cerebrospinal (o fluido que banha o cérebro)*. Embora este estudo não tenha sido direcionado especificamente para pessoas idosas, esta descoberta diz respeito a todos aqueles que produzem pregnenolona em níveis mais baixos do que o normal, exatamente o que ocorre no envelhecimento. Qual é a relação entre a pregnenolona e a depressão? Permita-me explicar-lhe a teoria. As células nervosas do cérebro estão sendo constantemente bombardeadas

---

*O fluido cerebrospinal também é chamado de liquor, líquido cefalorraquiano ou líquido cefalorraquidiano. Existe nos quatro ventrículos encefálicos, espaço subaracnóideo e canal medular central. *Dicionário Aurélio Eletrônico Versão 1.3*, julho de 1994. (*N. do T.*)

por estímulos e recebendo e transmitindo informações. Existe um neurotransmissor chamado GABA, que literalmente refrigera o cérebro, protegendo as células nervosas e evitando que se consumam no decorrer de toda esta atividade. O GABA desempenha uma função importante, mas quando em quantidades excessivas, torna o cérebro muito lento e produz um efeito atenuador, que diminui a função cerebral. Parece que a pregnenolona abranda o efeito do GABA e restaura o equilíbrio cerebral. Lembre-se que em estudos anteriores, realizados em 1940, os participantes relataram um aumento na sensação de bem-estar e melhora na disposição, provavelmente devido à atuação da pregnenolona sobre o GABA.

Embora ainda não tenham sido realizados estudos oficiais sobre o tratamento da depressão com pregnenolona, diante de tudo que já sabemos a respeito deste super-hormônio, creio que em casos brandos de depressão ela pode ajudar muito e certamente deveria ser tentada antes de empregarmos as "armas pesadas", medicamentos mais fortes que podem provocar diversos efeitos colaterais. Sabemos que a pregnenolona é segura, bem tolerada e que não causa efeitos colaterais, então faz bastante sentido tentá-la primeiro.

## Um Tratamento para a Artrite?

Lá pelos idos de 1940, a pregnenolona foi usada com bastante sucesso como tratamento para a artrite reumatóide, doença que provoca fadiga e intensas dores nas articulações, atormentando milhões de portadores. Como você deve se lembrar do capítulo sobre DHEA, a artrite reumatóide é uma doença auto-imune, que ataca com mais freqüência à proporção que envelhecemos. Ainda não existe cura para ela, e os sintomas geralmente são tratados com medicamentos antiinflamatórios. Há meio século, aproximadamente, pacientes com artrite reumatóide que tomaram pregnenolona declararam sentir menos dor, menos cansaço e mais energia.

Embora a pregnenolona tenha se mostrado promissora no tratamento desta doença, todas as pesquisas pararam subitamente em 1950. Uma das razões pelas quais a comunidade médica perdeu o interesse foi que, como os outros super-hormônios, a pregnenolona era uma substância natural produzida pelo corpo e, como tal, não poderia ser patenteada. Como resultado, nenhuma indústria farmacêutica interessou-se em investir tempo ou dinheiro para lançar este hormônio no mercado. Como já comentei, é um triste fato da vida que, nos Estados Unidos, se uma substância não pode ser patenteada, tem grandes possibilidades de ser desprezada. Este foi um dos motivos por que escrevi *O milagre da melatonina* e este livro. Espero despertar o interesse do público para estas extraordinárias substâncias naturais; elas estão condenadas ao esquecimento, a não ser que alguém dê o primeiro passo (que na minha opinião deveria ser o governo) para financiar estes importantes estudos.

Houve outra razão pela qual a pregnenolona foi esquecida: ela foi totalmente ofuscada pela descoberta de uma nova droga, no final de 1940, a cortisona sintética, considerada a cura para a artrite. Quando a cortisona foi apresentada, recebeu tantos aplausos quanto a penicilina, ao iniciar a revolução dos antibióticos uma década antes. Diferente da pregnenolona, cujos efeitos eram cumulativos e sentidos no decorrer de semanas, a cortisona também proporcionava alívio para os sintomas da artrite, mas quase da noite para o dia. Do ponto de vista das indústrias farmacêuticas, que poderiam ganhar bastante dinheiro vendendo cortisona, e dos pacientes, que compreensivelmente queriam alívio rápido, rápido, rápido, a cortisona era um sonho que se tornava realidade. O problema é que quando acordamos do sonho e compreendemos que a cortisona e seus compostos associados apresentavam alguns efeitos colaterais semelhantes a pequenos pesadelos — como uma atenuação no sistema imunológico, deixando os pacientes suscetíveis a infecções, e um efeito destrutivo sobre a massa óssea, provocando uma vulnerabilidade à osteoporose —, esquecemos que uma vez existira uma substância chamada pregnenolona, que proporcionava alívio para os sintomas da artrite com muito mais segurança, embora mais gradualmente.

Espero que *Super-hormônio* garanta que a pregnenolona não fique esquecida. Quero propalar aos quatro ventos que a pregnenolona tem um enorme potencial terapêutico, merecendo maiores investigações. Este super-hormônio é um tratamento mais suave e brando para a artrite, além de uma técnica comprovada para melhorar a disposição, a memória e as funções cerebrais. Suspeito que algum dia ela provará sua eficiência no combate aos sintomas da doença de Alzheimer. Estas são só algumas coisas que sabemos possíveis à pregnenolona, e provavelmente existem muitos usos ainda não descobertos para este super-hormônio.

Também existem evidências de que a pregnenolona talvez seja a droga há longo tempo buscada para reverter a paralisia em vítimas de danos à medula espinhal.

## No Horizonte: A Pregnenolona e os Danos à Medula Espinhal

Um dos relatórios mais excitantes que vi nos últimos anos refere-se ao emprego da pregnenolona, associada a outras drogas, como tratamento para danos à medula espinhal. Como você deve saber, quando ocorrem ferimentos à medula espinhal e ao cérebro, eles não conseguem se recuperar por si próprios. O sistema nervoso central, do qual o cérebro e a medula espinhal fazem parte, controla o sistema nervoso periférico, isto é, os nervos dos braços e pernas. Além disso, quando a medula espinhal é lesada, o organismo tende a piorar o quadro produzindo inchações e inflamações, que ainda podem provocar mais estragos e interferir com a cura. Por isso, quando a medula espinhal sofre lesões graves, pode ocorrer paralisia parcial ou total. Até agora não existem drogas ou tratamentos eficazes para este tipo de lesão.

A cada ano, aproximadamente duzentas mil pessoas sofrem danos à medula espinhal. Após um trágico acidente de equitação que resultou em tal lesão, o ator Christopher Reeve chamou a atenção para a delicada situação deste tipo de vítima, suplicando por mais financiamentos e patrocínios para pesquisa em tratamentos eficientes. Um promissor estudo realizado pelos doutores Lloyd Goth e Ziyin Zhang, no College of William and Mary, em Williamsburg, Virgínia, com Eugene Roberts, no City of Hope Hospital, faz supor que a pregnenolona talvez desempenhe um papel importante no tratamento de, pelo menos, alguns tipos de lesões na medula espinhal. Neste estudo, os pesquisadores anestesiaram ratos e infligiram danos por compressão às suas medulas espinhais. (A compressão é um tipo de ferimento bastante comum, causado por um súbito golpe na nuca ou esmagamento na coluna vertebral. Um caso típico de compressão pode ocorrer, por exemplo, quando alguém bate muito forte com a cabeça no teto do carro durante um acidente.) Depois disso, os ratos foram divididos em vários grupos de tratamento diferentes. O primeiro nada recebeu. O segundo tomou uma combinação de três drogas, inclusive uma substância antiinflamatória (indometacina) que estimula a função imunológica e pregnenolona. O terceiro grupo foi dividido em subgrupos, tratados com uma ou duas das diversas drogas empregadas no coquetel triplo. Segundo os pesquisadores, o coquetel onde estava incluída a pregnenolona reduziu a inchação e a inflamação, além de provocar uma melhora significativa na maioria dos ratos. Onze dentre dezesseis ratos conseguiram ficar de pé e andar no decorrer de um período de vinte e um dias após o ferimento, e quatro praticamente recuperaram suas funções normais. As outras combinações de drogas só provocaram melhoras razoáveis. O quadro dos ratos que não receberam medicamentos não sofreu qualquer alteração.

Isto significa que esta associação de drogas, ou qualquer outra que utilize a pregnenolona, poderia funcionar igualmente bem com as pessoas? Nunca saberemos, a não ser que esta importante pesquisa continue, e com isto em mente, gostaria de encerrar este capítulo com um apelo por mais testes clínicos quanto aos efeitos a longo prazo da pregnenolona, similares aos realizados com o DHEA e mencionados anteriormente. Como a pesquisa sobre a pregnenolona provavelmente não conseguirá patrocínio ou financiamento da maioria das indústrias farmacêuticas, o único meio para que continue é se nós, o público que paga impostos, pressionarmos o governo para que a financie.

Se a pregnenolona vai conseguir a atenção que merece ou se mais uma vez vai se tornar a esquecida droga para a memória, depende da educação do público. Talvez a pregnenolona ofereça muito mais benefícios do que jamais imaginamos, mas nunca o saberemos, a não ser que os estudos necessários sejam realizados. A promessa da pregnenolona simplesmente é muito grande para permitir que se passem outros cinqüenta anos antes que seu potencial seja explorado.

Parte II

# O Super-hormônio para o Sexo e a Força

## Introdução: Testosterona

A TESTOSTERONA É UM hormônio masculino, ou um andrógeno, como o consideram os cientistas, mas as mulheres também o produzem, embora em quantidades muito menores. Nos homens, a testosterona é produzida principalmente nos testículos, mas uma pequena porção também é manufaturada nas glândulas supra-renais. Nas mulheres, ela vem das supra-renais e — o que talvez possa surpreendê-lo — dos ovários.

Embora este hormônio já tenha sido descoberto há mais de sessenta anos, só recentemente começamos a compreender e reconhecer seu poder — e, agora, o papel que também desempenhará na revolução dos super-hormônios. Ele é, como você verá, uma das armas mais poderosas no nosso arsenal de super-hormônios contra o envelhecimento.

A testosterona funciona de maneira diferente nos organismos dos homens e das mulheres, mas o que pode ser menos óbvio é que ele desempenha um papel muito importante na saúde global e bem-estar de ambos os sexos. Examinaremos tudo o que a testosterona realiza no organismo dos homens e o que acontece quando seus níveis decrescem com a idade; depois, nos aprofundaremos nas suas funções nas mulheres.

Espere! Antes que você comece a virar as páginas até encontrar a seção que lhe diz respeito, sugiro que todas as leitoras leiam o capítulo 3 — "Testosterona: Para Homens" —, e também peço a todos os homens que leiam o capítulo 4 — "Testosterona: Para Mulheres". Seguindo meu conselho, todos adquirirão não só uma compreensão maior sobre este fascinante hormônio e o papel que desempenha em sua própria vida, mas também na sua vida junto com seu parceiro.

## CAPÍTULO 3

# Testosterona

### Para Homens

Melhora o impulso sexual
Adiciona massa muscular
Melhora a disposição
Previne a osteoporose
Melhora a memória
Baixa o colesterol
Protege contra os problemas cardíacos

*Alguns dos meus pacientes vêm sendo tratados com testosterona durante os últimos cinco anos, e a maioria não deixaria de tomá-la, mesmo que lhes oferecessem uma parte da Reserva Federal.*

— Dra. Fran Kaiser
Pesquisadora Médica
St. Louis University School of Medicine

*Tomo testosterona porque quero me sentir do mesmo modo que quando estava em plena forma. Desejo ter a mesma sexualidade da juventude. Quero manter a minha força muscular. Quero me sentir enérgico. A testosterona fez com que tudo isso fosse possível.*

— Dr. Norman Orentreich, 73
Cientista pesquisador médico e clínico da cidade de Nova York

SEXO.

Força.

Estas são as palavras mais freqüentemente pronunciadas pelos homens quando descrevem os efeitos da testosterona. Eles declaram firmemente que se sentem mais sensuais, fortes e saudáveis. Declaram que fazem o que faziam quando — como costumam dizer — estavam "em plena forma".

Tudo isto, no final das contas, diz respeito aos super-hormônios, ou seja, recuperá-los aos níveis da juventude, para que você se sinta do mesmo modo que se sentia quando estava no auge de sua condição física e mental. *Super-hormônio* é parar com as lamentações sobre a "juventude perdida", porque você não mais sentirá como se isso tivesse alguma vez acontecido, nem desejará "ter novamente aquela aparência", já que ainda continuará assim. *Super-hormônio* diz respeito a viver a vida com paixão e prazer... e continuar deste modo.

A testosterona pode parar e reverter o declínio físico que rouba a energia, a força e a libido dos homens. Ela restaura o tônus muscular e melhora a disposição. Para os que já perderam o interesse no sexo — e talvez na própria vida —, a testosterona pode devolver o desejo e a excitação sexual.

Observei que quando um homem começa a tomar testosterona, logo sente seus benefícios, com uma melhoria considerável na disposição, libido e força. Em um conceito bastante verdadeiro, a testosterona é o afrodisíaco definitivo. Responsável pelo impulso sexual em ambos os sexos, a testosterona é o hormônio que estimula nosso desejo pela atividade sexual e orgasmo, mas como você verá posteriormente, ela não é somente o hormônio que afeta nosso funcionamento sexual e saúde. Por exemplo, o super-hormônio melatonina influencia o funcionamento da glândula pituitária e nossa capacidade para realizar e responder sexualmente de diversas maneiras. A testosterona, entretanto, é o hormônio que faz com que tanto homens quanto mulheres desejem sexo.

À proporção que os níveis de testosterona diminuem com o passar dos anos, muitos homens sentem intensamente a perda, e um sintoma comum de baixa testosterona é a falta de desejo sexual. Muitos homens que experimentam esta perda de desejo supõem estar impotentes. O fato de um homem apresentar baixo nível de testosterona não significa ser, fisicamente, incapaz de manter uma ereção e apreciar sexo. O problema é que ele simplesmente não se importa mais com o assunto. Pode sentir-se impotente, mesmo que tecnicamente não o seja.

Felizmente, a recuperação da testosterona aos níveis da juventude pode contornar esta situação praticamente da noite para o dia. Quando este hormônio volta ao normal, parece que o homem recupera um interesse saudável em sexo — bem como na capacidade de apreciá-lo. Jerry K., um divorciado, homem de negócios da Califórnia, passou por esta experiência ao começar a tomar testosterona, quando compreendeu que sua falta de interesse sexual e energia estavam provocando um efeito desanimador em um novo e importante relacionamento.

— A mulher que eu amava pensava que não me interessava mais por ela, o que simplesmente não era verdade. O problema era que, embora eu me importasse com ela, não conseguia me excitar sexualmente. Não pensei que houvesse alguma coisa que pudesse ser feita a respeito, mas quando o mencionei ao meu médico, ele decidiu verificar meu nível de testosterona. Quando vimos que estava baixo, receitou-me o hormônio. A diferença foi incrível. Após dez dias, passei de libido zero a uma intensa vida sexual.

Este é o tipo de testemunho sobre os super-hormônios que considero particularmente encorajador, pois enfatiza um ponto importante: não existe motivo para que a capacidade de usufruir uma boa vida sexual seja prerrogativa somente da juventude. Demasiadas vezes homens e mulheres automaticamente assumem que, à proporção que envelhecem, a capacidade sexual gradualmente diminuirá, até que o sexo não faça mais parte de suas vidas, sendo simplesmente parte do passado. Estão dispostos a se conformar com menos do que realmente querem ou merecem. Do mesmo modo que não creio ser necessário considerarmos a doença e a debilidade como partes normais do processo de envelhecimento, também não acredito que somos obrigados a aceitar a perda da sexualidade. Sexo é o tipo de atividade de declaração de vida que sempre deveria ser cultivada. Para ambos os sexos, super-hormônios como testosterona, DHEA, estrogênio e melatonina podem desempenhar um papel crucial na preservação e até mesmo na recuperação do nosso desejo e função sexual, para que possamos viver nossa vida prolongada com o mesmo entusiasmo da juventude.

O número de homens, na meia-idade e mais velhos, que estão usando testosterona aumentou exponencialmente no decorrer destes poucos anos, e muitas instituições ilustres, inclusive o National Institute on Aging, exploram os benefícios de elevar este hormônio ao nível da juventude. Embora ninguém saiba exatamente quantos homens a tomam, os peritos prevêem que nos próximos cinco anos este número será igual ao das mulheres que, após a menopausa, tomam estrogênio, e eu prevejo que, em breve, será considerado um componente vital do nosso perfil de super-hormônios.

A explosão de interesse na testosterona deve-se à compreensão cada vez maior de que seu nível diminui com a idade e que, à proporção que isto acontece, muitos sofrem graves conseqüências em termos da vida física e mental. Cada vez torna-se mais evidente que muitos sintomas que os homens chegam a aceitar como parte normal do processo de envelhecimento devem-se, na verdade, aos baixos níveis de testosterona, facilmente passíveis de correção. Esta compreensão despertou uma tremenda curiosidade em relação a este hormônio entre os homens, pois eles não vêem motivo para se renderem à deterioração física e mental que alguns chamam de "envelhecimento", quando agora têm uma escolha e simplesmente não precisam se submeter a ela.

O desejo de nos sentirmos e parecermos fortes é uma das razões principais pela qual o clínico Norman Orentreich, de Nova York, com setenta e três anos de idade, vem usando uma forma tópica de testosterona (que seu farmacêutico prepara) durante mais de quinze anos, receitando-a também aos seus pacientes que dela necessitam. O Dr. Orentreich ficou famoso como o inventor do transplante capilar, mas também é figura conhecida no campo da pesquisa sobre o envelhecimento. Como explicado anteriormente, o Dr. Orentreich estava entre os primeiros pesquisadores a documentar a diminuição de DHEA que ocorre à proporção que envelhecemos e a mostrar que estes níveis são uma demonstração de quanto e como estamos envelhecendo. Este médico é responsável por uma próspera clínica médica em Nova York, atuando como orientador e mentor de seu casal de filhos, ambos dermatologistas. Ele também trabalha como diretor de um importante centro de pesquisa no interior do estado de Nova York. A sala de espera de seu consultório na Quinta Avenida é um estudo de diversidade e uma medida da amplidão de sua perícia. Seus serviços são procurados por vítimas de queimaduras e problemas de pele, bem como pelas "pessoas da beleza" mundiais, modelos, atores e figuras políticas, cujos sucessos dependem da manutenção de suas aparências jovens. O Dr. Orentreich trabalha durante muitas horas e obviamente adora sua vida ativa, atarefada. Ele parece e se movimenta como um homem pronto a conquistar o mundo, não como alguém que já passou da idade de se aposentar.

— Posso garantir que se não fosse a testosterona, eu não seria o que sou agora — afirma o Dr. Orentreich, um homem bonito, com uma pele notavelmente suave, basta cabeleira branca, porte elegante e jovem e poderosos bíceps que flexiona para enfatizar algum ponto importante. — Eu fui um grande atleta quando jovem, mas agora, na maior parte do tempo, sou obrigado a ser sedentário. Tomo testosterona para manter a força muscular, o que não conseguiria nesta idade só com exercícios. Estou em plena forma, tanto do ponto de vista de energia quanto de musculatura, e meu colesterol está baixo por causa da testosterona. Sexualmente falando, sinto-me do mesmo modo que quando tinha quarenta anos. Talvez eu devesse aceitar que aos setenta e três as coisas mudam e simplesmente esperar que aconteçam, mas não quero e, com a testosterona, não preciso.

Na minha opinião, o Dr. Orentreich representa o modelo de homem na vanguarda da Revolução dos Super-hormônios. É uma pessoa de mente e corpo ativos, que se recusa a aceitar o declínio físico e mental como componentes inevitáveis do envelhecimento. Além disso, ele é a *prova viva de que este declínio não precisa acontecer.*

A revolução dos super-hormônios aumentará, sem dúvida, o interesse pela testosterona, uma poderosa ferramenta contra o envelhecimento. À proporção que mais e mais homens se tornarem cientes de que não há motivo para aceitar menos da vida a cada ano que passa, eles desejarão que seus níveis de testosterona sejam analisados, adicionando-a, se necessário, ao coquetel de super-hormônios.

O interesse por este hormônio também aumentará devido à recente aprovação, por parte da FDA, de um novo adesivo contendo testosterona que, como os de estrogênio, mais conhecidos, pode ser usado em qualquer parte do corpo, facilitando ainda mais a administração deste super-hormônio. Antigamente, só se conseguia obter testosterona nos Estados Unidos, por via injetável, uso de certo modo mais difícil, ou por um "adesivo" colado à bolsa escrotal, o que apresentava outras dificuldades. Na Europa já existem pílulas de testosterona, mas ainda não foram aprovadas nos Estados Unidos, e diversos pesquisadores acreditam que a injeção e o "adesivo" são os métodos mais eficientes e seguros de administração.

Até recentemente, a testosterona foi empregada principalmente como tratamento para homens jovens que apresentavam níveis extremamente baixos deste hormônio, um quadro raro que pode provocar graves problemas de saúde. A compreensão de que homens mais idosos poderiam precisar de testosterona para evitar alguns dos sintomas mais incômodos do envelhecimento é um fenômeno recente e, na verdade, pode vir a surpreender muitos homens e seus médicos. Quando pensam em reposição de hormônios, muitos homens — e, eu poderia acrescentar, seus clínicos — imediatamente pensam em mulheres com fogachos (rubores de calor típicos da menopausa). Isto, em certa época, poderia fazer sentido, antes que compreendêssemos o poder dos super-hormônios, mas hoje este modo de pensar não só é decididamente arcaico, mas também injusto para com os homens! Os super-hormônios são para todos — homens ou mulheres — que querem continuar saudáveis e vigorosos. Como você verá, os homens precisam de super-hormônios por muitos dos mesmos motivos pelos quais as mulheres após a menopausa necessitam de estrogênio.

Na introdução deste livro, falei sobre um relógio de envelhecimento, local no cérebro que controla como e quando envelhecemos. Por volta dos quarenta e cinco anos de idade, este relógio sinaliza através do corpo a hora em que os níveis de testosterona devem começar a diminuir e, daí em diante, sua produção cai lentamente a cada ano que passa. Nas mulheres de meia-idade o declínio dos hormônios femininos é chamado de menopausa, mas não existe palavra correspondente para a diminuição hormonal experimentada pelos homens. Esta condição, nestes últimos anos, recebeu diversos nomes, inclusive "menopausa masculina", "andropausa", "viropausa" e "declínio da testosterona associado ao envelhecimento". Este último é o termo preferido pelos pesquisadores, mas nenhum foi oficial ou genericamente aceito.

Mas independente de como o chamem, o declínio de testosterona é muito real, embora possa afetar os indivíduos de diferentes modos.

Alguns não experimentam qualquer sintoma desagradável devido à perda da testosterona, enquanto outros os sentem vivamente. Um dos motivos desta diferença é que os níveis de testosterona apresentam uma ampla variação, mesmo no seu apogeu. Se num homem os níveis estão elevados, mas ainda na faixa considerada normal, ele poderá, quando mais idoso, mesmo depois do declínio já haver ocorrido, ainda ter mais testosterona do que um outro que começou com nível baixo, mas também na faixa aceita como normal. O primeiro talvez nunca apresente os mesmos sintomas que o segundo, que mais tarde, provavelmente, terá problemas, pois a diminuição natural fará com que os níveis baixem em demasia.

Apesar disso, pelo menos 30% dos homens eventualmente se deparará com níveis de testosterona mais baixos do que o normal, condição chamada de hipogonadismo, e com esta deficiência aparece uma multidão de significativos problemas emocionais e físicos, incluindo perda de libido, depressão, fadiga, irritabilidade, fraqueza muscular e ossos mais finos, o que pode levar à osteoporose que, ao contrário do que o povo pensa, não é um problema característico de mulheres com ossos pequenos.

Nem todos os homens apresentarão todos estes sintomas, muito menos quanto ao grau, mas muitos se conscientizarão de que algo não está muito certo. Como relembra um senhor de sessenta e um anos:

— Antes de eu começar a tomar testosterona, não conseguia me sentir como de hábito. Não posso dizer que me sentia doente, mas cansava-me com facilidade, parecia velho e, o que era pior, me *sentia* velho.

Agora, com testosterona, sente-se, segundo suas próprias palavras, "recarregado":

— Estou mais forte, mais feliz e, o mais importante, é que me sinto como antes. Recuperei meu ânimo e minha ambição, e isso é formidável.

A maioria dos médicos só receita testosterona aos homens cujos níveis estejam muito baixos, isto é, com hipogonadismo. Para estes, os benefícios deste hormônio já estão bem documentados. Mas os clínicos e pesquisadores começam a querer saber se todos os homens após os cinqüenta anos, com níveis baixos, embora tecnicamente na faixa "normal", se beneficiariam se os parâmetros fossem restaurados aos da juventude. Creio que muitos homens de meia-idade, cujos níveis de testosterona estejam normais, embora mais baixos do que na juventude, não necessitam desta reposição, se já estiverem tomando DHEA, porque o organismo converte o DHEA em uma pequena quantidade de testosterona, o que, acredito, será aumento suficiente para neutralizar o declínio. Penso que como o DHEA é o que chamamos de precursor da testosterona, ele poderá pelo menos adiar a necessidade de testosterona, ou seja, um homem nos seus quarenta ou cinqüenta só precisará do DHEA até que chegue aos sessenta ou setenta, quando provavelmente necessitará de testosterona. Nesta ocasião, ele e o clínico poderão decidir incluir esta última no seu coquetel personalizado de super-hormônios.

Estas recomendações estão de acordo com minha filosofia de que a necessidade pessoal de super-hormônios não está "gravada na rocha", mas, na verdade, é passível de evoluir à proporção que esta necessidade se altere com o passar dos anos. Esta também é a razão pela qual considero ser importante que os pacientes compreendam que meu programa de recuperação de super-hormônios aos níveis da juventude não se limita simplesmente a verificar os níveis sangüíneos e escrever uma receita médica. Prestar atenção a como você *se sente* também é importante para determinar que super-hormônios deveria tomar e em que dosagens. Se um homem está no limite inferior da faixa normal de testosterona, mas apresenta sintomas de deficiência deste hormônio, sinto que seria conveniente adicionar testosterona ao seu regime.

## Testosterona: A Medida da Saúde Masculina

Embora baixos níveis de testosterona não sejam incomuns entre homens mais velhos, são raros entre os jovens e, quando ocorrem, geralmente se devem a doenças crônicas ou a alguma disfunção glandular. Mesmo assim, estes homens experimentam os mesmos sintomas apresentados pelos homens mais velhos cujos níveis de testosterona estão baixos. São fracos, não se interessam por sexo e têm uma aparência prematuramente envelhecida. Se isto faz você pensar que os efeitos da baixa testosterona nos jovens são impressionantemente similares à deterioração física e mental que algumas vezes chamamos de "devastação da idade", pode ter certeza de não estar sozinho.

Este paralelo não deixou de ser observado pela Dra. Fran Kaiser, uma pesquisadora pioneira no campo da testosterona, que também trabalha em uma clínica sobre disfunção sexual na St. Louis University School of Medicine. A Dra. Kaiser e seus colegas realizaram o mais longo experimento clínico de que se tem notícia, envolvendo homens mais velhos que tomam testosterona. Em sua prática médica, a Dra. Kaiser também receitou este hormônio a muitos homens que procuraram esta clínica sobre disfunção sexual em busca de ajuda. Vários anos tratando de homens com baixos níveis de testosterona fizeram com que ela compreendesse que esta condição é padrão no processo de envelhecimento. Ela explica:

— Baixos níveis de testosterona estão associados, em qualquer idade, aos mesmos sintomas do envelhecimento, inclusive perda de massa muscular e de mobilidade, perda óssea, anemia, perda da sensação de bem-estar, alteração na função sexual e diminuição da libido. Há muitos pontos em comum. Em outras palavras, um homem com insuficiência de testosterona, condição que comprovadamente acelera o processo de envelhecimento, não se sentirá bem, não terá boa aparência nem bom funcionamento orgânico, independente da sua idade.

A inteligente observação da Dra. Kaiser, na minha opinião, ressalta outro ponto importante que, gostaria de acrescentar, é um dos temas centrais de *Super-hormônio*. Não consigo entender por que os sintomas de deficiência de testosterona nos jovens são imediatamente considerados anormais e uma "condição de doença", enquanto o mesmo quadro em homens mais velhos é logo aceito como um sintoma "normal" do processo de envelhecimento. Este é um péssimo exemplo de discriminação. Nada há absolutamente de normal em estar cansado, doente, fraco ou deprimido em qualquer idade! Não é normal a sensação de fragilidade ou desinteresse por sexo, quer você tenha vinte, quarenta ou oitenta anos. Estas condições, tanto nos jovens quanto nos idosos, não devem ficar sem tratamento. São sintomas claros e evidentes de deficiência de super-hormônios, para a qual agora existe remédio.

Se a deficiência de testosterona acelera o processo de envelhecimento, a boa-nova é — e não consigo dar-lhe ênfase suficiente — que este declínio não é irreparável nem irreversível. Restaurar a testosterona aos níveis da juventude pode deter e até mesmo reverter a espiral descendente provocada pela deficiência desse hormônio. Como explicarei, todos os sintomas podem ser facilmente corrigidos quando os níveis voltam aos da juventude. Primeiramente, gostaria de lhes falar algumas coisas sobre a testosterona.

O estrogênio controla as características definidas como "tipicamente femininas", enquanto a testosterona é o hormônio que determina os traços "masculinos". Antes mesmo do nascimento, a testosterona dota o corpo masculino com estas qualidades específicas. O sexo é determinado no momento da concepção. Se um espermatozóide com cromossomo X se une a um óvulo, produz-se uma criança do sexo feminino. Se o cromossomo é do tipo Y, ela será do sexo masculino. Todos os fetos, contudo, começam como femininos. O sexo só se caracteriza definitivamente com o crescimento dos testículos nos machos, que começam a bombear testosterona, estimulando o desenvolvimento dos órgãos genitais masculinos. Se não houver testosterona no útero, o feto masculino não consegue se desenvolver normalmente.

Durante toda a vida de um homem, a testosterona é carregada pelo fluxo sangüíneo, ligando-se aos tecidos por meio de receptores especiais nas membranas celulares. Uma vez ligada a estes receptores, a testosterona desencadeia uma reação no interior das células, ajudando a controlar os diversos sistemas orgânicos. Existem receptores de testosterona em todo o corpo, inclusive em áreas importantes do cérebro.

A puberdade é uma época em que os efeitos da testosterona são sentidos com mais intensidade, transformando um menino em um homem. Durante a puberdade, o aumento nos níveis da testosterona faz com que a voz se torne mais grave, o pênis e os testículos se desenvolvam e amadureçam, provoca o nascimento de pêlos na face e no corpo e o aumento da massa muscular e óssea, dando ao corpo uma definição "masculina". À proporção que flui junto com o sangue, a testosterona desperta a libido ou desejo sexual. É o hormônio necessário à produção de esperma e à capacidade de manter a ereção. Também está associada ao comportamento agressivo e sensações de bem-estar em ambos os sexos. Em suma, é um super-hormônio que se tornou sinônimo de robustez, vigor e vitalidade da juventude.

## Um Pouco de História

A testosterona é um super-hormônio com certa aura de mistério. Desde os primórdios da história, curadores e xamãs sentiram, intuitivamente, a existência de alguma substância vital no organismo dos homens que regia sua força e sexualidade. No decorrer da história, as glândulas e órgãos sexuais de animais machos foram usados para criar medicamentos destinados a recuperar a potência e revitalizar os homens. Embora estes curadores da antigüidade não o soubessem, estas glândulas e órgãos certamente continham pequenas quantidades de testosterona animal. Os antigos médicos gregos acreditavam haver uma substância doadora de vida, nos homens, que de algum modo estava relacionada à função das glândulas sexuais e era essencial à boa saúde. Aproximadamente dois mil anos mais tarde, em 1889, o fisiologista francês Charles-Edouard Brown-Séquard descreveu uma experiência na qual injetou em si mesmo o fluido extraído dos testículos de animais. Os resultados, escreveu, foram nada menos que miraculosos. "A questão", escreveu em seu relatório, "não é se as injeções... rejuvenescem... Isso me parece bastante claro."

Nas primeiras duas décadas do século XX, tornou-se moda tratar os problemas sexuais através de várias poções feitas a partir de testículos de animais, e embora médicos e pacientes estivessem convencidos de terem encontrado uma "cura" para os problemas de potência masculina, os pesquisadores sérios reconheceram que a quantidade de testosterona residual naqueles testículos era muito pequena para causar um impacto duradouro nos homens que os ingeriram ou os recebiam sob a forma injetável. Estes pesquisadores compreenderam que se os homens estivessem respondendo a estes tratamentos, seria um efeito puramente placebo. Se a testosterona fosse para ser usada como tratamento médico, teria de ser obtida em forma sintética. O problema, entretanto, era que ninguém sabia como sintetizar este hormônio em laboratório. Então, em 1934, dois químicos europeus do Leste descobriram a fórmula química da testosterona e conseguiram sintetizá-la a partir do colesterol. Por este trabalho receberam o prêmio Nobel. Além disso, como já se conhecia a estrutura química da testosterona, as indústrias farmacêuticas puderam desenvolver as versões sintéticas deste hormônio que atualmente são empregadas em tratamentos.

Desde a descoberta da testosterona houve bastante controvérsia sobre que papel, se é que algum, ela desempenha no processo de envelhecimento. Durante a maior parte deste século, os endocrinologistas insistiram que não há qualquer relação entre o envelhecimento e a diminuição da testosterona, e só na década passada ficou comprovado que seus níveis realmente diminuem à proporção que envelhecemos. Só recentemente a ciência compreendeu que a testosterona não é só um hormônio masculino, mas um super-hormônio que desempenha um profundo papel quanto à nossa capacidade de manter um corpo forte e um bom funcionamento mental — em essência, quando e como envelhecemos.

## Por que a Demora?

Considerando que há mais de quarenta anos as mulheres após a menopausa já repõem estrogênio a níveis mais próximos aos da juventude, por que demorou tanto para que os pesquisadores descobrissem que os homens mais velhos poderiam se beneficiar com a reposição de seus esgotados níveis de testosterona? Os cientistas envolvidos neste campo muitas vezes dizem que, atualmente, a pesquisa sobre a testosterona está mais ou menos no mesmo ponto que a do estrogênio há quinze anos, ou seja, a pesquisa sobre o papel da testosterona e o envelhecimento ficou muito atrasada em comparação com a do estrogênio. Creio que isso se deve principalmente a três obstáculos: ignorância, rejeição e o simples fato de os cientistas não terem idéia do que buscavam.

Comecemos pela ignorância. Recentemente as mulheres reclamaram que a medicina estava dominada por um modelo masculino, isto é, o corpo masculino foi o mais estudado e as lições aprendidas foram aplicadas às mulheres, sem que se levasse em consideração que a fisiologia feminina é totalmente diferente. O que elas dizem é, em grande parte, verdade. Os homens *foram* favorecidos em muitas áreas da medicina — com uma exceção. Ironicamente, quando se trata dos homens e seus hormônios masculinos, a recíproca também é bastante verdadeira. A ciência dedicou um tempo inestimavelmente maior às mulheres e ao declínio associado ao envelhecimento que sofrem, do que aos homens.

Um dos motivos talvez seja a variação muito mais perceptível nos níveis hormonais das mulheres de meia-idade, o que resulta na menopausa. Depois da menopausa, elas perdem sua capacidade reprodutora, não conseguem mais conceber ou sustentar uma gravidez. Com os homens não ocorre evento semelhante. Não param de produzir esperma nem se tornam estéreis, embora experimentem alterações no desejo e nas funções sexuais — assunto ao qual retornarei —, mas estas mudanças tendem a ser sutis e ocorrem gradativamente com o decorrer do tempo. Então, se você não está procurando por elas ou não sabe o que buscar, estas alterações passam facilmente despercebidas — pelo menos enquanto não atingem um ponto crítico, quando são facilmente atribuídas ou consideradas como velhice. Como não há qualquer evento notável sinalizando um declínio hormonal nos homens, a maioria dos pesquisadores simplesmente assumiu que tal declínio não ocorria.

Penso que existe outra razão pela qual a ciência demorou tanto tempo para reconhecer que os homens também passam, na meia-idade, por uma alteração similar à experimentada pelas mulheres. Com toda a franqueza, os pesquisadores e clínicos do sexo masculino não estavam muito interessados ou impacientes para descobrir a verdade. Acredito que a testosterona está tão associada ao ego masculino que se tornou praticamente impossível para os homens aceitar a diminuição dos níveis deste hormônio. O que acho ainda mais interessante é que, embora já existam evidências sólidas e irrefutáveis que comprovam, sem qualquer dúvida, que os homens sofrem o declínio da meia-idade, ainda há alguns, inclusive fantásticos cientistas, insistindo no contrário. Por que são tão cegos perante os fatos? A resposta é: rejeição ao fato.

— Em muitos casos, os homens são totalmente incapazes de estudarem a si mesmos e não querem olhar para si mesmos porque não conseguiriam acreditar que poderiam ser algo além de maravilhosos "machos" — observou o Dr. John E. Morley, que realizou vários estudos inovadores sobre a testosterona e outros hormônios.

O Dr. Morley, responsável pelo Departamento de Medicina Geriátrica da St. Louis University School of Medicine, acrescenta:

— Os homens não gostam de admitir a possibilidade de um declínio; isso não é coisa de "homem". Não é por mera coincidência que, atualmente, muitas pessoas nesta área de estudo são mulheres.

Até mesmo nestes tempos "esclarecidos", quando muitos homens idosos relatam aos seus médicos os clássicos sintomas de baixa testosterona — redução no impulso sexual, fraqueza muscular, depressão —, não é feito o diagnóstico correto. Estes homens são jogados de médico a médico até que, se tiverem sorte, um deles decide "olhar debaixo do capô" e analisar os níveis de testosterona. É óbvio que o preconceito e a rejeição impediram o progresso da pesquisa sobre a testosterona e contribuíram para que os clínicos e cientistas competentes relutassem em aceitar que nós, homens, quando na meia-idade, sentimos o declínio dos hormônios masculinos. Preciso, entretanto, acrescentar, para ser honesto com meus colegas, que até recentemente era difícil documentar esta queda. Muitas vezes os estudos eram contraditórios e confusos, alguns mostrando claramente uma queda na leitura da testosterona e outros sem qualquer alteração. É muito difícil conseguir uma leitura precisa, pois a liberação da testosterona obedece a um ritmo diurno. Em homens mais jovens, pelo menos, estes níveis podem variar durante o dia (com índices mais elevados pela manhã) e também de estação para estação, pois um estudo comprovou que os níveis atingem o máximo em dezembro. Como mencionado anteriormente, os índices também variam bastante entre os homens. Por isso, se um pesquisador fez um estudo cruzado comparando, por exemplo, os níveis de testosterona em um grupo de homens com idades entre quarenta e cinqüenta anos e outro entre cinqüenta e sessenta, talvez não seja possível identificar um padrão evidente. Por outro lado, um cientista que tivesse acompanhado o mesmo grupo de homens durante mais ou menos uma década, no que chamamos de estudo longitudinal, observaria um declínio óbvio e marcante em cada um. É por esta razão que alguns dados de teste oriundos de diferentes estudos parecem entrar em conflito, com alguns mostrando declínio e outros não.

Talvez a documentação do declínio da testosterona tenha sido muito difícil porque durante anos os pesquisadores consideraram os números errados. A maioria estava medindo a quantidade total de testosterona na corrente sangüínea, mas esta medida pode ser falsa. A maior parte deste hormônio está intimamente ligada a uma proteína chamada SHBG (*sex hormone binding globulin* — globulina de ligação com hormônios sexuais). A testosterona ligada à SHBG não fica imediatamente à disposição do organismo. Para tanto, ela precisa estar sob a forma de testosterona livre, também chamada de testosterona biodisponível. Esta pequena quantidade é da ordem de 4%. À proporção que envelhecemos, o volume de testosterona ligada ao SHBG aumenta, havendo menos hormônio livre para ser utilizado pelo organismo. Por isso, embora o índice de testosterona possa estar normal, o volume de hormônio biodisponível é baixo. Os pesquisadores e clínicos inteligentes já sabem que, para obter um nível preciso de testosterona, precisam medir a quantidade livre ou biodisponível. Quando esta conduta começou a ser empregada, o declínio de testosterona em pacientes mais idosos logo se tornou mais evidente.

Atualmente já sabemos que, à proporção que envelhecemos, além de uma diminuição na testosterona, também se reduz, nos testículos, o número de células de Leydig, responsáveis pela produção de testosterona. Também ocorrem sutis alterações na interação entre os hormônios, provocando níveis mais baixos de testosterona. A secreção deste hormônio é controlada pelo cérebro, por meio da glândula pituitária. Quando o organismo precisa de testosterona, a pituitária desencadeia a liberação de LH-RH (*luteinizing hormone-releasing hormone*, ou seja, hormônio luteinizante-hormônio liberador) que, por sua vez, estimula os testículos para que a produzam. Com o envelhecimento, parece que os homens ficam menos sensíveis aos sinais enviados pela pituitária — gerando uma condição chamada de hipogonadismo secundário, outra provável causa da diminuição dos níveis de testosterona.

## Acelerando seu Impulso Sexual

Libido, ou impulso sexual, é o termo empregado para descrever nossa capacidade de nos sentirmos sexualmente excitados. Ela é mais intensa nos adolescentes e jovens adultos e, tipicamente, diminui com a idade. Quase todos os estudos sobre homens registraram uma diminuição no desejo e na função sexual que começa por volta da meia-idade.

Para a maioria dos homens, o declínio na atividade sexual não é necessariamente um problema e, como aprenderam os homens jovens (e sabem os homens experientes), a quantidade de encontros sexuais não é tão importante quanto a qualidade. Muitos homens e mulheres sentem que o sexo melhora com o passar dos anos, principalmente quando compreendem melhor suas próprias necessidades e as de seus parceiros. Se você se sente satisfeito e ambos estão felizes, isto é tudo o que importa.

Mas para homens com baixos níveis de testosterona, a história é totalmente diferente. Estes homens freqüentemente experimentam este declínio sexual de forma bastante grave. Um impulso sexual diminuído pode provocar problemas graves e profundos, principalmente quando interferem com a capacidade de manter um relacionamento e apreciar a vida, fazendo com que os homens se sintam precocemente envelhecidos, isolados e muito infelizes. Estes homens não estão lidando com um contratempo sexual ocasional. Para eles, a atividade sexual gratificante tornou-se parte das suas memórias.

— Eles não têm mais o mesmo interesse sexual, nem a capacidade para manter relações sexuais. Já não conseguem manter a ereção, e mesmo quando conseguem, perdem-na com rapidez. Se conseguem ter relações sexuais, não ejaculam. Todos estes fatos relacionam-se à função sexual, associados a baixos índices de testosterona — explica o pesquisador Dr. Adrian Dobs, da Johns Hopkins Medical School, que realiza estudos sobre este hormônio.

Antes de prosseguirmos com os benefícios específicos resultantes do aumento nos níveis de testosterona aos patamares da juventude, quero dizer que não estou sugerindo que tomar testosterona curará todos os problemas sexuais ou transformará todos os homens em super-homens sexuais. De forma alguma. A sexualidade é uma atividade humana demasiadamente complexa para ser reduzida a alguns microgramas de qualquer substância química. Nossa capacidade para nos excitarmos e agirmos de acordo envolve uma ampla gama de fatores, alguns físicos e outros emocionais, que discutirei posteriormente, mas o papel desempenhado pela testosterona para ajudar homens de certa idade a recuperar o vigor e a resistência sexuais que apreciaram na juventude não deve ser subestimado. Para homens cujos níveis de testosterona tenham diminuído, a restauração aos níveis da juventude pode afetar bastante suas vidas sexuais e, por conseguinte, sua qualidade global de vida.

Muitos homens que observam sinais de deficiência sexual sofrem em silêncio e não buscam ajuda a não ser que sejam obrigados, geralmente por um parceiro sexual desapontado e magoado. A situação é principalmente problemática quando um sofre queda de libido enquanto o outro ainda se sente com bastante disposição. Um destes casos é o de alguém que chamaremos de Sam J., que, aos setenta anos, após dez anos de luta contra a impotência, finalmente procurou ajuda para essa disfunção sexual na St. Louis University School of Medicine. A incapacidade de Sam para manter uma ereção estava deixando seu casamento sob fortes tensões. Ele estava preso em um círculo vicioso. Temeroso de que não pudesse ter um bom desempenho sexual, Sam fugia de sua esposa, Susan, quando ela tentava qualquer aproximação romântica. Ignorando o problema de Sam, Susan tomou por certo que ele simplesmente perdera o interesse por ela e sentiu-se rejeitada. Sam recorreu à clínica de disfunção sexual para descobrir o que, se é que havia algo, poderia ser feito para ajudá-lo a recuperar a potência e, assim esperava, seu relacionamento, antes tão gratificante. Na clínica foram analisados os níveis hormonais de Sam, parte da rotina de exames físicos. Os resultados foram claros: seus índices de testosterona estavam muito baixos. Sua médica recomendou-lhe que tentasse recuperar aqueles níveis, o que implicava em tomar uma injeção de testosterona a cada três semanas. Quase imediatamente após o primeiro tratamento, Sam declarou que seu problema de impotência havia terminado. Pela primeira vez em anos Sam descobriu não só estar interessado em sexo, mas conseguiu manter a ereção durante tempo suficiente para uma gratificante relação sexual com sua esposa.

— Sinto-me vivo novamente. Mais satisfeito, relaxado e, de modo geral, mais saudável. Meus músculos estão mais fortes, as relações sexuais são melhores e consigo fazer muito mais coisas do que antes — disse Sam, acrescentando que seu casamento também está mais estável do que nunca e que ele pensa em tomar testosterona para sempre.

A Dra. Fran Kaiser, médica de Sam, não perde tempo em esclarecer que o seu problema, que incluía perda de interesse sexual, era um caso típico de deficiência de testosterona. Ela alerta que nem todos os casos de impotência podem ser creditados a esta deficiência, portanto, não se resolverão pela administração deste hormônio. Em alguns casos, observa, pode haver algum problema orgânico subjacente, como aterosclerose ou diabetes, duas condições que podem prejudicar o afluxo sangüíneo ao pênis, não permitindo que o homem tenha ereção, o que justificaria a adoção de outros tratamentos em conjunto com ou em vez da testosterona.

A incapacidade de um homem conseguir ereção pode dever-se à falta de interesse em sexo. Em outras palavras, o problema não é uma disfunção mecânica, pois ele tem os meios, mas lhe falta a motivação ou inspiração para utilizá-los. Em tal caso, a testosterona devolve ao homem a capacidade para se sentir excitado e, com isso, sua capacidade funcional. Mas alguns estudos mostram um vínculo entre os níveis de testosterona e o desempenho de homens cujos níveis são tão baixos que eles simplesmente não conseguem manter uma ereção. Para estes, a testosterona pode melhorar o desempenho sexual. Os pesquisadores suspeitam que este hormônio estimula os nervos e músculos responsáveis pela ereção, mas ainda não se conhece completamente esse mecanismo.

— Sabemos mais sobre como mandar um foguete à Lua do que a respeito da fisiologia das ereções — observa a Dra. Kaiser. — É como se a testosterona fosse o principal controlador, provavelmente por meio de um grupo inteiro de neurotransmissores, a maioria dos quais ainda não identificamos.

## Aliviando a Depressão

Sabemos que a testosterona recupera a libido e revitaliza a vida sexual masculina, mas o efeito da testosterona sobre a libido não ocorre somente pela sua atuação no sistema reprodutor. Ela também é um super-hormônio que aumenta a sensação de bem-estar, e quando estamos de bom humor, temos mais tendência à excitação sexual e ao prazer. Os homens que tomam testosterona alegam sentir-se mais felizes, com mais energia e cheios de vida. Pessoalmente, creio que o fato deles se sentirem mais sensuais pode muito bem ser mais um resultado destas boas sensações do que algum efeito direto que a testosterona exerça sobre a libido propriamente dita. Digo-o porque, quando se trata de algo tão complexo quanto a sexualidade, é muito difícil separar o físico do emocional. Em nenhum outro lugar o funcionamento da conexão mente-corpo é mais evidente do que neste caso. A excitação sexual começa acima do pescoço, no cérebro, que, liberando hormônios, dá instruções às outras partes do organismo para que respondam aos estímulos sexuais.

Os céticos sugeriram que pelo menos alguns homens que tomam testosterona estão experimentando um efeito meramente placebo. Já foi muito bem documentado que o poder da sugestão pode ser bastante forte, e se um paciente acredita estar recebendo um medicamento que fará com que se sinta melhor, tal acontecerá, mesmo que a medicação não tenha valor algum. Consideremos as descobertas de um estudo envolvendo treze homens mais idosos, realizado na Emory University, em Atlanta, Geórgia, pela Dra. Joyce S. Tenover, uma famosa pesquisadora no campo da testosterona. Durante três meses os homens receberam testosterona e, nos outros três, um placebo. Como aquele foi um estudo duplo-cego, nem os homens nem os pesquisadores sabiam quando o placebo ou a testosterona estava sendo dado. Ao final do estudo, os pesquisadores observaram que o efeito da testosterona era tão pronunciado que doze dos treze homens conseguiram determinar com exatidão os meses em que tomaram testosterona e os meses em que receberam o placebo. Como poderiam saber? Segundo a Dra. Tenover, eles foram capazes de perceber a diferença baseados em sua própria sensação de aumento de libido, agressividade em transações comerciais e elevada sensação de bem-estar. O impressionante neste estudo foi a capacidade de quase todos os homens de sentir uma diferença tão palpável na sua disposição e comportamento após tomarem a testosterona.

Há mais de dez anos, enquanto os pesquisadores americanos ainda debatiam se os homens apresentavam um declínio considerável nos níveis de testosterona, os britânicos já haviam começado a usar hormônios para tratar de homens que mostravam sinais de deficiência de testosterona. John Moran, M.D., do Hormonal Health Care Center, em Londres, um dos primeiros proponentes da assim chamada teoria da "menopausa masculina", observou que os homens sentiam quase os mesmos problemas emocionais durante o declínio de testosterona na meia-idade que as mulheres no período da menopausa.

— Os homens geralmente experimentam uma suave depressão, bastante similar à que observamos nas mulheres. Ao tomarem testosterona, essa depressão desaparece. Tornam-se menos irritáveis, mais felizes e contentes.

O papel desempenhado pela testosterona em melhorar a disposição e combater a depressão foi bem documentado na Inglaterra, onde este hormônio é muito empregado no tratamento dos problemas de humor atribuídos à depressão da meia-idade nos homens. Os pacientes típicos do Dr. Moran são homens perto dos cinqüenta anos de idade, que estão passando por um período de intenso estresse e que também estão sofrendo de deficiência hormonal subjacente. Na clínica do Dr. Moran eles passam por um cuidadoso exame físico e psicológico, além de terem seus níveis de super-hormônios analisados, inclusive DHEA, testosterona e da tiróide. Se algum deles estiver baixo, são restabelecidos nos níveis da juventude. Mesmo que um homem esteja no limiar inferior da faixa normal de testosterona, o Dr. Moran receita um curto tratamento com este hormônio, acompanhado por aconselhamento psicológico.

— Acredito que a testosterona ajuda os homens que estão sob estresse intenso, e quando estes níveis de tensão diminuem, eles provavelmente não precisarão mais de testosterona. Esta não é necessariamente uma terapia permanente para todos os homens. Alguns precisarão dela durante pouco tempo; outros, por um período mais longo.

Em alguns casos, o Dr. Moran pára com a administração de testosterona após um ano, caso a depressão tenha passado, e a substitui por DHEA. Como já assinalei, uma pequena quantidade de DHEA transforma-se em testosterona, que pode ser suficiente para a normalização do índice deste hormônio. Como sabemos, o DHEA também exerce um poderoso efeito sobre a disposição e o comportamento, podendo ajudar a evitar a depressão. Ver no capítulo sobre DHEA uma discussão completa a respeito do assunto.

## Reforço de Energia

Os homens que tomam testosterona sempre nos dizem que ela restaura a energia, o que ajuda a esclarecer seu aumento de libido e alívio dos sintomas da depressão. A testosterona também atua sobre outros sistemas do organismo, o que pode explicar por que os homens que a tomam freqüentemente alegam experimentar um aumento de energia que não sentiam desde a juventude. Um dos efeitos da testosterona é sobre as células vermelhas do sangue, pois, à proporção que se envelhece, diminui sua produção. Esta diminuição é principalmente marcante nos homens por volta dos setenta ou oitenta anos. As células vermelhas são importantes porque transportam oxigênio pela corrente sangüínea. O oxigênio é essencial ao processo metabólico nas células. Privadas de oxigênio, as células não seriam alimentadas e morreriam. Na verdade, se o cérebro não receber oxigênio por apenas alguns poucos minutos, todos os órgãos do nosso corpo param de funcionar e logo morremos. Nos homens que tomam testosterona, a contagem de células vermelhas aumenta, o que significa que o corpo está recebendo mais oxigênio. A Dra. Kaiser explica:

— Por exemplo, se retirarmos sangue de um corredor antes da corrida e subitamente ele receber uma transfusão pouco antes da partida, sua capacidade de oxigenação aumenta. Há mais células vermelhas carregando oxigênio, com aumento de resistência e energia. Este pode ser parte do mecanismo que faz com que os homens, ao tomarem testosterona, se sintam melhor.

O aumento de células vermelhas provoca um aumento de energia, o que é ótimo. Geralmente os homens que tomam testosterona se sentem revigorados e têm maior força física. A Dra. Kaiser, entretanto, alerta para a importância de não se permitir o aumento excessivo das células vermelhas, dando margem a uma condição chamada trombocitose, que pode aumentar o risco de coágulos sangüíneos, passível de ser evitada. Por isso os homens que tomam testosterona devem ser acompanhados por seus clínicos, fazendo, inclusive, uma análise rotineira dos níveis de células vermelhas. Além disso, antes de começarem com a testosterona, todos os homens deveriam passar por um minucioso exame físico, bem como fazer o teste de PSA (*prostate specific antigen* — antígeno específico prostático), para detectar quaisquer tumores prostáticos latentes. Embora a testosterona não seja carcinógena, ela pode estimular o desenvolvimento de câncer de próstata já existente. Creio que todos os homens com mais de cinqüenta anos deveriam fazer este exame. Do mesmo modo que a mamografia é conveniente para todas as mulheres nesta faixa etária, independente de estarem ou não tomando estrogênio, todos os homens com mais de cinqüenta anos deveriam fazer exame de próstata, estivessem ou não tomando testosterona. (Para mais informações sobre outros itens que devem ser monitorados enquanto você estiver tomando testosterona, ver o capítulo 10, "Como Tomar os Super-hormônios".)

## Corpo Forte, Ossos Fortes

No transcurso deste livro declarei acreditar ser possível viver a totalidade de nossa vida em um corpo forte e sadio, que continue em "estado juvenil". Com isso quero dizer que não precisamos sofrer os estragos causados pelo envelhecimento e que podemos continuar, nas décadas superiores, com o mesmo vigor e a mesma vitalidade de que desfrutávamos na juventude. Não estou me esquecendo de que, à proporção que envelhecemos, para a maioria de nós, permanecer forte e vigoroso é bastante difícil, e muitas vezes precisamos trabalhar mais para continuarmos em forma, o que significa uma série de pequenos esforços e, quando atingimos a meia-idade, manter o peso baixo e a força muscular elevada pode ser um verdadeiro desafio.

Até recentemente acreditava-se que pouco podia ser feito para superar este declínio físico e que flacidez e gordura eram inevitáveis no processo normal de envelhecimento. Acreditava-se, de fato, que depois de certa idade tudo que se poderia fazer era tentar manter os músculos que ainda restassem e evitar que desabassem, por ser praticamente impossível formar novos. Estou satisfeito por poder afirmar que agora sabemos que tais crenças são totalmente sem fundamento. A deterioração física não faz — repito, *não faz* — parte normal do processo de envelhecimento. Cada vez mais torna-se evidente que a diminuição dos super-hormônios é o principal fator para a aceleração da espiral descendente que afeta tantos homens. Na verdade, existem provas de que a alteração da composição corporal na meia-idade — desde os músculos até a gordura — está diretamente relacionada ao declínio na testosterona e que, recuperando-a aos níveis da juventude, pode-se fazer com que esta "decomposição" se torne mais lenta ou seja até mesmo revertida.

Pesquisadores americanos começaram a investigar como a testosterona poderia ajudar os homens a preservar a musculatura e evitar a obesidade. Eles confirmam a testosterona como o super-hormônio, que auxilia um homem a continuar em forma, em boas condições e com músculos fortes. Considerem o seguinte:

**A testosterona forma músculos** Em um estudo inovador, há pouco publicado no prestigiado *New England Journal of Medicine* (julho de 1996), os pesquisadores fizeram a estonteante declaração de que a testosterona pode aumentar significativamente a musculatura *mesmo em homens que não fazem exercícios.* Neste estudo, que envolveu levantadores de peso, os pesquisadores deram a um grupo de homens injeções semanais de testosterona e a outro grupo um placebo. Parte dos homens que estavam recebendo testosterona foi colocado sob um regime de exercícios, enquanto os demais, não. Os homens que recebiam placebo também se exercitaram. Após dez semanas, os homens que tomaram testosterona exibiam mais músculos; na verdade, muito mais músculos, com exercícios ou não. Em todos, inclusive os que não se exercitaram, os tríceps e quadríceps estavam mais desenvolvidos do que os do grupo do placebo.

O efeito da testosterona sobre a musculatura não se aplica só a levantadores de peso. Em um artigo publicado no *American Journal of Physiology*, seis homens (média de sessenta e sete anos) receberam injeções de testosterona durante quatro semanas, o que aumentou a força nos músculos das pernas, bem como na produção de proteína muscular, demonstrando claramente que este hormônio conseguia *recuperar o músculo em processo de envelhecimento.*

**A testosterona diminui a gordura** Eis mais novidades sobre este super-hormônio! Em um estudo da University of Washington, em Seattle, homens de mais de setenta anos, que apresentavam baixos níveis de testosterona, receberam injeções semanais deste hormônio durante três meses e mostraram um aumento significativo de "massa corporal", isto é, perderam peso e desenvolveram músculos sem qualquer dieta!

Antes de continuar, quero esclarecer uma coisa: não estou dizendo que a testosterona ou qualquer outro super-hormônio transforme todos os homens em montanhas de músculos, independente dos seus hábitos de saúde. Como assinalo no começo deste livro, se você fuma, abusa do álcool, toma drogas ou não cuida da sua dieta, seu corpo sofrerá, não importa o que mais faça. Se, entretanto, você se preocupa com a saúde — se faz exercícios e se alimenta com sabedoria —, você aumentará os efeitos do programa de super-hormônios e parecerá tão bem quanto se sente.

Por que o declínio dos super-hormônios exerce um efeito tão profundo quanto à nossa capacidade de manter a força muscular? Obviamente, como já mostraram os estudos anteriormente citados, a própria testosterona atua na criação e preservação muscular. Também creio, contudo, que existe outra razão tão importante — embora menos "científica" — pela qual a diminuição dos níveis de super-hormônios faz com que nos sintamos fracos. Quando estes índices decrescem, perdemos vitalidade; quando perdemos vitalidade, ficamos cansados; quando ficamos cansados, não nos exercitamos. Sem exercício, nossos músculos não podem se manter fortes, e nós simplesmente não nos sentimos bem.

A diminuição dos super-hormônios começa durante a meia-idade, quando a maioria de nós já se desgastou com as responsabilidades do trabalho e da família. Justamente na época em que se torna mais necessário nos cuidarmos, é muito difícil fazê-lo. Uma corrida no parque ou uma passada na academia de ginástica torna-se um luxo. Com a vida sedentária, perdemos a força muscular. O ciclo lassidão/fadiga se alimenta de nós mesmos, e a não ser que intervenhamos ativamente, isso se acelera com o passar dos anos.

Isto é verdadeiro para todos os homens, principalmente para aqueles com baixos níveis de testosterona. Ela não só é vital para continuarmos fortes e vigorosos, mas, como os estudos já comprovaram, também é um importante fator para a manutenção da musculatura. Por isso, se a sua testosterona está baixa, não lhe falta só o impulso para se levantar e ir a uma academia ou pista de corrida, mas seus músculos se deteriorarão com mais rapidez.

Homens mais velhos que tomam testosterona dizem, para outro homem, que se sentem mais vigorosos, mais fortes e com mais energia. Eles, além de mais ânimo e resistência, sentem uma palpável diferença na força muscular.

Um destes casos é o de John T., setenta e quatro anos de idade, que começou a tomar testosterona há dois anos, pois se sentia exausto e esgotado.

— Eu estava fraco e frouxo e sabia que deveria fazer mais exercícios, mas não tinha ânimo para ir até a academia e treinar — ele recorda.

Dois meses após começar com os super-hormônios, ele melhorou acentuadamente e começou um programa de exercícios. Hoje, vai à academia pelo menos três vezes por semana para exercitar-se com um treinador, e os efeitos podem ser observados em seu corpo. Está forte, com a pele suave, parecendo e agindo como um homem muito mais jovem. Nem é preciso dizer que John está encantado com a mudança.

— Estou mais musculoso, meus exercícios melhoram a cada dia e sinto-me vinte anos mais novo.

A testosterona tem um efeito positivo sobre a manutenção dos músculos e pode ajudar nossos corpos, mantendo-os fortes e com boa aparência. No caso de John, o efeito da testosterona foi duplo: primeiro, deu-lhe o necessário aumento de energia para que tivesse ânimo para se exercitar. Depois, aumentou o efeito do regime de exercícios, e acredito que sem o hormônio, ele não teria conseguido o mesmo rendimento.

Querer ser capaz de flexionar os músculos na academia ou no quarto pode ser uma razão suficientemente forte para que a maioria dos homens se preocupe em manter a força muscular, mas esta, com certeza, não é a única ou, talvez, a mais importante. A musculatura em boas condições também ajudará a prevenir outro problema grave que afeta os homens mais velhos (e sobre o qual os mais novos raramente pensam): a osteoporose, ou o afinamento ou desgaste do osso. Os músculos suportam os ossos e, à proporção que envelhecemos, eles precisam de toda ajuda que conseguirem. Tendemos a considerar a osteoporose como uma doença que só afeta as mulheres, o que não é o caso. Os homens também são vulneráveis a ela, e quanto mais vivemos, mais vulneráveis nos tornamos.

Quando somos jovens, o tecido ósseo antigo é constantemente substituído pelo novo, em um processo chamado remodelação. Perto dos trinta anos, no entanto, a reposição óssea é mais lenta. Embora este processo de perda progrida com mais rapidez nas mulheres, os homens (que têm mais sorte, pois começam com mais massa) também perdem quantidades consideráveis.

Não estou dizendo isso para assustá-lo, mas para alertá-lo. Quanto menos tecido ósseo você perder, melhor será nos anos vindouros, e a época para reforçar suas reservas é *agora*. Exercício, vitamina D e alimentos ricos em cálcio vão ajudá-lo a manter ossos fortes, mas não evitarão o desgaste ósseo. Um dos principais motivos pelos quais as mulheres tomam estrogênio é que ele retarda a perda óssea, que se acelera após a menopausa. Há evidências de que a testosterona pode ter o mesmo efeito protetor sobre os ossos dos homens.

Embora não exista qualquer estudo a longo prazo completo, os estudos preliminares de homens idosos sugerem que a testosterona exerce tal efeito protetor. Nestes estudos, os pesquisadores mediram os níveis no sangue de substâncias como a hidroxipolina, um composto importante para a formação de colágeno e ossos. À proporção que envelhecemos, os níveis de hidroxipolina diminuem. Em um estudo realizado na Universidade de Washington, a quantidade de hidroxipolina excretada pela urina de homens que tomavam testosterona era pequena, sugerindo que o organismo estava retendo uma quantidade maior deste composto para criar tecido ósseo. Em outro, da St. Louis University School of Medicine, os estudiosos descobriram que injeções de testosterona aumentavam os níveis de osteocalcina no sangue. A osteocalcina é uma proteína associada à preservação óssea, e um aumento nesta proteína poderia significar menor perda óssea durante a remodelação. Os estudos também mostraram que em homens com níveis de testosterona anormalmente baixos a restauração da testosterona pode aumentar a densidade óssea.

## Doença de Alzheimer

Todos queremos continuar firmes, desembaraçados e inteligentes por toda a vida. Em outras palavras, desejamos que nosso cérebro funcione à máxima capacidade, a despeito da idade. A restauração da testosterona aos níveis da juventude pode desempenhar um importante papel, ajudando-nos a fazer justamente isto. Na verdade, há cada vez mais provas de que, como os outros super-hormônios, DHEA, estrogênio e pregnenolona, a testosterona também protege contra a doença de Alzheimer (DA). Para compreender como, você precisa aprender o que sabemos sobre esta doença. Na DA, certas partes importantes do cérebro são destruídas devido a um desenvolvimento excessivo de beta-amilóide, proteína encontrada ali e em outras partes do corpo. Em quantidades normais, a beta-amilóide é inofensiva, mas na DA esta proteína, literalmente, satura o cérebro, provocando as conhecidas placas ou entrelaçamentos que levam à perda de memória, irracionalidade, inabilidade para comunicação e perda da capacidade funcional, características deste estado devastador. A DA talvez seja a mais temida de todas as doenças do envelhecimento, porque deixa suas vítimas totalmente indefesas e dependentes dos outros. A ciência ainda precisa identificar a causa exata ou a cura para a DA, mas o que se torna mais evidente é que a diminuição dos super-hormônios, à proporção que envelhecemos, pode, de algum modo, desencadear a doença.

As mulheres que tomam o super-hormônio estrogênio apresentam um risco substancialmente menor de desenvolver a DA do que aquelas que não o fazem. Como explicado no capítulo 5, o estrogênio é o "óleo" que evita que o cérebro enferruje. Ele melhora a memória e a função mental global, e muitas mulheres alegam tomar estrogênio para que consigam "pensar melhor". Para os homens, o equivalente é a testosterona.

Para que você consiga compreender o cérebro dos homens, preciso lhe falar sobre o cérebro de uns camundongos especiais, especificamente da espécie SAMP8. O que faz com que estes camundongos sejam tão especiais? O camundongo SAMP8 foi criado para envelhecer rapidamente e morrer jovem. Por esta razão, ele é um excelente modelo para os pesquisadores que estudam o processo de envelhecimento. O que também é particularmente interessante sobre o SAMP8 é que desde de tenra idade seu cérebro começa a desenvolver as mesmas anormalidades características da DA em humanos. Agora você começa a ver por que os cientistas consideram o SAMP8 um laboratório maravilhoso, que vive e respira para o estudo da DA.

Com aproximadamente oito meses de idade, época em que outros camundongos conseguem aprender tarefas simples, como atravessar um labirinto com relativa facilidade, o SAMP8 já mostra sinais de senilidade e esgotamento. Em comparação com camundongos normais da mesma idade, o SAMP8 tem mais dificuldade para aprender. Aquele antigo provérbio sobre cães velhos também se aplica aos SAMP8: eles não conseguem aprender novos truques.

Você já deve ter percebido que os níveis de testosterona nos SAMP8 diminuem bem cedo e com dramática rapidez. É isso mesmo. Entre os quatro e doze meses de idade, os níveis de testosterona nos animais machos diminui 71%. Isto representa uma queda enorme, em comparação com os 26% dos camundongos normais. A diferença foi tão significativa que os pesquisadores começaram a questionar se a queda na testosterona seria o motivo pelo qual os camundongos SAMP8 envelheciam e se tornavam senis prematuramente. Um grupo de cientistas da St. Louis University tentou responder a esta questão. Implantaram pílulas de testosterona em camundongos SAMP8 com doze meses de idade e depois os testaram quanto a qualquer melhora em sua capacidade para aprender e guardar novas informações. Os testes mediam com que rapidez os camundongos poderiam aprender o caminho através do labirinto e quão bem poderiam "memorizar" o mapa da estrada. Normalmente, após um período de doze meses, estes camundongos aprenderiam com extrema lentidão e esqueceriam rapidamente, mas depois dos implantes de testosterona, comportavam-se como autênticos jovens. Conseguiam aprender e memorizar o caminho para fora do labirinto tão bem quanto os SAMP8 de quatro meses de idade, cujos cérebros já estão muito mais danificados. Embora esta experiência não prove que a testosterona possa "curar" a DA em homens, ela sugere intensamente que este super-hormônio exerce um impacto positivo no aprendizado e na memória, além de dar alguma proteção contra as típicas e destrutivas alterações da DA. Muitos cientistas acreditam que a testosterona ajuda a modular a produção de beta-amilóide, a proteína responsável pela formação dos entrelaçamentos ou placas no cérebro, o que não deveria surpreender. Sabemos que no cérebro existem receptores de testosterona, que esta pode afetar profundamente o ânimo e a libido, além da nossa habilidade para realizar determinadas tarefas, como as que envolvem acuidade espacial. Falo quanto aos efeitos da testosterona sobre funções separadas, controladas por regiões distintas do cérebro, então acredito que este é um caso no qual a realidade como um todo é maior do que a soma das partes. A testosterona, sem dúvida, desempenha um importante papel ao melhorar nossa disposição, acuidade visual espacial e habilidade para aprender e reter informações. Estas são algumas funções primordiais da qual a DA nos priva quando rouba nossas personalidades. É por isso que creio que a testosterona protege contra os estragos da doença de Alzheimer, do mesmo modo que os outros super-hormônios.

## A Testosterona e seu Cérebro

Quanto mais aprendemos sobre os super-hormônios, mais apreciamos seus efeitos na função cerebral e, em particular, no cérebro em envelhecimento. Os super-hormônios influenciam a maneira como aprendemos e pensamos, e cada um deles parece ter sua atuação específica.

A pesquisa sobre os super-hormônios está, inclusive, lançando uma curiosa luz sobre os contínuos debates científicos. Algumas descobertas recentes parecem confirmar a existência de diferenças na função mental que estão baseadas nas diferenças de sexo. As conhecidas pesquisadoras Doreen Kimura e Diane Lunn, da University of Western Ontario, descobriram que desde a infância até a idade adulta os homens são melhores do que as mulheres nas chamadas tarefas visuais espaciais; por exemplo, os homens tendem a ser melhores em lançamento de dardos, tiro e leitura de mapas. O interessante quanto ao trabalho das doutoras Kimura e Lunn é que ele demonstra claramente que estas diferenças sexuais na acuidade mental não se devem ao ambiente ou aos condicionamentos, mas já estão presentes em crianças de apenas três anos de idade. As pesquisadoras Kimberly Kerns e Sheri A. Berenbaum, da Universidade de Chicago, demonstraram que mesmo na mais tenra idade os meninos também são melhores em pensamento tridimensional do que as meninas, com esta diferença começando na infância e continuando até a idade adulta. Se um homem e uma mulher olharem para uma figura geométrica e lhes for pedido que a girem mentalmente por, digamos, quarenta e cinco graus e depois desenhem como a figura ficaria sob este novo ângulo, o homem geralmente executará melhor este trabalho. Muitos cientistas acreditam que a testosterona, presente no cérebro, estabelece estas diferenças.

O interessante é que homens mais idosos não têm um desempenho tão bom quanto os jovens, e os cientistas agora especulam se o responsável por este fato seria a queda na testosterona à proporção que envelhecem. Em um estudo efetuado na Oregon Health Sciences University, por exemplo, um grupo de homens idosos, com níveis de testosterona considerados "normais baixos" para suas idades, usou adesivos impregnados com testosterona durante três meses. O objetivo dessa experiência era investigar se o hormônio afetava de algum modo a perda óssea, mas os pesquisadores também aproveitaram a oportunidade para "testar" a função mental dos objetos da pesquisa. No começo do estudo, os homens receberam adesivos que, sem que o soubessem, eram placebos, ou seja, não continham testosterona. Durante a semana em que usaram o adesivo, eles passaram por uma bateria de exames para avaliação da função cognitiva. Em um teste para verificar a acuidade espacial, pediram-lhes que fizessem uma construção com blocos a partir de um desenho bidimensional. Uma semana depois, metade dos homens recebeu verdadeiros adesivos de testosterona, enquanto a outra metade continuou com os placebos. Três meses mais tarde, todos foram testados novamente. A função mental dos homens que estavam usando testosterona não apresentou qualquer melhora em comparação com o grupo do placebo, exceto em uma área: a construção com blocos, onde foi modesta, embora os pesquisadores tivessem ficado bastante entusiasmados com os resultados.

Por quê? Para o observador casual, o fato dos homens se saírem melhor com blocos quando tomam testosterona pode não parecer uma grande novidade, mas, na verdade, as implicações destas descobertas são profundas. Muitos pesquisadores acreditam que a habilidade visual espacial é um fator importante para nos ajudar a realizar uma tarefa crítica: manter nosso equilíbrio. À proporção que envelhecemos e nossa capacidade visual diminui, aumenta muito a possibilidade de ferimentos devido a quedas. O desequilíbrio não é um problema tão crítico para os homens de meia-idade, sendo mais provável que ocorra nas décadas posteriores. Os homens idosos — lá pelos oitenta e acima — alegam sentir-se sem equilíbrio e controle. Os pesquisadores suspeitam que a área do cérebro usada na construção com blocos — que nos permite pensar de maneira tridimensional — é a mesma que nos ajuda a manter o equilíbrio quando andamos pela rua ou levantamos de uma cadeira. Isso é feito auxiliando nossos músculos a interpretar o ambiente segundo uma perspectiva tridimensional. Pense a respeito. Quando você dá um passo, os músculos precisam saber quando deslocar o peso e em que direção se mover, e toda esta atividade deve ser sincronizada pelo cérebro — ou você cairá de cara no chão. Sem esta conexão cérebro/corpo é impossível manter a estabilidade. Embora a testosterona tenha produzido uma modesta melhora na função visual espacial, até mesmo uma pequena e sutil alteração pode ser muito significativa em termos da capacidade para executar determinada tarefa. Pela reposição da testosterona, creio ser possível, antes de qualquer outra coisa, prevenir a perda da acuidade visual espacial, permitindo que os homens continuem fortes e estáveis sobre seus pés.

## Os Corações dos Homens

O ataque cardíaco é o assassino número um dos homens de meia-idade e acima. Se você tem menos de quarenta e cinco anos de idade, o risco de morrer de problemas cardíacos é extremamente baixo, mas este perigo aumenta dramaticamente à proporção que envelhecemos, e continua assim a cada passagem de ano. Segundo a American Heart Association, todos os anos aproximadamente noventa mil homens entre quarenta e cinco e sessenta e quatro anos morrerão de ataque cardíaco ou alguma doença associada. Estou convencido de que a diminuição dos super-hormônios — e, especificamente, da testosterona — facilita o quadro para a doença cardíaca, criando uma condição favorável ao problema e permitindo que ele se estabeleça.

Na Europa, a testosterona já vem sendo empregada há mais de cinqüenta anos no tratamento de diversos problemas circulatórios, desde artérias obstruídas até gangrena e diabetes. Os jornais médicos europeus estão cheios de artigos relatando os efeitos benéficos da testosterona sobre o coração, depoimentos que os americanos tendem a ignorar. Por quê? A resposta, penso eu, é que em algum momento da década de 1960 os cardiologistas americanos decidiram que o tratamento para doenças nas artérias coronárias seria o bisturi do cirurgião; que o trauma da cirurgia de coração aberto era preferível à exploração de outras opções. Não nego que a cirurgia do *bypass* salvou e melhorou vidas, mas não é a panacéia que nós, médicos, esperávamos que fosse. Com bastante freqüência, a cirurgia precisa ser refeita depois de alguns anos, e o risco de invalidez e morte aumenta a cada nova cirurgia. Além de afetar bastante os pacientes, a cirurgia também é a opção médica mais dispendiosa, variando de dezenas a milhares de dólares para cada procedimento. Devido ao nosso desapontamento com a conduta cirúrgica, os médicos começaram a repensar o assunto e a sugerir tratamentos alternativos. Alguns clínicos defendem o emprego de suplementos, como antioxidantes e alterações de dietas. Outros, compreendendo a importância do controle do estresse através da meditação, orientam seus pacientes a *spas* e retiros de ioga. Não rejeito estas condutas. Mudanças no estilo de vida — parar de fumar, fazer exercícios, alimentar-se de forma adequada — podem ajudar a reduzir os riscos de problemas cardíacos, assim como os antioxidantes, mas estas medidas não são suficientes. Acredito que *não conseguiremos evitar os problemas cardíacos a não ser que alteremos as condições interiores no organismo que permitem seu estabelecimento.* Também creio que o emprego criterioso dos super-hormônios fará exatamente isto, reduzindo significativamente o risco de problemas cardíacos nos homens.

Como já assinalei, a incidência de problemas e ataques cardíacos nos homens aumenta abruptamente quando eles chegam próximo aos quarenta. Entre as mulheres desta idade, este problema é raro, não se tornando o principal motivo de morte para mulheres até que elas cheguem aos setenta. Por que a diferença? Por que os problemas cardíacos afligem primeiro, e com mais intensidade, os homens do que as mulheres? Os pesquisadores suspeitaram durante anos que, uma vez que o risco aumenta de maneira tão significativa após a menopausa, o estrogênio, de algum modo, deve protegê-las. Está cada vez mais comprovado que a administração de estrogênio após a menopausa reduz enormemente o risco de problemas cardíacos nas mulheres. Além disso, alguns estudos sugerem que mulheres com níveis de testosterona anormalmente elevados estão mais sujeitas a problemas cardíacos. A partir destas descobertas, os pesquisadores concluíram — de maneira não totalmente ilógica — que: (a) o estrogênio deve proteger contra problemas cardíacos e (b) a testosterona provavelmente aumenta o risco de desenvolvimento de problemas cardíacos. Em outras palavras, chegaram à conclusão que o estrogênio é bom e a testosterona ruim para o coração. Se você está pensando: "Espere um minuto! Vocês não estão esquecendo alguma coisa?", você está em ilustres companhias, inclusive a do Dr. Gerald B. Phillips, professor de medicina da Columbia University's College of Physicians and Surgeons, trabalhando no St. Lukes-Roosevelt Hospital Center em Nova York.

— Quando comecei a faculdade de medicina — explicou — admitia-se que os hormônios agiam do mesmo modo em homens e mulheres. Disseram-me que o mais propenso a ataques do coração era o homem robusto, o homem mais "masculino", seja lá o que isso signifique, aquele com os mais elevados níveis de testosterona.

Se as escolas de medicina não ensinam mais esta lógica errada, isso se deve, em grande parte, ao trabalho do Dr. Phillips, que investigou a relação entre hormônios e problemas cardíacos nos homens. Nos idos de 1970, o Dr. Phillips começou uma pesquisa para determinar que outros fatores, caso houvessem, poderiam aumentar o risco de problemas cardíacos nos homens. Naquela época, o Dr. Phillips estudava o papel do colesterol e outros lipídios (substâncias similares à gordura) como causadores de doenças cardíacas, mas ele logo percebeu que existiam outros fatores, além de simples níveis elevados de colesterol, envolvidos nesta história, fatores estes que deviam fazer com que algumas pessoas tivessem mais tendência a estas doenças. O Dr. Phillips decidiu estudar homens jovens que já haviam sofrido ataques cardíacos e, logo depois, focalizou seu trabalho em anormalidades hormonais. Para sua surpresa, ele descobriu um padrão definido, mas não aquele que havia esperado encontrar. Ele observou que os homens jovens que haviam sofrido ataques cardíacos apresentavam níveis de *estrogênio* muito mais elevados do que o normal!

O Dr. Phillips, então, confirmou suas descobertas analisando os níveis hormonais de amostras sangüíneas de homens que participaram do mundialmente famoso Framingham Study, estudo de longa duração de doenças cardíacas realizado pelo National Heart, Lung and Blood Institute. Ele aprendeu que aqueles que haviam sofrido ataques do coração apresentavam níveis de estrogênio mais elevados do que o normal.

A pesquisa do Dr. Phillips sugeriu que o estrogênio não dá aos homens a mesma proteção contra os ataques cardíacos que dá às mulheres, além de poder promovê-los. De modo mais geral, mas não menos importante, seus estudos também indicaram que os hormônios funcionam de maneira diferente em homens e mulheres. A próxima pergunta óbvia a considerar era se a testosterona alterava a probabilidade dos homens desenvolverem doenças cardíacas.

O Dr. Phillips fez diversas observações que ajudaram a responder a estas questões. Ele notou que um determinado grupo de fatores de risco tendia a ocorrer junto. Em outras palavras, se um homem apresentasse um destes fatores, provavelmente tinha os outros. Estes fatores de risco incluíam um teste de tolerância à glicose anormal, com elevados índices de insulina (um sinal de resistência à insulina), altos níveis de colesterol no sangue e pressão alta. Estudos posteriores também revelaram que nos homens existe uma relação inversa entre os fatores de risco para doenças cardíacas e os níveis de testosterona, ou seja, quanto mais elevado o nível de testosterona, menos probabilidade ele tem de apresentar fatores de risco para doenças cardíacas.

Comprovava-se, assim, que o hormônio antes considerado um causador de ataques cardíacos, mais provavelmente o prevenia, porém a maior evidência quanto ao papel da testosterona como proteção contra os ataques cardíacos ainda estava por ser descoberta.

O Dr. Phillips e seus colegas recentemente estudaram os níveis de testosterona em cinqüenta e cinco homens que fizeram angiografia coronária, um exame de raios X dos vasos sangüíneos. As imagens mostraram o grau de aterosclerose, ou endurecimento das artérias, em cada vaso e quanto deste vaso se estreitara devido a depósitos de placas. Quanto mais estreito, menos capaz de conduzir sangue ao coração, e maior o risco de ataque cardíaco. O Dr. Phillips descobriu que os homens com os mais baixos níveis de testosterona livre apresentavam os quadros mais graves de aterosclerose, e que aqueles com os mais elevados índices de testosterona tinham os mais altos níveis de HDL, o assim chamado bom colesterol. Tanto em homens quanto em mulheres, níveis altos de HDL significam menores riscos de doenças cardíacas.

O Dr. Phillips conclui:

— Nos homens, quanto mais elevada a testosterona, menos doenças coronárias, isto é, aparentemente, a *testosterona é boa para homens.*

Acho que agora você já pode ver por que considero a testosterona um super-hormônio fundamental. Embora todos os super-hormônios sejam importantes, para um homem a testosterona é o mais decisivo, tendo em vista seu profundo efeito no corpo e na mente. Baixos níveis de testosterona podem provocar um envelhecimento precoce, acelerando a descida para a idade avançada. Parece-me que a testosterona logo se tornará uma opção para os homens que dela necessitam. Para estes, a recuperação deste hormônio aos níveis da juventude pode significar a diferença entre viver uma vida de doenças, depressão e inatividade ou uma outra, plena, vigorosa, forte e saudável.

A testosterona não é menos importante para as mulheres, como você verá em "Testosterona: Para Mulheres".

CAPÍTULO 4

# Testosterona

## PARA MULHERES

Melhora o interesse sexual
Alivia os sintomas da menopausa
Restaura a energia
Fortalece os ossos
Alivia a depressão

*A testosterona também é um hormônio feminino.*

— SUSAN RAKO, M.D., AUTORA DE
*The Hormone of Desire*

CUMPRIR A PROMESSA do super-hormônio significa restaurar o equilíbrio natural dos hormônios que gozávamos quando estávamos nas nossas plenitudes físicas e mentais. Significa seguir totalmente o que a natureza projetou para nós, e não apenas um fragmento. Permitam-me explicar o que quero dizer com isso e por que este conceito é tão importante.

Se você é mulher, aos vinte anos seu organismo produz o máximo de estrogênio, progesterona e testosterona. Aos cinqüenta, a produção de cada um deles é muito menor. Se você está sendo tradicionalmente tratada, entretanto, é possível que esteja recebendo estrogênio e, talvez, progesterona. Como qualquer mulher que toma apenas estrogênio ou estrogênio com progesterona, você provavelmente pensa: "Sinto-me diferente." Isso ocorre por um bom motivo: você está diferente. A razão é que, por ignorarem o super-hormônio testosterona, os médicos, ao receitarem uma terapia convencional de recuperação de estrogênio, só cuidam de parte do comando natural do super-hormônios, uma parcela da promessa do super-hormônio, ou seja, para muitas mulheres que se sentem diferentes, o ingrediente que falta ao projeto da natureza é a testosterona.

Embora a testosterona seja amplamente conhecida como um hormônio masculino, é menos conhecida como um hormônio crucialmente importante para as mulheres. Há muitos mal-entendidos e confusão sobre o papel da testosterona na saúde física e mental das mulheres, bem como se este hormônio deveria ser incluído rotineiramente no coquetel estrogênio/progesterona dado às mulheres na menopausa. Atualmente, menos de 5% das mulheres que usam estrogênio na menopausa tomam testosterona junto com outros hormônios. Esta omissão deve-se, acredito, a uma resistência (creio que irracional) em dar às mulheres um hormônio erroneamente considerado exclusivamente masculino. Esta resistência baseia-se em receios sem fundamento de que a testosterona, de certo modo, masculinizará as mulheres, fazendo com que desenvolvam pêlos na face, tornem-se excessivamente agressivas e, em suma, pareçam e se comportem como o estereótipo masculino. Como admitiu, meio envergonhado, um de meus colegas:

— Sei que não estou sendo justo, mas não gosto da idéia de dar hormônios masculinos às mulheres. Se, como já comentei, os pesquisadores masculinos não aceitam facilmente o fato de os homens sofrerem um declínio de testosterona à proporção que envelhecem, parece haver uma resistência similar quanto às mulheres produzirem testosterona!

Sinceramente, não acredito que esta resistência se deva meramente à estreita associação entre testosterona e desenvolvimento e comportamento masculinos, mas também pela sua relação com a sexualidade e desejo. Isto é verdade. O fluxo da testosterona controla o impulso sexual dos homens e das mulheres. Por incrível que pareça, muitos clínicos ainda são de opinião que não se deve dar às mulheres (principalmente na menopausa) qualquer medicamento que aumente a libido.

Já está na hora de derrubarmos o mito de que a testosterona é um hormônio exclusivamente masculino. Ele não é. É produzido nos ovários e glândulas supra-renais das mulheres, do mesmo modo que uma pequena quantidade de estrogênio, o assim chamado hormônio feminino, é produzido pelos homens. Embora as mulheres só produzam 1/10 da testosterona produzida pelos homens, ele é um hormônio importante para o desenvolvimento sexual feminino normal. A puberdade e o aparecimento da menstruação nas meninas são desencadeados pelo aumento na produção de testosterona e DHEA pelas supra-renais. Este processo é conhecido como adrenarca. Nas mulheres, os níveis de testosterona oscilam durante o ciclo menstrual, aumentando pouco antes da ovulação, o que provoca um aumento de libido. A Mãe Natureza sabia o que estava fazendo! Esta é a época do ciclo em que a mulher está mais fértil e em condições de conceber!

À proporção que a mulher envelhece, a produção de testosterona sofre uma queda dramática. Aos quarenta anos, a quantidade deste hormônio é a metade da que ela possuía aos vinte. Um dos fatores que contribuem para este declínio é que nesta idade as glândulas supra-renais produzem menos DHEA. O DHEA, quando metabolizado, transforma-se parcialmente em testosterona, e, para as mulheres, esta é sua principal fonte. Na época da menopausa, muitas mulheres apresentam deficiência deste hormônio.

Nas mulheres, assim como nos homens, a diminuição da testosterona varia de indivíduo para indivíduo, e embora algumas não sintam quaisquer sintomas, outras sentirão a perda com mais intensidade. Na maioria dos casos, se a mulher sente que precisa de testosterona após a menopausa, deverá discutir o assunto com seu médico.

Posso garantir que nada há de impróprio, antinatural ou prejudicial em dar testosterona às mulheres que dela necessitam. Do mesmo modo que o aumento dos níveis de testosterona revigora os homens, também pode ser benéfico para as mulheres, desde que à mulher certa e do modo adequado. A recuperação da testosterona aos níveis da juventude pode não ser apropriada para todas, mas com certeza é o tratamento correto para as que apresentam deficiência deste hormônio e sofrem com este quadro.

## Quem Precisa de Testosterona?

O que acontece quando a mulher não produz testosterona suficiente? O efeito mais marcante é a perda da libido, um efeito freqüentemente comum em mulheres na menopausa. No seu livro *The Hormone of Desire: The Truth About Sexuality, Menopause and Testosterone*, a Dra. Susan Rako, psiquiatra, descreveu as sensações de total desespero que experimentou após a menopausa. Ela escreveu que perdera não só o interesse em sexo, mas na vida. Depois que seu clínico lhe receitou estrogênio e progesterona, sentiu-se pior. Disse sentir-se cada vez mais "achatada", começando a buscar métodos alternativos para recuperar as energias e revitalizar seu abalado organismo. Incapaz de achar o tratamento adequado com um clínico, a Dra. Rako dedicou os cinco anos seguintes a pesquisas sobre mulheres, hormônios e menopausa. Ela finalmente aprendeu que o que realmente precisava fazer era acrescentar outro hormônio ao seu coquetel, e que este hormônio era a testosterona. Começou a usar um preparado tópico e, explicou, em dois meses sentia-se novamente em forma.

Poucos pesquisadores investigaram o papel da testosterona em mulheres após a menopausa e um destes é a Dra. Barbara Sherwin, professora de psicologia na McGill University, em Montreal. Sua pesquisa começou há mais de dez anos, e ela é a líder incontestável neste campo. Em um estudo inovador, a Dra. Sherwin investigou o efeito do uso de estrogênio sozinho ou pequenas quantidades de testosterona combinadas com estrogênio em jovens mulheres histerectomizadas e que, por isso, entraram precocemente na menopausa. Como 1/3 da testosterona da mulher é produzida nos ovários, elas mostraram uma queda substancial de testosterona quando estes órgãos foram retirados. O estudo da Dra. Sherwin mostrou claramente que as mulheres que estavam tomando testosterona e estrogênio apresentavam um aumento de interesse pelo sexo, gostavam mais das relações sexuais e tinham até mais orgasmos.

— O efeito sobre a libido foi fantástico — diz a Dra. Sherwin, que acredita que a testosterona pode ser benéfica para muitas mulheres que, por volta da menopausa, sentem uma diminuição no desejo sexual. Segundo a Dra. Sherwin, o tempo necessário para o efeito varia de mulher para mulher. — Cada mulher é diferente. Algumas podem precisar tomá-la durante um longo tempo, enquanto outras somente em uma terapia de curto prazo.

E quanto aos receios de que a testosterona masculinizará as mulheres promovendo, por exemplo, o nascimento de excessivos pêlos no corpo? Se forem administradas as doses corretas, ou desde que a dosagem seja a menor possível, não ocorrerão tais efeitos colaterais negativos.

Surgiram dúvidas sobre se a testosterona poderia aumentar o risco de problemas cardíacos nas mulheres ou, no mínimo, anular os efeitos positivos do estrogênio. A testosterona oral parece reduzir os níveis de colesterol e LDL, o assim chamado colesterol ruim, mas, aparentemente, também abaixa os índices de HDL, o bom colesterol. Isso não é bom, porque HDL baixo é um grande fator de risco para problemas cardíacos nas mulheres. O efeito da testosterona sobre o colesterol depende, entretanto, de como o hormônio é administrado. Sob forma injetável, em vez de oral, a testosterona parece não diminuir o HDL ou provocar quaisquer efeitos negativos. Um recente estudo realizado na Bowman-Gray School of Medicine, na Wake Forest University, sugere que as mulheres têm pouco a temer. Neste estudo, os pesquisadores realizaram histerectomias em macacas, provocando-lhes a menopausa. Os macacos são bons modelos para estudo dos humanos porque também podem desenvolver problemas cardíacos. As macacas em período pós-menopausa receberam só estrogênio, uma combinação estrogênio/testosterona ou nenhum tratamento. Os pesquisadores descobriram que as macacas que receberam alguma forma de terapia hormonal apresentavam níveis significativamente mais baixos de LDL (o "colesterol ruim") que as do grupo de controle. O mais impressionante para os pesquisadores foi que não havia diferenças nos níveis de colesterol que pudessem ser atribuídas ao uso do estrogênio sozinho ou em associação com a testosterona.

A despeito destas descobertas positivas, ainda acredito que qualquer mulher que esteja tomando testosterona deve verificar seus níveis de colesterol a cada seis meses, só para ter certeza de não estar perdendo muito HDL. Se houver qualquer possibilidade de desenvolvimento de problemas cardíacos (se ela tem pressão alta, diabetes, aterosclerose ou algum parente que tenha falecido, ainda jovem, por ataque cardíaco), eu pensaria duas vezes antes de receitar-lhe testosterona, a não ser que fosse absolutamente necessário. Recomendaria, então, a monitoração do colesterol com freqüência ainda maior, mas, mesmo assim, não descartaria o uso da testosterona. O bem-estar emocional da mulher, sentir-se bem consigo mesma e, mais importante, sentir-se "ela mesma" é importante para sua saúde mental e física. Se uma mulher acha que a falta de libido causada por baixa de testosterona está arruinando sua vida sexual, adicioná-la ao seu coquetel durante um curto período pode fazer uma grande diferença, ajudando-a a recuperar o interesse em sexo e a capacidade de apreciá-lo. (Para mais informações sobre outros itens que devem ser monitorados quando você toma testosterona, veja o capítulo 10, "Como Tomar os Super-hormônios".)

## A Testosterona Constrói Ossos

No transcurso deste livro mostrei como um super-hormônio complementa a ação de outro, e como a conduta do coquetel específico para cada indivíduo pode realizar milagres em termos da manutenção da saúde e da força. Os estudos sobre mulheres e testosterona são poucos e muito espaçados, mas, com os que realizamos, até agora, já conseguimos novidades surpreendentemente boas a respeito. Eles nos mostraram que, para a preservação óssea, o efeito da testosterona combinada ao estrogênio é mais potente do que só o estrogênio. Em um estudo, os pesquisadores deram a mulheres no período pós-menopausa uma associação de testosterona com estrogênio, ou somente este último, durante nove semanas. O estrogênio atua de modo característico sobre os ossos; embora reduza a velocidade da perda óssea, não contribui para a formação de novo tecido. Portanto, embora retarde a progressão da osteoporose, o estrogênio não é a cura para esta principal causa de morte entre mulheres idosas. A boa-nova é que as mulheres que tomam a associação estrogênio/testosterona não só apresentaram sinais de diminuição na velocidade da perda óssea (efeito do estrogênio) como também, e mais importante, deram sinais de que *novos ossos estavam sendo formados*, o que só poderia ser atribuído devido à adição de testosterona. Creio que a "cura" para a osteoporose limita-se simplesmente a seguirmos o projeto da natureza, recuperando o equilíbrio de estrogênio e testosterona naturais da juventude, que as mulheres perdem após a menopausa.

Finalmente, há um outro argumento para incluir a testosterona como parte de um coquetel de super-hormônios. Ela faz com que muitas mulheres se sintam melhor e mais capazes de suportar os outros hormônios. Embora algumas mulheres confiem plenamente na terapia de restauração de estrogênio/progesterona, muitas não gostam dos efeitos destes hormônios e com freqüência alegam experimentar perda de energia e entusiasmo pela vida. Imagino que esta conseqüência não intencional ocorre porque o coquetel, composto somente por estrogênio e progesterona, não repete a condição hormonal normal existente antes da menopausa. É necessária alguma testosterona para que os níveis da juventude sejam recuperados. Para muitas mulheres, esta pequena quantidade pode fazer uma enorme diferença.

## PARTE III

# Super-hormônios na Vanguarda

### Introdução: Estrogênio e Progesterona

EMBORA ESTROGÊNIO e progesterona sejam considerados hormônios femininos, os homens também os produzem. Nos homens, à proporção que envelhecem, os níveis destes hormônios não diminuem como nas mulheres, por isso não há necessidade de reposição.

Estes hormônios são tipicamente considerados em conjunto, mas cada um apresenta suas características particulares, então falarei a respeito deles separadamente. Vocês observarão, entretanto, que em vários pontos os dois se sobreporão, por estarem muito inter-relacionados.

O estrogênio associado à progesterona já vem sendo receitado há décadas para milhões de mulheres em período pós-menopausa. Na minha opinião, estas mulheres prepararam o caminho para a Revolução dos Super-hormônios que agora nos permite assumir o controle de nossas vidas e continuarmos jovens, fortes e saudáveis durante toda a existência. Estes milhões de mulheres foram as primeiras a colocar em prática a teoria da terapia de reposição hormonal, modelo para o que agora vem se estendendo a uma prática mais ampla da recuperação de super-hormônios. Graças a estas mulheres, os cientistas conseguiram observar a eficiência e os benefícios desta reposição, além de agora, décadas mais tarde, estarem certos de que suas vidas mudaram significativamente. Graças a elas, os benefícios podem estender-se ainda mais.

## CAPÍTULO 5

# Estrogênio

### Mãe da Revolução do Super-hormônio

Alivia os sintomas da menopausa
Protege contra os problemas cardíacos
Recupera a função sexual
Estimula o pensar
Melhora a disposição
Pode evitar a doença de Alzheimer
Evita a osteoporose
Reduz os riscos de câncer de cólon
Previne a perda dentária
Melhora a qualidade da pele

*Por que tomo estrogênio? Minha mãe tem oitenta anos de idade e consegue me acompanhar passo a passo. Ela é absolutamente incrível — consegue fazer quase tudo que eu faço. Sua pele é suave, tem muita energia e uma aparência fantástica. Ninguém acredita na sua idade. Claro, ela já vem tomando estrogênio há trinta anos. Vi o que o estrogênio fez por minha mãe, e espero que faça o mesmo por mim.*

— Kelly M., 51, uma das dez milhões de mulheres americanas que atualmente tomam estrogênio

BEM ANTES DE CONHECERMOS a promessa do super-hormônio, muito antes da descoberta do relógio do envelhecimento, ou que os cientistas tivessem a mais remota idéia do poder do DHEA e da melatonina, as mulheres tomavam estrogênio.

Há mais de quarenta anos os médicos receitavam estrogênio às mulheres que haviam se submetido à histerectomia e sofriam com os sintomas da menopausa, como ataques de calor e insônia. Este hormônio funcionava tão bem que em poucos anos os clínicos o indicavam às mulheres que estavam entrando no período normal da menopausa. Inicialmente, elas o tomavam para suportar este curto, mas difícil, período de transição. Muitas mulheres se sentiam tão saudáveis e revigoradas que continuavam a tomar este super-hormônio mesmo depois de passados os sintomas da menopausa. Com o decorrer dos anos e a passagem da primeira geração de mulheres que utilizou o estrogênio dos cinqüenta para os sessenta e setenta, os pesquisadores começaram a observar algo notável. Estudo após estudo documentava o espantoso e inevitável fato de que as mulheres que tomavam estrogênio sentiam-se melhor, muito melhor, e em quase todos os aspectos, do que as que não o tomavam. Eis algumas das descobertas bem documentadas:

- Usuárias de estrogênio mantinham-se mais eretas que as que não o tomavam e não sofriam a perda óssea característica da osteoporose.
- Usuárias de estrogênio apresentavam a metade do risco de problemas cardíacos, a principal causa de morte entre mulheres no período pós-menopausa.
- Usuárias de estrogênio apresentavam uma incidência significativamente menor da doença de Alzheimer, uma debilitante disfunção cerebral que aflige três vezes mais mulheres que homens.
- Usuárias de estrogênio apresentavam metade do risco de contraírem câncer de cólon.

Como se a descoberta de que o estrogênio poupa as mulheres destas e de outras doenças graves não fosse suficiente, os pesquisadores observaram que ele também melhorou enormemente sua qualidade de vida cotidiana. Elas declararam sentir-se mais jovens e com mais energia, além de terem melhor aparência, melhor tônus muscular, menos rugas e cabelo mais forte e brilhante. O hormônio também fez com que pudessem apreciar uma vida sexual satisfatória após a menopausa.

Um recente estudo confirma o quanto as usuárias de estrogênio estão melhores do que as mulheres que não o tomam, e os resultados são simplesmente fantásticos. Os pesquisadores estudaram 454 mulheres nascidas entre 1900 e 1925, membros do Kaiser Permanent Medical Care Program, em Oakland, Califórnia. Aproximadamente metade dessas mulheres começou a usar estrogênio em 1969, o que significa que na época do estudo já o tomavam há várias décadas. Com o que você agora conhece sobre a promessa do super-hormônio, provavelmente não se surpreenderá ao saber que as usuárias de estrogênio viveram *mais tempo* e *mais saudáveis*. Entre as mulheres que não o tomavam, ocorreram oitenta e sete mortes, contra cinqüenta e três entre as usuárias. Em outras palavras e colocando estes números segundo a perspectiva correta, *houve uma redução de 46% na taxa de mortalidade entre as usuárias de estrogênio*. Eis uma evidência clara e surpreendente de que um super-hormônio pode prolongar a vida! Não é de admirar que hoje em dia dez milhões de mulheres tomem estrogênio e que esta seja a droga mais receitada nos Estados Unidos.

Embora as mulheres que começaram a tomar estrogênio há décadas não o soubessem, elas estavam na vanguarda da Revolução dos Super-hormônios. Elas são testemunhas vivas do poder do estrogênio e, em geral, da promessa do super-hormônio. A partir de suas experiências aprendemos os poderes de um determinado super-hormônio e também o segredo da reversão do envelhecimento com todos os outros super-hormônios.

Com os milhões de mulheres que tomaram estrogênio aprendemos que as doenças do envelhecimento, como os problemas cardíacos, a doença de Alzheimer e a osteoporose, não são inevitáveis quando se faz a recuperação dos super-hormônios aos níveis da juventude. Resumindo, aprendemos que eles podem não só prolongar a vida, mas melhorar sua qualidade. O estrogênio também nos ensinou algumas coisas sobre a sinergia destes super-hormônios e como desempenham papéis relacionados e complementares em nossos organismos.

Quando o estrogênio foi usado pela primeira vez, não o foi como agora, combinado à progesterona. O estrogênio puro pode provocar hiperplasia (desenvolvimento excessivo) do revestimento uterino (o endométrio), considerado precursor do câncer. Em 1975, um estudo de usuárias de estrogênio revelou que aquelas mulheres apresentavam maior risco de câncer uterino do que as que não o tomavam. Hoje em dia esta possibilidade foi praticamente eliminada pela adição de progesterona sintética (progestina) ou natural à dieta de super-hormônios. (Mulheres que sofreram histerectomia não precisam tomar progesterona porque não há risco de hiperplasia.) Ao desencadear um sangramento mensal semelhante ao ciclo menstrual, a progesterona evita o excessivo desenvolvimento de tecido uterino que, mais tarde, poderia tornar-se canceroso. Isto mostra um ponto muito importante: compreender a promessa dos super-hormônios significa recuperar o equilíbrio natural da juventude de *todos* os super-hormônios à proporção que se fizerem necessários.

Talvez você tenha a impressão de que já sabe tudo o que é preciso a respeito do estrogênio. Confie em mim: engana-se. Conforme for lendo este capítulo, você certamente terá algumas surpresas. Tenho certeza do que digo porque, embora o estrogênio venha sendo usado há anos, sua história muda diariamente, enquanto os pesquisadores continuam a descobrir novas maneiras deste super-hormônio ajudar o corpo e a mente femininos. A partir destas descobertas, aprendemos mais sobre o poder e potencial dos outros super-hormônios.

Por exemplo, só recentemente descobriu-se que o estrogênio é um potente antioxidante — como a vitamina E e o beta-caroteno —, podendo proteger contra os danos dos radicais livres que, como explicado nos capítulos anteriores, são aquelas moléculas instáveis que podem destruir o DNA de uma célula e — acreditam muitos cientistas — acelerar o processo de envelhecimento. Você talvez também não conheça o recém-descoberto vínculo entre o estrogênio e a função cerebral. Recentes estudos mostram que os níveis de estrogênio podem afetar o ânimo e o desempenho mental. Finalmente, suspeito que a maioria dos leitores também não ouviu falar sobre as novas formas de estrogênio que breve estarão disponíveis, os assim chamados estrogênios inteligentes, com os mesmos efeitos benéficos do estrogênio normal, mas, além disso, protegendo contra o câncer de mama. Estes e outros fatos fascinantes sobre este super-hormônio especial são o tema deste capítulo.

## O que É o Estrogênio?

Antes de lhe falar mais sobre a promessa deste fantástico super-hormônio, permita-me começar comentando um pouco sobre o que é o estrogênio e onde e como é produzido.

Nas mulheres, ele é produzido nos ovários, glândulas supra-renais e na placenta do feto em desenvolvimento. Nos homens, é produzido nas glândulas supra-renais, a partir da testosterona. É claro que, nos homens, os níveis deste hormônio são muito mais baixos e os de testosterona mais elevados. (Como explicado no capítulo 3, as mulheres também produzem uma pequena quantidade de testosterona nos ovários e glândulas supra-renais.) O estrogênio é basicamente um hormônio feminino. Ele, na verdade, é o principal hormônio feminino. Durante o desenvolvimento fetal, o estrogênio desempenha um importante papel na formação da identidade sexual da menina. Também se acredita ser importante no desenvolvimento do cérebro e na formação de sutis características psicossociais que alguns consideram distinguir os homens das mulheres.

No organismo feminino encontram-se três tipos de estrogênio: *estrona* e *beta-estradiol 17* (abreviadamente *estradiol*), ambos bastante potentes, e *estriol*, o mais fraco. O estradiol é o principal estrogênio produzido pelos ovários. A produção de estrogênio é controlada pelo hipotálamo, uma minúscula estrutura localizada logo acima da pituitária, a assim chamada glândula mestra do corpo. O hipotálamo trabalha em conjunto com as glândulas pineal e pituitária, controlando o desenvolvimento e o comportamento sexuais, além da nossa habilidade para regular a temperatura corporal. Na puberdade, os hormônios produzidos pelo hipotálamo colocam em movimento o ciclo menstrual mensal. Na primeira parte do ciclo, dois hormônios, o luteinizante (LH) e o folículo-estimulante (FSH), estimulam os ovários, para que produzam estrogênio e se preparem para a ovulação. Ovulação é o processo em que o óvulo é liberado do ovário, viajando pela trompa de Falópio para a provável fertilização. O estrogênio estimula o desenvolvimento do revestimento uterino, preparando-o para receber o óvulo fertilizado. Na segunda metade do ciclo menstrual, os níveis de estrogênio baixam e os de progesterona sobem. Se o óvulo não tiver sido fertilizado, os níveis de progesterona diminuem, provocando o descolamento do revestimento uterino, ou fluxo menstrual.

O estrogênio, além de responsável pelo controle do ciclo menstrual, também rege o desenvolvimento das características sexuais secundárias — os traços físicos associados à feminilidade. Ele "arredonda" o corpo feminino, "enchendo" os seios e quadris, suavizando a cútis e aumentando a gordura corporal, o que evita a queda e o enrugamento da pele. Também ajuda a manter o tônus muscular, principalmente nas áreas das mamas e pélvica.

Como os outros super-hormônios, os níveis de estrogênio começam um declínio gradual quando a mulher chega aos quarenta, que se torna mais acentuado ao final dessa década ou início dos cinqüenta. Nas mulheres em período pré-menopausa, os níveis sangüíneos de estradiol são, em média, 200 picogramas por mililitro (pg/ml). Após a menopausa, este número cai abaixo de 30pg/ml, e os ovários literalmente param.

Ironicamente, homens mais velhos produzem *mais* estrogênio e têm níveis mais elevados deste hormônio no cérebro do que as mulheres após a menopausa, porém há mais nisso do que simples ironia. Como mencionado antes, as mulheres têm uma probabilidade três vezes maior do que os homens de desenvolver a doença de Alzheimer. Alguns pesquisadores hoje acreditam que a razão pode ser este nível mais elevado de estrogênio nos homens. Como os homens mais velhos produzem níveis elevados de estrogênio, não precisam incluí-lo no coquetel de super-hormônios.

## Estrogênio: O Antídoto Contra a Menopausa

Nos dias de hoje a menopausa vem merecendo maiores atenções, mas quando eu freqüentava a faculdade de medicina, há mais de quarenta anos, ela raramente era mencionada, e quando tal acontecia, era tratada como um caso médico corriqueiro. Lembro-me de ler um artigo clínico bastante tedioso e insípido sobre o "climatério" feminino, explicando que sem estrogênio as mulheres perdiam sua capacidade reprodutora e — ah, sim — diversos sistemas orgânicos começavam a se deteriorar. Isso era tudo. Fim da história. Nem uma simples palavra sobre vida após a menopausa, nem a menor sugestão de que ela poderia ter a possibilidade e o desejo de manter uma vida sexual depois deste período. Parecia que a mulher nada mais poderia esperar a este respeito. (Nem parecia ocorrer a alguém que, se a um declínio de estrogênio segue-se uma deterioração no sistema orgânico, este também poderia ser tratado com estrogênio. Também não se mencionava que homens e mulheres podiam sofrer de outros problemas orgânicos quando os níveis de outros hormônios importantes começassem a diminuir. Em outras palavras, a promessa dos super-hormônios estava bem diante dos nossos olhos, mas não conseguíamos vê-la.) Naquela época, a mensagem era clara: após a menopausa, para as mulheres, era a ruína.

Felizmente a atitude da profissão médica quanto à menopausa mudou radicalmente, devido, em sua maioria, ao estrogênio. Durante décadas observando mulheres que tomam estrogênio, sabemos agora que não há absolutamente nenhuma razão para que sofram quaisquer sintomas desfavoráveis ou desagradáveis durante a menopausa, nem para que não possam continuar sexualmente ativas e vigorosas. O estrogênio é uma "supercura" para a maioria dos sintomas evidentes e comuns da menopausa.

Por que a recuperação dos níveis de estrogênio após a menopausa é tão importante? Porque esta queda é abrupta, com profundos efeitos em todo o corpo que, desta maneira, podem ser evitados.

A definição oficial para a menopausa é o último período menstrual, mas o desvio hormonal que conduz muitas mulheres a um maremoto de sintomas físicos e emocionais pode começar dois anos antes, no estágio conhecido como *perimenopausa*. Durante este período, elas podem apresentar períodos irregulares, sangramentos no meio do ciclo e outros sintomas característicos da menopausa propriamente dita, como ataques de calor, insônia, secura vaginal, problemas de bexiga, dificuldade de concentração e ansiedade. Houve época em que os clínicos julgavam que nada podia ser feito pelas mulheres em perimenopausa, e só receitavam estrogênio quando a menstruação havia parado completamente. Hoje, médicos mais esclarecidos receitam pílulas anticoncepcionais de baixa dosagem (que contêm estrogênio e progesterona) para ajudar na transição da perimenopausa para a menopausa, tratamento que elimina totalmente estes aborrecidos sintomas para muitas mulheres.

Um dos sintomas mais comuns e desagradáveis da menopausa é o infame ataque de calor, experimentado por 75% das mulheres. Algumas tentam lhes dar uma conotação positiva, chamando-os de "ondas de força", mas não importa o nome que se lhes dê, podem ser bastante desconfortáveis. Ataques de calor caracterizam-se por uma súbita sensação de calor intenso, seguida por copiosa sudorese. São provocados pela descarga de LH e FSH, pelo organismo, para estimular a ovulação em uma época em que os ovários estão quase parando de funcionar e não conseguem mais produzir óvulos. Raramente duram mais que alguns minutos, mas podem deixar a pessoa completamente exaurida. Algumas mulheres experimentam-nos ocasionalmente, enquanto outras são bombardeadas com um após o outro. Os ataques de calor são especialmente problemáticos quando ocorrem à noite. Ser violentamente acordado de um sono profundo por calores é irritante e debilitante. Segundo o Yale Mid-Life Study (Estudo da Meia-idade de Yale) com 104 mulheres, mais ou menos 60% sentiam que aqueles sintomas da menopausa afetavam adversamente sua capacidade para lidar com as atividades diárias. Embora para a maioria estes sintomas só se façam sentir mais agudamente durante os dois anos subseqüentes à menopausa, um número considerável passará por isso por cinco ou mais anos.

Grande parte das mulheres também sente, após a menopausa, certo estreitamento das paredes vaginais, por causa da perda de estrogênio. Se não for feita a suplementação deste hormônio, a produção de secreções que lubrificam a vagina diminui, fazendo com que o tecido vaginal se torne menos flexível e o sexo incômodo.

Pouco tempo depois de começarem a tomar estrogênio, para a maioria das mulheres os sintomas da menopausa simplesmente desaparecem. Os ataques de calor cessam, a vagina recupera sua condição normal e sentem poder desfrutar, nos anos que se seguem à menopausa, do mesmo tipo de sexo dos anos anteriores. Muitas se sentem reenergizadas, revitalizadas e prontas a continuar suas vidas. A antropóloga Margaret Mead referiu-se a um fenômeno chamado de "vivacidade pós-menopausa" que ocorre uma vez que o maremoto dos sintomas tenha passado. Nesta ocasião, a mulher em período pós-menopausa talvez se sinta totalmente recarregada, podendo dedicar seu tempo a perseguir seus objetivos e sonhos.

Acredito firmemente que o estrogênio é o super-hormônio para ajudar a mulher a alcançar este período de "vivacidade" até mesmo mais cedo, dando-lhe a força e o vigor necessários para atingir — e verdadeiramente usufruir — de todo o seu potencial.

## Devo Continuar a Tomar Estrogênio Depois que os Sintomas Passaram?

O estrogênio realiza o magnífico trabalho de virtualmente eliminar os sintomas da menopausa e tornou possível às mulheres suportar esta passagem com conforto e elegância. Muitas sentem que quando estes sintomas agudos diminuem, não precisam mais continuar com o hormônio.

Na minha opinião, isso é um erro.

Pelas experiências de milhões de mulheres que tomaram estrogênio durante várias décadas, aprendemos que ele faz muito mais do que simplesmente aliviar os sintomas da menopausa, e para se beneficiarem de todas as vantagens, precisam continuar a tomá-lo durante, pelo menos, dez anos.

Lembre-se que a promessa do super-hormônio não significa usálos para tratar de doenças específicas, mas sim manter um corpo forte e saudável, evitando doenças e debilidade. É continuar a ter uma condição jovem, de modo que se possa preservar (ou recuperar) a resistência da juventude. É manter nossos corpos em sua máxima condição física, impedindo a espiral descendente do declínio físico. Como explicarei, o estrogênio faz mais do que eliminar os sintomas que venho descrevendo. Ele também desempenha um papel importante na manutenção da energia e resistência às doenças do envelhecimento. Por isso as mulheres precisam tomá-lo durante um período suficientemente longo — para que ele possa executar seu trabalho.

## Basta de Ossos Fraturados!

Quando os clínicos começaram a receitar estrogênio, sabiam que este hormônio daria às mulheres alívio imediato para os sintomas da menopausa, mas ainda não estavam certos quanto aos outros benefícios que ele poderia oferecer. Após uma década de uso generalizado do estrogênio, descobriram uma vantagem inesperada e surpreendente: a redução do risco de osteoporose à metade.

Esta foi uma enorme surpresa, porque há muito tempo se acreditava que haviam poucas esperanças para os 25% de mulheres com probabilidade de desenvolver osteoporose. Em outras palavras, segundo a opinião predominante, todas estavam destinadas a se transformar em velhinhas encurvadas e frágeis. Graças ao estrogênio, este estereótipo está fora de moda. Agora, a imagem de uma senhora com setenta anos de idade, ereta, fazendo exercícios, jogando tênis e andando vigorosamente em seu tempo livre é comum. Este super-hormônio mudou nossa maneira de pensar sobre as mulheres e os hormônios de modo geral. O estrogênio nos mostrou que os super-hormônios desempenham um papel crucial, mantendo-nos fortes e livres de doenças.

A osteoporose, que significa "ossos porosos", é provocada por um adelgaçamento ou desgaste ósseo que os torna vulneráveis a quebras e fraturas, principalmente as vértebras, os quadris e os antebraços. Aproximadamente 24 milhões de americanos sofrem de osteoporose, dos quais quatro em cada grupo de cinco são mulheres. Quase 40% de todas as mulheres em período pós-menopausa sofrem fraturas nas vértebras e a cada ano mais de trezentas mil fraturarão o quadril. Estes ferimentos não são insignificantes; 25% das mulheres acima de cinqüenta anos com quadris fraturados morrerão no decorrer de um ano, em decorrência de complicações. Não consideramos a osteoporose como um risco de vida, mesmo que, indiretamente, seja uma das principais causas de morte entre senhoras mais idosas. É uma doença que as priva da vida, mas, muito antes de fazê-lo, rouba-lhes a oportunidade de usufruir uma vida ativa e plena.

Com o passar dos anos, é normal haver um desgaste ósseo, mas mulheres com osteoporose sofrem este desgaste muito mais rapidamente. Ainda que a osteoporose seja comumente diagnosticada em mulheres em torno de sessenta ou setenta anos, os danos começam de fato no momento seguinte ao da menopausa, muito antes de haver quaisquer sinais visíveis.

Para compreender o que é a osteoporose, você precisa considerar o corpo humano como uma fábrica que se reabastece constantemente. Se você pensar em termos de cabelos e unhas, estamos continuamente desenvolvendo novas células e substituindo as antigas. Isto também se aplica aos nossos ossos, porque são submetidos a um processo contínuo, chamado remodelação, no qual o osso velho é eliminado e, em seu lugar, é criado um novo. As células que destroem o osso antigo chamam-se osteoclastos, e as células que produzem o osso novo são os osteoblastos. Durante a infância e o início da idade adulta, os osteoblastos, construtores de ossos, trabalham mais rápido do que os destruidores, mas por volta dos trinta anos a situação se reverte. Os destruidores começam a trabalhar com mais rapidez do que os construtores. Na verdade, ao redor dos trinta e cinco anos, homens e mulheres começam a perder em torno de 1% de massa óssea por ano. Após a menopausa, entretanto, os destruidores trabalham horas extras, e a mulher média perde de 2% a 4% de sua massa óssea por ano durante a década seguinte. Depois deste período a perda começa a diminuir, mas o estrago já foi feito. Quando a mulher chega aos sessenta ou setenta, seus ossos podem estar tão finos e quebradiços que até mesmo uma queda insignificante pode resultar em uma fratura significativa.

A rápida perda óssea após a menopausa tem sido atribuída ao declínio na produção de estrogênio, que é essencial à utilização de cálcio, mineral necessário ao desenvolvimento de ossos. Embora ainda não compreendamos muito bem o papel desempenhado pelo estrogênio na formação de tecido ósseo, sabemos que existem receptores deste hormônio nos ossos e que ele afeta a atividade dos osteoclastos e dos osteoblastos.

As mulheres também precisam compreender outro fato importante: o estrogênio ajuda tanto na preservação óssea quanto na dentária, também relacionada à osteoporose. Um estudo mostrou que de quatro mil mulheres em idade para se aposentar, aquelas que haviam feito terapia de complementação de estrogênio durante mais de quinze anos apresentavam metade do risco de perderem os dentes ou de necessitarem de próteses dentárias, em comparação com as que nunca o tomaram. Os dentes são presos aos maxilares por ligamentos (superior e inferior, este último mais corretamente chamado de mandíbula), fato que levou os pesquisadores a especularem que, com o adelgaçamento dos maxilares, se inicia o enfraquecimento e a perda dos dentes.

Nem toda mulher está sujeita à osteoporose, pois existem fatores genéticos e ambientais determinantes. Considera-se de baixo risco as mulheres que têm ossos fortes e densos, as que não fumam (o fumo retira estrogênio do organismo) e aquelas que seguem uma alimentação rica em cálcio. Mesmo que percam algum tecido ósseo, ainda têm o suficiente para compensar a perda. Por outro lado, as magras, com ossos pequenos, caucasianas ou asiáticas, principalmente com história familiar de osteoporose, são consideradas de risco mais elevado.

Mesmo que exista a probabilidade de desenvolver osteoporose, esta pode ser significativamente reduzida se a mulher tomar estrogênio após a menopausa. O restabelecimento do estrogênio aos níveis mais próximos aos da juventude pode, com muita eficiência, prevenir os danos causados pelos osteoclastos e ajudar na conservação de sua preciosa massa óssea. Até mesmo mulheres que já sofrem de osteoporose podem se beneficiar com este hormônio, porque ele contribuirá para retardar a perda óssea posterior. *Para que a mulher esteja protegida contra a osteoporose ela precisa tomar estrogênio durante, pelo menos, dez anos após a menopausa.*

Enfatizo este ponto porque, como já mencionei, poucas continuam com o hormônio além de três anos. A maioria das mulheres que o toma hoje só o faz para aliviar os sintomas da menopausa e, uma vez reduzidos, param com a medicação. Muitas acreditam que mesmo um bom período tomando este hormônio é o suficiente para salvar seus ossos, *mas isso não é verdade,* e pode ser um erro grave. Também é importante mencionar que, para a prevenção da osteoporose, o nível de estrogênio no sangue precisa ser superior a 50pg/ml. Digo isto porque muitos clínicos estão receitando a dosagem mínima, suficiente para tratar dos ataques de calor, sem medirem os níveis sangüíneos, para determinar se a mulher está recebendo estrogênio suficiente para proteger seus ossos. Há uma tendência a menosprezar a menopausa e a administrar doses "cosméticas" de estrogênio, isto é, o suficiente para terminar com o óbvio desconforto, mas não a verdadeira perda. O que estamos vendo é que daqui a dez anos pelo menos 1/3 das mulheres que consideramos protegidas da osteoporose a desenvolverão, porque não receberam estrogênio suficiente.

A dúvida que permanece é: se você não tem sintomas de osteoporose até que frature um quadril ou um braço, como sabe se deveria tomar estrogênio após a menopausa como medida preventiva? Existe uma resposta simples: antes da menopausa toda mulher deveria fazer um teste de densidade óssea (densiometria óssea) para determinar as condições dos seus ossos, principalmente da coluna e dos quadris. O padrão máximo destes testes é o Dual Energy X-ray Absorptiometry, conhecido como DEXA. Por motivos misteriosos para mim, poucos médicos recomendam este teste às suas pacientes, por isso muitas vezes depende das mulheres solicitá-lo. Se eu fosse você, tentaria fazê-lo por todos os meios, porque a informação que ele lhe fornecerá pode realmente salvar sua vida. Se, por exemplo, você está perto dos cinqüenta anos, quase entrando na menopausa, e o teste revelar que sua densidade óssea está baixa, é bem provável que desenvolva osteoporose após a menopausa, a não ser que comece a tomar estrogênio logo que entrar na menopausa.

Há outras medidas que você pode tomar para salvar seus ossos, e quando digo "medidas", é em sentido bastante literal. Exercícios para manter o peso, como andar, correr, musculação, também podem ajudar a preservar a massa óssea e reforçar os músculos que suportam os ossos. Toda mulher deve fazer algum tipo de exercício para manter a resistência corporal. Cálcio suficiente também é importante. Como poucas mulheres têm uma alimentação rica em cálcio, é aconselhável tomar pelo menos 1.500mg diariamente, junto com 400 U.I. (unidades internacionais) de vitamina D, que auxilia na absorção do cálcio. Combinadas ao estrogênio, estas outras medidas podem ajudar a manter seu corpo vigoroso, reto e forte durante toda a sua existência.

## Assuntos do Coração

Como explicado em capítulos anteriores, a queda nos níveis dos super-hormônios representa um grande aumento no risco de desenvolvimento de problemas cardíacos, o assassino número um de homens e mulheres. Em nenhum outro lugar esta relação é mais evidente do que no caso de mulheres e menopausa. Quando o nível de estrogênio de uma mulher diminui, o risco de problemas cardíacos paira no ar.

Problemas cardíacos raramente atacam mulheres jovens. Poucas com seus quarenta ou até mesmo cinqüenta anos têm ataques cardíacos, em comparação com os homens da mesma idade, para os quais esta é a principal causa de óbitos. Mas à proporção que as mulheres envelhecem, este tipo de doença transforma-se equilibradamente no assassino de ambos. Perto dos cinqüenta anos, o risco começa a aumentar gradualmente. Lá pelos sessenta, e daí em diante, a probabilidade da mulher morrer de ataque cardíaco é a mesma que para um homem da mesma idade.

Por que este risco aumenta tão drasticamente entre os cinqüenta e sessenta anos de idade? O que em seu organismo cria condições adequadas aos problemas cardíacos? A essa altura a resposta provavelmente é óbvia. A maioria das mulheres atinge a menopausa durante a quinta década da vida, e isso significa que os níveis de estrogênio caem verticalmente. Os cientistas acreditam que é o estrogênio que as protege de problemas cardíacos. Isto é muito evidente em mulheres que sofreram histerectomia. Além de experimentarem prematuramente a menopausa, o risco de alguma cardiopatia também aumenta. Esta é uma estatística inquietante, considerando-se que uma em cada nove mulheres entre quarenta e cinco e sessenta e quatro anos apresenta alguma forma de problema envolvendo vasos sangüíneos (embora provavelmente nos estágios menos graves); esta taxa se aplica a uma em cada três mulheres com sessenta e cinco anos ou mais.

Existem evidências de que recuperar o estrogênio a níveis mais próximos aos da juventude após a menopausa pode proteger o coração das mulheres de diversas maneiras. Na verdade, antes de qualquer outra coisa, o estrogênio pode prevenir o aparecimento de problemas cardíacos. Em um estudo bastante conhecido, o Nurses' Health Study, os pesquisadores monitoraram 120.000 mulheres por mais de dez anos. A incidência de cardiopatias nas enfermeiras que tomavam estrogênio na pós-menopausa era aproximadamente a metade, com relação àquelas que não o tomavam, ou seja, com o estrogênio, aquelas mulheres conseguiram reduzir o risco de doenças cardíacas a mais da metade! Como os clínicos se entusiasmaram quando descobrimos que uma droga podia reduzir o risco de cardiopatias de 10% a 20%, uma redução de 50% seria digna de comemoração. No entanto, por razões que não consigo compreender, muitas mulheres que têm risco de desenvolver problemas cardíacos ainda não foram informadas sobre o efeito protetor do estrogênio.

Ele também parece realizar milagres com as mulheres que já apresentam cardiopatias. Diversos estudos comprovaram que a mortalidade de mulheres na pós-menopausa, que sofrem de problemas cardíacos, tinha diminuído em 70% no decorrer de dez anos, se comparado com as que não tomavam estrogênio. Esta é uma prova cabal de que este hormônio consegue salvar vidas, e penso que qualquer mulher sob condições de risco de doenças cardíacas deveria pensar seriamente em tomá-lo. Se seu médico ainda não o receitou, sugiro que converse com ele a respeito.

## O Estrogênio Reduz o Colesterol Ruim e Aumenta o Bom

O efeito do estrogênio no coração é particularmente intrigante, pois ele parece atuar de diversas maneiras para mantê-lo forte e bombeando com eficiência. Sabemos que este hormônio consegue reduzir o colesterol total do sangue e aumentar o HDL, o colesterol bom. Para as mulheres, um baixo índice de HDL é considerado um grande fator de risco para o desenvolvimento de doenças cardíacas. Existem poucas substâncias conhecidas para aumentar o HDL, por isso o estrogênio é uma arma valiosa na luta contra as cardiopatias.

## Sabe-se Agora que o Estrogênio É um Antioxidante

O estrogênio, como os super-hormônios DHEA e melatonina, é um potente antioxidante e, do mesmo modo que a vitamina E, o betacaroteno e a vitamina C, um perseguidor de radicais livres. Os radicais livres são moléculas de oxigênio bastante instáveis, que se ligam com facilidade a outras moléculas. A energia resultante desta ligação pode causar danos a outras células e tecidos do nosso corpo, inclusive as artérias. Se estas se danificarem, podem desenvolver depósitos de placas que, por sua vez, bloqueiam o fluxo sangüíneo, causando ataque cardíaco ou derrame cerebral. Os eliminadores de radicais livres, como o estrogênio, evitam que estas instáveis moléculas se liguem a outras, evitando a ocorrência desta cadeia de eventos.

## O Estrogênio Ajuda a Reforçar os Vasos Sangüíneos

O estrogênio tem outros efeitos benéficos sobre as artérias, o que poderia explicar como ele protege contra as cardiopatias. Por exemplo, no endotélio, o revestimento das artérias, existem células especiais que produzem uma substância chamada óxido nítrico, para manter sua dilatação ou relaxamento. Se o endotélio for danificado por estresse oxidante, isso pode afetar a produção ou eficiência do óxido nítrico. Os pesquisadores acreditam que, ao proteger o endotélio contra os danos causados por oxidação, o estrogênio ajuda a manter a reatividade vascular, ou seja, as artérias não se danificam, permitindo o livre fluxo sangüíneo ao coração e outros órgãos vitais.

## Quanto Estrogênio É Suficiente?

Mesmo que você já esteja tomando estrogênio, talvez não seja o suficiente para proteger seu coração adequadamente. Os pesquisadores acreditam que os níveis de estrogênio no sangue precisam ser mantidos entre 80 e 100pg/dl para prevenir doenças cardíacas, e muitas mulheres recebem doses excessivamente baixas para manter este índice. Suas dosagens são suficientemente elevadas para evitar os sintomas da menopausa, mas muito baixas para aumentar o HDL, reduzir o colesterol ou manter as artérias saudáveis (ou, como já discutido, proteger contra a osteoporose). Em baixas dosagens, o estrogênio só faz a metade do trabalho de que é capaz. Se você tem probabilidade de desenvolver alguma doença cardíaca — isto é, história familiar de cardiopatia, elevada taxa de colesterol, pressão alta ou foi histerectomizada antes da menopausa —, seu médico precisa estar certo de que seus níveis de estrogênio são suficientemente elevados para que você tenha proteção adequada. (Para maiores informações sobre como tomar estrogênio, veja o capítulo 10, "Como Tomar os Super-hormônios.")

## O Estrogênio e o seu Cérebro

Até recentemente acreditava-se que os hormônios sexuais — estrogênio, progesterona e testosterona — operavam sobretudo abaixo da cabeça. Pensava-se que o próprio cérebro era controlado por um grupo inteiramente diferente de hormônios, chamados neuroendócrinos, que são produzidos no seu interior. Agora sabemos que esta visão é bastante simplista e que existe um delicado mecanismo de realimentação entre o cérebro e os hormônios sexuais. Estes hormônios, na verdade, também funcionam como neuroendócrinos. Todos os super-hormônios, de um modo ou de outro, afetam a função cerebral e são fundamentais para a manutenção do ânimo, da energia psíquica e da memória. É por isso que a restauração dos super-hormônios aos níveis da juventude afeta tão profundamente nossos sistemas orgânicos, nossa psique e nossa saúde global.

Para muitas mulheres o estrogênio é um tônico. Ele é o combustível que também mantém o cérebro funcionando e as mulheres mais felizes, concentradas e ativas. Minha amiga Joan K., de quarenta e nove anos, Ph.D. em matemática e professora de cálculo para estudantes do segundo grau, é um destes exemplos. Joan é inteligente, divertida, atraente e uma fantástica professora, que se orgulha de sua habilidade para tornar interessante e fácil um assunto tão formidável quanto o cálculo. Entretanto, quando entrou na menopausa, ao final dos quarenta anos, Joan sentiu que lutava para ensinar.

— Descobri que não conseguia mais raciocinar com clareza. Sentia muita dificuldade para formular meus pensamentos. Eu me orgulhava da minha habilidade para explicar conceitos complicados de maneira simples e fácil de entender. Repentinamente, estava em frente à turma lutando pela próxima palavra. Não conseguia pensar com clareza. O estrogênio devolveu-me meu cérebro. Para mim, é a diferença entre me sentir inteligente e desembaraçada ou totalmente perdida.

Diante do que sabemos sobre o comportamento dos hormônios, não é estranho que o estrogênio exerça tamanho efeito na função mental. Os hormônios estão envolvidos com, literalmente, todos os processos corporais, e a função cognitiva não é exceção. Na verdade, há receptores de estrogênio em todo o cérebro. São locais em que este hormônio se liga a moléculas nas células, desencadeando uma reação bioquímica. Sempre que houver receptores, haverá atividade, e para o estrogênio, o cérebro é um canteiro virtual de atividade.

Desde nossos primeiros dias o estrogênio auxilia na organização do modo de desenvolvimento do cérebro, razão pela qual os pesquisadores acreditam que os cérebros dos homens e mulheres apresentam diferenças sutis, mas muito reais. Você deve se lembrar, do capítulo sobre testosterona, como os homens tendem a um melhor desempenho em certos tipos de tarefas, inclusive leitura de mapas e outras que necessitam de habilidades visuais espaciais, como jogo de dardos e tiro. Como já deve ter imaginado, as mulheres são melhores do que os homens em outros campos, e acredita-se que isso se deva aos seus níveis de estrogênio. Por exemplo, as mulheres geralmente têm melhor desempenho em cálculos aritméticos, soletrar e são muito melhores em relembrar palavras. Isto quer dizer que se você ler para ambos uma relação de palavras e cinco minutos mais tarde lhes pedir que as repitam, a mulher terá um desempenho melhor. Embora os homens sejam melhores leitores de mapas, as mulheres se lembram de mais pontos de referência ao longo do caminho. Em outras palavras, se um homem perder seu mapa, é melhor que ele tenha uma mulher ao seu lado para guiá-lo, ou não terá a menor idéia de onde está! (E como todos sabemos, mesmo sem a ajuda de estudos clínicos, um homem com certeza nunca pedirá orientações!)

Os pesquisadores descobriram que o estrogênio parece ter alguns efeitos muito interessantes sobre o cérebro, que poderiam explicar seu papel na função mental. Por exemplo, estudos com animais mostraram que ele aumenta a quantidade de uma enzima necessária à síntese da acetilcolina, um neurotransmissor químico no cérebro que está envolvido com a memória e a doença de Alzheimer.

O estrogênio também influi diretamente no centro da memória, conhecido como hipocampo. O neurologista Dr. Bruce McEwen, da Rockefeller University, em Nova York, descobriu que quando o estrogênio se liga a determinadas células no hipocampo, ele estimula a formação de pequenas ramificações de células nervosas chamadas dendrites. Estas dendrites formam a rede através da qual as células cerebrais se comunicam. À proporção que envelhecemos, nossa capacidade para formar dendrites torna-se cada vez menor, o que pode ser uma das razões pelas quais a memória começa a diminuir. Outros pesquisadores mostraram que, em animais, existe uma correlação direta entre níveis de estrogênio e a capacidade das células cerebrais absorverem o fator de desenvolvimento nervoso, uma proteína crucial para a manutenção das células cerebrais.

Por último, mas não menos importante, o estrogênio é um antioxidante, como já mencionado, e da mesma maneira que protege as células das artérias coronárias contra os danos causados pelos incômodos radicais livres, ele também pode proteger as células cerebrais contra os danos da oxidase.

Tudo isto significa que o estrogênio está envolvido com a formação e manutenção das preciosas células cerebrais. Quando a mulher entra na menopausa e seus níveis de estrogênio despencam, ela pode começar a experimentar algumas alterações realmente palpáveis na maneira como consegue pensar, aprender e lembrar.

Numerosos estudos mostraram que as mulheres que tomam estrogênio após a menopausa geralmente realizam melhor certos tipos de tarefas do que as que não o tomam. Por exemplo, duas renomadas pesquisadoras da McGill University, em Montreal, as doutoras Barbara B. Sherwin e Diane L. Kampen, analisaram vinte e oito mulheres que tomavam estrogênio e quarenta e cinco que não o tomavam. As pesquisadoras leram em voz alta uma curta passagem para cada mulher e então, meia hora mais tarde, pediram-lhes para repetir tudo o que se lembrassem da passagem. As mulheres que tomavam estrogênio conseguiram lembrar-se de uma parte maior da leitura do que as que não tomavam. Em situações da vida real, isso significa que as usuárias de estrogênio conseguem se lembrar prontamente de mais fatos, como números de telefone e nomes de novos conhecidos. Se isso parece um benefício de pouca importância, considere que estes são exatamente os tipos de tarefas que precisamos realizar diariamente, em casa ou no trabalho. Se você pensar em quantas vezes por dia precisa se lembrar de um nome, número ou fato, rapidamente verá que, ter a mente mais ágil não só melhorará seu desempenho, mas também significará a diferença entre se sentir confiante e competente ou "passado".

Se o estrogênio ajuda na preservação da memória, ele pode prevenir a doença de Alzheimer? Como já dissemos, a DA é uma doença cerebral degenerativa, caracterizada por severa e progressiva perda de memória, mudanças de humor, confusão e graves problemas físicos. Novas provas sugerem que o estrogênio pode proteger contra a DA. Em um estudo, os pesquisadores da University of Southern California School of Medicine, em Los Angeles, acompanham, desde 1981, a saúde física e mental de 8.877 residentes femininas de uma comunidade. De 1981 a 1992, 2.529 residentes morreram, e deste grupo 138 apresentavam DA, senilidade ou demência em suas certidões de óbito. Os pesquisadores revisaram a história menstrual de cada uma destas mulheres e então verificaram se alguma vez haviam tomado estrogênio. Eles descobriram que nas mulheres que o haviam tomado a possibilidade de desenvolverem DA era 30% menor.

Fato ainda mais intrigante é que outros estudos revelaram que mulheres com DA branda mostraram melhora significativa na memória e comportamento social apenas duas semanas após o início do tratamento com estrogênio. Quem tinha dificuldade para identificar o mês ou até mesmo o ano, recuperou a capacidade para lembrar de ambos, pouco tempo depois de começar a tomar o hormônio. Os resultados foram tão bons que alguns pesquisadores estão considerando receitar este hormônio aos homens com a doença de Alzheimer.

Ainda serão necessárias mais pesquisas antes que possamos afirmar com alguma convicção o que provoca a DA e como podemos nos prevenir contra ela, mas já está ficando cada vez mais claro que, nas mulheres, a diminuição dos níveis de estrogênio desempenha um papel, talvez o principal.

## Sintético ou Natural: Que Tipo de Estrogênio Devo Tomar?

Já expus resumidamente os vários benefícios do estrogênio e como este super-hormônio pode melhorar quase todos os aspectos da vida de uma mulher. Que ele pode proteger contra as diversas doenças do envelhecimento e que as mulheres na pós-menopausa que tomam estrogênio se sentem melhor e continuam mais saudáveis não há a menor dúvida. Hoje, a maioria dos ginecologistas e clínicos gerais receita estrogênio às pacientes que eles acreditam que se beneficiará com isso.

Como disse anteriormente, o estrogênio é a droga mais amplamente receitada nos Estados Unidos. Quando disse "estrogênio", estava, na verdade, me referindo a uma forma de estrogênio vendida sob o nome de Premarin, uma combinação de mais de dez espécies diferentes de estrogênio encontradas na urina de éguas prenhes. Durante mais de cinqüenta anos, e principalmente na última década, o Premarin já foi objeto de propaganda agressiva e seu nome já é amplamente conhecido. Para muitos médicos, Premarin é sinônimo de estrogênio, e quando escrevem alguma receita de estrogênio, na maioria das vezes é Premarin.

O problema é que o Premarin, originário de cavalos, não é necessariamente o melhor estrogênio para humanos. Como mencionado anteriormente, o corpo da mulher produz três tipos de estrogênio: estrona, estriol e estradiol. O estrogênio básico em um organismo feminino é o estradiol. O Premarin contém apenas uma pequena quantidade de estradiol e o equilíbrio consiste de estrogênios naturais aos cavalos, mas estranhos às mulheres. Os estrogênios empregados no Premarin são mais potentes do que o estradiol, então são processados no organismo em compostos eliminados mais lentamente do que o estrogênio natural e por isso têm maior atividade estrogênica. Em alguns casos os estrogênios mais fortes do Premarin podem provocar efeitos colaterais em algumas mulheres, como inchações ou dores de cabeça.

Alguns médicos preferem receitar estradiol puro — estrogênio natural —, pois é idêntico ao estrogênio produzido pelos ovários femininos; pode ser mais bem tolerado do que o Premarin e provoca menos efeitos colaterais. (Neste caso, o emprego da palavra "natural" não é correta. Na verdade, tanto o Premarin quanto o estradiol são produtos sintéticos, uma vez que ambos são processados. A verdadeira diferença entre eles é sua estrutura química.)

O estradiol puro é encontrado em poucos produtos, dentre os quais o adesivo para a pele Estraderm (que envia estrogênio através da pele), tabletes Estrace (tomados por via oral) e creme vaginal. Estes produtos não são tão conhecidos quanto o Premarin, nem anunciados com a mesma intensidade.

Há outra vantagem em usar o assim chamado estrogênio natural em vez do Premarin. O Premarin é vendido em tabletes de 0,625mg, o que permite pouca flexibilidade em termos de como especificar a receita. Os tabletes podem ser cortados ao meio, ou até em quatro partes, mas especificar uma dosagem segundo as necessidades de uma paciente pode ser difícil. O estradiol, por outro lado, é vendido em forma de pó, passível de ser transformada por um farmacêutico de manipulação em cápsulas de, virtualmente, qualquer dosagem. Isto faz com que um clínico consiga modificar uma dose até mesmo em poucos miligramas e ajustar cuidadosamente a quantidade de hormônio segundo as necessidades de cada paciente, diminuindo o risco de receitar uma dosagem muito baixa ou demasiadamente elevada. Acredito que a flexibilidade de fazer sutis alterações na dose de estrogênio pode ajudar a reduzir a incidência dos efeitos colaterais mais comuns, como seios sensíveis, dores de cabeça e, em alguns casos, inchações, eliminando-se, assim, o principal motivo pelo qual a mulher que poderia se beneficiar com o estrogênio não o toma ou, pelo menos, não durante tempo suficiente.

Se você toma Premarin e está se sentindo bem, quero salientar que nada há de errado com ele. Lembre-se que o Premarin é o hormônio que foi usado em quase todos os estudos que mostraram o benefício do estrogênio. Ele foi empregado nas pesquisas que comprovaram que as mulheres que tomavam estrogênio tinham o risco de contraírem problemas cardíacos reduzido à metade, e a incidência de fraturas devido à osteoporose reduzida a menos que a metade. O que estou sugerindo é que o estradiol pode ser uma boa escolha, principalmente para quem não teve uma boa experiência com o Premarin ou para quem está começando a tomar super-hormônios.

## O Novo Estrogênio

Você provavelmente ouviu falar sobre alguns estudos que mostraram que o estrogênio pode aumentar um pouco o risco de desenvolvimento de câncer de mama. Quero deixar bem claro: o estrogênio não é carcinógeno. Ele não transformará células saudáveis em anormais ou malignas. Pelo contrário, diante do que sabemos sobre as propriedades antioxidantes deste hormônio, há boas razões para acreditar que ele, na verdade, pode ajudar a evitar certas formas de câncer. Sabemos, por exemplo, que o estrogênio reduz o risco de câncer de cólon. No entanto, o estrogênio é um hormônio trófico, de nutrição, e a importância neste contexto é que ele poderia estimular o desenvolvimento de um câncer já existente. É por isso que recomendo que toda mulher, antes de começar a tomar estrogênio, faça uma mamografia. (A propósito, se você tem cinqüenta anos ou mais deveria, de qualquer maneira, fazê-la!) De modo geral, é aconselhável que mulheres com história pessoal ou familiar de câncer de mama evitem o estrogênio. Conheço muitas com este perfil de risco que o tomaram sem problemas e eu mesmo o receitei a tais pacientes, porque, com os graves sintomas da menopausa, sua qualidade de vida estava muito ruim. Eu as monitorava de perto e não ocorreram efeitos colaterais desagradáveis.

Muitos médicos, inclusive eu, pensaram diversas vezes que seria maravilhoso se existisse uma forma "segura" de estrogênio para mulheres que já tiveram ou podem desenvolver câncer de mama. Nossos desejos talvez sejam atendidos. Logo deverá haver um novo tipo de estrogênio nos Estados Unidos que virtualmente eliminará este pequeno, embora preocupante, risco de câncer.

Vários laboratórios farmacêuticos estão testando novos compostos que fazem tudo que o estrogênio faz para os ossos, para o coração e talvez até mesmo para o cérebro, mas, diferente deste hormônio, não promove o desenvolvimento de cânceres nas mamas ou no útero, podendo até mesmo evitá-lo.

Estes novos componentes são chamados de "moduladores receptores seletivos de estrogênio", ou SERM (em inglês, *selective estrogen receptor modulators*), popularmente conhecidos como "estrogênios inteligentes". Como seu nome oficial sugere, estes compostos fixam-se aos receptores de estrogênio em células através do corpo, agindo segundo o tipo de tecido envolvido. No tecido ósseo, por exemplo, podem retardar a perda de células ósseas e talvez estimular a formação de osso novo, enquanto no tecido uterino e mamário podem bloquear a reprodução de células, evitando, assim, desenvolvimentos cancerosos.

O tamoxifen, a droga usada na terapia de câncer de mama desde 1978, foi o primeiro SERM usado em mulheres. Os pesquisadores descobriram que o tamoxifen não só impedia o desenvolvimento de tumores de mama, mas também produzia alguns benefícios inesperados, inclusive reduzindo a perda óssea e baixando o colesterol. O tamoxifen, entretanto, tem seu lado negativo. Ele não alivia os sintomas da menopausa e, na verdade, pode provocar fogachos. Além disso, nas doses muito elevadas usadas para o tratamento de câncer de mama, pode promover câncer uterino em um pequeno grupo de mulheres. A despeito disso, o tamoxifen mostrou aos pesquisadores que é possível projetar um estrogênio sintético que pode ligar ou desligar seletivamente os receptores de estrogênio e iniciou a corrida para encontrar o estrogênio sintético correto.

O SERM de escolha pode ser o Raloxifene, uma droga da Eli Lilly que está sendo testada em milhares de mulheres por todo o mundo. Até agora, os resultados parecem promissores. Ele consegue reduzir o colesterol e evitar a perda óssea, mas não promove o câncer uterino.

Uma coisa que os estrogênios projetados não fazem tão bem quanto o verdadeiro, é aliviar os sintomas da menopausa, como os fogachos. Os cientistas que estão desenvolvendo estes novos estrogênios prevêem que durante a perimenopausa e imediatamente após a menopausa as mulheres ainda precisarão tomar estrogênio verdadeiro, se experimentarem estes sintomas. Para a maioria das mulheres, no entanto, os sintomas agudos desaparecerão no decorrer de dois anos após a menopausa, quando poderão trocar para o estrogênio projetado.

## O Super-hormônio Estrogênio

É ótimo que as mulheres tenham mais opções quando se trata do tipo de estrogênio a escolher, mas não quero que a discussão quanto aos méritos do "natural", "sintético" ou "inteligente" obscureça um ponto importante: para a grande maioria das mulheres o estrogênio — não importa o tipo — é um salvador e um estimulador de vidas. Este super-hormônio não só as protegerá contra as doenças do envelhecimento e seus problemas subjacentes, mas também permitirá que mantenham um padrão de bem-estar físico e mental, fazendo com que valha a pena viver, o que, para mim, é a verdadeira personificação do super-hormônio.

## CAPÍTULO 6

# Progesterona Natural

### O Super-hormônio do Bem-estar Feminino

Protege contra o câncer
Tranqüilizante natural
Proporciona sensações de bem-estar
Aumenta a ação do estrogênio
Alivia os sintomas da menopausa
Pode estimular a formação de tecido ósseo novo
Tratamento em potencial para doenças nervosas

COMO VIMOS no capítulo anterior, o estrogênio é um super-hormônio que reverte diversos danos provocados pelo envelhecimento, além de prevenir e lidar com muitas condições que podem provocar o prematuro envelhecimento feminino.

Mas o estrogênio é somente parte da história!

Existe outro hormônio feminino de igual importância para as mulheres, embora raramente seja discutido. É um super-hormônio que recebeu pouca atenção por parte dos clínicos, da comunidade científica, dos laboratórios farmacêuticos e da FDA, prejudicando bastante as mulheres. É um super-hormônio que, em muitos casos, pode, com segurança e eficiência, aliviar os sintomas da menopausa, proteger contra o câncer e prevenir contra a osteoporose, mas, por ser tão ignorado, poucas o tomam.

Este super-hormônio é a progesterona *natural*, com ênfase para a palavra "natural". Hoje em dia a maioria das mulheres toma versões sintéticas da progesterona, ou *progestinas*, com estrogênio. Contudo, como verão, não era isso que a Mãe Natureza tinha em mente.

A progesterona natural reforça a ação do estrogênio, e segundo o projeto da Mãe Natureza, estes dois super-hormônios deveriam atuar em conjunto. Quando as mulheres estão com perfeita saúde e o estrogênio e a progesterona nos níveis máximos, ambos trabalham juntos para manter o equilíbrio hormonal normal no organismo. Na meia-idade, os níveis de ambos diminuem, deixando a mulher vulnerável a doenças como osteoporose, cardiopatias e outras alterações orgânicas que podem diminuir severamente sua qualidade de vida. A combinação de progesterona natural e estrogênio pode evitar esta espiral descendente, mantendo a mulher com energia, forte e sensual, e por isso *ambos* são considerados super-hormônios.

Além de intensificar a ação do estrogênio, a progesterona natural é, por si só, um poderoso super-hormônio contra o envelhecimento, podendo fazer algumas coisas que o estrogênio não faz.

Antes de lhe falar sobre as maravilhas da progesterona natural, permita-me esclarecer a diferença entre produtos sintéticos e naturais. Quando empregada no contexto dos super-hormônios, a palavra "natural", na verdade, é uma denominação inadequada, uma vez que todos os suplementos de super-hormônios são produtos sintéticos, submetidos a certo grau de processamento químico. Aqui, "natural" refere-se à estrutura química do super-hormônio. Hormônio natural significa, simplesmente, que a estrutura é *idêntica* ao hormônio naturalmente produzido pelo organismo. Por comparação, um hormônio "sintético" é aquele que tem a mesma ação que o hormônio produzido pelo organismo, mas com uma estrutura química ligeiramente diferente.

A forma de progesterona mais comumente empregada nos Estados Unidos é a sintética, chamada progestina. A marca comercial receitada com mais freqüência é Provera ou medroxi-progesterona. A progestina foi desenvolvida nos idos de 1930 a partir da diosgenina, um composto encontrado na batata-doce silvestre, e usada como ingrediente das pílulas anticoncepcionais. Durante certo tempo, considerou-se a progestina superior à progesterona natural, porque a progesterona natural disponível não era bem absorvida pelo organismo, o que não é mais o caso. A progesterona natural de hoje sofre micronização, um processo pelo qual ela é subdividida em pequenas partículas de mais fácil assimilação, processo atualmente empregado em todas as composições orais.

Incluo-me em um crescente número de clínicos que não acreditam que as progestinas sintéticas atuem tão bem quanto a progesterona natural, nem creio que seus benefícios sejam os mesmos. Há outra razão importante pela qual prefiro a progesterona natural. Considero-a o super-hormônio do "bem-estar", porque a maioria das mulheres se sente melhor com ela do que com as progestinas sintéticas, por motivos que explicarei brevemente. (Antes de continuar, desejo salientar que nada há de errado com o uso da progestina. Minha única objeção é que considero a progesterona natural como uma escolha melhor. Se a mulher que toma progestina com estrogênio se sente bem, não há motivos para mudar. Caso a mulher não se sinta bem ou esteja começando a tomar estrogênio, penso que ela e seu médico deveriam considerar firmemente a progesterona natural.)

Apesar de haver cada vez mais evidências quanto à progesterona natural ser melhor para as mulheres, a concentração da comunidade médica sobre ela foi extremamente difícil. O motivo pelo qual não se deu atenção à progesterona natural foi precisamente o mesmo porque, até recentemente, super-hormônios como DHEA, pregnenolona e melatonina foram bastante ignorados. A progesterona natural é uma substância que não pode ser patenteada, portanto não há interesse financeiro, por parte dos laboratórios farmacêuticos, em estudá-la e comercializá-la. Já disse repetidas vezes que meu objetivo ao escrever *Super-hormônio* é "resgatar" a progesterona natural e outros super-hormônios do abandono e certificar-me que recebam a atenção e o apoio para a pesquisa que merecem.

## O que É a Progesterona?

"*Pro*" e "*gesterona*" querem dizer "para a gestação". Como o próprio nome indica, a placenta produz enormes quantidades de progesterona durante a gravidez. Se uma mulher não produz progesterona suficiente, a gestação dificilmente chegará a termo, razão pela qual muitas vezes se receita progesterona a mulheres grávidas com história de aborto. A assim chamada pílula do aborto usada na França, a RU-486, funciona bloqueando a ação da progesterona, que resulta em aborto espontâneo.

Como a maioria das mulheres sabe, os hormônios exercem um

profundo efeito sobre o humor, e a progesterona não é exceção; é um antidepressivo natural. É o hormônio que dá às mulheres grávidas uma sensação de bem-estar e satisfação. Também é um tranqüilizante natural e, em doses suficientemente elevadas, pode até mesmo ser empregado como anestésico.

A progesterona desempenha um importante papel no ciclo menstrual, que não poderia ocorrer sem ela. Este ciclo prepara o corpo da mulher para a gravidez e envolve uma delicada interação entre diversos hormônios, sendo que os mais importantes são o estrogênio e a progesterona. Os níveis de estrogênio aumentam durante a primeira metade do ciclo menstrual, quando os folículos, as células-ovo nos ovários, estão preparados para a ovulação. Durante a ovulação, os folículos se rompem e um óvulo amadurecido percorre as trompas de Falópio até o útero ou ventre, onde pode se unir ao espermatozóide, tornando-se fertilizado. A porção restante do folículo transforma-se no *corpus luteum*, ou corpo-lúteo, uma estrutura parecida com uma glândula, que produz progesterona. Durante a segunda metade do ciclo menstrual, os níveis de progesterona aumentam gradativamente, estimulando o desenvolvimento do revestimento uterino, preparando-o para receber o óvulo fecundado. Se esta fertilização não ocorrer, os níveis de progesterona caem, desencadeando a esfoliação das células da parede uterina e provocando o sangramento mensal feminino.

Quase todas as mulheres (e agora também os homens) conhecem a chamada síndrome ou tensão pré-menstrual, ou TPM, caracterizada por vários sintomas, inclusive mau humor, irritabilidade, inchação e dores de cabeça que aparecem de sete a dez dias antes da menstruação. A TPM ocorre na época do ciclo em que os níveis de progesterona deveriam estar altos, mas que, nas muitas mulheres com esta síndrome, são mais baixos do que o normal. Por isso, a administração de suplementos de progesterona durante a segunda metade do ciclo menstrual, para normalizar seus níveis, é um dos tratamentos mais comuns e bem-sucedidos para a TPM, embora não cure todos os casos.

A progesterona é produzida principalmente em três locais do organismo: no corpo-lúteo (o folículo rompido), nas glândulas supra-renais e, em mulheres grávidas, na placenta.

Quando a mulher chega aos trinta anos, seus níveis de progesterona começam a diminuir. Não só as glândulas supra-renais, produtoras deste hormônio, começam a funcionar com menos eficiência, como ela também pode começar a apresentar períodos menstruais irregulares, o que também afetará os níveis de progesterona. Na verdade, não é incomum que mulheres de seus trinta ou quarenta anos experimentem o que é conhecido como ciclo anovulatório. Durante um ciclo deste tipo, o estrogênio pode estimular o desenvolvimento do revestimento uterino, mas a ovulação não ocorre. Como resultado, não há a ruptura folicular para produzir um corpo lúteo e, sem este, não há produção de progesterona. Quando os níveis de estrogênio diminuem, o revestimento uterino é eliminado, como em um período normal, embora não o seja. Os períodos anovulatórios tornam-se cada vez mais freqüentes com a aproximação da menopausa. Isto significa que os níveis de progesterona não apresentam o aumento mensal. Após a menopausa, com a parada total da ovulação, a produção de progesterona é praticamente nula.

A questão é: já que os níveis de progesterona caem, as mulheres precisam recuperá-los aos níveis da juventude? Durante anos a comunidade médica respondeu que não. Naquela época, considerava-se a menopausa como um estado de deficiência de estrogênio, de modo que este era o único hormônio que deveria ser reposto. Quando, por volta de 1960, começou a terapia de reposição de estrogênio, só este hormônio era dado rotineiramente — ou, em termos científicos, sem oposição — a milhões de mulheres. O problema com esta prática era que ela ignorava completamente a clara intenção da natureza: estrogênio e progesterona deveriam trabalhar em conjunto. Infelizmente, o efeito de se ignorar o projeto da natureza foi desastroso. Em meados de 1970, os pesquisadores descobriram que a taxa de câncer uterino nas mulheres que tomavam só estrogênio era muito elevada, mais de quatorze vezes o normal para aquela idade. Outro fato bastante perturbador foi que cerca de 1/3 das mulheres estava desenvolvendo hiperplasia, condição do revestimento uterino com prognóstico de câncer. O estrogênio rapidamente foi desaprovado e os médicos e mulheres passaram a se manter distantes dele. Entretanto, esta não era a solução para milhões de mulheres que sofriam os sintomas da menopausa, perdendo quantidades significativas de massa óssea e tornando-se candidatas em potencial a problemas cardíacos.

Finalmente, os pesquisadores analisaram o projeto da natureza e viram que a resposta para o problema do estrogênio era simples: se dessem estrogênio junto com progesterona, esta funcionaria do mesmo modo que no ciclo menstrual. Em outras palavras, a progesterona evitaria o desenvolvimento anormal de tecido uterino e, ao fazê-lo, protegeria contra o câncer.

Desde então, vários estudos importantes confirmaram que a progesterona, combinada ao estrogênio, proporciona notável proteção contra o câncer uterino. Como resultado, as mulheres não tomam mais só estrogênio, a não ser que tenham sofrido histerectomia (remoção cirúrgica do útero). Hoje em dia, a maioria das mulheres que usa estrogênio toma também, diariamente, uma pequena quantidade de progesterona sintética, chamada progestina, ou somente a progesterona durante cerca de doze dias por mês, após o estrogênio, para evitar o desenvolvimento de tecido uterino. Se a progestina só for usada em parte do mês, ela desencadeará algum sangramento, embora geralmente menor do que um período menstrual normal.

A interdependência entre progesterona e estrogênio ilustra bem o princípio em que se baseia o super-hormônio. Este princípio não é aumentar um único hormônio a um nível artificialmente elevado, mas restaurar o equilíbrio saudável entre os hormônios fundamentais. A natureza nos forneceu um projeto e modelo maravilhosos, e tudo que temos de fazer é segui-lo tão fielmente quanto pudermos.

Você deve ter notado que os pesquisadores médicos só decidiram acrescentar progesterona ao estrogênio porque ela atenuava os efeitos do estrogênio, e não por alguma propriedade positiva que pudesse ter. Depois que as mulheres começaram a usar progesterona, aprendemos que ela também é um super-hormônio com maravilhosas características próprias, do mesmo modo que o estrogênio.

## O Super-Hormônio do Bem-Estar

Como já explicado, a estrutura química dos hormônios naturais é idêntica à dos hormônios produzidos naturalmente pelo nosso organismo, razão pela qual têm menor probabilidade de causar efeitos colaterais que os sintéticos. As mulheres que tomam progesterona sintética às vezes se queixam de inchações, dores de cabeça, alterações de humor e outros efeitos colaterais geralmente não sentidos pelas que usam progesterona natural. Além disso, em vez de provocar irritabilidade e mudanças de humor, a progesterona natural faz exatamente o oposto: tem um suave efeito tranqüilizante e aumenta as sensações de bem-estar. Na verdade, a maioria das mulheres que a usa diz que se sente melhor durante a época do mês em que toma progesterona natural. Como assinala uma usuária anterior de progestina sintética:

— Quando eu tomava progestina sintética, sentia-me como se estivesse entre uma rocha e alguma superfície dura. Estava pronta a abandonar todos os hormônios, porque detestava os dias em que usava a progestina. Sentia-me cansada, mal-humorada e nervosa. No entanto, como minha densidade óssea é baixa, e eu receava desenvolver osteoporose, relutava em parar de tomar hormônios. Uma amiga me aconselhou a tentar progesterona natural, mas quando consultei minha médica, ela nunca havia ouvido falar a respeito. Fez algumas pesquisas e decidiu receitá-la. Foi a diferença entre o dia e a noite. Não tenho mais dores de cabeça, nem me sinto tão esgotada nos dias em que tomo progesterona quanto me sentia na época da progestina.

Embora não seja comercializada com a mesma intensidade que a progestina sintética, algumas farmácias de manipulação vendem formas orais de progesterona natural micronizada em diversas concentrações. A progesterona natural também pode ser comprada sob prescrição médica em forma de supositórios vaginais e cremes para pele. A concentração dos cremes é mais baixa e pode-se comprá-los em qualquer farmácia e lojas de produtos naturais.

Poucos estudos compararam as reações femininas em relação à progestina e progesterona natural, mas um deles apresentou resultados que deveriam interessar às mulheres que tomam super-hormônios. O Dr. Joel T. Hargrove e um grupo de pesquisadores do Vanderbilt University Medical Center comparou dez mulheres na menopausa que usavam estrogênio natural e progesterona natural oral com cinco mulheres que tomavam estrogênio sintético, Premarin e progestina sintética. O estudo mostrou que as mulheres que usavam estrogênio e progesterona naturais diariamente estavam em muito melhores condições. Os sintomas da menopausa haviam melhorado drasticamente e elas apresentavam menos efeitos colaterais. Além disso, a progesterona natural proporcionava a mesma proteção contra o câncer uterino que a progestina.

Eles também descobriram alguns benefícios inesperados associados à progesterona natural: as mulheres que usavam hormônios naturais tinham maior redução de colesterol e aumento nos níveis de HDL, o bom colesterol. Talvez o mais revelador seja que, ao final do estudo, as dez mulheres que usavam super-hormônios naturais desejavam continuar com eles, enquanto as cinco que tomavam hormônios sintéticos queriam desistir.

O estudo Vanderbilt ressalta os efeitos positivos da progesterona natural e mostra que, não importa quão benéfico um tratamento possa ser, se não nos sentimos bem com ele, não continuaremos.

## Prova Confirmada: A Progesterona Natural É Melhor

Existe outra evidência de que a progesterona natural é superior à progestina. Desde a primeira vez em que a progesterona foi adicionada ao estrogênio, os pesquisadores ficaram preocupados que ela pudesse interferir nos efeitos positivos do estrogênio sobre o colesterol. Sabemos que, após a menopausa, o risco de a mulher desenvolver problemas cardíacos aumenta drasticamente e que 250.000 mulheres morrem a cada ano por causa destes problemas. Como vimos no capítulo anterior, acredita-se haver uma relação direta entre a queda nos níveis de estrogênio e o aumento de cardiopatias. Como também vimos, as mulheres que tomam estrogênio reduzem pela metade o risco de morrerem devido a problemas cardíacos, em parte porque este hormônio abaixa os níveis de LDL, o mau colesterol, e aumenta os de HDL, o colesterol "bom". Os pesquisadores temiam que a progesterona combinada ao estrogênio cancelasse os efeitos benéficos deste último sobre o colesterol.

Em janeiro de 1995, um artigo no *Journal of the American Medical Association* relatou alguns resultados surpreendentes do primeiro experimento clínico a examinar os efeitos dos hormônios sexuais sobre os fatores de risco de cardiopatias em mulheres na pós-menopausa. O estudo a que o artigo se referia chamava-se "The Postmenopausal Estrogen/Progestin Interventions" (A Intervenção Estrogênio/Progestina na Pós-menopausa), ou "PEPI trials" (Experimentos PEPI). Nestes experimentos, os pesquisadores acompanharam 875 mulheres, com idades entre quarenta e cinco e sessenta e quatro anos, durante três anos. Elas foram designadas aleatoriamente a um dos cinco grupos de tratamento descritos a seguir:

1. Um grupo recebeu um placebo.
2. Um grupo recebeu só estrogênio (Premarin) diariamente.
3. Um grupo recebeu estrogênio (Premarin) diariamente e progestina sintética durante doze dias por mês.
4. Um grupo recebeu diariamente estrogênio (Premarin) e progestina sintética.
5. Um grupo recebeu estrogênio (Premarin) diariamente e progesterona natural oral durante doze dias por mês.

Os experimentos PEPI descobriram que o estrogênio sozinho apresentava os maiores benefícios, pois aumentava mais o HDL que qualquer outro regime. Entretanto, 1/3 das mulheres tomando estrogênio sozinho desenvolveu hiperplasia uterina, e este tratamento foi considerado inaceitável. Estas são as más notícias. As boas-novas são: um tratamento funcionou quase tão bem quanto o estrogênio sozinho. A esta altura você já deve ter adivinhado que foi a combinação estrogênio/progesterona *natural*, a qual conseguiu praticamente o mesmo em termos de elevação de níveis de HDL, sem provocar as alterações pré-cancerígenas no útero. Embora a progestina sintética associada ao estrogênio tenha funcionado melhor que o placebo quanto à redução dos fatores de risco de problemas cardíacos e proteção do útero, os resultados da combinação progesterona/estrogênio foram melhores.

Resumindo, os experimentos PEPI demonstraram claramente que:

- a progesterona natural realmente funciona melhor do que a progestina em termos de proteção ao coração;
- a progesterona natural pode proteger contra o câncer uterino tão bem quanto a progestina sintética.

Outros estudos confirmaram que as mulheres sentiam-se melhor com a progesterona natural. Inexplicavelmente, esta mensagem ainda não chegou à comunidade médica. A grande maioria dos clínicos ainda receita progestina e muitos nem mesmo sabem que existe um tipo diferente e, na minha opinião, melhor, de progesterona à disposição.

A situação, no entanto, parece estar mudando. Há um movimento de sábias mulheres que decidiram elas próprias pesquisar as melhores estratégias de super-hormônios para a menopausa, e que agora estão exigindo que seus médicos receitem progesterona natural durante a menopausa. A FDA ainda não aprovou a progesterona natural para ser usada durante a menopausa e, por causa disso, alguns médicos relutam em receitá-la. Como nenhum laboratório farmacêutico parece disposto a comercializá-la, ninguém quer financiar os dispendiosos testes que a FDA exige antes de aprovar uma nova droga.

Como o creme de progesterona natural é vendido em qualquer lugar, algumas mulheres decidiram resolver a questão por si mesmas. Usam-no com o estrogênio, em vez de progestina oral ou progesterona natural. Nada há de errado com o creme de progesterona, mas o tipo vendido em qualquer balcão de farmácia ou loja de produtos naturais talvez não seja suficientemente concentrado para neutralizar os efeitos do estrogênio no útero. Se você usa tal espécie de creme, assegure-se de estar sendo monitorada pelo seu clínico, para que ele fique alerta quanto a sinais de hiperplasia uterina. Em alguns casos o médico talvez decida fazer uma biópsia de uma amostra do endométrio, a fim de certificar-se de que tudo está normal. Seria melhor, creio, se você encontrasse um médico que lhe receitasse progesterona natural e com a dosagem adequada. Não importa que estratégia de super-hormônios empregue, sempre é melhor trabalhar junto com seu clínico.

## A Progesterona É uma Construtora de Ossos

Até agora falei sobre a progesterona natural como auxiliar do estrogênio, mas, como sugerido anteriormente, ela possui algumas características próprias. Uma destas é como construtora de ossos.

Um dos principais motivos por que os médicos receitam estrogênio é deter a progressão da osteoporose, o adelgaçamento ou desgaste dos ossos que os deixa vulneráveis a fraturas. Permita-me resumir a causa da osteoporose e o papel desempenhado pelos hormônios neste processo. Durante a vida, nossos ossos são submetidos a um processo contínuo chamado remodelação, no qual o tecido ósseo antigo é destruído e substituído pelo novo. As células que destroem o osso antigo são os osteoclastos e as que constroem o novo são os osteoblastos. Se o novo osso for construído pelo menos com a mesma velocidade com que o anterior é destruído, nossos esqueletos continuam fortes. Depois dos trinta e cinco anos, os osteoclastos (destruidores de ossos) trabalham mais rápido do que os osteoblastos (construtores de ossos), e homens e mulheres começam a perder, aproximadamente, 1% de massa óssea anualmente. Após a menopausa, aumenta a velocidade do processo destrutivo, e a mulher média perde de 2% a 4% de massa óssea por ano no decorrer da década seguinte. Depois, esta perda começa a diminuir, mas a maior parte dos danos já foi feita. Quando a mulher chega aos sessenta ou setenta anos, seus ossos podem estar tão finos e frágeis que até a mínima queda pode resultar em fratura grave, e estas fraturas geralmente acabam em morte por complicações.

Como vimos nos capítulos anteriores sobre o estrogênio, atribuiu-se a rápida perda óssea após a menopausa ao declínio na produção de estrogênio, essencial para a manutenção do cálcio, mineral necessário ao desenvolvimento ósseo. Ainda não compreendemos totalmente o papel que o estrogênio desempenha na formação dos ossos, mas sabemos que neles existem receptores deste hormônio e que ele afeta a atividade dos osteoclastos. Embora o estrogênio possa efetivamente deter a perda óssea, ele não consegue promover o desenvolvimento de tecido novo. Também não é a cura para a osteoporose. Estudos comprovaram que o estrogênio consegue evitar até 50% de todas as fraturas, mas o outro lado desta equação é o fato dele ainda não impedir a outra metade das fraturas. As mulheres que tomam estrogênio ainda estão sujeitas a quebrar um osso, mesmo que a um risco bastante reduzido.

Estudos recentes demonstraram que a progesterona consegue impedir a perda de massa óssea pelo menos tão bem quanto o estrogênio. A Dra. Jerilynn C. Prior, da Universidade da Colúmbia Britânica, em Vancouver, realizou alguns estudos inovadores sobre o papel da progesterona na manutenção óssea, e seu trabalho em animais e humanos demonstrou claramente que este hormônio consegue deter a perda de massa óssea. Além disso, a Dra. Prior mostrou que a progesterona pode fazer algo que o estrogênio não consegue: estimular osteoblastos para que formem *novos ossos*. Por exemplo, em estudos com animais, a progesterona, administrada com ou sem estrogênio, não só impediu a perda óssea, como intensificou a formação de novo tecido. Alguns destes estudos comprovaram a existência de receptores de progesterona, ou locais de aglutinação, nos osteoblastos, as células construtoras de ossos.

O Dr. John R. Lee, um clínico da Califórnia, é um conhecido proponente da progesterona natural. Durante três anos ele acompanhou o progresso de cem mulheres na pós-menopausa, com idades entre trinta e oito e oitenta e três anos, que corriam risco de desenvolver osteoporose. Além de orientá-las quanto a uma dieta saudável, que incluía suplementos de cálcio e vitamina D, o Dr. Lee receitou estrogênio (Premarin) às mulheres que podiam tomá-lo, junto com creme de progesterona natural, aplicado diariamente durante as últimas duas semanas de uso de estrogênio a cada mês. Para aquelas que não podiam tomar estrogênio, ele receitou um creme de progesterona natural, a ser aplicado durante doze dias por mês. As mulheres receberam instruções para se exercitarem com regularidade, foram proibidas de fumar e deveriam limitar sua ingestão de bebidas alcoólicas. Ao final de três anos, estudos de densidade óssea em sessenta e três pacientes revelaram que o regime diminuíra a velocidade da osteoporose, além de tê-la revertido. Houve um acréscimo na densidade óssea, indicando que a perda óssea havia parado e que novo tecido estava sendo desenvolvido. O Dr. Lee assinala que embora algumas pacientes tenham melhorado mais que outras, todas as mulheres apresentaram melhora. Surpreendentemente, de acordo com o Dr. Lee, as mulheres que tomaram a associação estrogênio/progesterona não passaram muito melhor do que as que só usaram progesterona. O Dr. Lee, que já escreveu diversos livros excelentes sobre a progesterona natural, chegou à conclusão que a osteoporose é uma doença por deficiência de progesterona e que o papel do estrogênio na osteoporose é mínimo, se é que exerce algum. Para apoiar sua tese, o Dr. Lee ressalta que, mesmo com níveis de estrogênio relativamente elevados, quando a mulher chega aos trinta ou quarenta anos, começa a perder massa óssea. Como mencionado anteriormente, nesta faixa etária seus níveis de progesterona (mas não os de estrogênio) começam a diminuir, o que está de acordo com a análise do Dr. Lee. Este trabalho é, sem dúvida, provocador, e sua tese certamente justifica investigações posteriores. Permita-me não poupar palavras: como 25% das mulheres correm o risco de desenvolver osteoporose, penso ser inquestionável que o papel da progesterona nesta doença foi desprezado.

## Só Progesterona?

Inúmeras mulheres já estão usando cremes de progesterona natural para o tratamento dos sintomas comuns da menopausa, principalmente ataques de calor. Muitas relatam que estes cremes funcionam bem para os sintomas brandos, e estão satisfeitas por empregá-lo. O creme de progesterona é fácil de usar (você simplesmente o esfrega na pele), não precisa de receita e pode ser comprado na farmácia da esquina. Entretanto, receio que estas mulheres estejam se enganando, porque não estão realizando o projeto da natureza nem recebendo alguns benefícios que só a combinação de estrogênio com progesterona pode oferecer.

Sabemos que a progesterona natural protege contra o câncer uterino, parece deter a perda óssea, pode promover o desenvolvimento de tecido ósseo e que não neutraliza os efeitos positivos do estrogênio sobre o coração. O que não sabemos, no entanto, é se a progesterona consegue fazer tudo que o estrogênio faz. O estrogênio, entre outras coisas, é um antioxidante que pode proteger contra os danos infligidos pelos radicais livres. A progesterona não é antioxidante e não há provas de que possa oferecer a mesma proteção contra problemas cardíacos que o estrogênio. Como vimos no capítulo anterior, o estrogênio, aparentemente, exerce um efeito positivo sobre a memória e pode até mesmo inibir a doença de Alzheimer. Embora a progesterona natural melhore a disposição, não existem evidências de que ela atue sobre a memória e o aprendizado. O estrogênio reduz o risco de infecções no trato urinário e pode restabelecer o funcionamento vaginal. Tanto quanto sabemos, o mesmo não se pode dizer sobre a progesterona.

Para mim, a chave para a promessa dos super-hormônios, como já disse antes, é seguir o projeto da natureza e recriar o mesmo equilíbrio e harmonia dos super-hormônios que tínhamos na juventude. Isso significa o reabastecimento, neste contexto, da progesterona natural e do estrogênio, de modo que a mulher possa perceber todos os benefícios da promessa dos super-hormônios.

## No Horizonte: Um Novo Uso para a Progesterona

Quanto mais aprendemos sobre os super-hormônios, mais sabemos a respeito do seu surpreendente potencial. A progesterona não é uma exceção.

Um dos trabalhos mais emocionantes sobre a progesterona está sendo realizado na França, por um grupo chefiado pelo Dr. Etienne-Emile Baulieu, um dos pioneiros também na pesquisa do DHEA. Recentemente, esta equipe da Universidade de Paris comprovou que a progesterona pode ser um tratamento eficiente para certas doenças nervosas, inclusive a esclerose múltipla.

Há muito tempo já se sabe que a progesterona é produzida no sistema nervoso central e que ajuda os nervos a se comunicarem entre si. É por isso que este super-hormônio, assim como outros (estrogênio e testosterona), relaciona-se aos neurotransmissores, isto é, substâncias que enviam mensagens de um nervo a outro e auxiliam no funcionamento da vasta rede de comunicações do organismo. Os pesquisadores franceses descobriram que a progesterona também é produzida em outro local do sistema nervoso, em células especiais chamadas células de Schwann, encontradas no sistema nervoso periférico, conjunto de nervos derivados do sistema nervoso central. No sistema nervoso periférico, a progesterona talvez desempenhe um papel, anteriormente não detectado, na manutenção dos nervos, isto é, função do tato e motora.

Os pesquisadores franceses descobriram que a progesterona promove a formação da bainha de mielina, a substância adiposa (lipóide) que envolve e protege as fibras nervosas. A bainha de mielina é para os nervos o que o isolamento plástico é para os fios elétricos. Eles aprenderam sobre o papel da progesterona na formação de mielina danificando os nervos das pernas de camundongo machos e monitorando o mecanismo orgânico que reparou tais danos. Os pesquisadores observaram que as concentrações de progesterona eram significativamente mais altas perto dos nervos danificados do que no sangue, o que sugere que a progesterona desempenha um papel no processo de cura. Para testar esta teoria, os pesquisadores acrescentaram progesterona adicional perto dos nervos danificados e observaram um significativo aumento na espessura das novas bainhas de mielina. Quando administraram uma droga que bloqueava a ação da progesterona, notaram que a espessura das novas bainhas de mielina havia diminuído. Por estes experimentos, parece que a progesterona realmente desempenha um papel na produção de mielina e na reparação de nervos danificados.

O motivo pelo qual os pesquisadores estão tão entusiasmados com o recém-descoberto papel da progesterona na formação da mielina é que podem ocorrer diversas doenças graves quando a produção de mielina é prejudicada, deixando o tecido nervoso exposto. Na esclerose múltipla, uma doença do sistema nervoso central, a perda de mielina provoca um colapso no sistema de sinalização nervosa através do organismo. Os sintomas de esclerose múltipla compreendem fraqueza ou paralisia muscular, problemas de visão e falta de coordenação. Até o momento não existe cura para a esclerose múltipla e há poucos tratamentos eficientes para esta doença. O emocionante em toda esta descoberta é que algum dia ela levará a um tratamento para esta doença e outras similares.

## PARTE IV

# Super-hormônios para Circunstâncias Especiais

### Introdução: Hormônio Tireóideo e Hormônio de Crescimento

ESTA SEÇÃO DE *Super-hormônio* dedica-se à discussão de dois super-hormônios que nem todos precisarão tomar, mas sobre os quais todos precisam saber.

Para a maioria de nós, a função do super-hormônio pode ser cumprida pelo uso da melatonina, DHEA e o restante dos super-hormônios discutidos nos outros capítulos deste livro. No entanto, haverá épocas em que alguns de nós precisarão de um impulso adicional, por isso os hormônios tireóideo e do crescimento têm um papel importante a desempenhar.

Uma insuficiência tireóidea é um problema bastante comum, mas geralmente não diagnosticado em adultos, porque os clínicos esperam que os níveis tireóideos diminuam à proporção que envelhecemos. Então não fazem a relação entre níveis de hormônio tireóideo em queda e seus efeitos, que incluem fadiga, dores parecidas com artrite, mente nublada e aumento de suscetibilidade a gripes e resfriados.

O hormônio de crescimento pode reavivar um coração enfraquecido, evitar a insuficiência renal e reverter a osteoporose. É um super-hormônio muito potente, que ocupa um lugar especial no panteão dos super-hormônios.

Os dois capítulos seguintes falam sobre estes super-hormônios e os papéis especiais que desempenham na preservação e recuperação da saúde.

## CAPÍTULO 7

# Hormônio Tireóideo

### O Energizador

Fornece energia e "combustível"
para todas as funções orgânicas
Melhora a imunidade
Mantém a temperatura do corpo

FECHE SEUS OLHOS e visualize alguém com a saúde abalada.

Você imaginou alguém lento e abatido? Alguém que se movimenta sem firmeza? Alguém facilmente fatigado e com frio? Alguém cuja mente está tumultuada e que pode até mesmo parecer confuso e "fora do ar" de tempos em tempos?

Pedi-lhe que fizesse este simples exercício para ilustrar dois pontos importantes e estreitamente interligados que fazem parte da verdadeira essência do super-hormônio.

O primeiro ponto é que esta imagem estereotipada de alguém com a saúde abalada concorda em todos os pontos com um caso clássico de hipotireoidismo, uma deficiência do super-hormônio tireóideo. O segundo é simplesmente para ressaltar que a imagem de hipotireoidismo assemelha-se misteriosamente à nossa antiquada figura de um idoso. Em outras palavras, há uma grande semelhança entre os sintomas geralmente associados ao envelhecimento e aqueles que, em qualquer idade, sofrem de funcionamento anormal da tireóide.

As pessoas que sofrem de hipotireoidismo — não importa sua idade — tendem a sentir fadiga e falta de energia, lentidão na fala e nos movimentos, esquecimento e confusão mental, depressão, perda de audição, dores parecidas com as da artrite, calafrios, queda de cabelo e suscetibilidade a gripes, resfriados e infecções respiratórias. Uma pessoa mais jovem com estes sintomas tem maiores possibilidades do que outra mais velha de que este problema seja diagnosticado e tratado. Em uma pessoa idosa, estes sintomas são considerados, com demasiada facilidade, os sinais padrões do que é erroneamente percebido como o declínio do envelhecimento. Alguns clínicos estão tão presos à crença de que o envelhecimento é uma espiral descendente inevitável que tendem a aceitar rapidamente o anormal como normal. No meu modo de pensar, tal atitude é endêmica na profissão médica e, tragicamente, a principal razão pela qual a espiral descendente — meramente o sintoma da doença do envelhecimento — muitas vezes não é tratada. Também é o principal motivo por que o hipotireoidismo não é diagnosticado nem tratado em pacientes adultos que, em decorrência, "envelhecem" desnecessariamente.

A boa-nova é que nós agora já sabemos que a deficiência de hormônio tireoidiano pode ser tratada com facilidade. O declínio na produção deste hormônio, usualmente associado ao envelhecimento, não é considerado verdadeiro hipotireoidismo. Para ser diagnosticado como sofrendo desta deficiência, seus níveis de hormônio tireoidiano precisam estar abaixo do que seria considerado normal *para sua idade*. A filosofia predominante na comunidade médica é que a queda na produção de hormônio tireoidiano faz parte do envelhecimento e sua restauração aos níveis da juventude é desnecessária para a maioria das pessoas.

Concordo em parte.

Se você não apresenta qualquer sintoma de deficiência de hormônio tireóideo e sente-se perfeitamente forte e saudável, então, apesar da diminuição na produção deste super-hormônio, provavelmente ainda está produzindo o suficiente para as necessidades do seu organismo e não precisa de mais.

Por outro lado, muitas pessoas com níveis de hormônio tireóideo "normais para aquela idade" apresentam claramente sintomas óbvios de deficiência. Estes indivíduos têm, como dizem, a aparência da pessoa doente que você visualizou no início deste capítulo. Tipicamente, não estão tomando hormônio tireóideo porque seus médicos consideraram com muita facilidade seus níveis baixos deste hormônio — e os sintomas resultantes — como parte da deterioração física e mental que chamamos de envelhecimento. Estas pessoas estão sendo literalmente enganadas quanto à sua boa saúde em potencial.

A deficiência de hormônio tireóideo é um problema bastante comum. Uma em cada dez mulheres e um em cada vinte homens acima dos cinqüenta anos apresentam alguns sintomas de hipotireoidismo. (Por razões ainda não totalmente compreendidas, os problemas de tireóide são mais comuns nas mulheres do que nos homens.) O risco do desenvolvimento deste problema aumenta com a idade e, próximo aos setenta anos, praticamente 17% das mulheres e 9% dos homens mostrarão alguns sinais de mal funcionamento da tireóide. Os problemas de tireóide também podem ser hereditários, e se um dos seus pais ou avós teve uma tireóide hipo ou hiperativa, o seu risco de desenvolver este problema é maior. Na verdade, a deficiência tireoidiana é uma das causas mais comuns e subestimadas de infertilidade em homens e mulheres. Como já comentei, muitos sintomas desta doença podem facilmente ser considerados sinais de envelhecimento e, conseqüentemente, ignorados. A mãe de uma de nossas colegas (Carol) apresentou estes clássicos sintomas durante mais de dez anos — aos sessenta e três anos de idade — antes de ser convenientemente diagnosticada e receber tratamento adequado. Ironicamente, foi o marido de Carol — professor de uma faculdade de direito, e não de medicina — quem fez o diagnóstico correto, quinze minutos após encontrar-se com a mãe dela pela primeira vez. Ele era sensível àquele quadro porque fora tratado de hipotireoidismo quando jovem. Depois de conversar brevemente com Ruth, mãe de Carol, chamou-a em particular e disse:

— Sabe, sua mãe é muito simpática e inteligente, mas penso que você deveria mandar analisar sua tireóide — e explicou que, devido à fadiga, fala arrastada, cabelo fino e rosto arredondado, imaginou que ela poderia ter algum problema na tireóide.

O novo médico de Ruth fez os testes e confirmou o diagnóstico. Receitou suplementos de hormônio tireóideo e, quase do dia para a noite, ela comentou sentir-se "renascida". Descobriu que subitamente tinha vontade — e condições — de fazer coisas para as quais antes lhe faltava energia. Podia ir ao cinema, teatro, museus, fazer compras, jantar fora e andar durante bastante tempo. Ruth melhorou tanto que até arranjou um emprego! Histórias como as de Ruth são gratificantes, mas só ficarei totalmente satisfeito quando mais pessoas com deficiência de hormônio tireóideo, que poderiam se beneficiar com sua adição ao seu coquetel de super-hormônios, o fizerem.

Permita-me contar-lhe algumas coisas sobre o hormônio tireóideo e a glândula que o produz. A tireóide é uma estrutura com formato de borboleta, localizada na parte frontal do pescoço, sob o pomo-de-adão. Pesa aproximadamente 28 gramas, mas é importante para praticamente todas as atividades do corpo. Esta pequena, mas poderosa, glândula produz menos do que uma colher de chá de hormônio por ano, mas sem ela e o super-hormônio que produz não poderíamos viver.

A produção de hormônio tireóideo começa na pituitária, localizada no cérebro. Esta produz um hormônio chamado hormônio estimulador da tireóide, ou TSH (em inglês, *thyroid stimulating hormone*). Como seu nome sugere, o TSH estimula a tiróide, fazendo com que produza o hormônio tireóideo de que o organismo necessita. A tireóide segrega três hormônios ativos: *triiodotirina* (conhecido como T3), um hormônio muito potente, *tiroxina* (conhecido como T4), uma versão mais fraca do T3, e *calcitonina*, necessária ao metabolismo do cálcio. Quando mencionamos hormônio tireóideo, na verdade falamos sobre T3 e T4. Quantidades muito baixas ou muito elevadas de hormônio tireóideo podem causar uma devastação no organismo. Embora não seja tão comum quanto o hipotireoidismo, algumas pessoas sofrem de *hiper*tireoidismo — isto é, suas glândulas tireóides bombeiam hormônio em demasia —, o que pode provocar vários problemas graves, inclusive batimentos cardíacos irregulares, hiperatividade e irritabilidade.

O iodo (algumas vezes acrescentado ao sal de cozinha) é essencial para o funcionamento da tireóide, e uma deficiência deste mineral pode resultar em insuficiência de hormônio tireóideo. Nos Estados Unidos, onde o sal é encontrado com facilidade e consumido em abundância, a deficiência de iodo é rara e poucos casos de hipotireoidismo podem ser atribuídos à falta deste mineral, mas as condições são diferentes em outras partes do mundo, onde a deficiência de iodo ainda é um problema. Os peritos estimam que aproximadamente 1/5 da população mundial, algo em torno de um bilhão de pessoas, vive em regiões onde a deficiência de iodo é causa comum de hipotireoidismo.

Antes que compreendêssemos o importante papel do iodo na produção do hormônio tireóideo, os problemas de tireóide nos EUA eram muito mais comuns do que hoje. Um dos sintomas clássicos de problemas na tireóide (falta ou excesso) é um papo, uma saliência no pescoço. É sinal de glândula tireóide aumentada, que necessita de tratamento imediato.

## A Importância do Hormônio Tireóideo

Por que o hormônio tireóideo pode ser considerado um super-hormônio? Em poucas palavras, T3 e T4 são críticos para a produção de energia no corpo e este processo é a chave para a nossa sobrevivência. Nós, humanos, precisamos de um fluxo constante de energia para funcionarmos bem e normalmente. Sem um suprimento adequado de energia não conseguiríamos sequer realizar tarefas simples. Não poderíamos respirar, andar ou digerir alimentos. Nosso coração pararia de bater. Você já sabe, claro, que precisamos de oxigênio para viver. Bem, a razão para isso é que a produção de energia começa com a respiração. O oxigênio do ar que respiramos é essencial ao metabolismo, processo pelo qual nosso organismo transforma alimento em energia. A produção de energia é controlada por estruturas microscópicas no interior das células, chamadas mitocôndrias. Pense nelas como pequenas fornalhas, e na verdade elas são conhecidas como "casa de força" da célula. As mitocôndrias queimam oxigênio para produzir uma substância denominada adenosina trifosfato (abreviadamente ATP), o combustível do corpo. O que põe as mitocôndrias em ação? O hormônio tireóideo. Então, como você pode ver, se não houver hormônio tireóideo em quantidades suficientes para alimentar as mitocôndrias, elas não produzirão ATP, e o organismo não terá combustível para continuar funcionando. Quando isso acontece, as conseqüências podem ser desastrosas. Alguns cientistas acreditam que a diminuição na velocidade das "poderosas mitocôndrias" é a responsável pelo começo da espiral descendente que nós associamos às características mais destrutivas do envelhecimento.

Permita-me explicar-lhe o que quero dizer com isso.

Como já mencionei, a mitocôndria precisa de hormônio tireóideo para queimar oxigênio e produzir ATP, o combustível do corpo. Para ser mais preciso, a mitocôndria necessita de grandes quantidades de T3, a forma mais potente do hormônio tireóideo. À proporção que envelhecemos, entretanto, produzimos menos T3, e esta quantidade pode ser insuficiente para a mitocôndria. Se ela enfraquecer por causa do suprimento inadequado de hormônio tireóideo, não conseguirá queimar as quantidades corretas de oxigênio. O que acontece quando o oxigênio no nosso organismo não é utilizado adequadamente? O oxigênio "que sobra" pode formar radicais livres, moléculas altamente instáveis, repletas de energia. Quando se ligam a outras células, transferem sua energia àquelas células, causando sérios danos. Os radicais livres podem danificar seriamente o DNA, o precioso material genético no interior das nossas células, impedindo que se dividam e se reparem. Isso, por sua vez, pode provocar o colapso dos nossos sistemas orgânicos, resultando no que conhecemos como processo de envelhecimento. Acredita-se que o estrago causado pelos radicais livres seja responsável por muitas doenças, inclusive câncer, cardiopatias, diabetes, doença de Parkinson, catarata e artrite. As células no interior do organismo estão sujeitas ao ataque dos radicais livres a cada segundo de todos os dias, e à proporção que envelhecemos não conseguimos mais nos defender contra estas indisciplinadas moléculas. Se tivermos deficiência de hormônio tireóideo, o dano causado pelos radicais livres pode se acelerar, provocando envelhecimento prematuro.

Para nos protegermos dos estragos provocados pelos radicais livres, muitos de nós tomam suplementos de vitaminas e minerais chamados antioxidantes, que atuam como "comedores" de radicais livres, praticamente devorando-os antes que possam causar danos. Você deve se lembrar, de outros capítulos deste livro, que outros super-hormônios — principalmente o DHEA, o estrogênio e a melatonina — são antioxidantes. De certo modo, a tireóide também funciona como um antioxidante de várias maneiras. As vitaminas C e E e os super-hormônios atuam eliminando os radicais livres do organismo depois que eles já se formaram. O hormônio tireóideo intervém mais cedo no processo. Mantendo as mitocôndrias — nossas fornalhas celulares — em bom funcionamento, a tireóide se assegura que queimemos oxigênio antes que os radicais livres possam ser formados.

Ainda existe outro modo de atuação do hormônio tireóideo como antioxidante. Recentemente, algumas novas descobertas bastante interessantes sobre este hormônio mostraram que ele também pode ser um "devorador" de radicais livres e que, além de controlá-los, também ajuda a estimular o reparo do DNA. Quando o DNA é danificado, as células podem se alterar, e estas mutações podem ser tão perigosas que nos tornamos vulneráveis ao câncer e a outras doenças degenerativas.

O problema é que, à proporção que envelhecemos, nossa tireóide funciona mais lentamente, produzindo menos hormônio, tornando-nos mais suscetíveis a uma doença auto-imune chamada tireoidite linfocítica crônica, ou doença de Hashimoto, em homenagem ao médico que a identificou. Ela ocorre quando o sistema imunológico produz anticorpos que atacam a tireóide, danificando-a e afetando sua capacidade para produzir quantidades adequadas de hormônio. Não sabemos por que nosso próprio sistema imunológico ataca a tireóide, mas sabemos que doenças auto-imunes geralmente são mais comuns entre pessoas com cinqüenta anos ou mais, especialmente mulheres, e que parecem associadas à diminuição nos níveis dos super-hormônios, inclusive DHEA e melatonina, que ajudam a manter o equilíbrio do nosso sistema imunológico. (Para mais informações sobre auto-imunidade e envelhecimento, ver os capítulos sobre DHEA e melatonina.) Se começarmos a tomar DHEA bem cedo na vida, poderemos bloquear o processo e evitar os problemas que levam ao hipotireoidismo. Para quem já apresenta uma deficiência tireóidea, tal quadro pode ser facilmente superado acrescentando-se hormônio tireóideo ao coquetel de super-hormônios.

Qualquer que seja a causa da deficiência, o efeito é o mesmo: você nunca se sentirá ou parecerá bem. Engordará, independente do esforço que faça para seguir dietas, pois a velocidade do seu metabolismo diminuiu a ponto de virtualmente se arrastar. Seu nível de colesterol provavelmente estará elevado, pois o organismo não conseguirá metabolizar os lipídios adequadamente. Estará pouco interessado em sexo. Sofrerá de prisão de ventre por lentidão do trato digestivo. Terá dificuldade para controlar a temperatura do corpo: sentirá muito frio no inverno e calor no verão. Sentir-se-á sempre cansado, não importa quantas horas durma. Seu cabelo ficará mais fino e suas unhas frágeis e quebradiças. Em resumo, você estará faminto por energia, assim como todos os sistemas do seu corpo. Por isso é tão importante que todos façam testes para verificação de deficiência tireóidea. Caso o resultado seja positivo, assegure-se que o hormônio tireóideo seja um dos componentes do seu coquetel de super-hormônios.

## Como Você Pode Saber se Tem Deficiência Tireóidea?

Como já disse, uma vez que este problema muitas vezes se parece com os sintomas geralmente associados à idade avançada, os médicos tendem a não levá-los em consideração, embora os mais espertos, sabendo que isto pode ser um erro terrível, peçam os testes da função tireóidea.

Existem diversas maneiras de diagnosticar a deficiência tireóidea. Geralmente, o clínico pede um exame de sangue, para determinar os níveis de T3, T4 e TSH, o hormônio estimulador de tireóide. Baixos níveis de T3 ou T4 são sinais evidentes de que você não está produzindo bastante hormônio tireóideo. Mas um nível elevado de TSH também é sinal de problema, pois significa que a glândula pituitária está tentando estimular a tireóide a produzir mais hormônio. Um número cada vez maior de clínicos não acredita que estes testes contem toda a história, sendo necessárias investigações posteriores antes do diagnóstico definitivo. Eis por que: o hormônio tireóideo é transportado através da corrente sangüínea e do cérebro em uma substância chamada transtiretrina (também conhecida como prealbumina) e, mesmo que os níveis de todos os outros hormônios estejam normais, um baixo nível de transtiretrina poderia significar que, embora você esteja produzindo grandes quantidades de hormônio tireóideo, este não está sendo adequadamente enviado às células. Por isso, acredito ser importante que os clínicos também verifiquem os níveis de transtiretrina. Quando baixos, mesmo com o hormônio tireóideo normal, pode ser necessária a recuperação dos níveis deste último, também monitorando as proteínas transportadoras de hormônio tireóideo.

E se alguém com estes sintomas clássicos apresentar testes com resultados normais? Creio que muitos médicos tendem a confiar excessivamente "nos números" e, ao fazer o diagnóstico, não levam em consideração os sintomas do paciente. Recomendo veementemente que os clínicos levantem uma cuidadosa história médica e depois baseiem o tratamento segundo vários fatores combinados, inclusive os sintomas. Como o hormônio tireóideo ajuda a manter a temperatura corporal, algumas vezes é aconselhável pedir que o paciente verifique sua temperatura basal logo cedo pela manhã. Para tanto, coloque o termômetro na axila durante dez minutos, imediatamente após acordar e antes de se levantar da cama. Uma temperatura abaixo de 36,3°C significa funcionamento deficiente da tireóide e que você talvez precise adicionar este hormônio ao seu coquetel de super-hormônios.

A reposição do hormônio tireóideo pode ter um efeito verdadeiramente rejuvenescedor. Após algumas semanas, pessoas que antes se sentiam doentias e cansadas sentem-se revigoradas, imbuídas de energia, vitalidade e com a sensação de boa saúde. Não conseguem imaginar como conseguiram viver sem seu coquetel de hormônio tireóideo. Mas, tendo dito isso, quero acrescentar uma palavra de alerta: o hormônio tireóideo é uma coisa forte e, se você o toma, precisa ser acompanhado por um médico. Como disse repetidas vezes, recomendo que você trabalhe com seu clínico e que seja monitorado periodicamente, mas isso é especialmente importante em se tratando de tireóide. Se o hormônio não for tomado como deve, podem ocorrer agitações e palpitações cardíacas, então a dose precisa ser cuidadosamente controlada.

## Mente e Humor

Quando, no início deste capítulo, descrevi o estereótipo da pessoa com saúde abalada, descrevi alguém com pensamento nublado e lento, incapaz de manter-se em boas condições físicas e mentais. O fato é que precisamos de consideráveis quantidades de energia para que nossos cérebros funcionem adequadamente e, por isso, a tireóide — o super-hormônio da energia — afeta profundamente nossa capacidade de pensar bem e com clareza. Uma criança que nasce com deficiência tireóidea tende ao cretinismo, forma grave de retardamento mental, porque seu cérebro não consegue se desenvolver normalmente. Em pessoas mais velhas, tal fato pode provocar confusão e perda de acuidade mental. Estes sintomas, com muita freqüência, são considerados parte do processo de envelhecimento. Como resultado, não são observados — ou, se o são, não são tratados — pelos clínicos e membros da família. Em vez de considerarem normal uma deterioração na função mental ("Bem, ela está envelhecendo e o sangue já não irriga o cérebro como antes"), deveríamos verificar alguma alteração nos níveis de hormônio tireóideo e outros super-hormônios.

Sentir-se forte e com energia também é essencial ao humor. Um dos sinais de depressão é a falta de energia, mas, como no caso do provérbio da galinha e do ovo, é difícil dizer quem foi gerado primeiro. Se você tem pouca energia, sente-se cansado e com dificuldade para realizar as tarefas diárias, com certeza se sentirá deprimido e, neste caso, terá a sensação de que sua energia se esgotou. Também sabemos que a depressão é outro problema muitas vezes não detectado entre pessoas idosas e, na verdade, as pessoas mais velhas freqüentemente "se tratam" voltando-se para o álcool ou para os tranqüilizantes.

Acredito que grande parte da assim chamada depressão deve-se a uma deficiência tireóidea que poderia ser tratada e curada com um coquetel de super-hormônios — e não com um coquetel do outro tipo, porque o álcool (e as drogas), além de não resolver o problema, ainda o agravará.

## Função Imunológica

O funcionamento deficiente da tireóide também significa que você ficará mais vulnerável às doenças. À proporção que envelhecemos, nosso sistema imunológico funciona mais devagar, enfraquece e torna-se menos eficiente. Por isso, as pessoas mais velhas estão mais sujeitas a todos os tipos de doenças, e uma criança se livrará de uma fungada que nos avós poderá se transformar em um resfriado grave ou até mesmo em uma pneumonia. O hormônio tireóideo tem um papel importante na função imunológica por estimular a formação de linfócitos, células que atacam vírus, bactérias, fungos e outras substâncias estranhas que o organismo não reconhece como seus. Muitos cientistas, inclusive eu, chegaram à conclusão que o declínio associado ao envelhecimento na produção de hormônio tireóideo é um dos responsáveis pelo enfraquecimento da função imunológica típica da idade avançada.

Nos estudos que realizei com animais, demonstrei que o hormônio tireóideo e uma cópia sintética deste hormônio estimulavam a capacidade do fígado de produzir fagócitos, um tipo de glóbulo branco que atua como um "segurança" ou "guarda-costas" da resistência imunológica. Os fagócitos perseguem invasores desordeiros, como vírus ou bactérias, os absorvem ou seguram, e depois os expulsam antes que consigam penetrar nas células e tecidos, onde poderiam causar grandes danos. Sem estes incansáveis fagócitos, bactérias e vírus se espalhariam furiosamente, e nós adoeceríamos e morreríamos.

A primeira vez em que me interessei pelo efeito do hormônio tireóideo na função imunológica foi há trinta anos, quando li um artigo escrito por Max Lurie, clínico e pesquisador médico da Universidade da Pensilvânia. O artigo descrevia algumas experiências notáveis envolvendo coelhos e uma forma de tuberculose altamente contagiosa e particularmente virulenta que se propaga pelo ar, introduzindo-se no organismo através da boca e dos pulmões. O Dr. Lurie observou que, quando ele infectava duas espécies diferentes de coelhos com esta bactéria de tuberculose, um dos grupos, como esperado, desenvolvia TB (tuberculose), enquanto o outro continuou livre da doença. Por que um dos grupos conseguiu resistir à mesma infecção que matava o outro? A resposta deveria estar no funcionamento da tireóide. A espécie que sucumbiu à infecção sofria de hipotireoidismo, ou seja, apresentava baixo funcionamento da tireóide. O grupo que sobreviveu tinha hipertireoidismo, isto é, um funcionamento da tireóide maior do que o normal. A tuberculose é uma infecção particularmente traiçoeira, pois interfere na habilidade dos fagócitos para desarmar as bactérias invasoras. Com os fagócitos incapacitados, as bactérias da tuberculose se disseminaram violentamente. O Dr. Lurie mostrou que o hormônio tireóideo parecia ter um efeito protetor contra a TB e conseguia deter a infecção, ao reforçar a habilidade dos fagócitos para resistirem àquela bactéria.

Por que trago à baila hoje este estudo de trinta anos atrás? Por duas razões:

Em primeiro lugar, acredito que já é tempo de se investigar o hormônio tireóideo como meio de "reforçar" sistemas imunológicos que já não são mais tão fortes e vigorosos quanto deveriam. É obvio que penso nos pacientes aidéticos, mas também penso na população em rápido desenvolvimento de pessoas que agora estão com oitenta e cinco anos ou mais e que, lamentavelmente, não usufruíram da promessa dos super-hormônios, cujos sistemas imunológicos já estão gastos pelo uso, deixando-as mais vulneráveis a todos os tipos de doenças.

Em segundo lugar, os Estados Unidos, hoje, estão às voltas com uma forma de tuberculose resistente aos antibióticos, que infecta tanto os pacientes quanto a equipe. Os aidéticos, com seu sistema imunológico comprometido, são particularmente vulneráveis a este tipo de TB. Como os antibióticos não são mais eficientes contra esta forma de doença, deveríamos tentar usar hormônio tireóideo para "reforçar" o sistema imunológico destes pacientes.

## Sintético ou Natural?

Há um contínuo debate na comunidade médica sobre o uso dos assim chamados hormônios naturais *versus* sintéticos, e a discussão a respeito do hormônio tireóideo recentemente se tornou mais acalorada. Na maioria dos casos, os clínicos receitam, rotineiramente, a forma sintética deste super-hormônio, vendido com o nome de Synthroid, contendo apenas T4, um dos tipos de hormônio tireóideo. A segunda opção mais vendida é uma versão sintética de T3, comercializada como Cytomel. Um número pequeno, mas crescente, de médicos, no entanto, está prescrevendo a tireóide dessecada, um produto animal que foi usado muito antes de existirem as versões sintéticas. A tireóide dessecada é uma combinação de T3 e T4, mais de acordo com o modo como a glândula tireóide produz o hormônio. Pessoalmente, creio que os pacientes deveriam usar a tireóide dessecada. Estou convencido de que será mais eficiente, restaurando os níveis hormonais de maneira mais natural, e creio que muitos pacientes se sentirão melhor com ela. Se, contudo, você já toma hormônio tireóideo sintético e está funcionando, não vejo motivos para mudar.

O hormônio tireóideo é um super-hormônio que só terá de ser acrescentado ao coquetel de quem apresenta deficiência do mesmo. É uma arma importante em nosso arsenal de agentes contra o envelhecimento. A complementação do hormônio tireóideo pode fazer uma enorme diferença no bem-estar físico e mental. Pode, literalmente, trazê-lo de volta à vida, impregnando-o com a energia de que precisa para viver uma vida plena e ativa.

É animador observar um artigo no *The Journal of the American Medical Association* (24 de julho de 1996), escrito pelos pesquisadores da Johns Hopkins University, no qual aconselham os médicos a incluir testes de verificação de baixa atividade da glândula tireóide como parte dos testes físicos em pacientes com idades acima dos trinta e cinco anos. O artigo assinala que baixos níveis de hormônio tireóideo podem fazer com que elevados níveis de colesterol, problemas de peso e depressão muitas vezes não sejam diagnosticados.

CAPÍTULO 8

# Hormônio de Crescimento Humano

## O Hormônio da Recuperação

Desenvolve músculos
Melhora a função imunológica
Fortalece o coração
Ajuda a controlar os danos provocados pelo estresse
Auxilia a função renal

DOS OITO SUPER-HORMÔNIOS, o de crescimento é o mais controvertido e, na minha opinião, o menos compreendido.

Seus defensores dizem que é uma panacéia para virtualmente todas as nossas doenças e uma verdadeira fonte da juventude. Alegam que seus efeitos sobre a saúde e o bem-estar são tão notáveis, e suas propriedades de reversão do envelhecimento tão excelentes, que bem vale o dispêndio de nove a doze mil dólares por ano para usá-lo.

Seus detratores declaram que exageram suas qualidades e que é absurdamente caro. Mostram estudos comprovando que o hormônio de crescimento não promove o desenvolvimento muscular tão bem quanto o bom e antiquado regime de exercícios e assinalam que, em muitos casos, os efeitos colaterais são suficientemente problemáticos para anular quaisquer benefícios.

Como na maioria dos casos, a verdade está no meio do caminho.

Nunca usei o hormônio de crescimento na minha prática médica nem o tomo, porque acredito ser possível obter seus mesmos efeitos benéficos usando os outros super-hormônios, principalmente DHEA, melatonina, estrogênio e testosterona, todos baratos, fáceis de obter e sem efeitos colaterais desagradáveis. Entretanto, estudei-o extensivamente no decorrer dos anos e acredito que haja um lugar para ele no panteão dos super-hormônios, agentes da reversão do envelhecimento. O hormônio de crescimento pode realizar certas coisas específicas que outros super-hormônios não podem. Tem um papel muito especial a desempenhar, e seus benefícios serão mais sentidos por aqueles que têm maior necessidade dele e que estão sofrendo de problemas mais graves. Para estas pessoas, creio que o risco de efeitos colaterais é mínimo, comparado ao que podem vir a ganhar.

Como já disse repetidas vezes, fraqueza, fragilidade e doença não são fases inevitáveis do processo de envelhecimento, e pela restauração dos super-hormônios aos níveis da juventude, teremos condições de prevenir as doenças do envelhecimento. Para a maioria das pessoas, os super-hormônios clássicos devem ser suficientes para a manutenção do estado saudável, mas, em certas circunstâncias especiais, pode ser necessário um reforço adicional para recuperar um órgão deficiente ou evitar uma doença grave. É quando penso que o poder do hormônio de crescimento será usado do melhor modo e com mais eficiência. Ele consegue reativar um coração moribundo, impedir problemas renais e reverter a osteoporose grave. É um medicamento forte e, na minha opinião, não é para uso indiscriminado.

O emprego do hormônio de crescimento na sua forma atual será limitado tanto pelo preço quanto por seus efeitos colaterais em potencial, mas, como explicarei, isso não significa que nunca nos beneficiaremos com ele. Já estão sendo desenvolvidas novas substâncias, chamadas Agentes de Liberação do Hormônio de Crescimento, que estimulam o organismo para que ele mesmo produza o hormônio de crescimento, oferecendo as mesmas vantagens sem o custo ou efeitos colaterais.

## Esforços Adicionais para o Crescimento

O hormônio de crescimento é produzido na glândula pituitária, localizada sob o cérebro e considerada a glândula mestra do organismo. Este hormônio, como o próprio nome indica, estimula o crescimento dos jovens, e uma criança com deficiência de hormônio de crescimento não atingirá sua altura normal e talvez também não desenvolva totalmente outros aspectos importantes. Ele desencadeia o início da maturidade sexual nos adolescentes, aumenta o tamanho dos músculos e estimula o crescimento dos ossos. É liberado no decorrer do dia, lenta, mas constantemente, pela pituitária, com o máximo de produção ocorrendo durante as horas de sono. Como pai de seis filhos, observei que quando os adolescentes passam pela fase do "esticão", muitas vezes precisam dormir muito mais. Tirá-los da cama pela manhã pode ser uma tarefa difícil, e tendem a dormir depois que chegam da escola. Isto não se deve à preguiça, mas ao fato dos suprimentos de hormônio de crescimento em seus corpos em desenvolvimento precisarem ser reabastecidos. O exercício vigoroso também estimula a sua produção, e alguns pesquisadores acreditam que os benefícios oriundos desta atividade devem-se a um "pico", induzido pelo exercício, nos níveis deste hormônio. Sabemos que a restauração do estrogênio nas mulheres e da testosterona nos homens, aos níveis da juventude, melhora a produção do hormônio de crescimento. Esta é uma das razões pelas quais penso que a maioria das pessoas que já toma estes super-hormônios talvez não precise de suplementos de hormônio de crescimento.

Como no caso dos outros super-hormônios, os níveis do hormônio de crescimento também declinam à proporção que envelhecemos, à razão de aproximadamente 14% por década de vida adulta. A glândula pituitária continua a bombear hormônio de crescimento durante o dia, mas o pico não é mais o mesmo. Aos sessenta anos, a maioria das pessoas produz muito pouco deste hormônio, e o estresse e a doença também podem interferir na sua produção normal.

Muito ainda se ignora sobre o hormônio de crescimento. Por exemplo, os cientistas até agora não entenderam completamente como ele atua. Sabemos que o hormônio de crescimento desencadeia a produção de outro hormônio no fígado, chamado "fator de crescimento semelhante ao da insulina" (em inglês, "*insulinlike growth factor*"), ou "IGF-1". É bem provável que os efeitos do hormônio de crescimento se devam à ação do IGF-1. Como vocês devem se lembrar do capítulo 1, o super-hormônio DHEA também aumenta a produção de IGF-1, então o efeito de reforço do DHEA sobre o sistema imunológico pode estar relacionado à sua habilidade para promover a produção de

IGF-1. Isto também mostra como os super-hormônios trabalham em sinergia.

Uma coisa que sabemos com certeza é que uma criança com deficiência de hormônio de crescimento não crescerá. Desde a década de 1960, crianças com baixos níveis têm tomado este hormônio, para ajudá-las a atingir a altura normal. Durante mais de vinte anos o único hormônio de crescimento disponível era o extraído da glândula pituitária de cadáveres, mas esta prática foi abandonada em 1985, quando alguns jovens adultos que haviam sido tratados naquela época começaram a apresentar a doença de Creutzfeldt-Jacob (também conhecida como a doença da Vaca Louca), uma doença neurológica fatal provocada por um "vírus". O hormônio de crescimento usado atualmente não apresenta este perigo por ser sintético, razão pela qual é tão caro. Diferentes dos outros super-hormônios, por razões muito complexas referentes ao tamanho de moléculas, o hormônio de crescimento é muito mais difícil de sintetizar. Recentes inovações na engenharia genética levaram ao desenvolvimento de uma nova tecnologia, que torna possível a obtenção do hormônio de crescimento em um tubo de ensaio, a partir de culturas de células usando uma recombinação de DNA. O resultado é que este hormônio está novamente disponível, mas por esta nova tecnologia ser tão dispendiosa seu custo é muito elevado.

## Não É só para Crianças

Até recentemente considerava-se o hormônio de crescimento essencial ao desenvolvimento infantil, mas sem função no organismo adulto. Por isso, a FDA só aprovou seu uso para crianças com deficiência deste hormônio ou que sofriam de insuficiência renal, o que pode causar raquitismo ou atrofias no desenvolvimento. Agora já sabemos que este hormônio é um fator importante para a conservação da saúde do adulto. Atualmente, a deficiência de hormônio de crescimento é reconhecida como uma síndrome clínica em adultos que sofrem de mal funcionamento da pituitária. Esta condição é chamada de síndrome pan-hipopituitária, e grande parte do que sabemos sobre o efeito deste hormônio em adultos é pelo estudo de pessoas que apresentam esta doença. Aprendemos que os adultos que sofrem de deficiência de hormônio de crescimento apresentarão sintomas muito específicos, que incluem diminuição da força muscular, debilidade do sistema imunológico, perda óssea, níveis elevados de colesterol, decréscimo da função sexual, depressão, perturbações no sono, pele fina e excesso de gordura corporal. Se estes sintomas parecem misteriosamente similares às chamadas alterações "normais" que nos habituamos a considerar como "envelhecimento normal", é porque são mesmo. É interessante que quando os adultos tomam suplementos de hormônio de crescimento, seus sintomas podem desaparecer. Ficam mais fortes, emagrecem, aumenta a resistência do sistema imunológico, dormem melhor, a pele torna-se mais espessa e sua disposição, ou humor, melhora. De certo modo, eles "rejuvenescem".

O potencial do hormônio de crescimento como agente reversor do envelhecimento abalou os corações e as mentes da comunidade científica em 1990, depois de um artigo que apareceu no *New England Journal of Medicine*, sobre um estudo chefiado pelo falecido Daniel Rudman, M.D., do Medical College of Wisconsin. O Dr. Rudman e seu grupo de pesquisa planejaram um experimento para testar se o declínio no hormônio de crescimento e no IGF-1 seriam responsáveis pelo aumento da gordura corporal e diminuição na massa corporal ou muscular que ocorrem à proporção que envelhecemos. Em seu estudo, selecionaram vinte e um homens com idades entre sessenta e um e oitenta e um anos, com baixos níveis sangüíneos de IGF-1. Administraram injeções de hormônio de crescimento em doze homens, três vezes por semana, durante seis meses. Os demais homens não receberam tratamento e serviram como grupo de controle. Ao final dos seis meses, o Dr. Rudman observou alguns resultados muito interessantes: aumento de 8,8% em massa corporal, 7% em espessura de pele, 1,6% em densidade óssea na coluna lombar e cerca de 15% de diminuição de gordura. Baseado neste estudo, o Dr. Rudman concluiu que o declínio em hormônio de crescimento foi, sem dúvida, parcialmente responsável pela perda muscular, aumento de gordura e adelgaçamento da pele que ocorrem na idade avançada. Segundo suas próprias palavras, os homens que receberam hormônio de crescimento no decorrer de seis meses sofreram uma reversão "equivalente às alterações que ocorreram durante dez a vinte anos de envelhecimento".

Graças ao estudo do Dr. Rudman muitos cientistas e médicos bons e sérios fora do campo do antienvelhecimento começaram a considerar o envelhecimento de maneira diferente, não como algo tão inevitável, mas como uma "condição" passível de ser tratada — e até mesmo revertida. Isto despertou um novo interesse pelo envelhecimento e, por esta razão, o estudo do Dr. Rudman sobre o hormônio de crescimento sempre merecerá um lugar muito especial na história.

Este estudo também criou um mito sobre o hormônio de crescimento. A mídia chamou-o de "fonte da juventude", e as pessoas logo estavam brigando para consegui-lo. Alguns clínicos americanos e europeus começaram a torná-lo disponível, pelo menos aos pacientes com recursos para isso. Por causa das descobertas do Dr. Rudman, os National Institutes on Aging (Institutos Nacionais de Pesquisas Sobre o Envelhecimento) patrocinaram vários estudos clínicos para determinar se o hormônio de crescimento pode fazer com que os idosos continuem fortes e vigorosos e se a terapia de reposição pode ajudar a evitar a perda da força muscular e a osteoporose. Enquanto escrevia este livro, os estudos ainda estavam em curso e os resultados inconclusos. Alguns foram negativos, principalmente devido ao grande número de pacientes que apresentou efeitos colaterais. Na verdade, em um relatório que recentemente apareceu nos *Annals of Internal Medicine*, os pesquisadores disseram que ficaram tão desanimados com o mal-estar sentido por pessoas idosas que tomam o hormônio de crescimento, caracterizado por articulações doloridas e pernas e tornozelos inchados, que, segundo eles, este hormônio não deveria ser usado pela população em geral. Além disso, embora este estudo não tenha mostrado que o hormônio reduziu a gordura e aumentou a massa corporal (muscular), curiosamente também não relatou que quem o tomava estava mais forte do que antes do tratamento, nem os pesquisadores puderam confirmar que o hormônio de crescimento tinha algum efeito especial sobre a função mental ou humor.

Outros estudos investigaram se o hormônio poderia aumentar os efeitos do exercício em idosos. Como já foi dito, é cada vez mais importante que conservemos a massa muscular à proporção que envelhecemos. (Esta é uma das razões por que aconselho as pessoas a começarem seu programa de super-hormônios bem antes do início da "descida da ladeira". Diversos super-hormônios, principalmente a testosterona, o DHEA e o estrogênio, ajudam a preservar a musculatura.) A perda muscular pode ser um problema até mesmo para pessoas idosas que se exercitam regularmente, porque as células da medula óssea, responsáveis pela reposição do tecido muscular, perdem a força e não conseguem acompanhar tais níveis de exercícios. É por isso que a carreira da maioria dos atletas profissionais acaba quando chegam mais ou menos aos quarenta anos de idade; os corredores de maratona tendem a ser vencidos por adversários de vinte e os jogadores de golfe mais velhos reclamam que precisam usar o taco com muito mais força. Vários estudos investigaram se o hormônio de crescimento poderia fazer alguma diferença, em termos de ajudar as pessoas idosas que se exercitam a conservar massa muscular. Até agora a resposta é não. Ainda não há provas de que este hormônio pode aumentar o efeito do exercício vigoroso. Apesar disso, ouvi que os fisiculturistas o usam — ou melhor, abusam —, porque acham que ele pode ajudá-los a desenvolver seus músculos. Eles deveriam poupar seu dinheiro. Se você consegue desenvolver músculos, não precisa de hormônio de crescimento. Se não acredita em mim, leia os estudos.

Observei que o hormônio de crescimento não consegue aumentar o efeito do exercício e, no meu modo de pensar, não vejo por que alguém suficientemente forte para freqüentar uma academia de ginástica necessitaria de hormônios. E as pessoas doentes ou muito fracas para se exercitar? Os estudos mostram que o hormônio pode aumentar a massa muscular nas pessoas adoentadas, frágeis e que sofrem da chamada "síndrome do esgotamento". Isto confirma o que eu disse antes: os efeitos do hormônio de crescimento serão sentidos com mais intensidade pelas pessoas que realmente necessitam dele.

Apesar dos resultados negativos, algumas pessoas com condições para arcar com os altos custos já o tomam junto com seus coquetéis de super-hormônios. Os médicos que o receitam dizem que ele é um "verdadeiro rejuvenescedor". Segundo o Dr. Edward Chein, do Palm Springs Life Extension Institute, na Califórnia, os resultados foram simplesmente espantosos.

— É o único hormônio que consegue reverter todos os parâmetros do envelhecimento. O DHEA e a melatonina podem diminuir a velocidade deste processo, mas pelo que pude observar em meus pacientes, só o hormônio de crescimento pode reverter de fato o envelhecimento biológico — diz o Dr. Chein, que já o receitou a mais de mil pacientes, inclusive muitos médicos, citando uma longa lista de benefícios que o hormônio proporcionou aos seus pacientes. — Melhora na capacidade pulmonar, função cardíaca, função renal e sistema imunológico; a produção de anticorpos aumenta, recupera-se a atividade celular de matador natural, ocorre diminuição da gordura corporal, aumento da massa muscular e densidade óssea, crescimento mais rápido das unhas das mãos e pés, pele mais flexível, elástica e com maior capacidade de recuperação.

O Dr. Chein acredita que o hormônio de crescimento pode inverter o sentido de rotação do relógio, revitalizando todos os sistemas orgânicos importantes, com o que concorda Sam Baxas, M.D. Este médico, americano de nascença e treinado na Suíça, é o fundador do Swiss Rejuvenation Centre, uma importante clínica antienvelhecimento em Basel, Suíça. (O Centro talvez abra uma filial nos Estados Unidos em breve.) O Dr. Baxas também inclui o hormônio de crescimento no coquetel de hormônios que receita aos seus pacientes.

— Podemos fazer com que as pessoas rejuvenesçam pelo menos vinte anos — diz ele, acrescentando que este hormônio possui algumas propriedades inigualáveis que não podem ser duplicadas pelos outros super-hormônios. — À proporção que envelhecemos, nossos órgãos se atrofiam. O coração, o fígado, tudo diminui de tamanho. O hormônio de crescimento traz você de volta à juventude, pois os órgãos recuperam seus tamanhos normais, isto é, aquele que tinham aos vinte e cinco ou trinta anos de idade. O fígado volta ao seu tamanho normal, os rins aumentam, todos os órgãos do corpo voltam aos seus tamanhos normais. Nada mais consegue fazer isso.

Seus pacientes sinceramente concordam. Dizem que nunca se sentiram ou pareceram melhor. Por exemplo, um homem que já toma hormônio de crescimento há dois anos diz que emagreceu dezesseis quilos, seu colesterol baixou em mais de cinqüenta pontos e tem menos rugas. Sente-se mais feliz, saudável e forte. É certo que aquele hormônio pode melhorar a função imunológica e o funcionamento e tamanho de órgãos e sistemas orgânicos. Também ajuda a reduzir a gordura, a abaixar o colesterol e desenvolver a musculatura. Entretanto, apesar de alguns benefícios óbvios e das declarações delirantes de alguns pacientes e médicos, seu emprego como tratamento para a reversão do envelhecimento continua polêmico por vários motivos. Inúmeros estudos comprovaram que o hormônio de crescimento pode causar graves efeitos colaterais, como síndrome do túnel do carpo, diabetes e retenção de fluidos. Os estudos clínicos apresentam uma taxa de abandono bastante elevada, porque os participantes não conseguem suportar estes efeitos colaterais. Isto levou vários pesquisadores a concluírem que o hormônio de crescimento tem uma aplicação limitada como agente terapêutico. Outros ainda dizem que ele não tem utilidade no tratamento de adultos.

Por outro lado, os médicos que o prescrevem respondem a tais desafios dizendo que quando a dose é adequadamente dimensionada e o caso é devidamente controlado, os efeitos são quase miraculosos. Muitos dos usuários de hormônio de crescimento com quem falei concordam.

Francamente, não vejo por que uma pessoa saudável de quarenta, cinqüenta ou mesmo noventa anos gastaria dinheiro com este hormônio, arriscando-se aos seus efeitos colaterais, se consegue um resultado comparável com outros super-hormônios, e tenho certeza de que a maioria conseguirá.

Sabemos que para os homens a testosterona pode aumentar a força muscular, reduzir a gordura, aumentar a energia, reduzir o colesterol e evitar a perda óssea. Sabemos que para as mulheres o estrogênio e a progesterona podem proteger contra doenças cardíacas e a osteoporose, melhorar a função mental e fazer com que se sintam melhor no todo. Sabemos que para ambos, homens e mulheres, o DHEA apresenta muitos destes benefícios. A melatonina, é claro, tem seu próprio efeito rejuvenescedor sobre muitos sistemas orgânicos e aumenta o poder dos outros super-hormônios.

Então, para quem e para que o hormônio de crescimento é bom? A resposta é que, apesar de suas desvantagens, ele pode ser bom em circunstâncias especiais. O hormônio de crescimento pode desempenhar um papel importante na medicina de reversão do envelhecimento, mas é preciso compreender em que circunstâncias especiais seu emprego seria apropriado.

## Usos Importantes para um Hormônio Importante

Quando o hormônio de crescimento deveria ser acrescentado ao nosso coquetel de super-hormônios? Na minha opinião, quem mais se beneficiará serão os mais adoentados. Se começarmos um programa de super-hormônios quando estamos razoavelmente saudáveis, usando os outros super-hormônios apropriadamente, poderemos conservar nossa saúde por muitos anos, e nenhum de nós jamais precisará de hormônio de crescimento.

Mas, dito isto, também é necessário assinalar que, no que diz respeito à nossa saúde, não fomos criados da mesma maneira. Algumas pessoas nasceram com uma fragilidade subjacente que as torna sujeitas a certas doenças, como problemas renais, colapso cardíaco ou algum outro mal que as confinará ao leito durante longo período de tempo. Acredito que em casos que envolvem "circunstâncias especiais" como essas, o hormônio de crescimento pode ser o super-hormônio que ajudará a inverter as probabilidades, auxiliando na recuperação da resistência natural perdida por causa da doença.

### POUPANDO OS MÚSCULOS

Muitas vezes eu disse que as pessoas que não consideram o envelhecimento como uma doença deveriam olhar para quem está gravemente doente e confinado ao leito. Com freqüência fico chocado ao observar que os pacientes de cama literalmente envelhecem durante a noite. O cabelo torna-se grisalho, a face ganha rugas e eles parecem envelhecer anos. É como se o relógio tivesse sido rapidamente adiantado, e cada semana de doença inflige dez anos de estragos. Jovens gravemente doentes também parecem velhos e esgotados. Quando os mais idosos fraturam um quadril ou sofrem alguma doença que os mantém imobilizados durante muito tempo, experimentam um declínio rápido. Estudos mostraram que mesmo poucos dias de cama podem resultar em uma significativa perda de resistência muscular em pessoas de todas as idades, e que várias semanas ou meses de inatividade podem ser especialmente devastadores para um organismo mais velho, que simplesmente não consegue mais se recuperar tão bem. Dentro de pouco tempo, os músculos começam a se atrofiar, os ossos ficam frágeis e vulneráveis a fraturas e há uma perda considerável de massa corporal. Pouco tempo depois, o corpo se torna frágil e debilitado.

Para compreender como o hormônio de crescimento pode ajudar a inverter o sentido do relógio para estas pessoas, você precisa saber um pouco mais sobre o que acontece no interior do seu corpo.

Quando estamos doentes ou sujeitos a tensões, nosso organismo responde produzindo níveis elevados de corticosteróides, ou hormônios do estresse. Como visto em capítulos anteriores, estes hormônios fazem parte da atitude "lute ou fuja", que prepara nossos corpos para ações defensivas ou evasivas. Os hormônios do estresse aumentam os níveis de açúcar no sangue e a freqüência dos batimentos cardíacos, preparando-nos para um repentino aumento de atividade física. Eles também podem atenuar o funcionamento de outros sistemas (como o sistema imunológico), de modo que o organismo direcione sua energia para expulsar o perigo. A resposta "lute ou fuja" foi projetada para ajudar nossos ancestrais a sobreviverem em um mundo imprevisível, onde muitas vezes ficavam à mercê de predadores, e este mecanismo funciona muito bem para estas condições extremas. O problema é que nosso corpo não faz distinção entre o ataque de um tigre, do chefe no escritório ou de uma doença. Qualquer espécie de "estressor", inclusive doenças crônicas, ativam a resposta. Nesta situação, não "usamos todos os hormônios do estresse" assumindo uma ação física. Como resultado, eles continuam no organismo. Esta exposição pode, com o tempo, provocar graves danos aos tecidos e órgãos.

Para a conservação da resistência muscular, precisamos, como se diz, "usá-la ou perdê-la". Quando estamos doentes e incapazes de fazer exercícios, sofremos um golpe duplo. "Não só perdemos" músculos por causa da inatividade, mas também os hormônios do estresse, produzidos devido à doença, provocam sérios danos aos músculos. Eis como: para manter a musculatura, você precisa ser capaz de repor as células musculares mais rapidamente do que as perde, isto é, precisa ser *anabólico*.

Anabólico significa capacidade de formar músculos. Talvez você tenha ouvido a palavra *anabólico* associada ao termo esteróides anabólicos, hormônios que podem aumentar o volume muscular, dos quais os fisiculturistas às vezes abusam. (Esteróides anabólicos são poderosos formadores de músculos, mas, se tomados em excesso, também podem causar graves problemas de saúde, como diabetes, câncer e outros efeitos colaterais graves. Por isso, só recomendamos a dosagem de reposição necessária à recuperação dos nossos picos naturais.) À proporção que envelhecemos, ou quando estamos doentes, tornamo-nos o oposto dos anabólicos, ou seja, *catabólicos*, isto é, perdemos músculos. Isto acontece por diversas razões. Uma é a nutrição, que tem um papel muito importante na conservação muscular. Precisamos estar bem nutridos para continuarmos anabólicos, e muitas pessoas idosas não se alimentam o suficiente, nem de forma adequada. Mas não é só o que comemos que nos ajuda a criar músculos. Muito depende de como nosso organismo mantém o equilíbrio protéico. Quando estamos doentes, estressados ou somos muito idosos, não assimilamos adequadamente os aminoácidos da comida. Como resultado, perdemos nitrogênio, uma substância essencial à produção de proteínas ou massa corporal. Estudos mostraram que os hormônios do estresse podem acelerar a perda de nitrogênio e, com isso, promover a perda muscular. Em pessoas com doenças crônicas há um enorme desgaste de músculos, fazendo com que lhes seja difícil subir escadas, andar ou levantar de uma cadeira. Sem músculos fortes para sustentar seus ossos, estão mais propensas a cair e fraturar um quadril ou sofrer algum traumatismo na coluna, e as complicações por ferimentos ortopédicos são, na verdade, a principal causa de morte destas pessoas. Tais complicações também constituem a maior razão de pessoas idosas terminarem seus dias hospitalizadas ou em clínicas geriátricas.

O que pode deter o desgaste muscular? Existem algumas drogas que conseguem reverter a perda muscular dos doentes crônicos, e creio que o hormônio de crescimento é uma das melhores. Sabemos que ele pode ajudar a aumentar a musculatura de pessoas saudáveis que não se exercitam, que, de outro modo, perderiam massa muscular. Diversos estudos clínicos excelentes mostraram que o hormônio de crescimento evita a perda de nitrogênio em pessoas doentes e desnutridas, o que também pode ajudar a conservar os músculos. Faz sentido usar o hormônio de crescimento como tratamento de pessoas que estão perdendo músculos com rapidez e que precisam de um reforço rápido e eficaz. Este hormônio, com certeza, é caro, mas se num curto período de tempo ele puder evitar danos posteriores e fazer com que o paciente saia mais rápido do hospital ou clínica geriátrica, o tratamento pode até mesmo poupar gastos. Muitos pesquisadores nos Estados Unidos acreditam ser exatamente este o papel que o hormônio de crescimento finalmente desempenhará.

— Neste momento, o objetivo da nossa pesquisa é ajudar o frágil e idoso — diz o Dr. David B. McLean, que está realizando alguns estudos clínicos sobre o hormônio de crescimento para os Institutos Nacionais de Pesquisa Sobre o Envelhecimento (National Institutes on Aging). — Teoricamente, se o hormônio de crescimento puder ajudar os frágeis idosos e diminuir a população das clínicas, isso é algo realmente valioso, que justifica seu custo.

O objetivo de prolongar a vida é poder usufruí-la. Devemos ter condições de brincar com nossos netos, sair para jantar fora, ir ao cinema e gostar de fazer amor. Prolongar a vida para que a passemos dentro de uma clínica não faz, no meu modo de pensar, bastante sentido. A promessa dos super-hormônios não significa somente viver mais tempo. É viver mais forte e melhor. Administrado às pessoas certas e na época adequada, o hormônio de crescimento pode ser parte importante no processo do super-hormônio.

## Poupando seus Rins

Os rins removem resíduos nitrogenados e outros produtos do sangue e também ajudam o organismo a manter o equilíbrio entre sal e água. Se os rins não funcionam direito — isto é, se falham —, não podemos sobreviver sem o auxílio de uma máquina de diálise, um equipamento mecânico que substitui os rins. Com a idade, eles não funcionam com a mesma eficiência, e temos mais propensão a insuficiências renais. Estudos mostraram que o hormônio de crescimento consegue diminuir a quantidade de resíduos nitrogenados que passam através dos rins, reduzindo, assim, seu esforço. Além disso, diante de um funcionamento renal deficiente, o hormônio de crescimento pode evitar a necessidade de diálise ou reduzir a freqüência dos tratamentos. A diálise não só é uma provação para o paciente — que precisa ser ligado à máquina pelo menos três vezes por semana durante várias horas — mas também é um tratamento muito dispendioso. Se o hormônio de crescimento puder diminuir a necessidade de diálise, será um verdadeiro benefício. O Dr. Bengt-Ake Bengtsson, do Research Center for Endocrinology and Metabolism (Centro de Pesquisa de Endocrinologia e Metabolismo), do Sahlgrenska University Hospital, na Suécia, está investigando o emprego do hormônio de crescimento em um pequeno grupo de pacientes que sofrem de problemas renais. Segundo o Dr. Bengtsson, os resultados obtidos foram excelentes. Ainda são necessários mais estudos para determinar se aquele hormônio pode ser usado rotineiramente com estes pacientes, mas se ele puder adiar a necessidade de diálise, esta certamente seria outra circunstância na qual valeria à pena a despesa.

## Poupando seu Coração

O hormônio de crescimento tem certas propriedades que o tornam diferente dos outros super-hormônios, e como resultado, existem situações específicas nas quais ele é inestimável. Por exemplo, penso que ele pode ser um tratamento eficiente nas cardiopatias e ainda evitar o declínio da função cardíaca resultante de décadas de "use e jogue fora". Tendemos a esquecer que o coração é basicamente um músculo. Quanto mais velhos ficamos, mais ele precisa trabalhar. Por causa deste "excesso de trabalho", o músculo cardíaco começa a ficar mais espesso e sua capacidade para bombear ou empurrar o sangue diminui. Para o coração, torna-se cada vez mais difícil bombear o sangue através do corpo, e se ele ficar demasiadamente cansado, isso pode resultar em um ataque ou colapso cardíaco.

Estas mesmas alterações podem ocorrer com pessoas mais jovens que apresentam uma grave condição cardíaca chamada cardiomiopatia, caracterizada pela destruição do músculo cardíaco, que pode resultar na incapacidade de o coração bombear o sangue adequadamente. A cardiomiopatia normalmente é tratada com medicamentos como as digitalinas, que aumentam a ação bombeadora do coração. Nos casos graves — isto é, quando uma grande porção do músculo cardíaco foi destruída — a única esperança para a sobrevivência é um transplante cardíaco. Os pesquisadores médicos há algum tempo já sabem que pessoas jovens que sofrem de deficiência de hormônio de crescimento correm risco de desenvolver cardiomiopatia e outras anormalidades do coração, e que estas condições podem ser revertidas com suplementos daquele hormônio.

Por causa disso, os pesquisadores começaram a querer saber se o hormônio de crescimento também poderia ajudar a outras pessoas que, embora não tenham deficiência deste hormônio, também sofrem de cardiomiopatia. Em um estudo recentemente publicado no *New England Journal of Medicine*, os pesquisadores deram injeções de hormônio de crescimento a jovens com cardiomiopatia. Os resultados foram impressionantes. Houve uma grande melhora na função cardíaca, e os pacientes conseguiram diminuir o uso de digitalinas, uma droga que intensifica o funcionamento cardíaco. O que considerei particularmente notável neste estudo é que ele demonstra claramente que o hormônio de crescimento tem um efeito restaurador sobre o coração, e por este motivo sinto que este hormônio também é uma grande promessa como tratamento para pessoas mais velhas com cardiomiopatia. Mais uma vez, creio que esta área verdadeiramente merece mais pesquisas. Considerando que o colapso cardíaco é a principal causa de morte nos Estados Unidos, cobrando um elevado preço em termos de sofrimento humano e de recursos médicos e financeiros, é imperativo que investiguemos o potencial do hormônio de crescimento como tratamento.

O hormônio de crescimento também pode proteger de outros modos contra as cardiopatias. Ele consegue baixar drasticamente o colesterol e parece ser um "destruidor" de colesterol mais eficiente que os outros super-hormônios. Ele reduzirá tanto os níveis do colesterol total quanto do LDL, ou colesterol ruim. Não aumenta o HDL, ou colesterol bom (como faz o estrogênio nas mulheres), mas, ao diminuir o LDL, ele automaticamente melhora a relação entre o colesterol bom e o ruim, o que pode ser muito benéfico.

As pessoas que tomam hormônio de crescimento muitas vezes dizem que, além de perderem peso, tiveram seus quilos redistribuídos, de modo que têm uma aparência mais jovem. Isso não é mero pensamento tendencioso da parte delas. Sólidos estudos científicos mostraram que o hormônio de crescimento pode mesmo deslocar a gordura do corpo e alterar sua forma. Isto não é só um benefício cosmético, pois ele também pode reduzir o risco de problemas cardíacos. À proporção que envelhecemos, nosso peso tende a se fixar em volta do diafragma, e carregamos mais gordura na área abdominal. Isto, além de não ser atraente, também é uma ameaça potencialmente grave para a nossa saúde. Estudos mostraram que quem é redondo no meio ou tem a forma de maçã, apresenta maior risco de um ataque cardíaco do que quem carrega seu peso na metade inferior, nos quadris e coxas, parecendo uma pêra. Jovens deficientes em hormônio de crescimento também tendem a ter "formato de maçã". Estudos demonstram que a obesidade central — o assim chamado pneu sobressalente — é mais comum em homens, o que poderia explicar por que estes têm maior tendência do que as mulheres de sofrer um ataque cardíaco quando jovens. Por razões não bem compreendidas, a gordura abdominal é muito mais difícil de eliminar do que a de outras partes do corpo, embora exercícios aeróbicos possam ajudar. Estudos comprovaram que suplementos de hormônio de crescimento podem ajudar a reduzir a obesidade abdominal, possivelmente ao aumentar o efeito dos exercícios. Os pesquisadores estão esperançosos de que o hormônio de crescimento também tenha um efeito residual sobre a saliência do diafragma, isto é, além de ajudar na eliminação da gordura, também auxiliará a mantê-la assim. Diversos estudos estão atualmente em curso para determinar se o hormônio de crescimento é mesmo uma cura para a gordura abdominal e se pode ser usado como terapia de curto prazo, ajudando na recuperação de uma aparência corporal mais jovem e saudável.

## O Futuro do Hormônio de Crescimento

Um ponto que deve ser lembrado sobre o hormônio de crescimento é que ele tem alguns poderes incríveis, mas as vantagens precisam ser cuidadosamente avaliadas em relação aos custos e efeitos colaterais em potencial. Mais tarde talvez seja possível obter todos estes benefícios por uma fração do custo e praticamente sem efeitos colaterais! Se seu próprio organismo produzisse mais hormônio de crescimento "feito em casa"...

Vários cientistas estão tentando desenvolver uma droga que faça justamente isso, uma substância que estimule o corpo a produzir mais hormônio de crescimento de forma natural. Estas drogas são chamadas de agentes liberadores de hormônio de crescimento, ou hormônio secretor de hormônio de crescimento, ou secretogogos. Creio que se o hormônio de crescimento algum dia for usado em grande escala, será desta forma, porque um dos problemas com a forma injetável é não estar de acordo com a fisiologia natural — ou projeto da natureza. O hormônio de crescimento é injetado na corrente sangüínea em pequenas quantidades durante o dia, com um pico noturno, e muitos pesquisadores imaginam que seus efeitos colaterais ocorrem porque os usuários estão recebendo doses concentradas de quantidades artificialmente elevadas. A teoria diz que se a pituitária puder ser "beliscada" para estimular a produção de hormônio de crescimento, este seria liberado de maneira mais natural e tolerado com mais facilidade pelo organismo.

Existem diversos agentes liberadores de hormônio de crescimento em estudos e alguns já estão passando por testes clínicos. Por exemplo, os pesquisadores da Universidade da Califórnia, em San Diego, estudaram o efeito do hormônio liberador de hormônio de crescimento, durante um período de quatro meses, em homens e mulheres com idades entre sessenta e seis e setenta e um anos. Os participantes injetavam a droga em si mesmos à noite. Os pesquisadores estavam especialmente interessados na observação do que aconteceria em duas áreas: função imunológica e metabolismo, inclusive seus efeitos na massa corporal e gordura.

Segundo o pesquisador Dr. Omid Khorram, o hormônio mostrou uma significativa alteração na função imunológica, o que surpreendeu os próprios participantes. Embora tenham sido expostos a resfriados e vírus da gripe durante o período do estudo, nenhum foi contaminado por viroses e só dois ficaram resfriados, e sem maiores problemas. O efeito no metabolismo, no entanto, não foi tão claro. O Dr. Khorram disse que este hormônio liberador de hormônio de crescimento diminuiu a gordura e aumentou a massa corporal nos homens e nas mulheres que não tomavam estrogênio. Nas mulheres que estavam tomando estrogênio, o liberador, aparentemente, aumentou a gordura corporal. Para a mulher muito magra, com um sistema imunológico comprometido — a clássica síndrome da "emaciação" —, esta combinação talvez seja uma verdadeira salvação.

Diversos laboratórios farmacêuticos estão desenvolvendo agentes orais que ajudarão a estimular a produção do hormônio de crescimento. Por exemplo, a Merck está testando um agente para ser usado por pessoas com problemas imunológicos e doenças como câncer. Muitos anos se passarão antes que estes fatores de liberação de hormônio de crescimento estejam à venda, e se funcionarão ou não ainda é uma incógnita. Os pesquisadores mais otimistas acreditam que lá pelo ano de 2005 estes fatores serão um dos ingredientes em praticamente todos os coquetéis de super-hormônios.

**Parte V**

# O Super-hormônio da Reversão do Envelhecimento

## Introdução: Melatonina

A MELATONINA, o super-hormônio miraculoso, além de diminuir a velocidade do processo de envelhecimento, também o reverte.

Considero a melatonina a pedra fundamental do processo do super-hormônio, porque foram nossas descobertas sobre ela e o relógio de envelhecimento do corpo que nos ensinaram que a doença progressiva e a debilidade que chegamos a considerar como envelhecimento normal podem ser evitadas.

Este capítulo relata como a melatonina pode ajudá-lo a "crescer jovem", conservar-se livre de doenças, ter uma reparadora noite de sono e melhorar, de várias maneiras, a qualidade da sua vida.

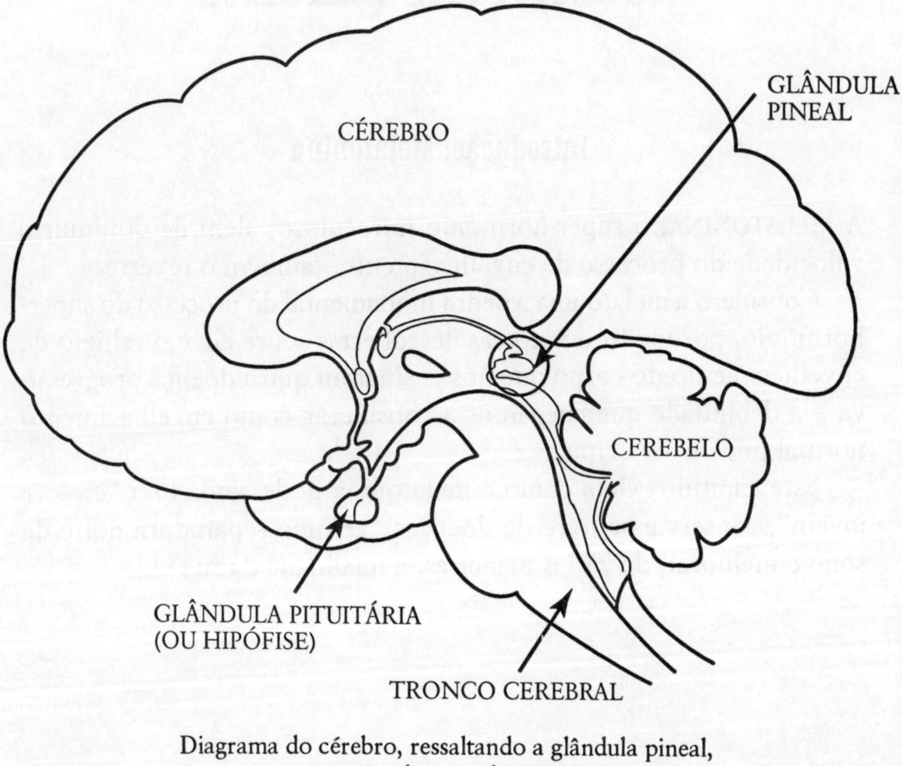


Diagrama do cérebro, ressaltando a glândula pineal, que produz a melatonina

## CAPÍTULO 9

# Melatonina

### Uma Atualização

Prolonga a vida
Conserva a saúde e o vigor da juventude
Aumenta a vitalidade sexual
Reforça o sistema imunológico
É um poderoso antioxidante
Protege contra o estresse
Protege contra o câncer
Evita problemas cardíacos
Restaura os padrões de sono normais
Cura o *jet lag*

NESTA SEÇÃO RECAPITULAREI a história do milagre da melatonina e também falarei sobre as últimas pesquisas, inclusive algumas descobertas importantes sobre a melatonina que está sendo produzida em laboratórios de todo o mundo.

A melatonina foi a precursora da promessa do super-hormônio, porque ela e a glândula pineal — nosso relógio de envelhecimento — provocaram as descobertas que iniciaram a Revolução dos Super-hormônios. Estas emocionantes inovações científicas chamaram a atenção para o fato de o envelhecimento — e por envelhecimento considero doença e debilidade progressivas — poder ser evitado. Nossos vinte anos de trabalho com a melatonina nos mostraram que o papel desempenhado pelos super-hormônios na nossa saúde é muito mais importante do que a mera habilidade para curar óbvias síndromes de deficiências, como o hipotireoidismo, ou os sintomas específicos, como os repentinos ataques de calor. Este trabalho nos ajudou a ver que a função dos super-hormônios é, em grande parte, como *agentes de rejuvenescimento.*

As experiências com a melatonina não só demonstraram que é possível deter a espiral descendente que durante muitos anos nos habituamos a considerar como parte normal do envelhecimento, mas também prolongar e melhorar a qualidade de nossa vida. Resumindo, nosso trabalho com a melatonina revelou o segredo sobre como podemos "crescer jovens", em um corpo sadio e forte, que conserve a condição da juventude independente da idade que tenhamos. A lição que a melatonina nos ensinou é que podemos evitar as doenças degenerativas associadas ao envelhecimento tratando as condições subjacentes que permitem a manifestação de tais condições. Em outras palavras, a melatonina revelou que o próprio envelhecimento é uma doença e, por compreendê-la como tal, agora temos a cura nas mãos. A promessa do super-hormônio é precisamente esta: o poder de "curar" a doença do envelhecimento pela reposição dos níveis de super-hormônios aos seus valores naturais da juventude.

Um dos objetivos ao escrever *O milagre da melatonina* foi chamar a atenção do público para este hormônio e o relógio do envelhecimento e incentivar outras organizações de pesquisa a empreenderem estudos sobre este super-hormônio. Naquela época, os renomados Institutos Nacionais de Pesquisas Sobre o Envelhecimento (National Institutes on Aging) só estavam estudando o papel da melatonina como auxiliar do sono, e embora nós também considerássemos importante sua capacidade de nos proporcionar uma boa noite de sono, sabíamos que este era só um pequeno capítulo da sua grande história. É com muita satisfação que informo que, no momento em que este livro é editado, esses institutos estão convocando um encontro especial sobre a melatonina, para o qual convidaram peritos de todo o mundo. Nós estaremos lá, bem como muitos dos nossos distintos colegas.

Como assinalado nos capítulos anteriores, cada super-hormônio funciona de sua maneira específica para manter o corpo forte e em condições de recuperação. Ao restaurar estes super-hormônios aos seus níveis de pico, podemos preservar o funcionamento adequado destes agentes rejuvenescedores, cujo trabalho mantém nosso corpo em boa forma e pronto a aceitar os desafios que a vida nos impõe. Mas só existe um super-hormônio que realmente consegue reverter o envelhecimento reajustando o relógio de envelhecimento do organismo — e este super-hormônio, claro, é a melatonina.

Através do trabalho inovador do meu bom amigo e co-autor em *O milagre da melatonina*, Walter Pierpaoli, descobriu-se que a glândula pineal é o relógio do envelhecimento, o temporizador interno que controla o processo de envelhecimento. Esta glândula, uma estrutura em formato de pêra localizada no cérebro, libera o hormônio melatonina, que transmite instruções a outros sistemas orgânicos, dizendo-lhes como e quando envelhecer. Envelhecemos porque nossa glândula pineal assim ordena. Pensando bem, isso faz bastante sentido, uma vez que praticamente todas as nossas funções orgânicas — inclusive a produção de todos os outros super-hormônios — estão vinculadas e sob o controle da glândula pineal.

Os antigos místicos hindus chamavam-na de terceiro olho do corpo e, de certo modo, ela é exatamente isso. Ela observa, monitora e nos mantém harmonizados com as alterações diárias e periódicas do ambiente, ajudando para que nos adaptemos e vivamos em sincronia com a natureza. A glândula pineal, por exemplo, controla o ciclo sono/alerta do organismo, fazendo com que nos ajustemos ao ciclo terrestre de dia e noite. Isto é feito por intermédio do seu principal mensageiro, o super-hormônio melatonina. Eis como: a glândula pineal, localizada no interior do cérebro, não tem acesso direto à luz, mas contém células fotossensíveis. A luz entra no olho através da pupila e se focaliza na retina, a camada sensível à luz que reveste o interior do olho. Da retina, a mensagem é enviada através do nervo ótico ao cérebro, a um agrupamento de células nervosas no hipotálamo, outra glândula importante. Células especiais do hipotálamo dizem à pineal se está claro ou escuro. A quantidade de luz que é registrada na pineal, através dos olhos, determina a produção de melatonina. A luz suprime esta produção e a escuridão a estimula. Portanto, o pico de produção de melatonina ocorre à noite, quando dormimos, e de fato os níveis de melatonina no sangue à noite são dez vezes mais elevados que durante o dia. A melatonina influencia quando, como e quão bem dormimos. Quando seus níveis aumentam, ficamos sonolentos e adormecemos. Quando estes níveis começam a baixar, ao raiar do dia, acordamos.

O controle do ciclo dormir/acordar do corpo é apenas uma das pequenas tarefas atribuídas à glândula pineal. Ela, na verdade, tem um papel muito maior. Para que se tenha uma idéia do papel que desempenha como reguladora de nossos sistemas orgânicos e na produção dos outros super-hormônios, é só imaginar uma orquestra sinfônica. Em um dos setores estão os instrumentos de corda; em outra área, os de sopro; na outra, os metais, e assim por diante. Se você toca violino, senta-se com os outros violinistas e toca a parte que lhe cabe. Se seu instrumento é o clarinete, fica junto aos outros clarinetistas e executa sua parte. Como as partes são muito diferentes, podem parecer independentes e sem qualquer relação umas com as outras, mas sabemos que isso não é verdade. Tudo que temos a fazer é assumir a posição do maestro, e veremos que o desempenho de cada seção da orquestra depende das outras, e quando os músicos seguem as orientações do maestro, produzem uma bela música.

Descobrimos que a glândula pineal significa para nosso organismo o mesmo que o maestro para a orquestra. O trabalho da pineal é gerenciar e harmonizar o funcionamento de alguns dos nossos sistemas orgânicos. Um destes sistemas é o endócrino, composto por muitas glândulas que produzem os hormônios que controlam o nosso desenvolvimento desde a infância até a idade adulta, inclusive o nosso desenvolvimento sexual. Outro destes sistemas é o imunológico, que nos protege contra as doenças. Estes sistemas e os hormônios que produzem regulam virtualmente todas as funções do corpo, desde a respiração até a reprodução e a proteção contra as doenças. Por isso nos referimos à glândula pineal como o regulador dos reguladores, chegando a ser considerada o relógio do envelhecimento do corpo. Quando a pineal começa a parar de funcionar, o mesmo acontece com todos os sistemas sob seu controle. Como resultado, interrompe-se a produção de super-hormônios e nossos níveis diminuem. Voltando à nossa analogia, é como se o maestro da orquestra estivesse muito cansado para regê-la. Os músicos começam a se desorganizar e não conseguem mais tocar em conjunto. Em vez de sincronizados e em harmonia, estão fora de compasso uns com os outros, prejudicando o desempenho, que finalmente acaba de todo.

Considero a melatonina um hormônio *tampão*, porque ela opera indiretamente, influenciando todos os sistemas orgânicos, ao contrário dos outros hormônios, que afetam órgãos específicos. Seu trabalho é manter a homeostase ou estabilidade do organismo, e assim ajudar os outros hormônios a cumprir suas tarefas com mais eficiência. Para empregar uma expressão do budismo, há uma relação *yin-yang* entre a melatonina e seus primos super-hormônios. Com isto quero dizer: o aumento do nível de melatonina estimula a produção de certos hormônios e atenua a de outros. Se a glândula pineal é o maestro do sistema endócrino, a melatonina faz com que funcione de acordo, ou seja, transmite as instruções do maestro aos outros hormônios, assegurando-se de que as estão cumprindo — ou, voltando à metáfora da orquestra, de que todos estão tocando no mesmo tom.

A influência da melatonina em nossas vidas começa antes mesmo que nasçamos. Passa da mãe para o feto em desenvolvimento através do cordão umbilical. Até nestes estágios iniciais, a melatonina nos codifica com os ritmos diários da vida, fazendo com que saibamos quando é hora de acordar, comer e dormir. É interessante observar que a glândula pineal e a melatonina também atuam profundamente no reino animal. Por intermédio de seu mensageiro, a melatonina, a pineal diz aos animais quando migrar, se acasalar e hibernar. Os recém-nascidos humanos só começam a produzir a própria melatonina vários dias depois do nascimento, mas ela continua a ser transferida da mãe para o filho via leite materno. Os níveis de melatonina nas crianças continuam a aumentar gradativamente até a idade de sete anos, e não é por coincidência que os maiores índices de crescimento ocorrem durante o período da vida em que estes níveis são os mais elevados. A melatonina induz o sono, e é durante estes períodos que a glândula pituitária bombeia grandes quantidades de hormônio de crescimento, estimulando o crescimento e o desenvolvimento. Por volta dos sete anos, os níveis de melatonina começam seu primeiro declínio gradual. Na adolescência, estes níveis atingem um novo índice baixo, avisando à pituitária que é tempo de bombear níveis mais elevados de hormônio luteinizante (LH) e hormônio folículo-estimulante (FSH). Esta é a chave que desencadeia a puberdade.

Mais ou menos aos quarenta e cinco anos, quando nosso relógio de envelhecimento assinala a meia-idade, os níveis de melatonina começam outro declínio, desta vez o mais acentuado. A própria glândula pineal começa a se atrofiar e a perder pinealócitos, as células que produzem melatonina. Na verdade, para muitos de nós, a pineal começa a endurecer ou calcificar, um sinal de deterioração posterior. A produção de melatonina torna-se errática, e nossos picos das horas de sono não são mais tão elevados quanto antes. Aos sessenta anos, produzimos a metade da quantidade de melatonina que produzíamos aos vinte. Quando este ciclo de produção de melatonina não funciona mais como deve, começamos a "envelhecer", no mau sentido da palavra. A queda deste hormônio avisa às outras glândulas e sistemas orgânicos de que chegou a hora de parar. Nas mulheres, os ovários param de funcionar, os níveis do super-hormônio estrogênio diminuem e elas entram na menopausa. Nos homens, os testículos funcionam mais devagar, e embora continuem férteis, a produção do super-hormônio testosterona diminui, e eles também experimentam sinais de queda na função sexual. Tanto nos homens quanto nas mulheres o sistema imunológico começa a declinar, deixando-nos mais vulneráveis às doenças, desde simples infecções até o câncer e doenças auto-imunes. Os outros órgãos e sistemas corporais se acomodam à situação e iniciam a "descida da ladeira" associada ao envelhecimento. Voltando mais uma vez ao maestro, é como se ele deixasse cair a batuta e descesse do palco, abandonando a orquestra. Durante algum tempo os músicos conseguirão tocar em sincronia, mas pouco depois a música tenderá para a desarmonia. Sem o "maestro", a glândula pineal, e seu super-hormônio, a melatonina, nossos corpos não conseguem funcionar adequadamente. A produção dos outros super-hormônios é interrompida e envelhecemos.

Mas basta dessa conversa de "descidas de ladeira", "diminuição de função sexual" e "envelhecimento". Já sabemos que, com os super-hormônios, podemos parar o relógio e manter nossos corpos "jovens". Este triste enredo não precisa se concretizar. É possível deter o processo de envelhecimento ou revertê-lo, uma vez começado. Podemos prolongar a vida e mantê-la em um corpo forte e sadio, literalmente reajustando o relógio do envelhecimento.

Este conhecimento não surgiu com facilidade. A pesquisa de Walter Pierpaoli sobre a glândula pineal e a melatonina realizou-se em um período de trinta anos, envolvendo centenas de experimentos. A experiência também não acabou com a publicação de *O milagre da melatonina*, então me permita levá-lo a um laboratório em Ancona,

Suíça, onde Walter Pierpaoli começou seu notável trabalho com a melatonina e recentemente fez algumas descobertas emocionantes que confirmam e complementam as nossas descobertas iniciais.

NÍVEIS DE MELATONINA NO DECORRER DA VIDA

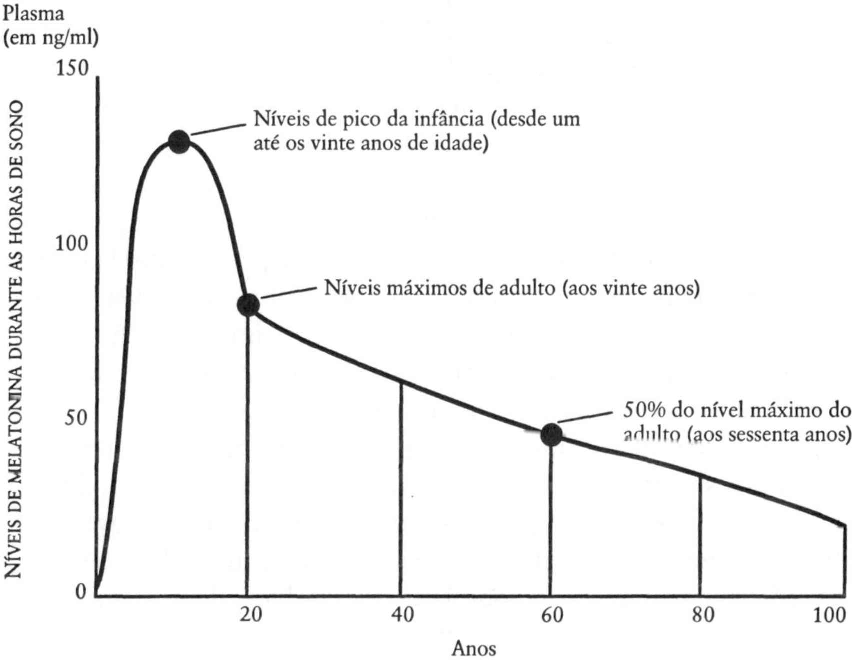


Aos sessenta anos, produzimos, durante as horas de sono, metade da melatonina que produzíamos aos vinte, nosso pico adulto

## O Milagre da Melatonina

Antes de comentar o último trabalho de Walter e a nossa extraordinária descoberta, deixe-me falar um pouco a respeito de Walter Pierpaoli, o indiscutível pai da Revolução dos Super-hormônios. Walter começou sua carreira como clínico e imunologista e mais tarde tornou-se um cientista especializado no estudo do sistema imunológico. No início de sua pesquisa, Walter compreendeu que deveria haver uma relação entre o sistema imunológico, que ajuda o organismo na luta contra as doenças, e o sistema endócrino, as glândulas produtoras de hormônios. Hoje em dia, uma associação como esta provavelmente seria considerada óbvia. Agora sabemos que nosso estado emocional afeta profundamente a saúde e, na verdade, muitos cientistas ilustres dedicaram suas carreiras ao estudo da assim chamada conexão mente/corpo. Neste livro já foram dados exemplos destas relações. Por exemplo, na discussão sobre o super-hormônio DHEA, expliquei com grandes detalhes como os corticosteróides, hormônios do estresse produzidos pelas supra-renais, reduziam a ação do sistema imunológico, descrevendo experimentos que mostram que tumores cancerosos se desenvolviam com mais rapidez em animais sujeitos ao estresse. Também relatei como o DHEA neutraliza os efeitos letais dos hormônios do estresse. (A melatonina também faz isso, como logo explicarei.) Também é preciso saber que o trabalho do Dr. Pierpaoli foi fundamental para determinar a relação corpo/mente. Na época em que Walter iniciou seu trabalho inovador, os cientistas, de maneira geral, ainda acreditavam que cada sistema do corpo operava independentemente. Em outras palavras, eles acreditavam que todas as glândulas e sistemas do corpo funcionavam sozinhos, totalmente independentes das outras glândulas e sistemas. Por meio de uma série de apurados experimentos, Walter provou que as glândulas do sistema endócrino estavam em constante comunicação com as células do sistema imunológico e que, na verdade, um animal não poderia se desenvolver adequadamente se a comunicação entre estes sistemas fosse interrompida. Uma vez comprovada a associação e interdependência entre os sistemas do corpo, concluiu que deveria haver alguma atividade global no corpo, provavelmente localizada no cérebro, responsável pela coordenação e troca de informações na operação de todas estas funções.

No início de 1980, começaram a aparecer artigos nos jornais científicos, sobre a melatonina e como ela controlava o ciclo dormir/acordar nos animais. Os pesquisadores também haviam descoberto que os níveis deste hormônio diminuem à proporção que envelhecemos, embora naquela época não compreendessem a importância de tal descoberta. Walter ficou atônito com vários fatos. O primeiro era que a melatonina controlasse uma função do corpo — o ciclo dormir/acordar — crucial para nossa sobrevivência. O segundo era que os níveis deste hormônio diminuíssem drasticamente à medida que nós, “humanos”, começávamos a apresentar a debilidade física e mental associada ao envelhecimento. O terceiro era que a melatonina fosse produzida pela glândula pineal, localizada no cérebro. Isto levou Walter a pressentir que a melatonina desempenhava um papel muito mais importante no corpo do que alguém, alguma vez, havia sequer imaginado, e ele planejou um engenhoso experimento para comprovar sua teoria.

## Melatonina e Água: O Primeiro Coquetel de Super-hormônios

Para testar o efeito de um hormônio ou droga em vários sistemas orgânicos, nada melhor do que fazê-lo em um animal. Por isso, quando Walter decidiu estudar a melatonina, escolheu, como cobaias, diversas espécies de camundongos, todos processando melatonina. (A não ser que você seja um cientista pesquisador, provavelmente ignora existirem literalmente centenas de raças de camundongos, muitas dos quais especialmente criadas para estudos científicos. Todos os camundongos que Walter escolheu para o estudo — inclusive raças com nomes improváveis, como BALB/c, C57BL/6, AKR, C3H/He e híbridos da geração de genes F1 — processam melatonina e apresentam um pico deste hormônio à noite, por volta de 1 ou 2 horas da madrugada, assim como o ciclo da melatonina em humanos.)

No primeiro de muitos estudos, Walter selecionou camundongos machos saudáveis com dezenove meses de idade. Como aquela raça vive tipicamente até os vinte e quatro meses, dezenove meses é o equivalente humano a aproximadamente sessenta e quatro anos de idade. Walter dividiu os animais em dois grupos. O primeiro recebeu melatonina misturada à água que bebiam à noite e o segundo só água da torneira. Além do fato de que um grupo de camundongos recebia um "coquetel de melatonina", não havia outra diferença entre os dois grupos. Ambos comiam a mesma comida, viviam no mesmo tipo de gaiola e recebiam exatamente o mesmo tipo de cuidados. Quando Walter começou seu experimento, não tinha certeza quanto aos resultados que obteria, se é que iria obter algum. Ninguém jamais havia feito algo assim antes. Walter suspeitava que os camundongos sob melatonina talvez mostrassem melhora no sistema imunológico, permanecendo saudáveis por mais tempo, mas não tinha a menor idéia do que poderia ocorrer. Nos estágios iniciais da experiência, Walter pôde perceber pouca diferença entre os dois grupos. No quinto mês, entretanto, a diferença era simplesmente assombrosa.

Os animais que não haviam recebido melatonina (os não tratados) começaram a apresentar os sinais e sintomas normais da idade avançada. Seu pêlo estava marcado por áreas calvas, seus olhos estavam baços por causa da catarata, sua digestão era lenta e seus músculos estavam fracos e sem tônus.

Em comparação, os que haviam recebido o coquetel de melatonina pareciam o equivalente a adolescentes. Pêlo espesso e brilhante, olhos sem catarata, sua digestão tinha melhorado e conservaram sua força e tônus muscular. O fascinante era que aqueles camundongos até mesmo se comportavam como jovens; exibiam um nível de atividade física típica de camundongos com a metade daquela idade.

Os animais não tratados alcançaram sua expectativa de vida de vinte e quatro meses e morreram quando previsto. Aqueles sob a melatonina, além de não morrerem, só apresentaram sinais de esgotamento seis meses mais tarde, quando finalmente começaram a morrer. Seis meses talvez não pareça muito em termos humanos, mas, quanto aos camundongos, representa 25% de uma existência. Em termos humanos, os camundongos tratados com melatonina viveram bem mais que cem anos e, ainda mais notável, seus corpos continuaram fortes e jovens até o fim.

Walter gostaria que, neste ponto, eu salientasse que a saudável aparência dos animais sob melatonina era mais do que parecer bem. Refletia uma alteração do interior — um verdadeiro rejuvenescimento fisiológico de virtualmente todos os sistemas orgânicos do corpo. O grupo de pesquisa de Walter realizou uma bateria de testes nesses animais e os resultados foram bastante notáveis:

- Os camundongos sob melatonina tinham resistentes sistemas imunológicos, semelhantes aos de camundongos muito mais jovens. Seus níveis de linfócitos — as células imunológicas que lutam contra as doenças — eram muito mais elevados do que os dos animais que não receberam tratamento.
- Os camundongos que receberam melatonina apresentavam níveis muito mais jovens de outro super-hormônio, o tireóideo.

Como explicado no capítulo 7, a tireóide fornece energia a todas as células do corpo, e o aumento do hormônio tireóideo também poderia explicar por que estes camundongos tinham muito mais energia que os não tratados.

- Os camundongos tratados continuaram saudáveis até seus últimos dias. Ainda mais significativo: algumas raças de camundongos usados em experimentos tornam-se cancerosos à proporção que envelhecem, o que não aconteceu com os animais que receberam melatonina.

Walter repetiu a experiência várias vezes, para ter certeza de que não poderia ser rejeitada como coincidência ou aberração. A cada vez os animais tratados com melatonina viviam mais tempo — 30%, ou o equivalente a vinte e cinco anos humanos — e continuavam mais sadios e vigorosos durante sua vida prolongada. Em uma das experiências, usando camundongos machos e fêmeas, descobriu mais uma coisa: os camundongos tratados com melatonina eram mais fortes e sadios que os não tratados, além de continuarem sexualmente ativos até o fim das suas vidas!

Em estudos mais recentes, que envolveram camundongos e ratos e foram realizados após a publicação de *O milagre da melatonina*, Walter e seus colegas em Ancona conseguiram identificar por que a melatonina exercia um efeito tão rejuvenescedor nos sistemas reprodutores dos animais de ambos os sexos. À proporção que os animais (inclusive nós, humanos) envelhecem e seus órgãos sexuais não são mais necessários para fins de reprodução, eles tendem a se retrair e atrofiar, mas Walter observou que nos animais (de ambos os sexos) tratados com melatonina os órgãos sexuais continuavam com suas dimensões juvenis. Os testículos dos machos tratados tinham o dobro do tamanho dos que não receberam hormônio. Os ovários das fêmeas tratadas tinham o dobro do tamanho das que não tomaram o hormônio misturado à água. Walter especulou que, embora os hormônios sexuais sejam produzidos nos testículos e nos ovários, o vigoroso comportamento sexual dos animais devia-se, provavelmente, aos níveis mais elevados de hormônios sexuais. Quando Walter analisou estes níveis, confirmou sua teoria. Embora os níveis de testosterona não sejam tão elevados quanto nos machos jovens, ele acredita que o aumento deste hormônio proporcionado pela melatonina pode ser o responsável pelo aumento de interesse e atividade sexual. Walter ainda não realizou testes similares em fêmeas tratadas com melatonina para determinar os níveis de estrogênio, mas isso está em seus planos e ele tem uma forte suspeita de que estes também estarão mais elevados do que nas fêmeas que não receberam o "coquetel".

Recentemente, Walter fez outra descoberta importante que eu gostaria de lhe contar. Você deve se lembrar que no capítulo sobre testosterona descrevi como a produção de hormônios sexuais é controlada pelo cérebro. No caso da testosterona, um local do cérebro chamado hipocampo produz o hormônio luteinizante-hormônio liberador (LH-RH, de *luteinizing hormone-releasing hormone*), que estimula a glândula pituitária para que ela produza o hormônio luteinizante (LH) que, por sua vez, estimula os testículos para que produzam testosterona. À proporção que envelhecemos e a produção de testosterona pelos testículos diminui, o mesmo acontece com o número de receptores de LH das nossas células. Estes receptores são os lugares nas células onde o LH pode se aderir. Esta diminuição significa que os testículos estão "saindo de sintonia", não mais "prestando atenção" aos comandos da pituitária. Ao mesmo tempo também ocorre um *aumento* no número de receptores LH-RH no hipocampo, sinal de que o cérebro está tentando compensar a perda de receptores nos testículos. Em outras palavras, como os testículos estão tentando parar a produção de testosterona, o cérebro tenta reativá-la. Finalmente, o cérebro perde a batalha, não consegue mais compensar, e os níveis de testosterona começam a diminuir. Em seus últimos estudos, Walter descobriu que nos camundongos tratados com melatonina o nível de receptores LH era muito mais elevado tanto nos testículos quanto no hipocampo, o que demonstra claramente que seus testículos funcionavam em um nível muito mais próximo ao da juventude. Esta nova descoberta é muito importante porque comprova que a melatonina não opera só na superfície, tratando dos sintomas do envelhecimento, mas em um nível muito mais profundo, lidando com as causas do envelhecimento. A melatonina altera todas as condições que permitem a instalação do processo de envelhecimento.

A implicação para os humanos é que a melatonina pode ajudar a conservar níveis muito mais elevados de testosterona, adiando, assim, a necessidade da adição da testosterona ao nosso coquetel. Creio que para alguns homens a combinação de DHEA (que é convertido em testosterona) com melatonina pode prorrogar a necessidade de testosterona indefinidamente! Como ainda não temos dados sobre o efeito da melatonina sobre os níveis de estrogênio, não podemos dizer se ela adiará a necessidade do estrogênio para as mulheres. No capítulo sobre DHEA também mencionei que, como este hormônio é convertido em estrogênio, é bastante possível que ele ajude a aliviar alguns dos sintomas da menopausa e a reduzir ou protelar a necessidade de estrogênio. A associação de DHEA com melatonina pode prorrogá-la ainda mais.

A sugestão de que a melatonina restaura o funcionamento dos testículos para que voltem a produzir níveis elevados de testosterona — e que o mesmo seja verdade para as mulheres e a produção de estrogênio — apresenta algumas possibilidades muito interessantes pelo que pode significar em termos de reprodução humana. Embora ainda no campo da especulação, estes recentes experimentos sugerem que as implicações poderiam ter grande significado para as mulheres. Walter não só acredita que a melatonina evitará a necessidade de estrogênio suplementar, mas também tem boas razões para pensar que aumentará o tempo durante o qual a mulher é fértil e capaz de ter filhos.

Junto com um sócio em Zurique, Walter atualmente supervisiona um estudo para testar o efeito da melatonina em mulheres na perimenopausa — isto é, os estágios iniciais da menopausa. Como Walter explica:

— Ao manter o organismo na condição jovem, todo o funcionamento do corpo será mais jovem, inclusive a função reprodutora. — E acrescenta: — Se a menopausa ainda não estiver muito avançada, conseguiremos revertê-la com melatonina. Conseguiremos adiar o período de infertilidade e aumentar o tempo no qual a mulher conseguirá gerar filhos.

Como hoje em dia tantas mulheres seguem carreiras e se casam mais tarde, a possibilidade de estender a fertilidade até os quarenta e possivelmente cinqüenta anos seria quase um benefício para as que quiserem ter filhos. Como diz Walter:

— Isto poderia ser uma verdadeira revolução para as mulheres.

Desde que Walter realizou seu primeiro teste sobre o coquetel de melatonina em 1985, ele duplicou suas descobertas, cada uma lançando mais luz sobre a importância do papel desempenhado pela melatonina no nosso organismo. O extraordinário sobre seu trabalho é que ele realizou o que até agora era considerado impossível. Pela primeira vez ele mostrou não só ser possível prolongar a vida, como também podemos reverter os estragos do envelhecimento. É possível, tomando melatonina, rejuvenescer diversos sistemas orgânicos, de modo que podemos continuar fortes, saudáveis e sexualmente ativos. O trabalho de Walter sobre a melatonina lançou os alicerces para uma série de experimentos verdadeiramente sérios que realizamos juntos e que mais tarde comprovaram o poder da glândula pineal e seu papel como o relógio de envelhecimento do organismo.

## O Poder da Pineal

Em meados de 1980, ajudei a organizar uma fundação, o Fund for Integrative Biomedical Research, ou FIBER (Fundo para Pesquisa Biomédica Integrada), uma organização de cientistas dedicados a incentivar e financiar pesquisas inovadoras no campo do envelhecimento. A FIBER trouxe Walter aos Estados Unidos, para que aprendêssemos mais sobre seu fascinante trabalho e o apresentássemos a outros integrantes da comunidade científica. Walter e eu logo nos tornamos amigos, e fui visitá-lo em seu laboratório na Suíça, para que eu pudesse ver e estudar o milagre da melatonina em primeira mão.

Os experimentos de Walter com a melatonina haviam nos convencido que este não era um hormônio comum, assim como a glândula pineal, que a produzia, também não era uma glândula comum. Tínhamos visto que a melatonina podia deter o processo de envelhecimento, rejuvenescer o corpo e prolongar a vida. Isto significava, em termos humanos, o acréscimo de algumas décadas de vida. Mas o que dava a este hormônio seus notáveis poderes? Walter acreditava firmemente que o efeito de reversão do envelhecimento resultava da relação entre a melatonina e a pineal. Para Walter, a glândula pineal controlava o processo de envelhecimento, e em seus experimentos, quando eles recuperava os níveis de melatonina aos da juventude, ele acreditava que havia "enganado" a pineal, fazendo-a crer que os animais ainda eram jovens. Esta, por sua vez, ordenava que as outras glândulas do sistema endócrino funcionassem segundo os níveis da juventude, o que provocava a produção dos outros hormônios de acordo com estes mesmos níveis, ajudando a rejuvenescer todos os sistemas orgânicos. Esta era uma teoria arrojada, fascinante, mas, apesar disso, uma teoria. Ainda precisava ser comprovada, e Walter imaginou exatamente a experiência adequada para prová-la.

Era um projeto bastante simples, mas necessitaria de muita paciência e talento para sua execução. Walter sugeriu que transplantássemos a glândula pineal de um camundongo jovem para um velho. Esta não é uma façanha fácil. A pineal de um camundongo tem aproximadamente o tamanho do ponto final desta frase. Apesar disso, era a única maneira de obtermos provas positivas de que esta glândula controlava o envelhecimento. Walter raciocinou que se a pineal jovem conseguisse rejuvenescer o rato velho do mesmo modo que a melatonina, isto provaria, sem dúvida, que a glândula pineal controlava o envelhecimento. Walter e eu decidimos transplantar a glândula pineal jovem no interior do timo, uma pequena glândula localizada atrás do externo. O timo é fundamental para a função imunológica dos animais jovens, e é onde as importantes células T, que lutam contra as doenças, são armazenadas. A glândula timo também está ligada ao mesmo centro nervoso que a pineal, no cérebro, e este parecia o lugar ideal para enxertar a nova pineal. No nosso experimento, removemos as glândulas jovens de camundongos com três a quatro meses de idade (o equivalente humano ao adolescente) e as transplantamos em seis camundongos com vinte e quatro meses (mais ou menos sessenta e cinco a setenta anos humanos). Também as transplantamos em fêmeas mais velhas, com dezesseis, dezenove e vinte e dois meses (o correspondente a cinqüenta, sessenta e cinco e setenta anos humanos).

Os animais que receberam a glândula pineal jovem, assim como os tratados com melatonina nos experimentos anteriores, pareceram tornar-se mais jovens. O pêlo melhorou, ficaram mais alegres e brincalhões, e sua resposta imunológica e função tireóidea eram similares aos de outros animais muito mais jovens. O interessante foi que a glândula timo dos camundongos transplantados, geralmente atrofiada nos mais velhos, recuperou o tamanho e funcionamento da juventude. Como o timo é essencial à função imunológica de animais jovens, tal resultado sugeriu que o efeito positivo da melatonina sobre o sistema imunológico foi conseguido pelo seu rejuvenescimento.

Os animais que receberam a glândula pineal jovem viveram, em média, três meses a mais do que o normal (aproximadamente de dez a quinze anos humanos). O que nos chamou a atenção foi que, embora tenham vivido mais do que a média, não viveram tanto quanto os ratos que haviam recebido o coquetel de melatonina. Por que a diferença? Você deve ter notado que quando transplantamos as glândulas jovens nos camundongos velhos, não removemos as existentes. Para explicar por que os animais transplantados não viveram durante o mesmo tempo, imaginamos que estes estavam recebendo mensagens confusas: um sinal da glândula original mandava que envelhecessem, enquanto a nova dizia o contrário. Consideramos que a pineal nova, até certo ponto, conseguira sobrepujar a velha, mas só até certo ponto.

Walter projetou as séries seguintes de testes para verificar estes resultados e provou, conclusivamente, que a glândula pineal era o relógio do envelhecimento. Trabalhando com Vladimir Lesnikov, um jovem pesquisador russo, planejou um complexo procedimento cirúrgico no qual faria o transplante cruzado da pineal de um camundongo jovem em um velho e vice-versa. A nova pineal seria transplantada no local exato do cérebro, removendo a original, só deixando uma glândula em cada animal. Só assim poderíamos ver que efeito, caso houvesse, uma pineal velha exerceria sobre um animal jovem, enquanto também observávamos o que acontecia com a glândula nova em um camundongo velho.

As operações de transplante começaram na primavera de 1990. Walter e Lesnikov trocaram as glândulas de camundongos com quatro meses (o equivalente humano a vinte anos) com as de outros com dezoito meses (o equivalente a, aproximadamente, sessenta anos humanos). Para controle, fizeram operações fictícias em animais com quatro e dezoito meses. Walter e Lesnikov removeram as glândulas dos camundongos deste grupo e as colocaram de volta. Pelo grupo de controle eles poderiam determinar se a própria cirurgia, em vez das glândulas transplantadas, produzia, de algum modo, os mesmos resultados.

As operações transcorreram sem problemas e em alguns meses havia várias gaiolas com camundongos transplantados vivendo lado a lado.

Cada animal foi marcado e cada gaiola continha dois camundongos com quatro meses e dois com dezoito meses de idade. Toda semana os camundongos eram cuidadosamente examinados, observando-se seus sinais vitais. Várias semanas se passaram quando, num dia pela manhã, Walter entrou no laboratório, olhou para as gaiolas e ficou positivamente alarmado com o que viu. Os camundongos das diversas gaiolas pareciam ter todos a mesma idade. Isso era impossível. Ele, pessoalmente, alojara os animais jovens junto com os velhos, para que pudesse acompanhar com mais exatidão quaisquer diferenças de comportamento e aparência. No primeiro instante Walter achou que algum técnico do laboratório os tivesse acidentalmente misturado, mas depois de uma verificação atenta — comparando as etiquetas de identificação — compreendeu que os camundongos estavam mesmo nas gaiolas corretas.

A razão pela qual os camundongos pareciam ter a mesma idade era a de que a experiência realmente havia funcionado! O camundongo mais velho foi rejuvenescido pelas glândulas mais jovens!

A descoberta mais espantosa, todavia, foi que os camundongos jovens com glândulas velhas estavam envelhecendo com mais rapidez, bem antes da época prevista. Ambos os grupos aparentavam exatamente a mesma idade. Walter os fotografou, e olhar para as fotos é ver dois camundongos lado a lado, um com quinze meses e outro com trinta, ambos aparentando a mesma idade. Em termos humanos, aquilo seria o equivalente a uma pessoa de quarenta anos ao lado de outra com oitenta — e parecendo gêmeas.

Pouco depois, a diferença de idade entre os dois grupos rapidamente se fez notar. Os camundongos jovens com a pineal velha começaram a envelhecer rapidamente, definhando e morrendo em torno de 30% mais cedo do que o normal. Os velhos com a glândula jovem, todavia, viveram em média 30% a mais, conservando seus corpos vigorosos e saudáveis até o final da vida, aos 33 meses, mais ou menos, ou, em termos humanos, por volta dos 105 anos de idade. Exames posteriores revelariam uma regeneração do timo nos camundongos velhos que haviam recebido a pineal jovem, enquanto nos jovens ela havia murchado.

O que aconteceu aos camundongos do grupo de controle que sofreram as intervenções "fictícias"? Nada de incomum. Viveram a totalidade de suas vidas normalmente, de acordo com a expectativa de vida da média daqueles camundongos.

Desta experiência Walter conseguiu sua há muito buscada prova de ter encontrado o verdadeiro relógio do envelhecimento, finalmente desvendando o misterioso mecanismo que determina *como* e *por que* envelhecemos. Uma glândula pineal jovem envia mensagens de juventude através do organismo, conservando o corpo sadio e forte. Quando esta glândula envelhece, a mensagem é bastante diferente, dizendo ao corpo que estamos velhos e que chegou a época de parar. Um a um, os diversos sistemas seguem a orientação da pineal, até que envelhecemos e morremos. Restaurando a melatonina aos níveis da juventude, trazemos a pineal de volta ao estado juvenil e, assim fazendo, modificamos a mensagem que ela envia ao restante do organismo.

## Confirmação Posterior

Em ciência, a comprovação é a chave para a credibilidade. É imperativo que os resultados obtidos por um grupo de pesquisa em um laboratório possam ser duplicados por outro grupo em um laboratório diferente. Esta é a prova positiva de que a pesquisa não foi contaminada, seja por predisposição, erro humano ou negligência. Estou feliz, mas não surpreso, por informar que em março de 1995 cientistas da Tel Aviv University de Israel, da Hebrew University-Hadassah Medical School e da Universidade de La-Laguna, na Espanha, anunciaram ter reproduzido os resultados dos primeiros experimentos de Walter, quando ele prolongou as vidas dos camundongos ao acrescentar melatonina à água que bebiam durante a noite. Aqueles pesquisadores deram a velhos camundongos machos o mesmo "coquetel" e descobriram que estes não só viveram significativamente mais tempo que os não tratados, mas seus níveis sangüíneos de testosterona também aumentaram. Permita-se citar diretamente deste estudo que foi publicado no *NeuroReport* (volume 6, 1995, pp. 785-86):

> Os animais tratados com melatonina apresentaram uma taxa de sobrevivência e níveis de testosterona mais elevados, e seu peso corporal tendeu a ser mais baixo do que os do grupo de controle,

> de mesma idade. Os resultados são compatíveis com relatórios anteriores que demonstram significativo aumento na longevidade, um adiamento no aparecimento dos sintomas do envelhecimento nos tratados com melatonina, além de alterações patológicas similares à senescência nos ratos pinealectomizados.

Os "relatórios anteriores" aos quais os cientistas se referiam foram os estudos publicados por Walter e por mim. Deste modo, temos a comprovação de que a melatonina pode prolongar a vida e ajudar a prevenir o declínio das funções físicas e mentais associado ao envelhecimento, que chamados de "senescência". A melatonina faz isto ao sustentar todos os sistemas do organismo, restaurando o funcionamento e vigor da juventude.

## A Melatonina Melhora o Sistema Imunológico: O Guarda-costas da Natureza

Quando se trata de envelhecimento, a maioria de nós tende a se focalizar nas manifestações físicas externas deste fato. Preocupamo-nos com as rugas, os cabelos grisalhos, o aumento de peso e outros sinais exteriores como estes. Não quero minimizar a importância de uma boa aparência. Ela é muito importante para a nossa auto-estima e sentido de existência. Em outro local deste livro, expliquei como certos super-hormônios — inclusive o DHEA, o estrogênio e a testosterona — ajudam a tais melhoras cosméticas. Eu ainda sorrio e me orgulho do fato de um redator de revistas me haver descrito como uma "propaganda viva" de minha causa. Mesmo me arriscando a parecer estereotipado, desejo enfatizar que o que acontece no interior dos nossos corpos tem muito mais importância do que nossa aparência exterior, e se cuidarmos do que ocorre no interior, este cuidado se refletirá na nossa aparência. Melhorar a aparência de dentro para fora é a única maneira de conseguirmos um rejuvenescimento verdadeiro.

Isto também se aplica ao sistema imunológico. À proporção que envelhecemos, nosso sistema imunológico enfraquece, tornando-se menos capaz de manter os invasores estranhos a distância. Como resultado, ficamos mais vulneráveis a infecções virais e bacterianas. Doenças como gripes e resfriados, facilmente descartadas por jovens, podem ser perigosas para adultos mais velhos. À proporção que envelhecemos, nosso sistema imunológico torna-se menos capaz de distinguir amigo de inimigo, e sem razão aparente, as células imunológicas podem começar a atacar os próprios tecidos do corpo. Então ficamos mais suscetíveis a doenças auto-imunes, como a artrite reumatóide, o lúpus e a doença de Hashimoto, que interfere com a produção de hormônio tireóideo. Ironicamente, as mesmas células que, com tanto vigor, se voltam contra nossos próprios tecidos corporais tornam-se descuidadas quanto à destruição de células cancerosas. Em vez de desmontarem células potencialmente importunas, permitem que se desenvolvam. É por isso que o risco de desenvolvermos câncer aumenta gradualmente à proporção que envelhecemos e o porquê de o câncer ser uma doença praticamente do envelhecimento.

Você já pode ver que um sistema imunológico vigoroso é vital para a conservação da saúde. Pesquisas intensas mostraram que a melatonina reforça a função imunológica, aumentando nossa resistência às infecções e ao câncer, e fazendo-o de diversos modos importantes.

## A Melatonina Recupera a Função do Timo

Uma das razões pelas quais não temos mais a mesma capacidade para lutar contra a doença é que, à proporção que envelhecemos, perdemos a glândula timo. Esta é uma glândula pequena, localizada atrás do externo, onde são armazenadas as células T do sistema imunológico, que lutam contra as infecções. Existem cada vez mais provas de que a melatonina recupera e preserva a função do timo. Quando a melatonina foi misturada à água que os animais velhos bebiam à noite, exerceu um efeito rejuvenescedor na glândula timo, que recuperou suas dimensões da juventude e voltou a produzir células T. Outros testes também mostraram a recuperação da "memória" daquelas células: elas conseguiam novamente identificar inimigos invasores e repeli-los.

## A Melatonina Reforça a Resposta dos Anticorpos

A melatonina também reforça a resposta dos anticorpos a invasores indesejáveis. Quando estamos sujeitos a uma infecção, nosso sistema imunológico produz anticorpos. Uma vez que sejam produzidos anticorpos contra uma proteína estranha, o sistema possui uma memória para lutar contra aquele invasor, caso tente atacar novamente. A "memória imunológica" é o princípio da inoculação, quando uma pequena quantidade de vírus é introduzida no organismo para que o sistema imunológico comece a produzir anticorpos contra ele. À proporção que envelhecemos, nosso sistema imunológico começa a perder esta memória e não se "lembra" de um potencial encrenqueiro de anos ou meses atrás, por isso poderá responder fracamente a um desafio imunológico. É por isso que inoculações contra várias doenças não "pegam" tão bem em pessoas mais velhas quanto nos jovens e por que um idoso é mais suscetível a certas infecções. Estudos repetidamente comprovaram que a melatonina pode melhorar a memória imunológica e reforçar a resposta aos anticorpos. Ao receberem melatonina, animais mais velhos conseguiram produzir anticorpos contra uma proteína estranha com o mesmo vigor que um animal jovem.

## A Melatonina Luta Contra os Vírus

Ao melhorar a produção de células T, a melatonina ajuda a reforçar nosso sistema de defesa contra vírus. Isto tem implicações importantes, uma vez que, até agora, a ciência ainda não descobriu uma cura ou tratamento efetivo contra infecções viróticas. Como resultado, nossa melhor linha de defesa é aumentar nossa resistência contra os vírus, e a melatonina, mais do que nunca, parece ter o poder de nos ajudar a alcançar esse objetivo. Desde quando *O milagre da melatonina* foi publicado, realizaram-se alguns fantásticos trabalhos no campo da imunologia, confirmando as poderosas propriedades antiviróticas da melatonina. Em um estudo, os pesquisadores do Israel Institute for Biological Research (Instituto para Pesquisa Biológica de Israel) e o Center for Experimental Pathology (Centro de Patologia Experimental), na Suíça, testaram os efeitos da melatonina contra a encefalite virótica, uma doença fatal. Injetaram em camundongo uma variedade poderosa do vírus da encefalite (o vírus Semliki Forest), que invade o sistema nervoso central e finalmente destrói o cérebro, levando à morte. Descobriram que os camundongos que receberam injeções de melatonina eram mais resistentes ao vírus. O hormônio contribuiu para que a doença se manifestasse mais tarde e ajudou-os a resistir à doença. Os animais não tratados com melatonina morreram, mas só 44% dos tratados com melatonina sucumbiram. Em outras palavras, enquanto todos os camundongos não tratados com melatonina morreram devido à doença, a maioria dos tratados sobreviveu.

## A Melatonina Evita os Danos Provocados pelo Estresse

Quando estamos doentes, ficamos estressados e nossas glândulas supra-renais bombeiam mais hormônios do estresse, que podem destruir as células imunológicas, talvez interferindo na capacidade do organismo para se curar. Vários estudos mostraram que a melatonina consegue neutralizar este efeito, restaurando os níveis das células T, que lutam contra as doenças.

Exposições crônicas a hormônios do estresse também podem causar uma total destruição no sistema imunológico, com conseqüências a longo prazo cada vez maiores. Alguns estudos sugerem que estresse constante pode ser a causa de doenças auto-imunes, quando o organismo declara guerra a si mesmo. Ainda não sabemos o motivo exato destas doenças, ou por que tendem a se desenvolver à proporção que envelhecemos, mas sabemos que geralmente são precedidas por eventos estressantes, como traumas emocionais ou infecções viróticas. Em ambas as situações, o organismo pode estar bombeando níveis mais elevados de hormônios do estresse, chamados corticosteróides, que, com o tempo, podem infligir graves danos às células imunológicas. Ao inibir os efeitos prejudiciais destes hormônios, a melatonina, indiretamente, pode ajudar a prevenir contra as doenças auto-imunes. A melatonina reforça o sistema imunológico contra os efeitos prejudiciais do estresse controlando os corticosteróides, mas também trabalha com substâncias químicas especiais que aliviam o estresse, produzidas pelo sistema imunológico. Estas substâncias são as endorfinas. São, no organismo, as eliminadoras naturais da dor, sendo produzidas tanto pelo cérebro quanto pelas células imunológicas. As endorfinas ajudam a aliviar a dor e também podem auxiliar a diminuir a ansiedade, proporcionando uma sensação de euforia. A melatonina já mostrou que pode melhorar o efeito das endorfinas e, ao fazê-lo, ajuda o organismo a suportar o estresse das doenças.

Exposições crônicas aos corticosteróides põem em risco nosso sistema imunológico, podendo prejudicar praticamente todos os órgãos e sistemas do corpo. Por exemplo, sabemos que se um animal for submetido a extremo estresse, partes de seu músculo cardíaco morrerão — mesmo que ele não tenha apresentado sinais anteriores de problemas cardíacos. O estresse mata as células cardíacas, e se esta quantidade for muito grande, o mesmo nos acontecerá.

O estresse também danifica o sistema cardiovascular de outros modos. Parece que os corticosteróides afetam as artérias, as "mangueiras" por onde o sangue flui do coração para o restante do corpo. Se nossas artérias ficarem tão prejudicadas a ponto de não mais poderem proporcionar um fluxo sangüíneo adequado, pode ocorrer um ataque cardíaco. Se o cérebro não receber o suprimento sangüíneo correto, existe a possibilidade de um derrame cerebral. O estresse também pode elevar a pressão arterial, possivelmente provocando danos ao coração.

Já está comprovado que a melatonina atenua os efeitos negativos dos corticosteróides, normalizando os níveis destes hormônios e evitando seu aumento excessivo. Ou seja, a melatonina consegue proteger nossos corações e vasos sangüíneos contra os danos infligidos pelo estresse.

Exposições prolongadas aos corticosteróides podem elevar os níveis de açúcar no sangue, aumentando o risco de diabetes. A ciência médica há muito já sabe que pessoas com diabetes apresentam níveis de corticosteróides mais elevados do que o normal. O diabetes, além de uma doença grave, pode aumentar o risco de desenvolvimento de problemas cardíacos, derrames cerebrais e cegueira. Mais uma vez, parece que a melatonina ajuda a evitar o diabetes induzido pelo estresse, pois restringe o efeito dos corticosteróides, detendo, assim, o aumento contínuo dos níveis de açúcar no sangue.

Não consideramos a osteoporose uma doença associada ao estresse, mas exposições contínuas ao hormônio do estresse, que interfere com a absorção de cálcio, podem enfraquecer os ossos, deixando-os vulneráveis a fissuras e fraturas. Está provado que os corticosteróides bloqueiam o desenvolvimento de células especiais nas extremidades dos ossos, necessárias à formação de novas células ósseas. Ao controlar os níveis de corticosteróides, a melatonina pode ajudar a evitar esta insidiosa doença.

Os hormônios do estresse também podem causar danos, e até mesmo afetar nossa capacidade para pensar com clareza e recordar informações. Os corticosteróides prejudicam as células do hipocampo, a porção do cérebro que controla a memória de curto prazo. À proporção que envelhecemos, perdemos um pouco da nossa capacidade para reter novas informações. Por exemplo, torna-se mais difícil lembrar nomes e fisionomias de pessoas às quais fomos apresentados recentemente e processar e absorver novos fatos pode demorar mais. Talvez esta perda de memória a curto prazo se deva a uma prolongada exposição ao estresse. Alguns pesquisadores até mesmo suspeitam que a doença de Alzheimer ocorre devido a danos ao hipocampo, que, por sua vez, podem estar relacionados ao estresse intenso e à exposição prolongada aos corticosteróides. Novamente, o efeito tampão da melatonina sobre os corticosteróides pode ajudar a proteger nosso cérebro contra os danos induzidos pelo estresse.

Quem quer que tenha estado sujeito a estresse intenso — seja trabalhando para um chefe difícil, passando por um divórcio problemático, sofrendo com alguma doença em si próprio ou em um membro da família, rompendo um relacionamento amoroso, sendo despedido de um emprego ou qualquer uma das centenas de situações estressantes com que ocasionalmente nos deparamos na vida — já sabe que tal fato drena nossa energia, rompe nossos padrões rotineiros e faz com que percamos o interesse pela vida. Desde a publicação de *O milagre da melatonina* ouvimos várias pessoas comentarem que a melatonina as ajudou a suportar diversas épocas estressantes. Por exemplo, Eric, um proeminente advogado de Nova York, nos disse que seu planejamento de trabalho diário, combinado aos deveres de serviço comunitário e às exigências do dia-a-dia para com a vida familiar, o colocaram sob um estresse tão constante que ele temia estar prestes a ter um colapso nervoso.

— Eu não conseguia dormir, estava excitado e irritado, sentia-me sempre exausto — recorda-se.

Buscou ajuda com seu médico que, inicialmente, lhe receitou tranqüilizantes, mas Eric parou de tomá-los porque odiava aquela sensação letárgica, drogada. O médico lhe sugeriu *biofeedback*, mas ele não sentiu melhora. Uma noite, durante uma viagem de negócios à Europa, por sugestão de um amigo, Eric tomou 5mg de melatonina para ajudá-lo a combater o *jet lag*. Como muitas vezes publicado, este hormônio é uma cura comprovada para este problema. Durante a noite, Eric sentiu-se melhor. Pela primeira vez em meses, teve uma boa noite de sono e acordou sentindo-se revigorado e reenergizado. Após mais algumas noites com melatonina, Eric observou que se sentia, segundo suas próprias palavras, "mais relaxado, centrado e controlado". Ele acrescenta:

— Sinto-me 100% melhor. Não me sinto mais esgotado. Durmo bem e sou mais feliz e produtivo.

É gratificante ouvir histórias como as de Eric, mas não são inesperadas Sabemos que a melatonina consegue atenuar os efeitos prejudiciais dos hormônios do estresse e, provavelmente, esta é uma das maneiras pelas quais ajuda a nos conservar mais jovens. Como a melatonina é benéfica de tantos outros modos, é sensato considerar que deveria ser empregada como tratamento contra doenças relacionadas ao estresse. Com certeza é mais segura e de mais fácil absorção pelo organismo que os tranqüilizantes usuais, mas, claro, o problema é que poucos médicos sabem disso. A falta de atenção dedicada à melatonina pela comunidade médica deve-se ao fato dela ser uma substância natural e barata, que não pode ser patenteada, e os laboratórios farmacêuticos não têm interesse em promovê-la, quando podem fazer o mesmo com drogas mais dispendiosas, com as quais obterão lucros muito maiores. Os clínicos são bombardeados com material promocional sobre tranqüilizantes de laboratórios farmacêuticos e muitos consideram estas drogas como *o* antídoto contra o estresse. Posso lhe assegurar que ninguém envia aos médicos brochuras caprichadas sobre a melatonina, calendários de mesa ou blocos de notas com o nome da melatonina em realce ou vídeos gratuitos; ninguém publica propagandas de páginas inteiras em jornais ou financia seminários educacionais em colônias de férias no Caribe. Por isso, muitas vezes é necessário que você, paciente, transmita ao seu médico a informação necessária.

## Melatonina como Tratamento Contra o Câncer

Quando o sistema imunológico está forte e cumprindo suas funções, as células anormais são eliminadas antes que causem problemas, razão pela qual o câncer é tão raro em crianças e jovens adultos, cujos sistemas imunológicos funcionam otimizados, e tão comum em adultos mais velhos, cujos sistemas imunológicos estão enfraquecendo. Quando se trata de câncer, a chave é a prevenção, e quanto mais conseguirmos nos fortalecer contra esta doença, melhores condições teremos para resistir.

Em *O milagre da melatonina* discutimos longamente sobre a capacidade da melatonina para nos proteger contra o câncer e como ela consegue realizar este feito em diversas frentes. Por exemplo, vários estudos, tanto em culturas de tubos de ensaios quanto em animais, mostraram que a melatonina consegue deter o desenvolvimento das células do câncer de mama e da próstata. As possibilidades de câncer de mama na mulher ou de próstata no homem aumentam exponencialmente à proporção que envelhecem e seus níveis de melatonina diminuem. Pela restauração deste hormônio ao seu nível máximo podemos recuperar a "superioridade da juventude", que ajudou a nos manter livres destas doenças quando éramos mais jovens.

Um dos trabalhos mais inovadores com a melatonina como terapia contra o câncer está sendo realizado no Hospital de San Gerardo, em Monza, Itália, pelo Dr. Paoli Lissoni, um verdadeiro pioneiro neste campo. Em vários estudos, o Dr. Lissoni empregou suplementos de melatonina junto com a quimioterapia convencional nos pacientes, muitas vezes obtendo notáveis resultados. O trabalho do Dr. Lissoni é particularmente interessante porque ele freqüentemente trabalha com pacientes em estágio avançado de câncer, muitos dos quais com poucas esperanças ou com tipos de cânceres considerados difíceis de tratar ou até mesmo incuráveis. Devido à natureza destes cânceres, ele usa uma droga imunoterapêutica particularmente potente, o Interleuken 2 (IL 2), conhecida por sua eficiência, mas também por seus graves efeitos colaterais. Em diversos estudos, o Dr. Lissoni mostrou que quando combinava IL 2 com melatonina, o IL 2 era tolerado com mais facilidade. Em um destes estudos, o médico combinou baixas dosagens subcutâneas (administradas por via injetável) de Interleuken 2 com 40mg de melatonina por dia, seis dias por semana, durante quatro semanas, em pacientes de câncer de cólon que não haviam respondido ao regime habitual de quimioterapia. Comparou seus progressos com o daqueles que só receberam cuidados de apoio, isto é, deixaram-nos confortáveis e tomando antidepressivos e analgésicos, mas sem terapia adicional. Ao final de um ano, a taxa de sobrevivência foi consideravelmente mais elevada nos pacientes sob tratamento IL 2/melatonina do que naqueles que só receberam cuidados de apoio. (Nove dentre vinte e cinco destes pacientes ainda vivem, em comparação com somente três dentre vinte e cinco sob cuidados de apoio.) O interessante é que três destes vinte e cinco sobreviventes no grupo de tratamento apresentaram melhoras nas suas condições em termos de regressão do tumor, o que não ocorreu no outro grupo.

Em outro estudo envolvendo pacientes em estados avançados de câncer, com condições consideradas incuráveis (inclusive câncer de tireóide, carcinóide e tumores pancreáticos endócrinos), os pesquisadores de Monza conseguiram os mesmos resultados. Não só alguns pacientes apresentaram melhoras no quadro, como também parece que a melatonina reduziu substancialmente os efeitos colaterais tóxicos associados à quimioterapia. Os relatórios deste e de outros estudos realizados pelo grupo italiano estão citados na bibliografia. Se você ou algum ente querido é candidato à terapia por IL 2, aconselho-o a fazer com que seu médico os leia. Por favor, não interprete erradamente o significado desta pesquisa. A melatonina não é uma cura para estes cânceres difíceis, mas faz com que uma penosa forma de tratamento seja mais tolerável e, pelo menos para alguns pacientes, parece ajudar a reverter os sintomas.

## A Melatonina Protege Contra os Problemas Cardíacos

À proporção que os níveis dos super-hormônios, inclusive a melatonina, diminuem, o risco de cardiopatias aumenta. Em torno dos sessenta anos, os problemas cardíacos são os principais assassinos de homens e mulheres. Como já mencionei, isto não é mera coincidência. A diminuição dos super-hormônios cria condições para o desenvolvimento destes problemas. Repetidas vezes alertei para a relação entre a diminuição dos níveis dos super-hormônios e o aumento de riscos de problemas cardíacos porque a pesquisa demonstra amplamente que sete dos oito super-hormônios desempenham papéis importantes nesta prevenção. (O papel da progesterona na preservação da saúde cardiovascular ainda não foi convenientemente estudado, mas minha intuição me diz que ela também é importante neste aspecto, e no final veremos como este hormônio e todos os outros são fundamentais para a prevenção de problemas cardíacos.)

Menciono-o aqui para enfatizar um ponto — na verdade, um dos temas principais deste livro: *As doenças do envelhecimento — inclusive os problemas cardíacos — podem ser evitadas e, restaurando os níveis dos super-hormônios aos da juventude, podemos ter uma vida longa e saudável, além de mantermos nosso coração funcionando bem e livre de doenças.*

A melatonina ajuda a evitar problemas cardíacos dos seguintes modos:

- Diminui os níveis elevados de colesterol, reduzindo o risco de desenvolvimento de aterosclerose, ou "artérias entupidas", que pode causar ataques cardíacos ou derrames cerebrais.
- Abaixa a pressão arterial, eliminando o risco de ataques cardíacos e derrames cerebrais. Ouvi vários depoimentos nos quais a melatonina abaixou a pressão ao ponto das pessoas conseguirem parar de tomar medicamento ou diminuir sua dosagem. Se você está tomando algum remédio para baixar a pressão arterial, não pare antes de consultar seu médico.
- Previne a formação de coágulos sangüíneos, diminuindo o risco de ataques cardíacos ou derrames cerebrais.
- Ajuda a controlar os hormônios do estresse, que podem causar danos às artérias e ao músculo cardíaco.
- Protege contra os danos provocados pelos radicais livres. Acredita-se que tais danos dão início à formação de placas arteriais, que podem bloquear o fluxo sangüíneo ao coração e provocar um ataque cardíaco ou, no caso de cérebro, um derrame cerebral.

O interessante na melatonina é que ela sabe como corrigir o que está errado, sem interferir com o que está correto. Se você tem colesterol elevado, a melatonina o reduzirá, mas se está normal, ela não afetará o índice. Se a pressão arterial está elevada, ela a abaixará, mas não alterará a pressão normal. Por isso, Walter e eu chamamos a melatonina de "hormônio inteligente": ela sabe o que e quando fazer alguma coisa.

## A Melatonina e o Sono

A melatonina é mais conhecida pelos seus efeitos no sono. Ela e a glândula pineal, como vimos, controlam o ciclo dormir/acordar do organismo. À proporção que envelhecemos e nossos níveis de melatonina diminuem, a maioria de nós experimenta uma alteração marcante nos padrões de sono. Começamos a sentir diversos problemas de sono, inclusive insônia, acordamos várias vezes durante a noite e acordamos muito cedo. Aproximadamente 50% dos americanos acima dos sessenta e cinco anos de idade apresentam alguma forma de problema com o sono. Freqüentemente, estes aparecem mais cedo nas mulheres, geralmente na época da menopausa.

Uma boa noite de sono, que nos permita acordar reenergizados e revigorados, é importante para nosso bem-estar físico e emocional. O sono interrompido pode fazer com que nos sintamos irritados e deprimidos, prejudicando nossa capacidade para trabalhar. O sono também é essencial à boa saúde. Se perdermos uma só noite de sono, experimentamos uma interrupção na função imunológica, inclusive um visível declínio nas "células assassinas", as células especiais que lutam contra as infecções viróticas.

A maioria das pessoas com problemas de sono sofre em silêncio e assume que nada se pode fazer a respeito. Se falam com seus médicos, estes geralmente receitam remédios para dormir, o que ainda piora o quadro. Alguns destes medicamentos elevam a pressão arterial, outros provocarão efeitos semelhantes os da ressaca e outros, ainda, viciam. Quando combinadas a outros remédios, como drogas para baixar a pressão arterial, algumas pílulas para dormir podem ser extremamente perigosas.

Existe uma solução melhor, mais de acordo com nossos ritmos orgânicos naturais. Tomada antes de dormir, a melatonina consegue provocar padrões naturais de sono, que proporcionam uma noite revigorante. (Uma dose de 0,5 a 5,0mg é suficiente para a recuperação dos padrões normais de sono. Para maiores detalhes, ver o capítulo 10, "Como Tomar os Super-hormônios".) A melatonina não vicia, e com a dosagem adequada, não haverá aquela sensação de embriaguez durante o dia. Este hormônio é tão seguro e eficiente como ajuda ao sono que eu ficarei muito surpreso se ela não se tornar o remédio que os médicos recomendarão aos seus pacientes.

Problemas de sono não são uma parte necessária ou "normal" do processo de envelhecimento, nem problemas cardíacos, doença de Alzheimer ou câncer. A falta de sono pode nos deixar mais suscetíveis a problemas mentais ou físicos. Com a melatonina, não há razão para que não possamos usufruir de uma boa noite de sono, todas as noites.

Neste capítulo vimos como a melatonina nos ajuda a recuperar a normalidade e o equilíbrio de nosso organismo e como ela pode nos ajudar a manter a força e o vigor da juventude. Ela reajusta o relógio do envelhecimento, rejuvenescendo os diversos órgãos e sistemas orgânicos. A melatonina também é o super-hormônio que ajuda a controlar os outros super-hormônios e trabalha junto com eles, auxiliando-nos a conservar a superioridade da juventude. A eficiência da melatonina é de amplo alcance. Pode ser vista em praticamente todos os sistemas orgânicos, desde o imunológico até o reprodutor e o cardiovascular. Graças à melatonina e seus super-hormônios irmãos, está ao alcance de todos nós uma vida mais rica e saudável.

PARTE VI

# Fazendo com que a Promessa do Super-hormônio Trabalhe para Você

## Introdução: Como Começar

AS NOVIDADES PARA quem quiser começar o regime de super-hormônios é que eles nunca puderam ser encontrados com tamanha facilidade. Metade está sendo vendida em qualquer balcão de farmácia, loja de produtos naturais ou pelo sistema de compras postais. A outra metade só é vendida com receita, existindo uma grande variação, para que você decida que forma prefere. Por exemplo, a maioria dos super-hormônios vem sob uma ampla variedade de apresentações: pílulas, adesivos transdérmicos, geléias e loções.

Neste capítulo, vou orientá-lo na escolha de todas as opções, para que você e seu médico possam escolher a combinação mais adequada. Vou guiá-lo através das diversas formas disponíveis e explicarei as dosagens convenientes para cada super-hormônio. Como já disse, recomendo que trabalhe junto com seu médico para determinar a associação que lhe proporcionará o maior benefício.

CAPÍTULO 10

# Como Tomar os Super-hormônios

## As Dosagens Corretas e Onde Encontrá-las

PARA CUMPRIR a promessa do super-hormônio precisamos nos submeter ao projeto pessoal que a natureza nos atribuiu. É necessário descobrir os níveis atuais de cada super-hormônio e depois, observando quais diminuíram, e considerando os sintomas que você está experimentando, você terá em mãos seu próprio projeto personalizado quanto aos super-hormônios que precisa repor. Para que eles trabalhem para você, localize onde está a deficiência e reponha-os, para que os níveis voltem ao pico da juventude. Fazendo isso, você consegue continuar com um corpo jovem, conservando a saúde, a energia e o vigor, mesmo com o passar dos anos.

Como os níveis dos super-hormônios variam de indivíduo para indivíduo, nem sempre precisamos recuperar todos os super-hormônios ao mesmo tempo. Algumas pessoas talvez nunca precisem repor certos super-hormônios, porque os níveis continuarão suficientemente elevados por si mesmos. Como você deve se lembrar de capítulos anteriores, alguns super-hormônios, como o tireóideo e o de crescimento, só são necessários em circunstâncias muito especiais. Cada um de nós é diferente, por isso o conceito de um coquetel personalizado de super-hormônios é tão importante. O princípio básico da promessa do super-hormônio é que existe uma dieta específica para as suas necessidades. Com a ajuda do seu médico, você pode analisar as suas deficiências e ver um quadro completo dos seus níveis, estabelecendo um coquetel especificamente dimensionado para você e suas necessidades.

Como já disse, acredito que quem toma medicamentos constantemente, seja aspirina, antiácido ou super-hormônios, deveria ser regularmente monitorado por um médico. Também gostaria de realçar que, quer você esteja tomando remédios ou não, se já tiver passado dos quarenta, precisa de um exame médico completo a cada ano. Qualquer pessoa acima dos quarenta, inclusive quem toma super-hormônios, deveria incluir neste exame certos testes médicos básicos, que serão discutidos a seguir. Se há algum problema médico específico na sua história familiar, ou você mesmo teve algum problema de saúde no passado, seu médico talvez também recomende exames adicionais.

## Para Homens: Exames Básicos

Como parte do exame físico anual, o homem deveria fazer um exame de próstata e câncer de cólon. Além destes, um hemograma completo, para verificação de anemia e sinais de infecção; teste para detectar tumores latentes de próstata; perfil de lipídios no soro sangüíneo, para análise dos níveis de colesterol, inclusive HDL e LDL; teste de função hepática; glicose sangüínea (verificação de diabetes); exame de fezes, para observação de traços de sangue; função tireóidea (T3, T4 e TSH). Seria conveniente fazer também uma radiografia anual de tórax, para verificação de tuberculose.

## Para Mulheres: Exames Básicos

Como parte da rotina de exames físicos anuais, todas as mulheres deveriam fazer um exame ginecológico completo, verificação manual dos seios, Papanicolaou e exame de câncer de cólon. Após os quarenta, também mamografia a cada dois anos. Após os cinqüenta, este exame deveria ser feito anualmente. Hemograma completo, para verificação de anemia e sinais de infecções; perfil de lipídios no soro sangüíneo, para análise dos níveis de colesterol, inclusive HDL e LDL; teste de função hepática; glicose sangüínea (verificação de diabetes); exame de fezes, para observação de traços de sangue; função tireóidea (T3, T4 e TSH). Também creio ser conveniente uma radiografia anual de tórax, para verificação de tuberculose.

## Qual o Melhor Modo de Tomar Super-hormônios?

Hoje em dia, a maioria dos super-hormônios existe em diversas formas: pílulas, cápsulas, injeções, adesivos transdérmicos e até novos tipos de gel, com os quais os super-hormônios são absorvidos através da pele. Você e seu médico decidirão, baseados em suas próprias necessidades e preferências, qual o melhor. Eis algumas informações que poderão ajudar na escolha.

Quando você toma um super-hormônio oralmente (via tabletes ou cápsulas), ele é processado pelo fígado e enviado à corrente sangüínea. A vantagem das formas orais é a comodidade. Pílulas e cápsulas facilitam o controle da dosagem. A desvantagem é que podem não ser adequadas para pessoas com problemas hepáticos.

O adesivo transdérmico parece um Band-Aid grande e de forma circular, liberando o super-hormônio de um reservatório existente no centro. A vantagem é que ele vai direto para a corrente sangüínea através da pele, evitando a passagem pelo fígado, com um fluxo mais natural e constante. A desvantagem é que precisa ser usado continuamente, e algumas pessoas, com o tempo, principalmente no calor, podem apresentar irritações ou erupções da pele.

Na Europa, os cremes e géis são muito populares, e o mesmo começa a acontecer nos Estados Unidos, pois já existem em diversas farmácias de manipulação. Os cremes, aplicados na pele uma ou duas vezes por dia, precisam ser medidos com cuidado e nem sempre é fácil conseguir a dose exata. Os géis são aplicados uma vez ao dia. Secam com rapidez, sem deixar traços visíveis ou cheiro. Vêm em embalagens que tornam sua dosagem mais fácil de controlar. Como os adesivos, os cremes e géis proporcionam um fluxo mais contínuo e natural do super-hormônio diretamente na corrente sangüínea. Para a sua comodidade, você pode pedir, na farmácia de manipulação, que diversos super-hormônios sejam combinados em um só creme ou gel.

Não recomendo super-hormônios a mulheres grávidas ou lactantes (a não ser sob orientação médica), pois a Mãe Natureza faz um excelente trabalho de ajudar mulheres a conservarem seu equilíbrio normal de super-hormônios durante esta importante fase de suas vidas.

Do mesmo modo, crianças saudáveis já apresentarão seus níveis adequados de super-hormônios, por isso não os recomendo para elas, a não ser que sejam necessários ao tratamento de alguma deficiência diagnosticada.

## COMO TOMAR DHEA

Agora que o DHEA já pode ser comprado em qualquer balcão de farmácia ou loja de produtos naturais, será cada vez maior o interesse pelo hormônio que considero a superestrela dos super-hormônios. Quando você repõe o DHEA aos níveis da juventude, sente-se com mais energia, mais feliz e saudável. O DHEA tem um efeito revitalizante muito evidente.

Todos deveriam mandar analisar seus níveis de DHEA. Existem dois testes. O mais comum é um simples exame de sangue, quando é retirada uma pequena quantidade e enviada a um laboratório para análise. Se, como provavelmente no caso de adultos, o teste revelar que o nível está abaixo do considerado normal em uma pessoa de vinte anos (para homens é 3.600 nanogramas por decilitro de plasma; para mulheres é 2.600ng/dl), acredito ser conveniente que você tome DHEA. (Os padrões podem variar entre os laboratórios. Ver gráfico da página 44.) Seu médico pode preferir o uso do chamado perfil salivar de hormônio, no qual uma pequena quantidade de saliva é enviada ao laboratório e analisada quanto aos níveis de hormônio. A comparação é basicamente a mesma.

Houve algumas discordâncias quanto à verificação do DHEA ou sulfato de DHEA, que é como o DHEA é convertido no organismo. Com toda a franqueza, não penso que seja importante a forma de análise do DHEA, já que qualquer uma lhe dará a informação necessária.

Se você está perto dos cinqüenta anos ou acima, a dose normalmente indicada para a reposição do DHEA aos níveis da juventude é entre 25 e 50mg diariamente, ou em dias alternados, dependendo de suas necessidades particulares. Durante dez anos tomei 50mg de DHEA em dias alternados e consegui excelentes resultados, o que talvez não seja suficiente para você. Embora os níveis de qualquer pessoa diminuam — e aos quarenta ele é, aproximadamente, a metade do que era aos vinte —, em algumas a queda é mais abrupta que em outras. Se seus níveis de DHEA são relativamente elevados para sua idade, talvez só precise de 25 a 50mg em dias alternados para que os níveis voltem ao normal. Se estão na faixa inferior, esta dose terá que ser tomada diariamente. Sugiro que o hormônio seja tomado pela manhã, uma vez que este horário está mais de acordo com nossos padrões naturais de produção.

Mais ou menos um mês após o início do regime de DHEA, seu médico deveria pedir outro teste para confirmar se seu nível de DHEA não está nem muito baixo nem muito elevado. Dependendo dos resultados, ele poderá ajustar a dose ou deixá-la como está. Quando seu nível adequado tiver sido atingido, o teste deverá ser a cada seis meses, para que se tenha certeza de que ele está sendo corretamente mantido. Além disso, o médico precisa monitorá-lo quanto a outras alterações. O DHEA pode abaixar o colesterol, por exemplo, e se você já toma medicamentos para isso, este hormônio pode reduzir a quantidade de remédio necessário ou eliminá-lo por completo. Ou, se você é diabético, como o DHEA pode intensificar a ação da insulina, talvez possa usar menos.

Há épocas em que pode ser preciso o aumento da dose, principalmente se você está sob estresse. Como explicado no capítulo sobre o DHEA, existe uma relação inversa entre hormônios de estresse e DHEA, ou seja, quando um sobe, o outro baixa, e suas necessidades de DHEA podem aumentar. O clínico deve analisar seus níveis nestas épocas, para ver se a dose precisa ser alterada.

Como discutido no capítulo 1, o DHEA está sendo estudado como tratamento para lúpus nas mulheres, e os primeiros resultados mostraram-se bastante promissores. A dose empregada com sucesso em tais pacientes é de 200mg diários. Qualquer mulher que tenha ou suspeite ter esta doença deve ficar sob a supervisão de um clínico que freqüentemente monitore seu tratamento. Em alguns casos, quem toma outros medicamentos contra lúpus, como a prednisona, talvez não precise da mesma quantidade, se também estiver tomando DHEA.

O DHEA é vendido em farmácias e lojas de produtos naturais em cápsulas de 25mg, embora um farmacêutico possa fazê-las com qualquer dose. Preste atenção a alguns produtos que indicam conter, mas não contêm, DHEA. Os fabricantes afirmam que, embora não sejam DHEA, eles são convertidos neste hormônio pelo organismo. Aconselho que você só compre um produto que indique claramente ser DHEA farmaceuticamente puro, isto é, de 98,8 a 99% de DHEA.

Algumas farmácias oferecem cápsulas de DHEA na forma micronizada: o pó é finamente moído para facilitar a absorção. As cápsulas de DHEA também estão disponíveis em uma forma de liberação temporal, que algumas pessoas consideram um modo rítmico mais natural, mas não pensamos que isso faça muita diferença. O importante é experimentar produtos diferentes e observar qual funciona da melhor maneira para você.

O DHEA também é vendido em uma forma de pílulas sublinguais: são colocadas sob a língua e se dissolvem.

As farmácias de manipulação oferecem DHEA em creme ou gel, que pode ser esfregado diretamente na pele. Se você o usa desta forma, precisa medi-lo cuidadosamente com uma pequena colher medidora, assegurando-se de estar recebendo a dosagem correta.

Diversos estabelecimentos vendem o DHEA na forma de gel transdérmico, em cômodas embalagens de bombear, de maneira que você consegue facilmente a dose certa simplesmente contando o número de bombadas. O gel funciona como o creme. Pode-se esfregá-lo na pele, através da qual é absorvido.

## Como Usar Colírio de DHEA para Conjuntivas Ressecadas

O Dr. Michael Zeligs, inventor deste colírio, e também o cientista que realizou os respectivos estudos, avisa que este procedimento ainda é experimental e deve ser usado sob a supervisão de um médico experiente. Este remédio pode ser obtido em qualquer farmácia especializada na manipulação de colírios. Peça ao seu médico uma receita baseada no seguinte:

A formulação é uma suspensão oftálmica de DHEA, com concentração de 0,25-0,5 (peso de DHEA por volume do veículo). Deve ser preparada empregando-se cristais de DHEA microfinos, de graduação farmacêutica, em suspensão de colírio lubrificante natural Tears II (Alcon Ophthalmic) ou outro produto lacrimal natural bacteriostático.

Para empregar o colírio, agite antes de cada uso e pingue duas gotas em cada olho antes de se levantar pela manhã, antes de se deitar, e pelo menos uma hora antes de colocar lentes de contato.

## Como Tomar Pregnenolona

A pregnenolona, o super-hormônio para o cérebro, é considerado por muitos como o mais potente intensificador de memória de todos os tempos. Estudos mostraram que a pregnenolona aumenta as sensações de bem-estar. É o super-hormônio que fará com que nos sintamos mais inteligentes e felizes. Também se mostrou um eficiente tratamento contra a artrite.

Por volta dos quarenta e cinco anos, nossos níveis deste hormônio começam a diminuir. Aos setenta e cinco, estamos produzindo 60% a menos do que produzíamos aos trinta. Como você pode saber se precisa restaurar seus níveis de pregnenolona aos da juventude? Primeiro, peça a seu médico que realize um exame de sangue ou perfil hormonal de saliva, para verificar se estes níveis, de fato, diminuíram. Segundo, observe sinais específicos de deficiência de pregnenolona. Se você acha que não pensa tão bem quanto costumava, que não está tão esperto ou inteligente quanto antes, deve estar na época de repor seus níveis de pregnenolona aos picos da juventude.

A pregnenolona é fácil de encontrar em farmácias de manipulação e lojas de produtos naturais, sob a forma de cápsulas ou pílulas sublinguais.

A dose normal é de 50mg diários. Aconselho a tomá-la pela manhã.

Se você toma pregnenolona para melhorar a função mental, deve observar uma pequena melhora algumas horas depois de tomá-la. Como seu efeito é cumulativo, os verdadeiros efeitos benéficos só serão sentidos com o tempo.

Se a usa para tratamento de artrite, precisará ser mais paciente. Os estudos mostraram que você só começara a se sentir significativamente melhor após várias semanas. Mesmo assim, creio que a espera vale a pena. Diferente de outros tratamentos contra a artrite, a pregnenolona é segura e não apresenta efeitos colaterais conhecidos.

## COMO TOMAR TESTOSTERONA

A testosterona é o hormônio do sexo e potência dos homens e mulheres. Nos homens, a testosterona pode deter e reverter o declínio físico que esgota suas energias, seu vigor e sua libido. Ela também reforça o tônus muscular e melhora a força física. Nas mulheres, este hormônio pode restaurar uma libido "em baixa" e melhorar a energia e vigor.

Embora a recuperação dos níveis de testosterona precise ser feita em ambos os sexos, a conduta variará de acordo com o sexo.

## TESTOSTERONA PARA HOMENS

Por volta dos cinqüenta anos, os níveis de testosterona começam a diminuir nos homens e para muitos este declínio é perceptível pelo modo como se sentem. Como um homem com aproximadamente esta idade, se você começar a experimentar uma alteração negativa na libido — isto é, não se interessar mais por sexo — e observar uma mudança de energia e disposição, deve mandar analisar seus níveis de testosterona. Como no caso do DHEA, seu médico empregará um exame de sangue padrão ou um perfil hormonal salivar (que testa sua saliva) para determinar estes níveis. Uma medida global do total de testosterona não é suficiente. Como previamente explicado, no capítulo

3, o clínico precisa verificar o nível de testosterona livre, ou não ligada, pois este é o meio de medir a quantidade real de testosterona disponível para uso em seu organismo.

A testosterona só pode ser comprada com receita médica.

As formas disponíveis para homens são várias. Eu e a maioria dos médicos não recomendamos que este hormônio seja tomado oralmente, porque, com o passar do tempo, a testosterona oral pode provocar danos ao fígado.

Uma escolha melhor é tomá-la sob a forma de injeções de 200mg. Dependendo da necessidade, elas são administradas a cada duas ou quatro semanas para homens com baixos níveis deste hormônio. As injeções são muito eficientes, e este é o método empregado com mais freqüência nas pesquisas que documentaram os benefícios da reposição de testosterona. O problema é que alguns homens não consideram os efeitos consistentes. Dizem sentir um tremendo aumento de energia durante a primeira semana após a injeção, mas esta sensação começa a se dissipar no decorrer de uma ou duas semanas. Recentemente, tornou-se disponível nos Estados Unidos um adesivo transdérmico de testosterona, que pode ser usado nas costas ou nádegas. (Em certa época, o único aprovado pela FDA tinha de ser usado na bolsa escrotal e não era tão confortável quanto estes novos.) Deve ser aplicado sobre a pele limpa e seca e trocado conforme as orientações. Alguns homens o preferem porque permite uma liberação mais constante do hormônio e, neste caso, não apresenta altos e baixos.

Os cremes e géis de testosterona vêm em diversas concentrações e são vendidos em farmácias de manipulação, popularizando-se cada vez mais por serem eficientes e relativamente fáceis de usar. Deve-se prestar atenção para aplicar a quantidade certa de creme, de maneira a obter a dose recomendada. Isso, de certo modo, é mais fácil no caso dos géis, fornecidos em embalagens com bombas que produzem o fluxo adequado.

As farmácias de manipulação oferecem a testosterona em pílulas sublinguais, que se dissolvem quando colocadas sob a língua. Esta forma é absorvida diretamente na corrente sangüínea, não passando pelo fígado, por isso não provoca os efeitos negativos sobre este órgão.

Antes de começar o uso da testosterona, e depois, periodicamente, o homem deveria fazer um exame de próstata e um teste de PSA (Prostate Specific Antigen — Antígeno Específico da Próstata), para detectar qualquer possibilidade de tumores latentes. Embora este hormônio não seja carcinógeno, ele pode estimular o desenvolvimento de tumores preexistentes. Os homens também precisam fazer exames de sangue periódicos, porque a testosterona aumenta o número de glóbulos vermelhos (esta é uma das razões pelas quais os homens se sentem tão energizados com este super-hormônio), não sendo aconselhável que este número aumente demasiadamente. Como observado antes, todos os homens deveriam fazer sempre estes testes como parte do seu exame físico anual, mas aqueles que tomam testosterona deveriam fazê-los com mais freqüência.

## TESTOSTERONA PARA MULHERES

A perda da libido que pode ocorrer com algumas mulheres após a menopausa é um sinal comum de deficiência de testosterona. Qualquer mulher que observe um declínio no impulso sexual e na energia após a menopausa deve pedir a seu médico para verificar os níveis deste hormônio. Se o nível de testosterona livre estiver abaixo do normal, talvez ela precise acrescentá-la ao seu coquetel de super-hormônios.

Para as mulheres que necessitam de complementação de testosterona, o truque é usar o mínimo possível para obter os resultados desejados. A dose para mulheres será significativamente menor do que a dos homens. Como no caso dos homens, não aconselho testosterona oral para mulheres, porque seu uso prolongado pode provocar danos ao fígado. Muitos médicos receitam esta forma, porque acreditam que a dose dada às mulheres é muito baixa para causar problemas. Além disso, elas não precisam tomá-la diariamente: talvez só alguns dias por mês. Muitas vezes a testosterona oral é combinada com o estrogênio e a progesterona. Mesmo assim, eu, pessoalmente, ainda acredito que existem alternativas mais seguras e melhores do que a forma oral.

As mulheres podem tomar a testosterona por via injetável ou, em alguns casos, por pílulas subcutâneas de liberação lenta, implantadas cirurgicamente sob a pele.

Embora o adesivo de testosterona não deva ser usado por mulheres, pois libera uma dose muito elevada, as farmácias de manipulação oferecem uma ampla gama de cremes e géis que podem ser friccionados diretamente sobre a pele (braço, perna ou abdome). São bastante eficientes e fáceis de usar.

Nas mulheres, o efeito da testosterona geralmente será sentido no decorrer de três ou quatro dias.

Com a dosagem correta, a maioria das mulheres pode usar testosterona com segurança e sem efeitos colaterais. Como regra, é melhor começar com a dose mais baixa e depois aumentá-la gradualmente até obter o resultado desejado, do que começar com dose elevada e diminuí-la posteriormente.

Como a testosterona pode aumentar os níveis de colesterol e abaixar o HDL, ou bom colesterol, em algumas mulheres, é importante a monitoração do colesterol enquanto a mulher estiver tomando o hormônio, o que sempre deveria ser feito.

## Como Tomar Estrogênio

O estrogênio (sozinho ou combinado à progesterona) já vem sendo receitado há décadas para milhões de mulheres após a menopausa. Embora o estrogênio tenha sido inicialmente usado no tratamento dos sintomas da menopausa, agora sabemos que ele faz mais, muito mais, em termos de ajudar a mulher a se manter jovem, forte e saudável durante toda a sua vida. Entre outras coisas, o estrogênio pode evitar a osteoporose, reduzir significativamente o risco de problemas cardíacos, melhorar a função mental e evitar a doença de Alzheimer, evitando até mesmo as rugas!

O estrogênio está disponível sob várias formas, que serão vistas a seguir. Todas as formas de estrogênio só podem ser obtidas com receita médica.

São tantos os médicos que receitam Premarin, uma forma de estrogênios conjugados produzida a partir da urina de éguas prenhes, que esta é a droga mais receitada nos Estados Unidos. As pílulas de Premarin são vendidas em concentrações de 0,625mg. A vantagem deste medicamento é que já foi bastante testado e aprovado. Já vem sendo usado há mais de cinqüenta anos com bons resultados. A desvantagem é que permite pouca flexibilidade na dosagem. Para ajustá-la, a pílula precisa ser quebrada em pedaços menores, uma tarefa nada fácil.

Atualmente, um número cada vez maior de médicos está prescrevendo estrogênio natural, ou estradiol, mais parecido com a forma de estrogênio produzida pelos ovários humanos. Estrace, uma forma de estrogênio micronizado, é a marca mais conhecida de estradiol.

O estrogênio oral é tomado diariamente, mas se a mulher apresentar fortes sintomas, seu clínico talvez recomende que ela divida a dose, tomando uma vez pela manhã e outra à noite. Este método parece-se mais com o modo como o estrogênio é normalmente produzido pelo organismo.

Uma das vantagens do estradiol é que as farmácias de manipulação fazem cápsulas com praticamente qualquer dosagem. Talvez sejam necessários vários ajustes antes que a mulher encontre seu nível certo de estrogênio, e quanto mais flexibilidade seu médico lhe proporcionar para alterá-la, melhor.

Também se encontra o estrogênio em adesivos transdérmicos (Estraderm), que liberam estradiol em doses de 0,05 e 0,1mg. É aplicado no abdome ou nádegas, usado todos os dias e substituído duas vezes por semana. Algumas mulheres desenvolvem uma irritação por causa do adesivo, que pode ser evitada alternando-se seu local de aplicação. Este é o método preferido pelas mulheres com problemas no fígado ou vesícula biliar, pois o super-hormônio é absorvido diretamente pela corrente sangüínea através da pele, não passando pelo fígado. Além disso, as mulheres com pressão alta e história de coágulos sangüíneos se sentem melhor com o adesivo, uma vez que o estrogênio oral pode agravar estas condições.

As farmácias de manipulação oferecem uma série grande e muito popular de estrogênios em cremes e géis. Uma forma mais fraca de estrogênio, o estriol, é usado em um creme para pele que pode ser aplicado diretamente na vagina, sendo excelente para ajudar no tratamento do trato urinário e problemas vaginais que podem aparecer por deficiência de estrogênio. Em alguns casos, mesmo que a mulher esteja usando o adesivo ou os tabletes, ocasionalmente precisará usar também um creme vaginal. Para tratar destes problemas, o creme geralmente é usado três vezes por semana até que se obtenha a cura.

Os cremes e géis de estrogênio funcionam bem para aliviar os sintomas de muitas mulheres. Os cremes geralmente são inseridos na vagina com um aplicador. Os géis podem ser friccionados diretamente em qualquer área da pele. Ainda não foram realizados estudos suficientes para determinar se os cremes e géis são tão eficientes quanto os estrogênios orais em termos de prevenção de osteoporose e proteção contra problemas cardíacos, de modo que ainda não sabemos se é difícil manter, topicamente, um nível certo de estrogênio.

Estudos sobre o adesivo — que também libera estrogênio através da pele — mostram que ele consegue evitar a perda óssea e que exerce um efeito benéfico sobre o colesterol. O importante é que, independente da forma empregada, você deve mandar analisar seus níveis sangüíneos periodicamente, para se assegurar que está recebendo quantidades suficientes deste super-hormônio não apenas para aliviar sintomas específicos, mas também para se proteger contra a osteoporose e os problemas cardíacos.

Antes da mulher começar a tomar estrogênio, deve fazer uma mamografia e um exame manual dos seios, para se assegurar de que não tem algum tumor não detectado previamente. O estrogênio não é carcinógeno e inclusive protege contra o câncer de cólon, mas pode promover o desenvolvimento de tumores já existentes nos seios. No entanto, alguns estudos sugerem que, ao contrário do estradiol ou dos estrogênio conjugados, o estriol, um estrogênio muito fraco, não estimula o desenvolvimento de tumores preexistentes nos seios, conseguindo até inibir a formação destes tumores. Em alguns casos o creme de estriol pode ser receitado para mulheres que tiveram câncer de mama e que sofrem de atrofia vaginal e outros problemas relacionados à menopausa.

Algumas farmácias de manipulação oferecem combinações de estrogênio, principalmente estradiol, estriol e estrone, em cápsulas ou gel. Esta formulação é conhecida como "Tri-estrogen" e defendida por pessoas que consideram que, como os ovários femininos produzem três tipos de estrogênio, é importante substituir todos eles. Em outras farmácias só se encontra uma combinação de estriol e estradiol. Para ser sincero, não tenho certeza se o tipo de estrogênio natural faz uma diferença tão grande, e penso que a preocupação verdadeira deve ser encontrar a medicação que faça com que a mulher se sinta o melhor possível. Como duas mulheres não são exatamente iguais, cada uma precisa tentar alguns tipos diferentes de estrogênio antes de encontrar aquele que é o certo para ela. Creio que quanto mais opções disponíveis, melhor.

O estrogênio, sob a forma de estradiol natural, também pode ser encontrado nas farmácias de manipulação como pílulas subcutâneas cirurgicamente implantadas, que liberam o estrogênio para o organismo lenta e naturalmente. Estas pílulas podem ser usadas por mulheres que não respondem bem às outras formas de estrogênio.

Houve época em que as mulheres que tomavam estrogênio oral ou usavam o adesivo eram aconselhadas a usá-los durante três semanas do mês e então parar uma. Esta conduta acompanhou o modo como os contraceptivos orais eram tomados. Este não é mais o método ideal de tratamento, porque muitas mulheres disseram que se sentiam muito mal durante a semana em que não tomavam o estrogênio, e não há razão para que elas passem uma semana por mês sentindo desconforto. Hoje em dia recomendamos que usem o estrogênio todos os dias, mantendo um nível mais normal e natural. (Aconselhamos que o usem até nos dias em que tomam progesterona, como explicarei a seguir.)

Se você usa estrogênio sob qualquer forma e não sofreu histerectomia, precisa usar outro super-hormônio: a progesterona.

## Se Eu Fumo, Posso Usar Estrogênio?

Eu não aconselho, e na verdade esta é uma das melhores razões para a mulher deixar de fumar antes de chegar à menopausa. A mulher que fuma e usa estrogênio está sujeita a desenvolver coágulos sangüíneos potencialmente perigosos. Fumar também aumenta os riscos de desenvolvimento de osteoporose e problemas cardíacos, duas doenças que o estrogênio ajuda a evitar. Se você fuma, a melhor coisa a fazer para si mesma é parar. Quando estiver livre do cigarro, pode pensar em começar seu regime de super-hormônios, recuperando a saúde, prolongando a vida e aumentando a vitalidade!

## Como Tomar Progesterona Natural

A progesterona natural é um super-hormônio que trabalha com o estrogênio, ajudando a manter o equilíbrio hormonal natural do organismo feminino. Como o estrogênio estimula o desenvolvimento do revestimento uterino, receita-se junto com ele a progesterona, para que aquele revestimento não desenvolva hiperplasia, uma condição pré-cancerosa potencialmente perigosa. A progesterona também oferece alguns benefícios próprios, e os dois juntos são ingredientes importantes no coquetel de super-hormônios da mulher.

A marca de progesterona mais comumente receitada é a versão sintética, Provera, ou medroxiprogesterona. A dose usual é de 5 a 10mg durante dez a quinze dias por mês. Depois da parada da progesterona, geralmente ocorre um leve período menstrual, pelo menos durante os primeiros anos de estrogênio/progesterona, até que o útero pára de funcionar completamente. Para evitar o período mensal, alguns clínicos receitam doses diárias muito baixas de progestina, o que evita que o revestimento uterino se desenvolva. Muitas mulheres, entretanto, não gostam de tomar progestina diariamente, por isso este método está se tornando cada vez menos popular.

Como a progestina pode apresentar alguns efeitos colaterais desagradáveis, como inchação e dor de cabeça, mais e mais médicos estão se voltando para a progesterona natural, praticamente sem qualquer diferença em relação à produzida pelos ovários. A progesterona natural tem menos tendência a causar efeitos colaterais e as mulheres se sentem bem ao tomá-la! (É por isso que eu a considero o super-hormônio do bem-estar feminino.)

A progesterona natural pode ser encontrada, sob receita médica, em cápsulas, cremes e gel. (Em qualquer farmácia ou loja de produtos naturais também é vendido um creme com baixa dosagem de progesterona.)

As farmácias de manipulação também vendem cápsulas de progesterona micronizada. O único problema com a progesterona natural oral é que ela é processada com muita rapidez pelo organismo, por isso as mulheres que a tomam têm de fazê-lo duas vezes ao dia — uma vez pela manhã e outra à noite, geralmente durante dez a quatorze dias por mês. Algumas farmácias de manipulação oferecem progesterona sob a forma de pílulas sublinguais.

Também existem cremes, géis e supositórios de progesterona, em diversas concentrações. Estas farmácias oferecem qualquer combinação concebível de estrogênio/progesterona e em todas as dosagens possíveis. Isso permite ao médico adaptar a receita a cada paciente.

A progesterona que pode ser comprada em qualquer lugar está ganhando popularidade como tratamento para os sintomas da menopausa. A quantidade de creme normalmente usada é 1/4 a meia colher de chá aplicada duas vezes por dia (manhã e noite) no abdome, costas, ombros, pescoço, braços e rosto. Estes cremes talvez não sejam suficientemente fortes para evitar o desenvolvimento do revestimento uterino, e se você está usando um creme com baixa dosagem de progesterona e estrogênio, seu médico precisa monitorar cuidadosamente seus níveis sangüíneos, para ter certeza de que você recebe quantidades suficientes de progesterona.

## COMO TOMAR HORMÔNIO TIREÓIDEO

Considero o hormônio tireóideo o "energizador" porque ele fornece energia e "combustível" para literalmente todas as células do corpo. Os principais sintomas do hipotireoidismo — uma deficiência da tireóide — são fadiga, pouca energia, letargia, esquecimento, confusão mental, depressão e suscetibilidade a infecções. Como o hormônio tireóideo ajuda a controlar a temperatura do corpo, a sensibilidade ao frio também é um sinal de falta deste super-hormônio. Quando os níveis baixos deste hormônio voltam ao normal, as pessoas sentem-se recarregadas, recuperando a energia e a saúde.

Embora os níveis do hormônio tireóideo diminuam à proporção que envelhecemos, nem todos experimentarão este declínio com a mesma intensidade. Algumas pessoas necessitarão de suplementos; outras, não. Como você pode saber se tem deficiência de hormônio tireóideo? Um médico que suspeita de um problema de tireóide pedirá um exame de sangue para determinar os níveis dos principais hormônios tireóideos, T3 e T4, além dos níveis do hormônio estimulador da tireóide (*thyroid-stimulating hormone*), conhecido como TSH. Baixos níveis de T3 ou T4 são um sinal evidente de que você não está produzindo hormônio tireóideo suficiente, e um nível elevado de TSH também significa problemas: a pituitária está tentando estimular a tireóide a produzir mais hormônio. Este hormônio é transportado através da corrente sangüínea em uma proteína chamada transtiretrina. Também é aconselhável verificar os níveis de transtiretrina, ou anticorpos tireóideos, principalmente se os outros testes forem normais e o paciente mostrar os clássicos sinais de deficiência de hormônio tireóideo.

Como a tireóide controla a temperatura do corpo, outra maneira simples de observar seu funcionamento é medir a temperatura basal logo pela manhã. Para isso, simplesmente coloque um termômetro na axila durante dez minutos, imediatamente após acordar e antes de sair da cama. Se esta temperatura estiver abaixo de 36,3°C, é sinal que sua tireóide não está funcionando bem, e você provavelmente precisará acrescentar hormônio tireóideo ao seu coquetel de super-hormônios.

Só se pode comprar hormônio tireóideo com receita médica e você precisa ser monitorado pelo seu médico com mais freqüência do que no caso de alguns outros super-hormônios. Em doses muito altas, podem ocorrer agitação, irritabilidade e, ainda mais grave, palpitações cardíacas. Se um paciente que toma hormônio tireóideo experimentar qualquer destes sintomas, deve chamar imediatamente o médico. Uma dose muito baixa, no entanto, não será eficiente. Um paciente com níveis sangüíneos corretos de hormônio tireóideo também pode precisar de aumento na dosagem, caso os sintomas não melhorem. O importante é descobrir a dose adequada para cada paciente, e por isso o paciente deve trabalhar junto com seu médico.

O hormônio é encontrado em pílulas e cápsulas, sempre na forma oral.

Os médicos, rotineiramente, receitam a forma sintética deste super-hormônio, vendido com o nome comercial de Synthroid, contendo T4, um tipo de hormônio tireóideo. Em alguns casos, podem receitar uma versão sintética de T3, chamada Cytomel.

As farmácias de manipulação oferecem uma forma natural, um produto de origem animal, usado muito antes de existirem as versões sintéticas. Estas estão mais uma vez se popularizando e fornecem uma combinação de T3 e T4 similar ao hormônio produzido pela glândula tireóide.

Não existe melhor forma de hormônio tireóideo, e o tratamento variará de acordo com as necessidades de cada pessoa.

## Como Tomar Hormônio de Crescimento Humano

Assim como os outros super-hormônios, os níveis do hormônio de crescimento atingem um pico aproximadamente aos vinte anos de idade e começam um declínio lento, mas gradual, no decorrer da vida adulta. No entanto, nem todos precisarão repô-lo, como, provavelmente, a maioria das pessoas saudáveis que já tomam outros super-hormônios, o que já expliquei antes, no capítulo 8.

Existem pessoas, contudo, que precisarão usar o hormônio de crescimento, e para elas este super-hormônio pode ser um verdadeiro salvador da vida. Considero-o o super-hormônio "restaurador" e creio que seus efeitos positivos serão mais sentidos por aqueles que mais precisam dele — os que sofrem de problemas específicos, como doenças renais, arritmias ou síndromes desgastantes. Só se consegue adquirir o hormônio de crescimento com receita médica, sendo bastante dispendioso. Um ano de tratamento pode custar entre nove mil e doze mil dólares.

Os médicos que receitam este hormônio aos seus pacientes como uma ferramenta contra o envelhecimento geralmente também lhes dão seringas previamente medidas, para que eles mesmos se injetem. Embora os regimes variem de médico para médico, um regime típico pode ser de quatro a oito U.I. (Unidades Internacionais) de hormônio de crescimento por semana, tomado em doze doses por um período de seis dias. Um usuário deste hormônio geralmente se dará uma injeção pela manhã e outra à noite.

O hormônio de crescimento pode provocar efeitos colaterais, como inchação dos tornozelos, síndrome do túnel do carpo e diabetes, por isso é fundamental que quem o toma seja constantemente monitorado por um médico.

Creio ser possível obter muitos dos benefícios do hormônio de crescimento tomando os outros super-hormônios, principalmente o DHEA, a melatonina, a pregnenolona, o estrogênio e a testosterona, todos baratos, fáceis de obter e sem efeitos colaterais. O exercício vigoroso (correr, treinar com pesos ou fazer ginástica aeróbica), realizado pelo menos três vezes por semana, também estimulará a liberação natural do hormônio de crescimento pelo organismo.

## Como Tomar Melatonina

A melatonina é o "hormônio miraculoso", que pode nos ajudar a conservar um corpo jovem e forte, na sua "condição de juventude", independente da nossa idade. É o único super-hormônio que comprovou, em estudos com animais, ter a capacidade de deter o processo de envelhecimento e prolongar a vida. Pela reposição da melatonina aos níveis da juventude, podemos viver mais tempo, mais saudáveis e com uma vida mais plena.

A melatonina também é um maravilhoso auxiliar do sono e uma cura comprovada para o *jet lag*, e eu lhe direi como usá-la em ambos os casos.

A questão sobre quando você deve tomar melatonina, e em que quantidade, dependerá do problema que está tentando resolver, por isso dividirei estas orientações em seções separadas com informações sobre doses e instruções para cada área específica de problema em que a melatonina atua.

**Reversão do envelhecimento** Nossa estratégia de reposição de melatonina é repô-la aos níveis de quando tínhamos uns vinte anos de idade. Depois, eles diminuem gradualmente, até nossos quarenta, quando ocorre um declínio dramático na produção deste hormônio. Nossa estratégia básica é inverter esta curva descendente e manter os níveis constantes, no seu pico da juventude, o que não é difícil de se fazer. É necessário apenas que aumentemos estes níveis até a linha de base da juventude, então tomamos uma dose pequena aos quarenta, um pouco mais alta aos cinqüenta, mais ainda aos sessenta e assim por diante. Deste modo restauramos o funcionamento do nosso relógio de envelhecimento orgânico — a glândula pineal — e ajudamos a conservar nosso corpo em condições jovens.

Para manter nossos níveis de melatonina em seus picos da juventude, recomendamos as seguintes dosagens nas idades que se seguem. Estas doses baseiam-se nos níveis normais deste hormônio em adultos à proporção que envelhecem, e a quantidade de suplemento necessária para restaurá-los aos picos da juventude. Recentemente tornou-se disponível um teste de saliva, que permitirá medidas ainda mais precisas dos níveis e da quantidade necessária para reposição.

| Idade | Dose de Melatonina |
|---|---|
| 40-45 | Tomar de 0,5 a 1mg ao deitar |
| 45-55 | Tomar de 1 a 2mg ao deitar |
| 55-65 | Tomar de 2 a 2,5mg ao deitar |
| 65-75 | Tomar de 2,5 a 5mg ao deitar |
| 75 e acima | Tomar de 3,5 a 5mg ao deitar |

Você observará que eu recomendo firmemente que a melatonina seja tomada na hora de deitar, que há algumas variações na dosagem e que a faixa aumenta com a idade. Em muitas pessoas este hormônio provoca sonolência. Pacientes altamente suscetíveis às propriedades de indução de sono podem achar que a dose recomendada os deixa com uma sensação de embriaguez pela manhã. Aconselho que reduzam sua dose em aproximadamente 0,5mg de cada vez até que descubram a quantidade certa.

Na sua farmácia ou loja de produtos naturais você encontrará melatonina em cápsulas e tabletes, tipicamente em concentrações de 1,0, 1,8, 2,0, 2,5 e 3mg. Se a sua dosagem é mais baixa, faça o seguinte: se está usando tabletes, quebre-o no tamanho necessário, por exemplo, se você tem um tablete de 2,0mg e quer uma dose de 1,0mg, quebre-o ao meio. Se quiser 0,5mg, quebre-o em quatro partes.

Se você usa cápsulas e tem, digamos, uma de 3mg e quer 1mg, esvazie seu conteúdo em um pires. Para a primeira dose, misture aproximadamente 1/3 do total com um pouco de líquido. (Guarde o restante em um pires coberto no refrigerador.) Para a segunda dose, misture metade do restante com um pouco de líquido. Para a terceira dose, misture o restante com um pouco de líquido. (As farmácias de manipulação podem fazer qualquer concentração em cápsulas ou tabletes sublinguais.)

A melatonina só deve ser tomada à noite, mais ou menos meia hora antes de dormir. Depois de tomá-la, não comece qualquer atividade que requeira um estado alerta, de atenção, como dirigir automóvel ou operar máquinas. Embora ela não faça com que se sinta "drogado", efeito provocado pelas pílulas narcóticas para dormir, você pode se sentir relaxado e sonolento, pronto para ir dormir. Evite aumentar a sonolência com tranqüilizantes, anti-histamínicos, bebidas alcoólicas ou narcóticos.

Existem duas formas de melatonina no mercado: a sintética e a assim chamada melatonina natural, feita com o extrato da glândula pineal de animais. Nós preferimos e recomendamos a sintética. Na farmácia ou loja de produtos naturais poderão ajudá-lo a escolher o produto correto.

**Para melhorar o sono** Para problemas de sono, recomendamos tomar entre 1 e 5mg ao deitar, para a recuperação dos padrões normais de sono. O efeito da melatonina variará de indivíduo para indivíduo. Algumas pessoas considerarão que uma dose mais baixa é suficiente para obter uma boa noite de sono. Outros necessitarão de doses mais elevadas. Para determinar sua dosagem exata, aconselhamos que comece com 1mg ao deitar. Mesmo que esteja dormindo bem, recomendamos que tome melatonina durante duas semanas para "reajustar" o seu relógio orgânico e recuperar seu horário normal de dormir. Após este período, você provavelmente pensará que seu relógio interno foi acertado, e talvez não queira mais tomar o hormônio para dormir. Se não conseguir pegar no sono, entretanto, pode continuar a tomar sua dose habitual de melatonina na hora de dormir.

Se seus problemas de sono não foram solucionados — se, por exemplo, ainda estiver acordando à noite com muita freqüência — aumente de 1 para 2mg a dose da noite seguinte. Continue a aumentar 1mg a cada noite (até 5mg ou mais) até que durma adequadamente e se sinta revigorado pela manhã.

Se seu problema for insônia e você não conseguir adormecer meia hora após tomar melatonina, aumente em 1 a 2mg a dose na mesma noite. Se a dose de 2mg não funcionar em dez minutos, aumente-a em mais 1mg (até 3mg). Se ainda não caiu no sono (o que é duvidoso), pode continuar aumentando a dose em incrementos de 1mg a cada vinte minutos, até chegar a um máximo de 5mg.

Se você acha que, após tomar melatonina à noite, acorda com uma sensação de embriaguez, este é um sinal de que sua dose está muito alta, sendo necessário reduzi-la. Para você, de 0,1 a 0,5mg devem ser suficientes.

***Jet Lag*** é causado por uma interrupção nos ciclos circadianos, provocada por vôos que cruzam fusos horários. A melatonina é uma cura comprovada para este problema. Ao tomá-la, você consegue "reajustar" seu relógio orgânico, adaptando-se rapidamente às alterações de horário. Eis o que precisa fazer: se está fazendo uma viagem envolvendo cruzamento de fusos horários, simplesmente tome, quando chegar ao novo destino, de 3 a 5mg de melatonina antes de dormir. Continue a tomá-la durante, aproximadamente, quatro noites, até que seu organismo esteja totalmente ajustado. Se acordar muito cedo no novo destino, pode tomar mais 3 a 5mg para ajudá-lo a pegar novamente no sono. Quando voltar para casa, reajuste seu relógio orgânico tomando de 3 a 5mg de melatonina antes do seu horário normal de dormir, até que tenha se tenha readaptado à mudança. Muitas pessoas alegam que, com a melatonina, não experimentam qualquer dos sintomas normalmente associados ao cruzamento de fusos horários.

**Nota** Quem toma antidepressivos, anti-histamínicos, anti-hipertensivos e outros agentes que afetam a disposição e o sono deve consultar seu médico.

# Posfácio

## Cumprindo a Promessa do Super-hormônio

DURANTE MILHARES de anos os cientistas assumiram que o processo de envelhecimento era tão inevitável quanto a passagem do próprio tempo. Consideraram o envelhecimento como sinônimo da deterioração física e mental que todos nós chegamos a aceitar como função normal de ficarmos mais velhos. Esperamos que *Super-hormônio* ajude a inspirar os leitores com sua mensagem de afirmação de vida, que se sentirão encorajados pelo que isso significa em seu futuro e, finalmente, que incentive uma alteração na maneira com que a maioria de nós, inclusive clínicos e a profissão médica, geralmente considera o envelhecimento.

Um novo modelo de envelhecimento já foi obtido, um modelo que acompanha a nova realidade. Os gerontólogos foram treinados a considerar o envelhecimento como uma coleção aleatória de doenças isoladas. Os clínicos se esforçam, com a melhor das boas intenções, para tratar de pacientes idosos, à proporção que aparecem com doenças degenerativas como a osteoporose, que pode levar ao colapso vertebral e às fraturas de quadris; adultos com início de diabetes; problemas nas artérias coronárias e ataques cardíacos; derrame cerebral; doença de Alzheimer e câncer.

Precisamos reconhecer que esta conduta não é suficiente. Estes são somente sintomas da doença subjacente — sem dúvida a principal —, que é o próprio envelhecimento. A cura já está à mão, mas precisamos aproveitá-la.

Não desenvolvemos estas doenças porque o tempo nos esgotou. O inimigo não vem de fora; ele golpeia de dentro, do interior. Caímos presas destas doenças associadas à idade avançada porque nosso organismo parou de produzir os super-hormônios adequados à conservação de nossos sistemas equilibrados e na melhor forma. O que nos torna tão vulneráveis na idade avançada tem pouco a ver com os diversos desafios do mundo exterior. Tem a ver com uma mudança interior, que mina a integridade dos nossos sistemas orgânicos, assim enfraquecendo nossa primeira linha de defesa.

A novidade é que agora sabemos que podemos intervir neste processo. Como tentamos mostrar em *Super-hormônio*, ao seguir o projeto da natureza, repondo os super-hormônios em seus picos adultos, você pode prolongar a vitalidade da juventude e a duração da sua vida. A promessa do super-hormônio não é apenas acrescentar alguns anos e possivelmente décadas à sua vida, mas também, e mais importante, que você viverá estes anos mais forte, com corpo e mente que não foram enfraquecidos pelos estragos que costumamos associar ao envelhecimento. Você pode se poupar das doenças do envelhecimento que, de outro modo, o privariam da qualidade de vida que lhe é de direito, evitando a doença do próprio envelhecimento.

O tempo não vai parar. Os anos ainda continuarão passando, mas, conforme o tempo passar, você pode continuar feliz, sexualmente ativo, vigoroso e forte, buscando suas esperanças e sonhos, e não aprisionado à deterioração física e mental! Em suma, você não terá de experimentar o declínio nas funções físicas e mentais que durante tanto tempo fomos obrigados a aceitar como envelhecimento normal.

Considero ironia que apesar da óbvia debilidade e dependência associadas ao envelhecimento, a comunidade médica relute em chamá-lo de doença. Ainda mais alarmante é a tendência dos clínicos e pesquisadores em considerar "normais" as doenças físicas quando o paciente já é de certa idade.

Quando cruzam o limiar para a meia-idade, suas queixas ao médico quanto à fadiga talvez provoquem respostas como: "Bem, o que espera na sua idade?" Ou se reclama de um jogo de tênis cansativo, provavelmente ouvirá: "Bem, você já está com quarenta e dizem que as pernas cansam primeiro." Pior ainda, se uma pessoa mais idosa tem um nível elevado de açúcar no sangue ou se queixa de pequenos problemas de memória, geralmente lhe dirão: "Isso é normal na sua idade." Em outras palavras, o que tende a ser considerado doença em pessoas jovens, é simplesmente considerado como parte "normal" do processo de envelhecimento em pessoas mais velhas. Posso lhe assegurar, estes sintomas não são normais em idade alguma. Segundo o meu modo de pensar, nada há de "normal" no processo de envelhecimento, porque o processo de doença também não é normal.

Este tipo de conduta não deveria ser tolerado pelos (ou vindo dos) profissionais de saúde. No passado, isto talvez fosse compreensível, uma vez que não havia escolha, a não ser aceitar este destino com força impassível. Mas hoje temos escolha, e nossas expectativas devem e precisam mudar. Com os super-hormônios, temos agora o conhecimento e os instrumentos para intervir de maneira significativa no processo de envelhecimento. Não precisamos mais ficar sentados, esperando passivamente que nosso corpo, mente e espírito se deteriorem. Sabemos por que envelhecemos e, mais importante, agora sabemos como parar o processo de envelhecimento.

Vinte anos de pesquisa científica me mostraram que a razão pela qual envelhecemos, o motivo de experimentarmos o íngreme declínio conhecido como "senescência", é devido ao enguiço do nosso relógio de envelhecimento orgânico. Quando este relógio começa a parar, ocorre uma diminuição dos nossos níveis de super-hormônios, o que, por sua vez, provoca o colapso de virtualmente todos os nossos sistemas vitais. Restaurando os níveis de super-hormônios aos níveis adultos, evitamos este processo. Os super-hormônios permitirão que empreguemos nosso potencial em qualquer idade, quer estejamos na nossa quinta ou na décima segunda década.

O poder dos super-hormônios já está sendo sentido em toda a comunidade médica, em consultórios e laboratórios de pesquisa por todo o país e pelo mundo. Os médicos já receitam super-hormônios a seus pacientes, e agora que quatro deles — DHEA, melatonina, pregnenolona e creme de progesterona natural — podem ser encontrados em qualquer farmácia ou loja de produtos naturais, mais e mais pessoas desejarão ter acesso a eles, na revolução contra o envelhecimento que está agitando o mundo.

Também espero sinceramente que o poder dos super-hormônios logo seja sentido nos saguões do NIA (National Institute on Aging — Instituto Nacional Sobre o Envelhecimento) e pelas agências especializadas do governo. No ano 2030, existirão 52 milhões de americanos com mais de setenta anos, jogando uma tremenda carga na nossa Social Security Agency (Agência de Seguro Social) e outros programas governamentais que beneficiam pessoas idosas. Manter pessoas saudáveis e economicamente independentes também é de interesse nacional. Se não adotarmos medidas para curar a doença do envelhecimento, uma população envelhecida se tornará uma carga financeira cada vez mais pesada sobre nossos filhos e netos.

Cumprir a promessa do super-hormônio é, no final das contas, muito mais do que a simples reposição dos super-hormônios aos níveis da juventude como instrumento de rejuvenescimento. Significa mudar condutas obsoletas e antiquadas sobre o envelhecimento, que nos atrapalham e evitam que aprendamos mais sobre a biologia do envelhecimento. Cumprir a promessa significa nos libertarmos de preconceitos e estereótipos que dificultam nossa capacidade de viver mais e melhor.

WILLIAM REGELSON, M.D.
Agosto de 1996

APÊNDICE

# DHEA (Desidroepiandrosterona) — Um Esteróide Pleiotrópico. Como um Esteróide Consegue Tantas Coisas?

WILLIAM REGELSON, M.D., E
MOHAMMED Y. KALIMI, PH.D.*

## Introdução

A DESIDROEPIANDROSTERONA (DHEA) é o esteróide mais abundante em humanos, segregado basicamente pelo córtex supra-renal, mas também sintetizado pelo cérebro e pela pele. Até recentemente, este hormônio só era considerado um importante intermediário na síntese dos esteróides sexuais. Agora já ficou evidente que o DHEA possui ações fisiológica e biológica próprias, ou seus efeitos podem ser mediados pela ação moderadora dos glicocorticóides.[1-7]

O DHEA diminui com a idade, de modo que um indivíduo com seus oitenta anos talvez só produza 10-20% do que era produzido na sua segunda década de vida.[8-10] Além disso, como relatado nos estudos epidemiológicos de Barret-Connors *et al.* e outros,[10-12] níveis mais elevados de DHEA na circulação protegem os homens contra a mortalidade coronária.

*Departamentos de Medicina e Fisiologia, Medical College of Virginia, Virginia Commonwealth University, Richmond, Virgínia.

O DHEA estimula a sensibilidade imunológica,[2,13] afeta o funcionamento do sistema nervoso central (CNS),[14] inibe a carcinogênese[3,15,16] e altera a atividade celular e o metabolismo da gordura.[5,17,18]

O DHEA é um neuroesteróide sintetizado pelas células oligodendrogliais no cérebro,[19,20] e além do processamento hepático, pode ser metabolizado pela pele, células cromófilas, cérvice grávida e outros tecidos sensíveis aos esteróides sexuais.[6,21] Nos humanos, o DHEA, na maioria das pessoas, é rapidamente sulfatado, e este derivado sulfatado (DHEA-S)* é a forma predominante em circulação.[22]

É evidente que este hormônio não é só um simples intermediário no percurso metabólico dos hormônios sexuais, nem pode ser considerado como um "androgênio fraco". O DHEA tem efeitos pleiotrópicos** dependentes do seu modo de liberação, metabolismo, idade, sexo e interação com os tecidos. Desta maneira, ele é importante para uma ampla gama de respostas fisiológicas.[1-7] Nós comparamos o DHEA a um "hormônio tampão", cujas ações são governadas por uma "dependência de condições".[3,21,22] A "dependência de condições" descreve a ação de um hormônio baseada em como ele se expressa sob características fisiológicas particulares, independente do efeito desejado em um órgão específico.

Desde 1966, apareceram mais de 5.500 artigos sobre o DHEA. Esta extensa literatura sugeriu um papel do DHEA nas seguintes condições: diabetes, gota, obesidade, aterosclerose, carcinogênese, desenvolvimento de tumores, neurite, gravidez, hipertensão, colagenose, crescimento capilar, integridade da pele, fadiga, depressão, memória, infecção bacteriana e virótica, resposta imunológica e estresse.[1-4] Além disso, a atividade do DHEA é parecida com a dos digitálicos, podendo afetar sistemas enzimáticos, como a glicose-6-fosfato desidrogenase,[3] e na proteína envolvida com a divisão celular.[23]

Com os diversos efeitos fisiológicos, biológicos e bioquímicos envolvendo vários tipos de células, tecidos e órgãos,[1-7] precisamos perguntar como este esteróide pode ter tamanho efeito em uma variedade tão grande de eventos fisiológicos ou fisiopatológicos, desde a

---

*Salvo quando indicado, DHEA e DHEA-S (a forma sulfatada) serão mencionados como DHEA.

**Pleiotrópico — a qualidade de ter afinidade com diversos tipos de tecido. Genética: manifestar-se em uma multiplicidade de modos, produzindo, no fenótipo, efeitos que, aparentemente, não se relacionam (*Dorland's Medical Dictionary*, 25ª edição).

carcinogênese até a memória. Temos que analisar se a recuperação do DHEA aos valores da juventude consegue neutralizar o declínio associado ao envelhecimento, para vermos se ele pode modificar aquela característica de doença. Para entendermos melhor o papel funcional do DHEA, temos que considerá-lo um paraendócrino, diferente de sua ação como hormônio excitatório no sentido clássico.

É importante observar que em todas as pesquisas sobre DHEA é necessário distinguir entre os estudos envolvendo dosagem de substituição fisiológica *versus* efeitos farmacológicos produzidos pela sua dosagem bem acima das normas fisiológicas. Também é preciso reconhecer que as mulheres respondem ao DHEA de maneira diferente da resposta clínica dos homens. O DHEA, uma característica básica da fisiologia humana e primata, não é um dos principais metabolizadores em outras espécies de mamíferos.

Recentemente, Etienne-Emile Baulieu, a química que primeiro identificou o DHEA,[24] demonstrando sua síntese no cérebro, foi alvo da imprensa popular, quando declarou que o DHEA era "a chave para a reversão dos sintomas do envelhecimento". Baseava-se em um relatório recente do grupo Yen,[9] mencionando o efeito do DHEA contra a fadiga nos idosos. Esta observação não deveria causar surpresa, pois o DHEA, chamado de "prasterone" ou, quando combinado ao estrogênio, "astenile", já é usado na Europa, para tratamento de fadiga e depressão em mulheres após a menopausa, há mais de quinze anos.[1-3]

Em termos do seu mecanismo de ação, o DHEA pode ser um "anti-hormônio" que "talvez não sirva para 'excitar', no sentido clássico da ação hormonal, mas 'desexcitar' processos metabólicos com produção excessiva quando há baixa produção de DHEA".[21] Neste caso, o DHEA age atenuando ou lutando contra a ação dos corticosteróides (GCS), reparando os danos induzidos pelo estresse aos tecidos, ação que consideramos crítica à expressão das doenças degenerativas do envelhecimento.[3,7] Apoiando ainda mais esta idéia, o DHEA modula a produção de insulina,[25-28] e já se revelou como o mais potente indutor do peroxissoma, uma importante organela que metaboliza lipídios, estimulando a formação de catalase, e que pode neutralizar peróxidos que contribuem para a geração dos radicais livres responsáveis pelos danos aos tecidos e pelo envelhecimento.[29] O DHEA estimula a atividade da catalase no fígado. Esta hemoproteína faz parte daquelas enzimas "devoradoras" cujos níveis elevados determinam a diferença entre as espécies de vida longa e as espécies de vida curta.[30]

O DHEA, além de se opor à ação inibidora dos GCS na resposta do sistema imunológico, também bloqueia sua ação na função hepática e da gordura castanha.[31,32] Em estudos imunológicos, sugerimos que a ação anticorticóide ou de alívio do estresse do DHEA poderia ser importante para a inibição da expressão clínica da doença virótica ou infecciosa degenerativa.[1-4] Contudo, clinicamente, os níveis de DHEA e seu metabólito sulfatado, DHEA-S, nem sempre se correlacionam com as elevações da resposta do cortisol associada ao estresse,[6,20,21] mas existem correspondências significativas entre a gravidade da doença, estresse crônico e baixos níveis de DHEA.[3,6]

Já foram publicadas revisões atualizadas sobre a ação do DHEA e apresentações mais específicas quanto aos seus efeitos sobre a imunidade,[2] doenças cardiovasculares,[3,11,12] obesidade,[17,18] secreção androgênica,[6] carcinogênese,[15,16] função hepática,[3,15,16,33,34] metabolismo mitocondrial,[5,35,36] ação da insulina[25-28] e disponibilidade de receptores,[1,2] muitos dos quais no nosso texto,[1] e no recente artigo da New York Academy of Sciences (Academia de Ciências de Nova York).[2,4]

## DHEA: Estrutura e Metabolismo (Figura 1)

A origem do DHEA é a pregnenolona derivada do colesterol. O DHEA é um esteróide C-19, controlado pelo ACTH, do grupo dos androgênicos das supra-renais, do qual também fazem parte a androstenediona e a testosterona.[5,6] Sob condições de estresse ou doença grave, há um deslocamento no metabolismo da pregnenolona, precursora do DHEA, para longe do DHEA e sua produção de sulfato,[35] em direção aos glicocorticóides[5,7,35,36] (GCS) ou esteróides do estresse,[7,37] chamados de efeitos de THy 1 *versus* THy 2 na resposta imunológica,[38] um evento associado ao timo.

Em resumo, o DHEA Δ 5-androsteno-3b-ol-17-CO, com peso molecular 288,41, é um esteróide que ocorre naturalmente em humanos e primatas. O DHEA-S, a forma sulfatada, circula no plasma e representa o mais importante produto segregado pela glândula suprarenal humana.[20,24,39] O DHEA, nos humanos (e em menor grau, nos roedores), é convertido, principalmente pela DHEA-sulfotransferase, em DHEA-S, antes de ser transferido ao plasma.[33,34] Os humanos transformam rapidamente o DHEA em DHEA-S hidrossolúvel, mas já estão sendo observadas diferenças clínicas significativas nas relações entre DHEA e DHEA-S. Ocorrem diminuições e alterações associadas ao envelhecimento nas taxas DHEA/DHEA-S nos macacos *rhesus* e chimpanzés, mas esta alteração não foi observada em humanos. O DHEA também pode ser excretado pela bile como um glucoronídeo,[3] e descobriu-se que a 7α-hidroxi desidroepiandrosterona é um metabólito importante, particularmente como resultado da ação estromal da gordura.[40]

Tanto o DHEA quanto o DHEA-S podem ser eficientes quando administrados *in vivo*, mas só o DHEA consegue produzir a linfocina IL-2 quando adicionado a certas culturas de células *in vitro*.[41] O DHEA é o precursor para a Δ 4-androstenediona, Δ 5-androstenediol (AED), estradiol, testosterona, diidrotestosterona, estrogênio e etiocolanolona.[35-37,40]

A concentração de DHEA no plasma humano adulto é em torno de 0,01μM a 0,02 μM (160-700ng/dl), enquanto a do DHEA-S é de 5μM a 7μM (800-5.600μg/L).[42,43] Na hiperandrogenia, contudo, os níveis de DHEA podem chegar a 28μM, como no caso de ovários policísticos e hipertricose.[1,6] O DHEA-S foi empregado como indicador biológico de morte fetal e na gravidez a termo foram observados níveis plasmáticos, medidos transplacentariamente, muito elevados, que diminuem no período pós-parto.[4]

Os índices de DHEA(-S) mantêm-se muito baixos durante os primeiros sete dias de vida, depois começam a aumentar,[43] com um pico aos 20-24 anos. Após esta idade, há um declínio de aproximadamente 20% a cada dez anos, com uma diminuição linear de 95% em relação aos valores da segunda década até os 85-90 anos, quando praticamente não há mais esteróides.[9] Existe um relatório não publicado sobre pacientes com Síndrome de Down[44] mostrando valores baixos de DHEA em relação à idade, o que comprova a natureza progérica daquela doença.

O DHEA-S é segregado pelo fígado, na bile, junto com o glucuronídeo DHEA.[3] Estamos acumulando evidências oriundas de outros colaboradores[45] de que a capacidade dos pacientes sulfatarem o DHEA pode variar notavelmente. Parece existir uma subpopulação de pacientes com dificuldade para sulfatar o DHEA,[33,34] mas ainda não foi totalmente determinado o que isso significa em termos clínicos. O DHEA pode ser metabolizado através de dois caminhos totalmente diferentes: via circulação hepática e/ou por um trajeto cutâneo secundário, onde o hormônio é convertido em androstenediol (AED) ou triol.[2,35,38,46] Na pele, o DHEA pode ser redistribuído e sulfatado, aparecendo na circulação como sulfato de androstenediol.[46]

Há evidências discutíveis quanto à existência, ainda não confirmada, de um hormônio pituitário trófico que poderia influenciar a produção de DHEA.[6] Em fêmeas jovens, os ovários são responsáveis por 50% da produção de DHEA, e o restante vem de síntese periférica, isto é, cérebro e pele. Com o envelhecimento, a substituição clínica do estrogênio nada faz para recuperar os níveis de DHEA, sugerindo que a função ovariana não depende do estrogênio para controlar a produção de DHEA.[47,48] A ovariectomia,[49] entretanto, pode aumentar o declínio associado ao envelhecimento, e já foram publicados artigos sobre a atenuação dos pulsos circadianos de produção de DHEA relacionados ao aumento da idade.[50,51]

Como assinalou Milewich,[46] o DHEA pode ser metabolizado pelas plaquetas, endotélio vascular e macrófagos, que marcam os locais da atividade pertinente à ação.[3] O DHEA é metabolizado pela pele, onde pode promover hirsutismo e secreção sebácea. Esta última diminui com a idade, enquanto o pêlo pode cair ou crescer, dependendo do lugar.

## DHEA: Efeitos Biológicos

### Efeitos Sobre a Resposta Imunológica e do Estresse

O DHEA, administrado subcutaneamente (s.c.), em doses, do ponto de vista farmacológico, elevadas, melhora a resistência a infecções viróticas e bacterianas nos camundongos.[2,38,52] A este respeito, sistemicamente, o DHEA estimula a monocitose e pode proteger o hospedeiro contra o letal enterovírus Coxsackie B ou herpes tipo 2, e a infecção do *Enterococcus/faecalis.*[2,38,52,53] Comprovando estas observações, Ben Nathan e Feuerstein[54] mostraram que o DHEA protege ratos infectados com os vírus West Nile (WNV), Sinbis (neurovirulento) e Semliki Forest. A ação imunoestimulatória do DHEA necessita de um sistema imunológico intacto para exercer seu efeito protetor, uma vez que não é possível observar este aumento de resistência nos glabros camundongos imunodeficientes (Hr/Hr)[51].

A injeção s.c. de DHEA pode evitar o desenvolvimento da letalidade do vírus West Nile (WNV) em camundongos estressados pelo frio.[55] Nestes estudos, só morreram os animais do grupo de controle, estressados, infectados pelos vírus, fato associado a aumentos significativos dos níveis de GCS. As injeções de DHEA nestes camundongos resultaram em proteção e concomitante redução dos níveis de GCS. Estas observações são muito importantes para a compreensão dos fatores do estresse sob manifestação virótica, comprovando os primeiros estudos de Riley, que mostraram o efeito protetor do DHEA contra a involução do timo sob efeitos dos corticosteróides ou estresse.[56]

Recapitulando: níveis altos de GCS após infecção virótica provocam imunossupressão, responsável por títulos viróticos mais elevados, involução do baço e do timo e aumento de mortalidade.[54-57] Este talvez seja um dos fatores da infecção HIV, pois, neste caso, o DHEA pode baixar os títulos virais do HIV *in vitro*[58] e suplementar a inibição da azidotimidina do vírus HIV. No entanto, Loria e Padgett[53] mostraram com o enterovírus Coxsackie B que, *in vivo*, o androstenediol (AED) e o DHEA não diminuem o nível de infecção do vírus, mas limitam a patologia mediada pela infecção. O DHEA e seu metabólito AED protegem o hospedeiro limitando o dano mediado pela infecção, o que resulta em proteção por atenuação das respostas tóxicas.

Rasmussen *et al.*,[60] em um estudo de grande importância quanto ao lugar do DHEA na infecção clínica por HIV, registraram que em ratos, após sofrerem imunossupressão por dexametasona, a infecção gastrointestinal por *Cryptosporidium parvum* foi inibida com administração de DHEA, diminuindo os organismos infectantes. O DHEA aumentou a imunidade das células T e B nestes animais e também melhorou a resistência a infecções pneumocócicas.[61]

Comprovando ainda mais sua ação imunoestimulatória *in vivo*, está provado que o DHEA incentiva a proliferação das células T e a produção da citocina IL-2.[41] Daynes *et al.* registram que o DHEA é um potente intensificador da produção de IL-2 por antígenos ou células T ativadas por mitógenos.[60] Suzuki *et al.*[63] demonstraram aumento da transcrição do gene IL-2 e estabilização do mRNA IL-2. O DHEA regula a secreção do IL-2, que, por sua vez, amplia a função do linfócito efetor, controlando o número de células citotóxicas CD-8+ T.[62,64,65]

Araneo *et al.*[66] mostraram que o DHEA ou seu sulfato, junto com o antígeno da hepatite B, restabeleciam a resposta imunológica em camundongos idosos, sugerindo que o DHEA pode ser valioso na reversão desta deficiência devido ao envelhecimento. Também foram observadas respostas similares resultantes do efeito de uma vacina melhorada, administrada a camundongos idosos infectados por uma injeção pneumocócica.[61]

Esta melhora na resposta imunológica foi induzida em mulheres após a menopausa,[67] no entanto, não foram observados quaisquer auxílios imunológicos ou ação intensificada de vacinas em camundongos jovens imunologicamente normais. Envelhecimento, infecção ou estresse são fatores que podem alterar os efeitos protetores do DHEA. Szakal[68] mostrou que suplementos subcutâneos de DHEA podem melhorar o retorno das células foliculares dendríticas, células de memória a longo prazo, que diminuem na pele dos camundongos envelhecidos.

A supressão da produção de IL-2 e o aumento da produção de IL-4 em camundongos tratados com GCS foi revertida, coincidindo com o tratamento *in vivo* com DHEA ou DHEA-S.[62-65] O tratamento com DHEA de células T expostas aos GCS pode superar eficientemente as influências depressoras exercidas pelos GCS na produção de IL-2.[65] O DHEA, embora incapaz de melhorar a produção de interferon gama (INF-gama) das células T, reverteu completamente a depressão induzida pelos GCS na síntese e secreção daquelas glicoproteínas.[64] Este estudo sugere que o DHEA combate a imunossupressão dos GCS ao nível de produção do IL-4 e INF-gama, o que pode explicar um dos mecanismos da atividade antivirótica *in vivo*, isto é, o DHEA evita a inibição mediada pelo estresse (GCS) na produção de interferon.

Baseado em um trabalho dos laboratório de Riley no campo da neuroimunomodulação,[56] Fitzmaurice[69] reviu a ação do estresse como fator intensificador da atuação virótica e proliferação e indução do câncer. Neste caso, o GCS, modulado pelo DHEA, pôde claramente desempenhar seu papel, como confirmado por Ben Nathan *et al.*[54,55] em animais infectados por vírus. O estresse é clinicamente pertinente à suscetibilidade a infecções, como visto na sensibilidade à gripe em pacientes emocionalmente deprimidos, bem como àqueles sujeitos a resfriados comuns (rinovírus).[70]

Em outra área, Araneo e Daynes[71] mostraram que o DHEA, administrado a camundongos queimados, conseguiu preservar a imunocompetência e protegê-los contra a letalidade dos genes monócitos L, o que se relaciona à preservação da função das células T. O DHEA *in vivo*, neste modelo, permitiu que os animais queimados controlassem o aumento do IL-6, que pode ser resultado da indução dos GCS. Elevações contínuas do IL-6 estão associadas a maus prognósticos, e a administração de DHEA consegue normalizar a recuperação dos níveis de IL-6. O RU 486, um agente bloqueador de corticosteróides com ação similar à do DHEA, não protegeu os camundongos. Baseados neste fato, eles alegam que a ação antiglicocorticóidea do DHEA não explica totalmente seu efeito protetor.

Apesar disso, Blauer *et al.*[72] declararam que o DHEA, *in vivo*, em camundongos, combateu o efeito supressor da dexametasona (DEX) sobre a blastogênese dos linfócitos B e T, e mediou a atrofia do timo e baço. Weidmeier *et al.*[73] mostraram uma recuperação, pelo DHEA, da função do timo, que controla a produção de IL-2 e IL-4, em camundongos irradiados.

Mostramos que com o DHEA, do mesmo modo que com o RU 486, podemos reverter a hipertensão induzida em ratos pela dexametasona.[74] Acreditamos que as ações do DHEA devem-se à ação tampão mediadora de estresse dos GCS. O efeito de bloqueio do DHEA sobre a ação dos GCS já está claramente definida. Isto foi revisto em nosso recente artigo,[4] e é a melhor explicação para a ampla eficiência do DHEA em estimular a resistência do hospedeiro, mas talvez também existam outros aspectos da sua ação, pertinentes à proteção contra ferimentos térmicos, traumas ou choques endotóxicos. Dannenberg *et al.*[75] mostraram que o DHEA protege os ratos contra a letalidade da necrose endotóxica e tumoral, observação recentemente confirmada em porcos.[76]

Em outra área, a diminuição dos níveis de DHEA com a idade

corresponde a um declínio geral na resposta imunológica celular e a um aumento da incidência de câncer.[77] Na infecção por HIV, os níveis de corticosteróides são elevados,[78,79] com supressão dos valores de DHEA,[80,81] o que talvez tenha relação com a observação anterior.

Outros efeitos imunológicos associados ao DHEA incluem o aumento da sobrevivência do camundongo negro da Nova Zelândia (NZB/W FI). Estes camundongos desenvolvem uma doença auto-imune similar ao lúpus eritematoso sistêmico (LES) humano, caracterizado pela síntese de anticorpos à dupla hélice do DNA. O DHEA,[82] nesta doença, evita o dramático aumento de anticorpos ao DNA e reduz a complexa formação imunológica e sua deposição.

Estas observações estenderam-se clinicamente a doenças crônicas, como a artrite reumatóide,[81] onde os valores do DHEA são baixos. No LES, os níveis de DHEA são baixos, principalmente em pacientes sob terapia de corticosteróides,[84] e recentes testes clínicos mostraram que o DHEA provoca remissão desta doença.[85] Clinicamente, remissões significativas no LES[79] mostram o valor em potencial do DHEA na polimialgia e outras síndromes reumatóides associadas que ainda estão em estudo.[86]

O DHEA também se mostrou eficiente na prevenção da anemia hemolítica auto-imune[87] em camundongos NBZ e consegue prolongar a sobrevivência de coelhos em caso de aloenxertos cardíacos.[88] Despertaram-nos enorme interesse os efeitos do DHEA sobre a resposta imunológica de cães e gatos, pois o DHEA produziu uma rápida regressão em mastossarcomas espontâneos,[1,4,21] a malignidade mais freqüente em animais de estimação. Baseados nestes fatos, acreditamos que o DHEA deveria ter seu lugar no tratamento da asma crônica, da rinite alérgica, da colite e da hipersensibilidade cutânea, que apresentam componentes inflamatórios mediados por grandes mastócitos.

Outro efeito imunológico do DHEA é seu controle Clinh em componentes complementares específicos. A deficiência de um Clinh funcionalmente ativo é o defeito genético isolado mais comum do sistema complementar,[89] provocando incorreta ativação complementar, observada em doenças como o edema angioneurótico hereditário,[90] que responde ao tratamento com DHEA.[3]

É necessário enfatizar que os efeitos *in vivo* do DHEA podem ser diferentes do que é observado *in vitro*. O DHEA *in vitro* pode ser linfocitotóxico, de maneira bastante similar aos corticosteróides, o que ainda não foi claramente demonstrado em administração sistêmica.[38] Quanto a isso, Ennas *et al.*[91] registraram que o DHEA inibe a proliferação de linfócitos *in vitro*, independente da inibição da enzima G-6-PD. A este respeito, o análogo Br-EPI, que inibe a carcinogênese *in vivo*, evita, *in vitro*, a proliferação linfoblástica Epstein-Barr, induzida por vírus.[92]

Mais uma vez, apesar da ausência de supressão de vírus nos modelos de Loria, pode ocorrer um efeito direto do DHEA em réplicas viróticas, pois Henderson *et al.*[93] mostraram que o DHEA e réplicas análogas reduzem o HIV *in vitro*, e efeitos similares *in vitro* foram relatados por Schinasi *et al.*[58] e Yang *et al.*[59] Por isso, o DHEA deveria ser clinicamente testado em pacientes com AIDS, juntamente com inibidores reversos de transcriptase.

Como já mencionado, clinicamente, os níveis de DHEA são baixos em pacientes com ferimentos por queimaduras ou doenças agudas e crônicas.[1] Em vista do exposto, estamos administrando DHEA a pacientes aidéticos, com significativa melhora na condição energética e sintomas no sistema nervoso central (CNS) associados à AIDS, embora não tenham sido observados outros efeitos terapêuticos. Dyner *et al.*,[94] na fase 1 de um estudo sobre tolerância ao DHEA em pacientes aidéticos, mostrou alterações na neopterina, mas nenhum efeito sobre a condição imunológica da AIDS.

É preciso ter em mente nossa observação sobre o tratamento com DHEA em cães e gatos (10mg/kg/dia), que produziu uma rápida regressão de mastossarcomas.[3,21] Em vista da concentração de IL-4 em mastócitos, isso poderia ser devido aos efeitos do DHEA na modulação dos níveis de IL-4, sendo conveniente considerar o uso do DHEA na bronquite asmática ou doenças inflamatórias intestinais e cutâneas.

## Efeitos Sobre a Proliferação Celular

A ação anticarcinógena do DHEA foi relatada pela primeira vez como associada a uma relação inversa do DHEA sobre a incidência de câncer de mama.[1,95] Muitos estudos não concordam mais com esta observação,[4] mas evidências recentes comprovam uma relação entre o aumento de câncer de bexiga e baixos níveis de DHEA não relacionados ao declínio relativo à idade.[4,96] Paradoxalmente, fumantes com maiores riscos de câncer podem apresentar valores mais elevados de DHEA,[97] mas estes índices não continuam altos em casos de câncer broncogênico.

A ação antitumoral do DHEA pode se relacionar à ação bloqueadora do DHEA sobre as respostas GCS,[3] já que tanto o desenvolvimento tumoral quanto a carcinogênese virótica tumoral estão sujeitas a neuroimunomodulação,[69] que pode alterar uma expressão de malignidade. O DHEA, além de seus efeitos inibidores da carcinogênese, pode ser nosso melhor agente para bloquear o desenvolvimento tumoral mediado pelo estresse.[56,57]

O DHEA, ao contrário do DHEA-S, inibe a glicose 6-fosfato, uma importante enzima do desvio da pentose, responsável pela síntese do ácido nucléico.[1,15] Os efeitos do DHEA sobre a indução e o desenvolvimento tumorais são bloqueados por misturas exógenas de desoxirribonucleosídeos e ribonucleosídeos, que Gordon *et al.*[98] acreditam ser mediadas por desvio nucleosídico ao declínio induzido do DHEA na ribose-5-fosfato, após a inibição do desvio da pentose.

Baseados nestes fatos, estudamos a ação do DHEA sobre mastossarcomas espontâneos em cães e gatos.[21] Observamos regressão em 6 dentre 7 animais em um estudo a curto prazo de 10mg/kg/dia. Dando continuidade aos estudos com animais, na fase 1 de um estudo clínico, em 19 pacientes com câncer em estágio avançado, estabelecemos tolerâncias diárias, a longo prazo, de 40mg/kg/dia. Doses acima desta, até 80mg/kg/dia, provocaram náuseas e vômitos. Não se observou regressão clínica dos tumores, mas em dois pacientes com câncer renal a doença se estabilizou, suportando tratamento oral com DHEA durante dois anos e meio.[21]

Schultz e Nyce[23] mostraram que o mecanismo do DHEA para a prevenção de tumores espontâneos e clinicamente induzidos pode ser mediado pela inibição da síntese mevalônica. A diminuição dos lagos mevalônicos reduz a síntese do colesterol e inibe a isoprenilação das proteínas e a expressão do oncogene, controlando o desenvolvimento tumoral. Pela combinação do DHEA com a fluoropirimidina foi conseguida uma intensificação da atividade antitumoral.[99]

O DHEA bloqueia o desenvolvimento carcinógeno.[14,15] O DHEA e esteróides associados podem evitar o início ou o desenvolvimento do câncer, dependendo do modelo selecionado, podendo ser considerado um quimiopreventivo.[98-100] Os efeitos sobre a remodelação dos nódulos pré-neoplásicos hepáticos sugerem que os mecanismos observados no DHEA podem se relacionar com os efeitos diferenciais mediados pela citocina ou os efeitos diretos na multiplicação celular.[101] Os efeitos anticarcinógenos hepáticos do DHEA são mediados por um efeito diferenciador sobre os nódulos pré-neoplásicos, associado com a marcante indução de catalase e peroxissoma, ou afetando a ligação de carcinógenos ao DHEA.[1,15,16,98,100] Entretanto, paradoxalmente, a indução da peroxissoma pelo DHEA pode estar associada a tumores hepáticos, por alto consumo de dietéticos pelos ratos.[29]

Quanto a este efeito contra o câncer, o DHEA talvez atue através de sua ação sobre diversos receptores de esteróides. O DHEA, no decorrer de um período de cinco dias, reduziu em 50% os receptores de glicocorticóides hepáticos nos ratos. Utilizando o veículo de ligação específico do DHEA no fígado dos ratos, identificamos uma macromolécula de união no citosol do fígado dos ratos Sprague-Dawley. Este veículo específico era mais elevado no fígado e foi impedido pela tripsina e pela quimotripsina. A ligação hepática do DHEA foi associada à inibição da proliferação do fígado normal e do hepatocarcinoma.[102] Wayne-Meikle *et al.*[103] encontraram ligações com afinidades similares nas células T que respondem ao DHEA.

O DHEA consegue transformar ou distinguir células em um sistema *in vitro*: o fibroblasto do embrião do camundongo 3T3-L pode ser diferenciado para formar adipócitos. Este processo é acelerado pela adição de dexametasona e inibido pelo DHEA. No processo de diferenciação dos fibroblastos em adipócitos, as células 3T3-L passam por vários processos, ou seja, proliferação celular, biossíntese de lipídios e alterações morfológicas irreversíveis, todas bloqueadas pelo DHEA.[104] Esta é mais uma prova da atuação anticorticóide do DHEA, apesar da inibição da resposta linfoblástica *in vitro* similar à dos GCS.

Ao contrário da ação antitumoral, alguns relatórios dizem que o DHEA, acrescentado à alimentação de ratos, pode induzir câncer primário do fígado, por estimulação peroxissomal crônica.[29,105] Nestes animais, o DHEA provoca hepatomegalia, algo que não observamos em nossos pacientes com doses tão elevadas quanto 40mg/kg/dia, durante períodos desde três meses até vários anos. O uso prolongado de drogas estimuladoras de peroxissomas, que incentivam a utilização dos ácidos graxos e diminuem a síntese do colesterol, estimula a indução de tumores hepáticos em roedores.[102]

Em estudos clínicos prolongados, envolvendo mais ou menos 25 dos nossos pacientes masculinos com câncer ou esclerose múltipla, não observamos qualquer estimulação de hipertrofia da próstata e sua sintomatologia, ou aparecimento de câncer na mesma, embora procurássemos cuidadosamente. Estes estudos foram anteriores ao PSA como indicador de neoplasia da próstata. Os níveis de DHEA, no entanto, foram relatados como altos em pacientes com hipertrofia benigna da próstata.[106,107] Por outro lado, acreditamos que se deveria considerar o DHEA como um possível inibidor de câncer da próstata, o que é bastante arriscado, em vista da sua conversão em androgênios. Alguns relatos mencionam que o DHEA talvez diminua os receptores de testosterona da próstata e o IL-6, que pode ser inibido pelo DHEA, provavelmente um fator estimulante para o desenvolvimento de tecido prostático.

A ação do DHEA contra a osteoporose não está definida.[4,108] Contudo, os níveis de IL-6, que podem ser diminuídos pelo DHEA em outros sistemas,[65,71] apresentam-se elevados durante a estimulação ou inflamação osteoclástica,[109] e o DHEA deveria ser logicamente considerado, junto com o estrogênio ou a testosterona, no tratamento de doenças osteoporóticas, como parte da terapia de substituição hormonal.

No tocante ao relato acima, Kishimoto *et al.*[110] descobriram elevações de IL-6 em mixomas e mielomas cardíacos, o que sugere um possível lugar terapêutico para o DHEA nestas malignidades. O papel do DHEA na prevenção da carcinogênese e inibição de desenvolvimentos tumorais já foi visto extensivamente em nossa publicação de 1990.[1,15,16]

Um análogo ao DHEA (16α-fluoro-5-androsteno-17-CO [DHEA 8354]) foi considerado para testes clínicos como preventivo contra o câncer em polipose intestinal. O DHEA 8354 não atua como esteróide sexual e mostrou-se comprovadamente eficiente contra uma variedade de modelos experimentais de tumores, inclusive o câncer de intestino.[99,100] Seus testes clínicos já deveriam ter sido realizados há bastante tempo.

Deveriam ser empreendidos estudos combinados usando DHEA com agentes quimioterápicos que bloqueiam a síntese do ácido nucléico com referência à possível sinergia antitumoral, devido à habilidade do

DHEA para inibir a síntese da ribose-5-P, bem como efetuar a formação de membrana e isoprenilação de proteínas.[4] Esta ação do DHEA na inibição da enzima G-6-PD levou-nos à fase 1 do estudo clínico em pacientes com câncer em estado avançado.[21]

Do ponto de vista epidemiológico, foram realizadas observações relativas a baixos valores clínicos de DHEA em casos de câncer broncogênico[111] e gástrico[112], mas a importância deste fato na incidência e prevenção desta doença merece observações mais aprofundadas.

Em outra área de atividade pertinente ao câncer, relatou-se que o emprego combinado de DHEA e dexametasona inibiu, em ratos, a angiogênese induzida por esponja, sem causar imunossupressão.[113] Talvez esta combinação mereça testes clínicos, para ver se consegue inibir a vascularização tumoral responsável pelo desenvolvimento do câncer.

## O Sistema Nervoso Central (CNS) e o Comportamento

Como mencionado anteriormente, o DHEA é um neuroesteróide encontrado no cérebro.[19,20] Historicamente, o DHEA-S vem sendo empregado, desde 1952, tanto no tratamento da neurastenia quanto em esquizofrênicos selecionados, onde os valores de DHEA indicavam depressão.[4] As taxas de DHEA-S eram mais altas em indivíduos com problemas de pânico. Nos que tomavam anticonvulsivantes, os valores de DHEA estavam mais baixos.[4]

Roberts *et al.*[14] mostraram que o DHEA e o DHEA-S em culturas de tecidos mantinham a integridade e o desenvolvimento de tecido cerebral embriônico, isolado durante 14 dias, de ratos. Isto foi associado ao aumento da concentração de neurofilamentos e proteína ácida fibrilar glial. Esta pesquisa *in vitro* comprovou que o DHEA, administrado por via intercerebral, oral ou subcutânea, intensifica a memória daqueles animais.[14,114,115]

Baseados no trabalho do grupo de Roberts, que mostrou a estimulação, pelo DHEA, da formação de axônios, e em nossa própria observação da sua atividade protetora antivirótica, nosso grupo[116] e, independentemente, Roberts e Fauble[117] estudamos, clinicamente, a administração de DHEA em pacientes com esclerose múltipla avançada. Em nosso estudo, demos uma dose farmacológica de 40mg/kg/dia, enquanto Roberts e

Fauble[117] administraram uma dose menor, 90mg/dia, e em ambos os estudos, não por coincidência, envolvendo 38 pacientes, observamos, em 1/3 destes, em um período de 90 dias, melhora na disposição, função motora, resistência ao calor e energia. Estas melhoras funcionais desapareceram quando cessou a administração do DHEA.

Com relação ao exposto acima, mas aparentemente contraditório, mostramos, *in vitro*, que o DHEA bloqueia o estímulo da mielinização oligodendroglial dos nervos[118] pelos GCS em culturas de tecidos. Precisamos saber se a presença de neuroesteróides como o DHEA, no sistema nervoso central, afeta a regeneração neural. Neste caso, uma diminuição de DHEA pode resultar em estimulação do efeito mielinizante dos GCS.

O DHEA e o DHEA-S mostraram efeitos ansiolíticos em camundongos.[119,120] Neuroesteróides como o DHEA no cérebro[121] são derivados da pregnenolona, que é sintetizada pela membrana mitocondrial externa, sob a influência de receptores de benzodiazepam.[122] Há, possivelmente, uma estreita relação entre os efeitos comportamentais mediados pelo neurotransmissor GABA e a ação dos esteróides associados ao DHEA.[123] Esta ação sobre o comportamento de sedação do sistema nervoso central mediado pelo GABA sugere que a ação antifadiga e intensificação da memória pelo DHEA podem estar relacionadas a estes efeitos.

O DHEA já mostrou um efeito de aumento na memória dos camundongos, com estimulação de interconexões neurogliais[113,115] e Bonnet e Brown[124] forneceram um relatório detalhado de um único caso em que o DHEA provocou melhoras em um paciente com 42 anos de idade, apresentando deficiência de memória a longo prazo pós-traumática, associada a baixos valores clínicos de DHEA.

Os estudos de Roberts *et al.*[14,115] e as observações da doença de Alzheimer associada a um declínio de DHEA, independente da idade,[125,126] é de grande interesse em vista da experiência de Bonnet e Brown,[124] na qual obtiveram melhora da memória sob tratamento clínico com DHEA. Estão em andamento estudos sobre a DA baseados nas observações de Sunderland *et al.*[125] de uma diminuição 48% maior nos níveis de DHEA relacionados à idade em pacientes com DA.

Baseados no relato acima, Svec e Lopez[126] sugeriram que pacientes com DA mostraram maior perda, nos níveis de DHEA, em relação à idade, o que consideram um fator que facilitaria a doença associada ao estresse, pelos GCS, no hipocampo, perda de memória e depressão.[127,128] De interesse adicional à DA, o componente soro amilóide em ratos idosos diminui com a administração de DHEA, sugerindo outro papel deste hormônio,[129] embora a amiloidose sistêmica não seja associada à DA. Um teste usando pregnenolona, o precursor do DHEA, também seria válido,[115] por causa de sua ação similar à do DHEA.

Quanto à estimulação da interconexão das células neurais e melhora na memória pelo DHEA, Roberts postulou que o DHEA funciona através da ativação do GMP cíclico.[14] Ele sugeriu que os níveis de GMP talvez sejam o trajeto final comum para a ação do DHEA em diversas respostas celulares.

A síntese do DHEA no cérebro é independente das origens endócrinas sistêmicas e parece ser produzida via um trajeto oligodendroglial.[19,20] O DHEA e metabólitos associados foram encontrados em todas as regiões do cérebro, sem concentrações regionais específicas. No entanto, a maior concentração exógena de captação de DHEA foi encontrada na pineal dos ratos no decorrer de uma hora após sua administração, e outra absorção significativa também foi descoberta nas amígdalas, hipocampo, tálamo, cérebro médio e córtex frontal.[4] Sua afinidade com a pineal é muito importante, pois a melatonina e a glândula pineal são fatores fundamentais ao envelhecimento controlado pelo relógio neuroendócrino.[130]

Os níveis de DHEA e DHEA-S podem se apresentar inversamente relacionados em populações de alto risco coronariano do tipo A e personalidades com estresse por catecol elevado.[131] O DHEA e o DHEA-S exercem efeitos sobre o metabolismo da prolactina, de um modo bastante similar ao da melatonina. Como a prolactina estimula a mediação da síntese do esteróide supra-renal C19 delta 5, o DHEA, como um neuroesteróide, talvez desempenhe um papel na doença de Parkinson. Isso pode envolver a prolactina, já que esta consegue reverter danos similares aos daquela doença em roedores.[4]

Injeções intracranianas diretas de DHEA podem evitar crises audiogênicas nos ratos, provavelmente através do bloqueio dos efeitos mediados pelos glicocorticóides do estresse.[132] Isso diz respeito ao estresse e seus efeitos emocionais que levam à depressão.[133] É importante observar mais uma vez que a suscetibilidade a resfriados comuns,[70] indução de tumores e outras infecções viróticas são aumentadas pelo estresse.[69]

Deve-se levar em consideração a via de administração do DHEA, bem como as particularidades da espécie.[131] O DHEA, como um neuroesteróide,[14,19,20] pode ser sintetizado via colesterol e pregnenolona pelo cérebro. Talvez seja clinicamente importante observar que a administração de DHEA combinado a outros androgênios, em ratos castrados, não produziu melhora no desempenho sexual.[134] Se forem empregadas associações concomitantes envolvendo DHEA, testosterona ou outros esteróides sexuais, sua ação não será necessariamente complementar,[135] embora existam relatórios a respeito dos efeitos intensificadores do DHEA sobre a libido.

## EFEITOS VASCULARES

Os efeitos do DHEA no endotélio vascular, envolvendo aterosclerose, metabolismo das gorduras e morfologia já foram analisados detalhadamente em outros lugares[1,3,4] com referência ao papel deste hormônio na epidemiologia das doenças coronárias.[11,12] O DHEA inibe a doença coronária acelerada no modelo heterotópico do coração do coelho.[135] Weidmeier *et al.*[136] associaram um fator de desenvolvimento originário das plaquetas à produção da linfocina IL-6, sugerindo uma relação entre envelhecimento e resposta imunológica, que também poderiam envolver eventos trombóticos, já que, em função do envelhecimento normal, o nível da IL-6 aumenta.[37]

Milewich e Whisnant[138] mostraram que plaquetas humanas metabolizam androstenediona em DHEA e outros androgênios mais potentes, e que o DHEA pode evitar a agregação plaquetária,[139] sugerindo, como visto para linfócitos e macrófagos,[140] que aqueles elementos do sangue podem metabolizar o DHEA. Além disso, Milewich *et al.*[141] mostraram que o endotélio vascular consegue metabolizar o DHEA, o que talvez possa explicar o aumento de lipídios contendo lisossomas, após exposição, *in vitro*, de células endoteliais ao DHEA,[142] fato que já observamos.

A administração subcutânea de DHEA a ratos evita, dependendo da dose, uma hipertensão induzida por dexametasona. Por outro lado, o DHEA não reverteu a perda de peso provocada por aquela substância, a diminuição de ingestão de alimentos e a perda de massa muscular,[7,72] nem teve conseqüências sobre a hipertensão induzida por deoxicorticosterona (DOCA). É difícil identificar um mecanismo específico através do qual o DHEA ou seus metabólitos possam modular a pressão arterial, e pode ser que isso ocorra via bloqueio dos receptores dos GCS, como visto para o RU486.[72]

A relação entre a manutenção dos níveis de DHEA ou DHEA-S e as doenças coronarianas, embora considerada protetora no estudo de Barrett-Connor em machos,[11,12] foi discutível como fator de proteção em outros estudos.[143,144] Ao contrário de Barrett-Connor, nos estudos Hautanen Helsinki *et al.*[145] e Cincinnati,[146] o aumento no nível de DHEA-S foi profético para um risco coronariano mais elevado!

Em outros estudos, Eich, Jesse *et al.*[88,139] mostraram que o DHEA inibiu a aterosclerose acelerada nos transplantes cardíacos em coelhos heterotípicos. Ishihara *et al.*[147] descobriram uma correlação clínica entre baixos níveis de DHEA e calcificação aórtica. É necessário enfatizar que há uma diferença sexual em relação às doenças coronarianas, onde a testosterona parece proteger os homens e o estrogênio as mulheres, mas ainda não se sabe com certeza como o DHEA se encaixa nisso tudo.

Repetindo, já foi determinado que o DHEA inibe a angiogênese em um modelo de esponja nos ratos quando lhes é administrada dexametasona[113] e o efeito do DHEA na microcirculação ainda precisa ser determinado.

## Metabolismo (Obesidade, Ação Tiromimética, Diabetes etc.)

O DHEA evita a obesidade em modelos com camundongos e em cães,[1,18,149] existindo uma correlação entre diabetes e obesidade que pode ser revertida com DHEA, dependendo das espécies ou raça de camundogo estudadas. Em cães adultos a alimentação com DHEA produz mobilização de gorduras, mas há uma raça de cachorros obesos que é resistente.[148] Embora o DHEA pareça ter efeitos antiobesidade nestes animais, nos humanos estes efeitos até agora foram mínimos, conquanto tenha ocorrido aumento da massa muscular em homens jovens.[25] Há, na dieta, uma dose limiar de DHEA, que baixa a ingestão calórica e aumenta os níveis hipotalâmicos de serotonina, diminuindo o apetite dos ratos.[149]

O texto editado por Lardy e Stratman[5] baseia-se em artigos de Cleary,[17] Berdanier e McIntosh, Prough *et al.*[1] sobre os efeitos do DHEA nos níveis de energia e metabolismo de gorduras. Os efeitos do DHEA sobre a respiração celular e ingestão de alimentos e gorduras pode depender das espécies e raças de animais estudados, bem como do estado nutricional: jejum, magreza ou obesidade dos animais estudados.[150,151] McIntosh *et al.*[151] sugeriram que o DHEA e os glicocorticóides talvez exerçam efeitos antagônicos em modelos lipogênicos. É interessante mencionar que o DHEA não reverte o desgaste dos músculos provocado pela dexametasona.[74,101]

O DHEA induz a atividade da enzima málica,[152-155] comportando-se, assim, como o hormônio tireóideo. McIntosh e Berdanier[153] assinalam que o DHEA pode causar emagrecimento pela perda de energia por potencialização da ação do hormônio tireóideo. O grupo de Lardy acredita que este mecanismo se relaciona com a excitação do ciclo fútil, no qual o DHEA também aumenta a desidrogenase citosólica 3-P, resultando em aumento da termogênese e diminuição da eficiência metabólica mitocondria.[5,36]

Na infecção avançada por HIV, há um declínio na função tireóidea T3.[156] Seria interessante observar se o DHEA consegue alterar a condição energética de tais pacientes via um efeito mediado pela ação tireomimética. Talvez isso pudesse explicar seu suposto efeito contra a fadiga[9] e sua ação de vigilância em pacientes comprometidos pela AIDS.

O DHEA é um estimulador peroxissomal e também induz enzimas hepáticas e metabolizantes de drogas microssomais P450.[29,157,158] Neste caso, o DHEA, como outros estimuladores peroxissomais, pode provocar hepatomegalia e tumores de fígado em roedores.[29] Como estímulo peroxissomal, o DHEA aumenta a oxidação dos ácidos graxos e a indução de catalase. A última enzima é importante, pois funciona como um peróxido, ou agente eliminador de radicais livres, e níveis de catalase estão associados à longevidade de espécies em sistemas animais comparativos.[30] A este respeito, muito importante é o fato de o DHEA proteger o fígado contra o tetracloreto de carbono e danos relacionados aos radicais livres,[159] bem como o epitélio traqueal devido ao *paraquat*,[160] sugerindo que, seja por ele mesmo ou como indutor de catalase, o DHEA pode ser um fator de proteção contra danos mediados pelos radicais livres.

O DHEA, como outros indutores peroxissomais, consegue baixar os níveis de colesterol[4,17,18,25,26,148,149] e sua administração constante pode alterar padrões de fosforilação proteínica hepática.[161] O DHEA também pode estimular a gluco-neogênese hepática, fornecendo glicose a partir de fontes de proteínas ou peptídeos.[1,28]

Mais importante, descobriu-se que o DHEA evita o diabetes nos camundongos db/db.[28] Estudou-se a resistência à insulina e a distribuição da gordura corporal em relação aos níveis de hormônios androgênicos e a ação da insulina.[26,27] Nestler *et al.*[26] acreditam que o DHEA pode proteger contra a aterosclerose, porque consegue neutralizar a hiperinsulinemia do envelhecimento, desempenhando um papel na geração daquela doença. Níveis elevados de insulina aceleram o metabolismo do DHEA, o que pode explicar o declínio deste hormônio em relação à idade.[25,26,162] Mais recentemente, Morales *et al.*[9] descreveram um aumento no fator de desenvolvimento similar à insulina 1 (IGF-1) em homens e mulheres idosos que tomam DHEA como dose de manutenção fisiológica a longo prazo. Eles atribuíram este aumento no IGF-1 a possíveis efeitos anabólicos e similares aos da insulina.

## Mecanismo de Ação do DHEA

A natureza protéica da atividade fisiológica do DHEA permite uma variedade de explanações teóricas, que acreditamos ser mais bem explicadas por sua ação antiglicocorticóidea[3,4] ou efeitos na modulação do estresse. De maneira geral, é difícil avaliar se as ações do DHEA devem-se a ele mesmo, a seus metabólitos ou a uma combinação de ambos. A este respeito, parece provável que o DHEA aja diretamente sobre as células visadas[101,102,157,158] e também, indiretamente, por atenuação sistêmica de outros esteróides.[3] A evidência para a segunda hipótese são as diversas respostas ao DHEA observadas, dependendo da via de administração, sexo do animal e sua distinta ação *in vitro*, sugerindo que o DHEA é convertido em outros metabólitos ativos.[1,4] Uma prova ainda mais completa sobre a importância dos metabólitos do DHEA é que, além deste hormônio, outros esteróides androgênicos também têm efeitos antidiabéticos em modelos com camundogos.[26,27]

Até agora não foi possível apurar se os mecanismos moleculares através dos quais o DHEA exerce seus muitos efeitos terapêuticos benéficos são os mesmos ou sequer relacionados. A maioria dos esteróides conhecidos até agora exerce sua ação ligando-se a receptores específicos presentes no citosol, núcleo ou ambos. Não está claro se o DHEA segue o mesmo padrão.[101,102] Sabe-se que este hormônio consegue modular o comportamento, interagindo com androgênios de maneiras diferentes da sua ação como precursor da testosterona.[6,26,27,134]

Tentamos explicar os mecanismos envolvidos nas ações pleiotrópicas do DHEA, propondo os oito focos que se seguem:

1. Interações diretas do DHEA sobre células visadas, através de mecanismos ligados a receptores: esta hipótese é apoiada pelas observações de transcrição e indução da produção de IL-2 em células T murinas ativadas,[62-65] que são diretamente controladas pelo DHEA.[65,70,71] Isto envolve interações com citocinas como IL-2, IL-4, interferon e IL-6. A ação dos neuroesteróides em receptores GABA também pode ser um exemplo deste mecanismo direto para a atuação do DHEA.[13,112,113,123,164]

   Nós também[101,102] e outros[103] identificamos macromoléculas de ligação ao DHEA no cortisol do fígado de ratos e em células T murinas. Beamer *et al.*[165] viram ativação de genes ao DHEA em células granulosas dos ovários.
2. Efeitos mitocondriais: também envolvendo a tireóide e outros efeitos metabólicos. Berdanier e outros[1,151-154] revisaram a ação do DHEA na função mitocondrial e, como assinalamos, há uma associação importante entre a ação da tireóide e o DHEA, pois ambos estimulam a termogênese e enzimas málicas hepáticas.[5,153-155] Song *et al.*[154] mostraram o papel do DHEA na ativação da transcrição da enzima málica mediada pela tireóide.

   O DHEA pode interferir no estado 3 da função mitocondrial,[153,154] e McIntosh, Lardy e Stratman[5] vinculam a ação da tiroxina, catecóis e DHEA através de uma estimulação comum da desidrogenase mitocondrial G-3P.[1] Como confirmação, Williams *et al.*[166] encontraram as mesmas relações androgênicas e do DHEA com a distribuição da gordura. A este respeito, precisamos considerar o papel da inervação simpática que controla a distribuição das gorduras castanha e sistêmica, que podem ser influenciadas pelo DHEA.

3. Ação indireta através da modulação de outros receptores. Apoiando esta hipótese, tanto o nosso grupo quanto outros descobrimos que a adiministração de DHEA *in vivo* durante cinco dias consegue reduzir em 50% os receptores de GCS no fígado dos ratos. Como mostrado por Kalimi *et al.*,[101,102] este controle, pelo DHEA, dos receptores de glicocorticóides no fígado, pode, em parte, explicar os efeitos observados, principalmente se este fenômeno for de natureza sistêmica. Certos aspectos do papel do DHEA e sua precursora, a pregnenolona, podem estar relacionados a este tipo de ação.[167]
4. Interações diretas do DHEA via inibição do G-6-PD. A inibição, nos mamíferos, do G-6-PD, a enzima limitadora no percurso do fosfato da pentose pelo DHEA, pode ser explicada por esta hipótese.[1,15] Acredita-se que esta inibição do G-6-PD seja mediadora da propriedade anticâncer ou anticarcinogênica do DHEA e, possivelmente, de seus efeitos antiaterogênicos através da inibição da proliferação da musculatura vascular lisa ou do efeito do G-6-PD ao inibir o metabolismo dos lipídeos. O DHEA-S não apresenta esta atividade!
5. Efeitos antidiabetogênicos e no fator de desenvolvimento similar à insulina 1 (IGF-1) do hormônio de crescimento. A ação antidiabetogênica do DHEA em camundongos diabéticos mutantes ob/ob e db/db também pode ser causada pelo bloqueio dos efeitos dos GCS. Coleman *et al.*[28] observaram que a hipertrofia cortical supra-renal secundária à obesidade é característica nos mutantes obesos ob e db, e que a adrenalectomia provoca potencialização dos efeitos antidiabetogênicos do DHEA. Baseado nisso, pode-se considerar o diabetes como a representação de uma doença associada ao estresse (GCS), onde o DHEA pode ajudar. Os efeitos do DHEA sobre o diabetes e a produção de insulina foram exaustivamente revistos por Nestler.[25-27]

Morales *et al.*[9] recentemente relataram, em seu estudo clínico de doze semanas sobre o DHEA, que os valores do IGF-1 no sangue são elevados em comparação com sua proteína carreadora. O IGF-1 é um fator de desenvolvimento similar à insulina produzido pelo fígado, podendo ter um efeito anabólico vinculado à ação do hormônio de crescimento. Estudos intravenosos sobre o IGF-1 mostraram um efeito moderador da proteína que reduz a glicose em homens adultos.[9]

6. Efeitos sobre as respostas de outras enzimas. Outros exemplos dos efeitos moduladores de enzimas celulares do DHEA são estimulação da respiração mitocondrial, excitação do "ciclo fútil" envolvendo hidrolase/sintetase da gordurosa acilcoenzima A,[4] desidrogenase 3-P,[32,36] indução da peroxidase,[29,157,158] redução da isoprenilação das proteínas via efeitos na síntese do mevalonato[23] e inibição da sintetase do carbamoil hepático.[168] Também foi relatado que o DHEA inibia a descarboxilase da ornitina,[169] chave para o metabolismo da poliamina e divisão celular. Roberts[14] acredita que o princípio destes efeitos está na ativação cíclica do GMP,[170] que é um efeito hormonal androgênico.
7. Inibição das respostas dos GCS. Já se mostrou que o DHEA, sistemicamente e no sistema nervoso central (CNS), induz a transferase amino tirosina e realiza a acumulação da serotonina no hipocampo, o que pode ter relação com a ação dos GCS do estresse.[136]

Em estudos de estresse provocado pelo frio, só morreram os camundongos estressados infectados por vírus, evento associado a aumentos significativos dos níveis de GCS. A administração de DHEA àqueles ratos resultou em proteção, com uma concomitante redução nos níveis de GCS.[54,55] Estas descobertas são relevantes para o papel dos fatores do estresse na expressão virótica, concordando com as observações dos primeiros estudos de Riley, que mostravam um efeito protetor do DHEA contra a involução tímica mediada pelo estresse ou corticosteróides.[56]

A proporção DHEA-S/cortisol baixa notavelmente em pacientes normais mais idosos (60 anos ou mais) em comparação com mais jovens.[171] Como discutido anteriormente, foi encontrada uma proporção muito baixa em pacientes com doença de Alzheimer em comparação com grupos de controle de mesmo sexo e idade.[37,125,126] Baseado nisso, propôs-se que as proporções DHEA/cortisol podem servir como convenientes marcadores do DHEA como antiglicocorticóide, através do qual podem ser identificados indivíduos sob risco de efeitos neurotóxicos. Em pacientes ginecologicamente estressadas, houve diminuição nos níveis de DHEA, também associada ao estado terminal das pacientes.[172]

Como mencionamos anteriormente, a administração de uma dose subcutânea de dexametasona em dias alternados a ratos Sprague-Dawley provocou aumento significativo da pressão arterial sistólica, e esta hipertensão induzida, dependendo da dose, foi evitada pelo DHEA.[7,74] O DHEA, mais uma vez, não afetou o modelo de hipertensão por sal DOCA, sugerindo especificidade antiglicocorticóidea.

O DHEA reduz o aumento de peso no gordo rato Zucker, anêmico em hipercortisol (um modelo animal de obesidade genética).[173] A administração intraperitoneal (i.p.) de DHEA com dexametasona bloqueia a ativação das enzimas amino transferase tirosina (TAT) e ornitina descarboxilase (ODC) induzidas por injeções i.p. de dexametasona. Propôs-se que o efeito antiobesidade do DHEA nos roedores pode representar, ao menos em parte, atividade crônica antiglicocorticóidea. Também se observou a mesma inibição, pelo DHEA, da enzima TAT que reage aos GCS em camundongos Swiss Webster machos.[174] Recentemente, Araneo e Daynes[71] descobriram que o DHEA-S reverte o aumento da citocina IL-6 após queimaduras, controlado pelo bloqueio dos GCS.

8. Inibição dos efeitos da citocina, por exemplo, a IL-6. Uma explicação abrangente para a ação protetora do DHEA envolve suas respostas inibidoras à ação da IL 6.[65,71,137] Sobre esse aspecto, os níveis da IL-6 são reduzidos pelo DHEA, que se desenvolve nas respostas imunológicas que declinam no envelhecimento normal. Há um declínio do DHEA associado ao envelhecimento, com aumento correspondente na IL-6.

O nível da IL-6 (interleucina-6) também se eleva em casos de choques endotóxicos, queimaduras e eventos fisiológicos envolvendo imunidade e resposta a estresse ambiental. Esta linfocina aumenta em função do estresse, e a ação dos GCS e valores da IL-6 diminuem após administração de DHEA.[65,71,137] Isso talvez represente uma atuação mais ampla quanto ao controle da fisiopatologia da infecção, choque endotóxico, desenvolvimento de tumores e reabsorção óssea.

Em resumo, nós prevemos que os próximos anos proporcionarão

um melhor entendimento dos vários mecanismos pelos quais o DHEA exerce seus efeitos pleiotrópicos. Não será surpresa se descobrirmos que a resposta adicional se deve a efeitos de canais iônicos[4] e sobre transdução de sinais. Também observaremos múltiplos efeitos envolvendo fosfolipídeos, glicolipídeos, oncogenes, gonadotrofinas e outros fatores de citocinas, provavelmente influenciados pela superfamília de genes de esteróides envolvidos com o mecanismo molecular das múltiplas ações do DHEA.

## Cuidados Clínicos

O DHEA tem uma longa história na Europa, embora também tenha uma história clínica não estabelecida nos Estados Unidos. Foi empregado como antidrepressivo no período após a menopausa e com bons resultados na psoríase, gota e porfiria.[4] Com a depressão, elevam-se os níveis dos corticosteróides, e a ação do DHEA como um tampão da ação dos corticosteróides ainda está em testes, como possível tratamento da depressão endógena, quando poderá ser utilizado a longo prazo para os sintomas da menopausa.[4]

Recentes relatos clínicos de farmácias de manipulação comprovam a popularidade do DHEA entre os médicos, devido à sua ação contra a fadiga, mas esta melhora subjetiva é difícil de confirmar, a despeito da abundância de casos.[9] Nosso grupo[116] e Roberts e Fauble[117] observamos melhoras funcionais na esclerose múltipla, mas os números ainda são pequenos, não constituindo evidência suficiente para que os neurologistas se disponham a realizar um estudo mais aprofundado. Roberts postulou que a ação do DHEA no sistema nervoso central poderia estar relacionada aos seus efeitos sobre a função aminérgica do ácido gama-aminobutírico (GABA).[14]

Quanto à ação no sistema nervoso central (CNS), é preciso lembrar que o DHEA metaboliza-se em testosterona, que pode aumentar a força muscular e melhorar o bem-estar subjetivo. Embora não declarado no recente estudo La Jolla pelos grupos de Yen,[9] a libido masculina melhora quando a dosagem administrada de DHEA restaura os níveis aos valores dos 20 anos de idade.

Em cães, uma dosagem de DHEA diferente da farmacológica não

parece alterar o peso ou a quantidade de alimentos ingeridos. Entretanto a ingestão clínica consegue abaixar o colesterol no sangue.[4,25,176] A queda nos níveis de colesterol pode ser igual à observada com Lovestatin (Merck), mas os estudos numéricos definitivos ainda não estão disponíveis. A relação do DHEA com a prevenção da aterosclerose em laboratório ou modelos clínicos também pode dever-se à sua capacidade para diminuir a adesão plaquetária.[88,139] Isto reafirma a evidência do estudo epidemiológico de Barrett-Connor,[11] que deveria justificar a suplementação de DHEA para se restaurar seus níveis aos da segunda década em homens idosos.

Por que a diferença entre homens e mulheres no estudo de Barrett-Connor,[11,12] sobre sobrevivência coronariana, não está clara? Existem outros estudos que comprovam os efeitos anticoronarianos do DHEA, independentes de diferenças sexuais.[143,144,147] No entanto, só agora estamos começando a reunir provas de que existem notáveis diferenças individuais na capacidade com que as pessoas conseguem sulfatar o DHEA. Nós também não sabemos muito a respeito da glucuronidização do DHEA ou 7-hidroxilação e recirculação da bile como fatores formadores de diferenças clínicas.

Em macacas, infusões de DHEA-S suprimiram a produção de estrogênio e alteraram a função ovariana, sugerindo que sua função androgênica poderia inibir a fertilidade,[176] algo que precisa ser levado em consideração caso o DHEA venha a ser usado em mulheres férteis. Os níveis naturalmente elevados na gravidez sugeririam que sua ação sobre o feto não seria necessariamente tóxica; entretanto, acima de certo limiar de dosagem, é possível que seus metabólitos androgênicos interfiram com o desenvolvimento sexual normal do feto. No Japão o usam para inibir a cérvix uterina em casos de partos induzidos, o que deve ser considerado contra-indicação durante a gravidez.[3,4]

O DHEA mostrou-se eficiente na remissão do lúpus eritematoso sistêmico (SLE).[84] Também foram observados baixos índices de DHEA em casos de polimialgia[86] e artrite reumatóide, com relatos sobre melhoras sintomáticas após o emprego deste hormônio na miosite. No que diz respeito à artrite reumatóide, a gravidez, associada à remissão desta doença, produz os níveis mais elevados de DHEA sistêmico.

Embora o DHEA não seja um agente antiinflamatório, ele detém a proliferação de mastócitos,[21] sendo valioso contra a asma, a rinite e outras doenças alérgicas ou parasitárias. Também consegue modular as respostas das citocinas, responsáveis por febre e prostração. Seu efeito anticomplemento também sugere a necessidade de testes em certos estados de hipersensibilidade, envolvendo hemólise e edema angioneurótico.[89] Morales *et al.*[9] assinalam melhoras sintomáticas em alguns pacientes com dores nas articulações como parte de seu estudo de doze semanas em pacientes idosos.

A partir de estudos com animais, a ação do DHEA na prevenção de expressões viróticas ou bacterianas letais sugere que se analise seu uso na sépsis ou que pelo menos seja testado como agente redutor de infecções herpéticas locais ou sistêmicas. O DHEA, com certeza, merece testes clínicos quanto ao tratamento do choque endotóxico, onde já ficou claramente comprovada sua atuação como auxiliar para a sobrevivência[76] e atenuador do fator de produção de necrose tumoral.[2] Um trabalho recente mostrou que ele consegue proteger cobaias traumatizadas e com hemorragias de choques endotóxicos e síndrome de choque pulmonar agudo.[76]

A comprovação da influência do estresse na expressão da gripe ou resfriado comum sugere que o DHEA pode ser eficaz para a atenuação ou prevenção do aparecimento dos sintomas respiratórios, independente da concentração de anticorpos. Baseado nos dados de Loria (estudos com ratos),[2] tal fato seria particularmente verdadeiro para a infecção por enterovírus Coxsackieb, uma vez que esta é responsável por 30% dos "resfriados comuns". Neste aspecto, o DHEA pode ajudar a defender os idosos da suscetibilidade à gripe. O mesmo também se pode dizer quanto à aplicação do DHEA na atenuação ou bloqueio de infecções pelo vírus do herpes.

O hábito japonês de usar o DHEA para promover o amadurecimento e acelerar o parto[4] sugere que precisamos analisar este hormônio quanto aos seus outros efeitos no espessamento vascular do colágeno, formação de quelóides ou cura de ferimentos.

O DHEA é útil para recuperar a lubrificação da pele seca de pacientes mais idosos, onde seu efeito androgênico pode ser muito valioso.[44]

De modo geral, exceto por observações sobre estimulação peroxissomal em ratos,[29] o DHEA tem potente atividade anticarcinógena,[1] merecendo adequados testes de fase 2, em pacientes com câncer em estado avançado, em combinação com quimioterapia ácida antinucléica, devido à sua inibição da glicose-6-PO4, descarboxilase da ornitina e efeitos na isoprenilação.[1,4]

Seu lugar junto a pacientes esgotados pelo câncer também merece ser avaliado. Em vista da declarada incidência de elevação da IL-6 em mixossarcomas, plasmacitomas e mielomas, justificam-se seus testes antitumorais em relação a estas malignidades.[110]

A ação do DHEA ao deter a estimulação dos GCS na proliferação das células de Schwann[118] sugere que ele seja analisado no tratamento de neurofibromatose e nos schwannomas malignos. Do mesmo modo, em vista da síntese da pregnenolona, a precursora do DHEA, por células gliais[167] e por causa de sua natureza não tóxica, seria clinicamente importante testar o DHEA quanto à ação antitumoral em glioblastomas.

A ação do DHEA em câncer de mama também necessita de estudos especiais, embora não tenham sido observados efeitos antitumorais clínicos neste tipo de câncer.[4] Os níveis de DHEA foram considerados inversamente proporcionais ao câncer de mama, mas os níveis de DHEA são elevados no fluido cístico de pacientes com mastite cística.[4]

A diminuição do DHEA em doenças agudas ou crônicas sugere que ele pode ser útil como terapia de manutenção ou adjuvante para aqueles pacientes,[3,4,177,178] mas precisamos ter em mente que uma queda no DHEA poderia representar um necessário acompanhamento do estresse em algumas circunstâncias onde a ação dos corticosteróides poderia significar a salvação de vidas.

O aumento de energia observado em pacientes aidéticos em estágio avançado que tomam DHEA não foi associado a melhoras no rendimento dos linfócitos $CD_4/CD_8$, mas o cortisol elevado e os baixos níveis de DHEA sugerem que este hormônio, ou congêneres, talvez pudesse bloquear a linfólise mediada pelos corticosteróides, que foi associada a fatores no soro induzidos por HIV, como ácidos graxos livres.[179] O DHEA precisa ser logo analisado, clinicamente, em pacientes infectados por HIV, os quais, até agora, não mostram evidências de imunossupressão, principalmente em vista dos relatórios sobre a ação inibidora do DHEA na replicação do HIV propriamente dito e, sinergicamente, com a azatimidina.[58,59,93]

A ação do DHEA em melhorar a atividade da insulina e afetar os níveis sangüíneos de insulina ou IGF-1 merece ser estudada no tratamento de pacientes com resistência à insulina e diabetes dos tipos I e II.[9,25-28] Há algum elemento pró-oxidante em danos clínicos a células das ilhotas contra os quais o DHEA pode atuar como protetor, como parece ser verdade para a ação diabetogênica da estreptozotocina, que é revertida pelo DHEA?[28]

A ação do DHEA, parecida com a dos digitálicos, merece uma revisão especial.[4] Este hormônio tem sido empregado no tratamento de insuficiência congestiva.[180] Isso se deve aos efeitos no tônus simpático ou o DHEA tem efeitos inotrópicos cardíacos diretos? Existe um relatório informando que foram induzidos, com 0,5mg/dia de DHEA, pulsos bigeminados em um paciente não cardíaco. Finalmente, torna-se necessária uma análise do DHEA em quadros de hipertensão maligna, por causa da sua capacidade para bloquear a hipertensão mediada pela dexametasona em ratos.[7,72]

## Dosagem

Em estudos de fase 1, com dosagens farmacológicas, administrou-se até 80mg/kg/dia de DHEA a pacientes cancerosos. Uma dose de 40mg/kg/dia é bem tolerada em pacientes com câncer e esclerose múltipla. O único efeito colateral foi hirsutismo reversível em mulheres, embora se deva tomar cuidado quanto ao aumento de sedação em pacientes que tomam benzodiazepinas e outras drogas que atuam no sistema nervoso central. Não foi observada hemólise,[116,117] mas é necessário acompanhar pacientes que possam apresentar deficiência genética de glicose-6-PO4.[1,4,21]

Em pacientes sob administração oral (150-300mg/dia) de DHEA micronizado, houve um aumento de 300% na produção de testosterona em mulheres em período de pós-menopausa.[181] Como precursor androgênico, deve-se atentar para a possibilidade de o DHEA estimular o desenvolvimento prostático ou câncer, embora este hormônio tenha inibido o câncer de próstata em ratos Copenhagen,[4] sem se observar qualquer estímulo quanto à hipertrofia prostática, item sempre sob observação em nossos pacientes que recebem dosagens elevadas.[21,116]

É necessário enfatizar que a ação do DHEA é totalmente distinta em homens e mulheres. Neste último caso, a obesidade no tronco das mulheres está associada a níveis mais elevados de DHEA-S. O DHEA governa os níveis de esteróide androgênico, que controla o metabolismo e a distribuição da gordura. Os dados sugerem que isto pode beneficiar os homens, mas ter um efeito adverso nas mulheres.[166] A androgenia em mulheres, ao contrário dos homens, está associada à resistência à insulina, à insulinemia[27] e ao maior risco de problemas coronarianos. O possível aumento de libido e ação energizadora do DHEA equilibra o risco coronariano nas mulheres? Quais seriam os resultados de uma reposição combinada de DHEA e estrogênio em mulheres, quanto ao risco coronariano, à osteoporose e aos amplos efeitos contra o envelhecimento?

Outro fato a considerar foi a evidência de carcinoma hepático em ratos tratados com uma dieta de altas doses farmacológicas de DHEA, associada ao efeito deste hormônio na estimulação peroxissomal hepática.[29] Neste caso, suplementos de vitamina E evitam as alterações enzimáticas associadas a danos ao fígado por estresse oxidativo.[182]

O DHEA, juntamente com o estrogênio, a testosterona, o hormônio de crescimento e a melatonina, é uma terapia racional de recuperação contra o envelhecimento.[9] No Canadá, entretanto, o DHEA foi classificado como esteróide anabólico do tipo III (U.S.). Embora seja um androgênio suave, não tem a característica de desenvolvimento muscular da testosterona e outros esteróides anabólicos mais potentes, mas esta classificação desencorajará seu emprego por parte de alguns médicos e pacientes.

Existem numerosas patentes de uso para a aplicação do DHEA ou seu sulfato, mas seria difícil que algum laboratório farmacêutico investisse na disponibilidade clínica do DHEA baseado no uso segundo as especificações da FDA, que implicam em grande número de pacientes e milhões de dólares em testes clínicos. Esperamos que sua utilidade clínica em casos de lúpus eritematoso[85] estimule a rápida aprovação clínica por parte da FDA, devido ao seu interesse nesta doença, que tem poucas opções terapêuticas. Os laboratórios farmacêuticos buscam substâncias análogas ao DHEA, que proporcionariam composições passíveis de serem patenteadas. Isso significa que a disponibilidade de similares ao DHEA ainda demorarão alguns anos.

No momento, os médicos precisam depender das farmácias de composição para obter DHEA, com receita, sem a aprovação da FDA.

A decisão de usá-lo fica a critério daqueles médicos e seus pacientes que levam em consideração suas virtudes, apesar da falta de pesquisas confirmando seus valores clínicos.

No estudo realizado pelo grupo de Yen,[9] administrou-se diariamente 50mg, à noite, durante doze semanas, com melhoras na energia e disposição. Nossa dose recomendada para a restauração dos níveis sangüíneos aos da segunda década é de 50mg em dias alternados. Este número é empírico, precisando ser ajustado para cada indivíduo. Nosso conceito de dosagem baseia-se na reposição de DHEA para que se obtenha um nível próximo ao da juventude (segunda década), independente da idade cronológica do paciente. Nosso tratamento de manhãs diárias alternadas também é empírico, pois não há evidências sugerindo depressão endógena dos receptores de DHEA ou inibição da produção deste hormônio sob administração exógena diária. Não se sabe se o horário da manhã é superior ao noturno. Precisamos de pesquisas cinéticas para determinarmos padrões de metabolismo baseados em programas de dosagens adequados a diferentes faixas etárias e tempos de administração.

Não vemos vantagem na administração de DHEA em comparação com DHEA-S, mas são necessários estudos clínicos, com objetivos distintos, para que possam ser estabelecidas diferenças no metabolismo de metabólitos sulfatados *versus* DHEA quanto a objetivos clínicos. Há provas clínicas e em roedores de excreções biliares de DHEA-S e reabsorção gastrintestinal de DHEA.[183]

É preciso assinalar que não existem provas de que o DHEA consegue prolongar a vida em qualquer modelo até agora disponível. Um recente estudo nos Países Baixos não mostrou correlação com o estado funcional dos muito idosos (acima de 85 anos) e seus níveis de DHEA-S.[184] Os níveis de DHEA não foram medidos nestes estudos, mas a diminuição deste hormônio com a idade sugere que, como marcador biológico, o DHEA, o hormônio de crescimento, a melatonina e os esteróides sexuais podem representar a chave para compreendermos a fisiologia do envelhecimento.

Se a recuperação do DHEA e outros hormônios aos níveis dos vinte anos em pessoas mais idosas fará alguma diferença quanto à qualidade de suas vidas ainda depende de opiniões pessoais. Para a validação médica, o estudo requer avaliações subjetivas e objetivas em grande número de pacientes, com diversos tipos de queixas. Os testes limitam-se a esforços clínicos focalizados em pacientes individuais, e espera-se que o entusiasmo do público pelo DHEA resulte em apoio do governo e interesse por parte das indústrias farmacêuticas em importantes estudos clínicos, fornecendo números que definirão, de uma vez por todas, a importância da reposição do DHEA.

## Sumário

Nesta obra tentamos apresentar a avaliação de algumas das principais ações do DHEA-S. Nós nos concentramos principalmente na resposta imunológica, ação de corticosteróides e efeitos sobre o sistema nervoso central. Também focalizamos sucintamente os efeitos metabólicos e vasculares e a ação antiproliferativa, mas não entramos em pormenores quanto aos seus efeitos metabólicos (diabetes) e anticarcinógenos, que podem ser vistos em revisões apropriadas. A observação de que o DHEA protege ratos contra uma variedade de agentes infecciosos sugere que este hormônio regula a resposta imunológica do hospedeiro, com a infecção como estímulo. Isto, aparentemente, é conseguido por neutralização de efeitos imunossupressores dos glicocorticosteróides e é possivelmente mediado pelo bloqueio à ação da IL-6 ou pela inibição do complemento ou atividade dos mastócitos. O DHEA talvez também seja útil no tratamento do choque séptico.

É claro que a influência generalizada, algumas vezes paradoxal, do DHEA sobre muitas funções de efetores imunológicos significa que este esteróide é um importante elemento de controle para a conservação das funções homeostáticas do sistema imunológico, tendo cada vez mais lugar no tratamento da AIDS, do lúpus e/ou outras doenças auto-imunes.

O papel do DHEA como neuroesteróide pode estabelecer seu lugar na depressão (fadiga), restauração neural ou neuro-imunomodulação. Em nossas recentes revisões,[2-4] nas de Nestler *et al.*[25,27] e em outras[9,85,184] foram resumidos estudos clínicos e o valor em potencial do DHEA em casos de câncer, hipertensão, lúpus, aterosclerose, diabetes e infecção.

Quer as ações do DHEA dependam ou não de receptores ou condições, o foco de todos os estudos sobre este hormônio precisa atentar detalhadamente para seu precursor, a pregnenolona, e o papel do seu metabolismo para produzir DHEA e seus metabólitos intermediários na síntese dos esteróides sexuais e etiocolanolona (ver Figura 1). Os estudos precisam fazer a distinção entre espécie, cepa, sexo, animal usado, as células envolvidas, dosagens farmacológicas em comparação com fisiológicas, via e tempo de administração, efeito da idade, obesidade ou outras patologias moduladoras subjacentes.

Independente do mecanismo de ação do DHEA, acreditamos que este hormônio e seus congêneres rivalizarão com os glicocorticóides e esteróides sexuais quanto à sua versatilidade fisiológica, e que o DHEA ou seus análogos ou metabólitos serão usados em reposições fisiológicas, isto é, na recuperação do declínio associado a doenças ou envelhecimento, ou focalizado em efeitos farmacológicos. Este último, infelizmente, ainda precisa aguardar o desenvolvimento de sistemas de liberação ou a disponibilidade comercial de análogos sintéticos para satisfazer as necessidades competitivas do mercado.

## Referências

1. KALIMI, M., Regelson, W., Eds. *The Biologic Role of Dehydroepiandrosterone (DHEA)*. Nova York: Walter de Gruyter, 1990.
2. REGELSON, W., LORIA, R., KALIMI, M. Dehydroepiandrosterone (DHEA) The "Mother Steroid" I: Immunologic Action. Ann *NY Acad Sci 719:* 553-563, 1994.
3. REGELSON, W., KALIMI, M., LORIA, R. DHEA: Some thoughts as to its biologic and clinical action. *In*: *The Biologic Role of Dehydroepiandrosterone (DHEA)*. KALIMI, M., REGELSON, W., Eds., Nova York: Walter de Gruyter, pp. 405-445, 1990.
4. REGELSON, W., KALIMI, M. Dehydroepiandrosterone (DHEA)-The Multifunctional Steroid II. Effects on the CNS, cell proliferation, metabolic and vascular, clinical and other effects. Mechanism of Action? *Ann NY Acad Sci* 719: 564-575, 1994.
5. LARDY, H., STRATMAN, F., Eds. *Hormones, Thermogenesis and Obesity*. Nova York: Elsevier, 1989.
6. PARKER, L.N. *Adrenal Androgens in Clinical Medicine*. San Diego, CA: Academic Press, pp. 118-134, 1989.
7. KALIMI, M., SHAFAGOJ, Y., LORIA, R., *et al*. Anti-glucocorticoid effects of dehydroepiandrosterone (DHEA). *Mol Cell Biochem* 131: 99-104, 1994.
8. BIRKENNAGER-GILLESSE, E.G., DERKSEN, J., LAGADY. A.M. Dehydroepiandrosterone sulphate (DHEAS) in the oldest old-aged 85 and over. *Ann NY Acad Sci* 719: 543, 552, 1994.
9. MORALES, A.J., NOLAN, J.N., NELSON, J.C., YEN, S.S. Effect of replacement dose of dehydroepiandrosterone in men and women of advancing age. *J Clin Endocrinol Metab* 78: 1360-1367, 1994.

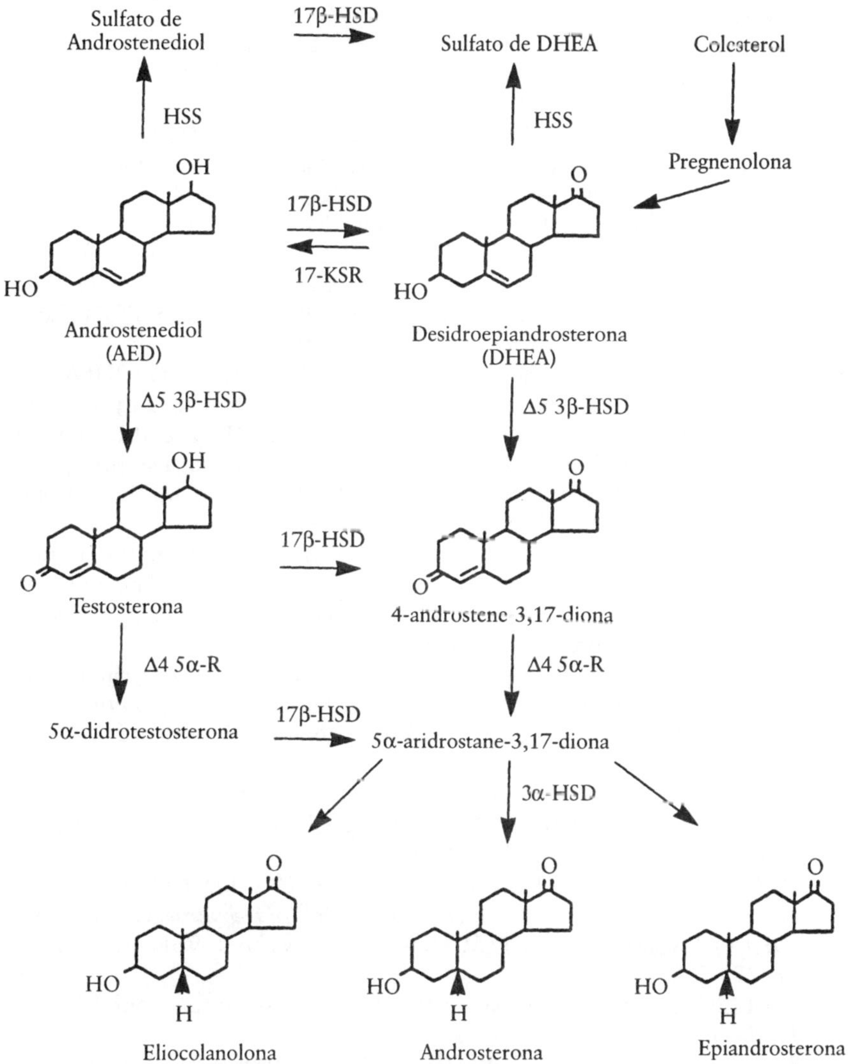


KSR = Redutase de Cetosteróide
HSD = Desidrogenase de Hidrosteróide
R = Redutase
H = Hidrolase
HSS = Sulfatase de Hidrosteróide

10. BELANGER, A., CANDAS, B., DUPONT, A., *et al.* Changes in serum concentrations of conjugated and unconjugated steroids in 40- to 80-year-old men. *J Clin Endocrinol Metab* 79: 1086-1090, 1994.
11. BARRETT-CONNOR, E., KHAW, K.T., YEN, S.S.C. A prospective study of dehydroepiandrosterone sulfate, mortality and cardiovascular disease. *N Engl J Med* 315: 1519-1524, 1986.
12. BARRETT-CONNOR, E., KHAW, K. The epidemiology of DHEAS with particular reference to cardiovascular disease: The Rancho Bernado study. *In*: *The Biologic Role of Dehydroepiandrosterone (DHEA)*. KALIMI, M., REGELSON, W., Eds., Nova York: Walter de Gruyter, pp. 281-298, 1990.
13. LORIA, R.M., REGELSON, W., PADGETT, D.A. Immune response facilitation and resistance to viral and bacterial infections with DHEA. *In*: *The Biologic Role of Dehydroepiandrosterone* (DHEA). KALIMI, M., REGELSON, W., Eds., Nova York: Walter de Gruyter, pp. 107-130, 1990.
14. ROBERTS, G. Dehydroepiandrosterone (DHEA) and its sulfate (DHEAS) as neural facilitators: Effects on brain tissue in culture and on memory in young and old mice. Acyclic GMP hypothesis of action of DHEA and DHEAS in nervous system and other tissues. In: *The Biologic Role of Dehydroepiandrosterone* (DHEA). KALIMI, M., REGELSON, W., Eds., Nova York: Walter de Gruyter, pp. 13-42, 1990.
15. FEO, F., PASTALE, R. Glucose-6-phosphate dehydrogenase and the relation of dehydroepiandrosterone to carcinogenesis. *In*: *The Biologic Role of Dehydroepiandrosterone* (DHEA). KALIMI, M., REGELSON, W., Eds., Nova York: Walter de Gruyter, pp. 331-360, 1990.
16. MAYOR, D., WEBER, E., BANNASCH, P. Modulation of liver carcinogenesis by dehydroepiandrosterone. *In: The Biologic Role of Dehydroepiandrosterone (DHEA)*. KALIMI, M., REGELSON, W., Eds., Nova York: Walter de Gruyter, pp. 361-385, 1990.
17. CLEARY, M.P. The role of DHEA in obesity. *In*: *The Biologic Role of Dehydroepiandrosterone* (DHEA). KALIMI, M., REGELSON, W., Eds., Nova York: Walter de Gruyter, pp. 281-298, 1990.
18. MACEWEN, E.G., MAKI-HAFFA, A.L., KURZMAN, I.D. DHEA effects on cholesterol and lipoproteins. In: *The Biologic Role of Dehydroepiandrosterone (DHEA)*. KALIMI, M., REGELSON, W., Eds., Nova York: Walter de Gruyter, pp. 299-316, 1990.
19. BAULIEU, E.F., ROBEL, P. Neurosteroids: A new brain function? *J Steroid Biochem Mol Biol* 37: 305-403, 1990.
20. ROBEL, P., BAULIEU, E.E., CORPECHOT, C., *et al.* Neurosteroids: 3bHydroxy-5 derivatives in rat and monkey brain. *J Steroid Biochem Mol Biol* 27: 649-655, 1982.
21. REGELSON, W., LORIA, R., KALIMI, M. Hormonal Intervention: "buffer hormones" or "state dependency". The role of dehydroepiandrosterone (DHEA), thyroid hormone, estrogen and hypophysectomy in aging. *Ann NY Acad Sci* 521: 260-273, 1988.
22. REGELSON, W., KALIMI, M., LORIA, R. Dehydroepiandrosterone (DHEA): the precursor steroid: introductory remarks. *In*: *The Biologic Role of Dehy-*

*droepiandrosterone (DHEA)*. KALIMI, M., REGELSON, W., Eds., Nova York: Walter de Gruyter, pp. 1-6, 1990.

23. SCHULTZ, S., NYCE, J.W. Inhibition of isoprenylation and p21 membrane association by dehydroepiandrosterone in human colonic adenocarcinoma cells *in vitro*. *Cancer Res* 51: 6563-6567, 1991.
24. BAULIEU, E.E., CORPECHOT, C., DRAY, F., EMIOLOZZI, R., *et al.* An adrenal secreted "Androgen": Dehydroepiandrosterone sulfate. Its metabolism, and a tentative generalization on the metabolism of other steroid conjugates in man. *Rec Progr Horm Res* 21: 411-500, 1965.
25. NESTLER, J.E., CLORE, J.N., BLACKARD, W.G. Regulation of dehydroepiandrosterone (DHEA) metabolism by insulin and metabolic effects of dehydroepiandrosterone in man. *In*: *The Biologic Role of Dehydroepiandrosterone (DHEA)*. KALIMI, M., REGELSON, W., Eds., Nova York: Walter de Gruyter, pp. 189-205, 1990.
26. NESTLER, J.E., CLORE, J.N., BLACKARD, W.G. Dehydroepiandrosterone: the "missing link" between hyperinsulinemia and atherosclerosis. *FASEB J* 6: 3073-3075, 1992.
27. NESTLER, J.E. Insulin and adrenal androgens. *Seminar in Reproductive Endocrinol* 12: 1-5, 1994.
28. COLEMAN, D.C. Dehydroepiandrosterone (DHEA) and diabetic syndromes in mice. *In*: *The Biologic Role of Dehydroepiandrosterone (DHEA)*. KALIMI, M., REGELSON, W., Eds., Nova York: Walter de Gruyter, pp. 179-180, 1990.
29. RAO, M.D., REID, B., IDE, T.T., *et al.* Dehydroepiandrosterone induced peroxisome proliferation in the rat. Evaluation of sex differences. *Proc Soc Exp Biol Med* 207: 186-190, 1994.
30. SOHAL, R.S., AGARWAL, S., ORR, W.C. Oxidative stress as a causal factor in senescence. Report 13th Ross Conference on Medical Res., Abbott Labs, Columbus, Ohio, pp. 6-10, 1994.
31. BERDANIER, C.D., MCINTOSH, M.D. DHEA and mitochondrial respiration. In: *The Biologic Role of Dehydroepiandrosterone (DHEA)*. KALIMI, M., REGELSON, W., Eds., Nova York: Walter de Gruyter, pp. 231-252, 1990.
32. LARDY, H., SU, C.Y., KNEER, N., WIEGLUS, S. Dehydroepiandrosterone induces enzymes that permit thermogenesis and decrease metabolic efficiency. *In*: *Hormones, Thermogenesis and Obesity*. LARDY, H.A., STRATMAN, F., Eds. Nova York: Elsevier, pp. 415-426, 1989.
33. WEINSHILBOUM, R., AKSOY, I. Sulfation pharmacogenetics in humans. *Chem Biol Interact* 92: 233-246, 1994.
34. HOBKIRK, R. Steroid sulfotransferases and steroid sulfate sulfatases: characteristics and biological roles. *Can J Biochem Cell Biol* 63: 1127-1144, 1985.
35. PROUGH, R.A., WU, H.Q., MILEWICH, C. Effect of DHEA on rodent liver microsomal mitochondrial and peroxisomal proteins. *In*: *The Biologic Role of Dehydroepiandrosterone (DHEA)*. KALIMI, M., REGELSON, W., Eds., Nova York: Walter de Gruyter, pp. 253-279, 1990.
36. BOBYLEVA, V., KNEER, N., BELLEI, M., *et al.* Concerning the mechanism of increased thermogenesis in rats treated with dehydroepiandrosterone. *J Bioenergetics Biomembranes* 25: 313-321, 1993.

37. ROBERTS, E., FITTEN, J. Serum steroid levels in two old men with Alzheimer's disease (AD) before, during and after oral administration of dehydroepiandrosterone (DHEA). Pregnenolone synthesis may become rate-limiting in aging. *In*: *The Biologic Role of Dehydroepiandrosterone (DHEA)*. KALIMI, M., REGELSON, W., Eds., Nova York: Walter de Gruyter, pp. 43-63, 1990.
38. PADGETT, D A., LORIA, R.M. In vitro potentiation of lymphocyte activation by DHEA, andostenediol and andostenetriol. *J Immunol* 153: 1544-1552, 1994.
39. LEITER, E., BEAMER, W., COLEMAN, D., LONGCOPE, C. Androgenic and estrogenic metabolites in serum of mice fed dehydroepiandrosterone: Relationship to antihyperglycemic effects. *Metabolism* 36: 863-869, 1987.
40. KHALIL, M.W, STRUTT, L.B., VACHON, D., *et al.* Metabolism of dehydroepiandrosterone by cultured human adipose stromal cells. Identification of 7a hydroxydehydroepiandrosterone. *J Steroid Biochem Mol Biol* 46: 505-595, 1993.
41. DAYNES, R.A., DUDLEY, D.J., ARANEO, B.A. Regulation of murine lymphokine production in vivo. II. Dehydroepiandrosterone is a natural enhancer of IL-2 synthesis by helper T-cells. *Europ J Immunol* 20: 793-801, 1990.
42. DE PERETTI, E., FOREST, M.G. Pattern of plasma dehydroepiandrosterone sulfate levels in human from birth to adulthood: Evidence for testicular production. *J Clin Endocrinol Metab* 47: 572-577, 1978.
43. ORENTREICH, N., BRIND, J.L., RIZER, R.L., *et al.* Age changes and sex differences in serum dehydroepiandrosterone sulfate concentrations throughout adulthood. *J Clin Endocrinol Metab* 59: 551-555, 1984.
44. ORENTREICH, N. Personal communication, 1984.
45. BRAVERMAN, E., REGELSON, W. Work in progress, 1995.
46. MILEWICH, L., SHAW, C.B., SONDHEIMER, R.D. Steroid metabolism by epidermal keratinocytes. *Ann NY Acad Sci* 548: 66-89, 1988.
47. PURIFOY, F.E., KOOPMANS, L.H., TATUM, R.W. Steroid hormones and aging: Free testosterone and androstendione in normal females aged 20-87 years. *Human Biol* 52: 181-191, 1980.
48. CUMMING, D.C., REBAR, R.W., HOPPER, B.R., YEN, S.S. Evidence for an influence of the ovary on circulating dehydroepiandrosterone sulfate levels. *J Endocrinol Metab* 54: 1069-1071, 1982.
49. LU, C.H., LAUGLIN, C.A., FISHER, V.G., YEN, S.S. Marked attenuation of ultradian and circadian rhythms of DHEA in post-menstrual women. Evidence for a reduced 17, 20 desmolase enzymatic activity. *J Clin Endocrinol Metab* 71: 900-906, 1990.
50. DEL PONTE, A., DIMONTE, M.G., GRAZIANNI, D., *et al.* Changes in plasma DHEAS circadian rhythm in elderly men. *Prog Clin Biol Res* 341 A, 791-796, 1990.
51. MANN, D., CASTRACANE, D., MCLAUGHLIN, F., *et al.* Developmental patterns of serum luteinizing hormone, gonadal and adrenal steroids in the sooty mangabey (Cercocebus atys.). *Biol Repro* 28: 279-284, 1983.
52. LORIA, R.M., INGE, T.H., COOK, S., SZAKAL, A., REGELSON, W. Protection against acute lethal viral infections with the native steroid dehydroepiandrosterone (DHEA). *J Med Virology* 26: 301-314, 1988.
53. LORIA, R.M., PADGETT, D.A. Androstenediol regulates systemic resistance against lethal infections in mice. *Arch Virology* 127: 103-115, 1992.

54. BEN-NATHAN, D., FEUERSTEIN, G. The influence of cold and isolation stress on resistance of mice to West Nile virus encephalitis. *Experientia* 46: 285-290, 1990.
55. BEN-NATHAN, D., LACHMI, B., LUSTIG, S., FEUERSTEIN, G. Protection of dehydroepiandrosterone (DHEA) in mice infected with viral encephalitis. *Arch Virology* 120: 263-271, 1991.
56. RILEY, V., FITZMAURICE, M.A., REGELSON, W. DHEA and thymus integrity in the mouse. *In*: *The Biologic Role of Dehydroepiandrosterone (DHEA)*. KALIMI, M., REGELSON, W., Eds., Nova York: Walter de Gruyter, pp. 131-155, 1990.
57. MAY, M., HOLLMES, E., ROGERS, W., *et al.* Protection from glucocorticoid induced thymic involution by dehydroepiandrosterone. *Life Sci* 46: 1627-1631, 1990.
58. SCHINAZI, R.F., ERIKSSON, B.F.H., ARNOLD, B.H., *et at.* Effects of dehydroepiandrosterone in lymphocytes and macrophages infected with human immunodeficiency virus. *In*: *The Biologic Role of Dehydroepiandrosterone (DHEA)*. KALIMI, M., REGELSON, W., Eds., Nova York: Walter de Gruyter, pp. 155-177, 1990.
59. YANG, J.Y., SCHWARTZ, A., HENDERSON, E.E. Inhibition of 3'azido-3' deoxythymidine resistant HIV-I infection by dehydroepiandrosterone in vitro. *Biochem Biophys Res Commun* 201: 1424-1432, 1994.
60. RASMUSSEN, K.R., MARTIN, L.E.G., ARROWOOD, M.J., *et al.* Effect of dexamethasone and dehydroepiandrosterone in immunosuppressed rats infected with Crytosporidium parvum. *J Protozool* 38: 157-159, 1991.
61. GARG, M., BONDADA, S. Reversal of age assoicated decline in immune response in PNU immune vaccine by supplementation with the steroid hormone DHEA. *Infect Immun* 61: 2238-2241, 1993.
62. DAYNES, R.A., ARANEO, B.A. Contrasting effects of glucocorticoids on the capacity of T cells to produce the growth factor interleukin 2 and interleukin 4. *Europ J Immunol* 19: 2319-2325, 1990.
63. SUZUKI, T., SUZUKI, N., DAYNES, R.A., ENGLEMAN, E.G. Dehydroepiandrosterone enhances IL-2 production and cytotoxic effector function of human T-cells. *Clin Immunol Immunopathol* 61: 202-211, 1991.
64. DAYNES, R.A., ARANEO, B.A., DOWEL, T.A., *et al.* Regulation of murine lymphokine production in vivo III. The lymphoid microenvironment exerts regulatory influences over T helper function. *J Exp Med* 171: 979-996, 1990.
65. DAYNES, R.A., ARANEO, B.A. Natural regulators of T cell lymphokine production in vivo. *J Immunother* 12: 174-179, 1992.
66. ARANEO, B.A., WOODS, M.L.H., DAYNES, R.A. Reversal of the immunosenescent phenotype by dehydroepiandrosterone: hormone treatment provides an adjuvant effect on the immunization of aged mice with recombinant hepatitis B surface antigen. *J Infect Dis* 167: 830-840, 1993.
67. CASSON, P.R., ANDERSEN, R.N., HERROD, H.G. Oral dehydroepiandrosterone modulates immune function in post-menopausal women. *Am J Obstet Gynecol* 169: 1536-1539, 1993.
68. SZAKAL, A.K. Personal communication, 1994.
69. FITZMAURICE, M.A. Physiological relationships among stress, viruses and cancer in experimental animals. *Intern J Neurosci* 39: 307-324, 1988.

70. COHEN, S., TYRRELL, D.A.J., SMITH, A.P. Psychological stress and susceptibility to the common cold. *N Engl J Med* 325: 606-612, 1991.
71. ARANEO, B., DAYNES, R. Dehydroepiandrosterone functions as more than an antiglucocorticoid in preserving immunocompetence after thermal injury. *Endocrinol* 136: 393-401, 1995.
72. BLAUER, K.L., ROGERS, W.M., BERNTON, E.W. Dehydroepiandrosterone antagonizes the suppressive effects of dexamethasone on lymphocyte proliferation. *Endocrinol* 129: 3174-3179, 1991.
73. WIEDMELER, S.E., ARANEO, B.A., HUANG, K., DAYNES, R.A. Thymic modulation of IL-2 and IL-4 synthesis by peripheral T cells. *Cell Immunol* 135: 501-518, 1991.
74. SHAFAGOJ, Y., OPOKU, J., QUERESHI, D., *et al.* Dehydroepiandrosterone prevents dexamethasone-induced hypertension in rats. *Am J Physiol* 263: 210-213, 1992.
75. DANNENBERG, H.D., ALPERT, G., LUSTIG, S., *et al.* DHEA protects mice from endotoxin toxicity and reduces tumor necrosis factor production. *Antimicrob Agents Chemother* 36: 2275-2279, 1992.
76. PROCTOR, K. Personal communication, 1995.
77. SCHWARTZ, A.G., FAIRINAN, K.K., PASHKO, L.L. The biologic significance of dehydroepiandrosterone. *In*: *The Biologic Role of Dehydroepiandrosterone (DHEA)*. KALIMI, M., REGELSON, W., Eds., Nova York: Walter de Gruyter, pp. 7-12, 1990.
78. MALONE, J., OLDFIELD III, E.G., WAGNER, K.F., *et al.* Abnormalities of morning serum cortisol levels and circadian rhythms of CD4 + lymphocyte counts in human immunodeficiency virus type I infected adult patients. *J Infect Dis* 165: 185-186, 1992.
79. MERRIL, C.R., HARRINGTON, M.G., SUNDERLAND, T. Reduced plasma dehydroepiandrosterone concentration in HIV infection and Alzheimer's disease. *In*: *The Biologic Role of Dehydroepiandrosterone (DHEA)*. KALIMI, M., REGELSON, W., Eds., Nova York: Walter de Gruyter, pp. 101-106, 1990.
80. JACOBSON, M.A., FUSARO, R.E., GALMARINI, M., LANG, W. Decreased serum dehydroepiandrosterone is associated with an increased progression of human immunodeficiency virus infection in men with CD4 cell counts of 200-499. *J Infect Dis* 164: 864-868, 1991.
81. FINDLING, J.W., BUGGY, B.P., GILSON, I.H., *et al.* Longitudinal evaluation of adrenocortical function in patients infected with the human immunodeficiency virus. *J Clin Endocrinol Metab* 79: 1091-1096, 1994.
82. MATSUNAGA, A., MILLER, B.C., COTTAM, G.L. Dehydroepiandrosterone prevention of autoimmune disease in NZB/WF1 mice: Lack of an effect on associated immunological abnormalities. *Biochimica Biophysica Acta* 992: 265-271, 1989.
83. DE LA TORRE, B., HEDMAN, M., NILSSON, E., *et al.* Relationship between blood and joint tissue DHEAS levels in rheumatoid arthritis and osteoarthritis. *Clin Exp Rheumatol* 11: 597-601, 1993.
84. HEDMAN, M., NILSSON, E., DE LA TORRE, B. Low sulpho-conjugated steroid hormone levels in systemic lupus erythematosus (SLE). *Clin Exp Rheumatol* 7: 583-588, 1989.

85. VAN VOLLENHAVEN, R.E., ENGELMAN, E.G., MCGUIRE, J.L. An open study of DHEA in systemic lupus erythematosis. *Arthritis-Rheum* 37: 1305-1310, 1994.
86. NILSSON, E., DE LA TORRE, B., HEDMAN, M., *et al.* Blood DHEA-S levels in polymyalgia rheumatica/giant cell arteritis and primary fibromyalgia. *Clin Exp Rheumatol* 12: 415-417, 1994.
87. TANNEN, R.H., SCHWARTZ, A.G. Reduced weight gain and delay of Coomb's positive hemolytic anemia in NZB mice treated with dehydroepiandrosterone (DHEA). *Fed Proc* 41: 463 (Abstract), 1982.
88. EICH, D.M., JOHNSON, D.E., NESTLER, J.E., *et al.* Inhibition of cardiac allograft atherosclerosis by dehydroepiandrosterone. *Clin Res* 38: 2A (Abstract), 1990.
89. FALUS, A., FEHER, K.G., WALEZ, E., *et al.* Hormonal regulation of complement biosynthesis in human cell lines. I. Androgens and gammainterferon stimulate the biosynthesis and gene expression of Cl inhibitor in human cell line U937 and HepG2. *Mol Immunol* 27: 191-195, 1990.
90. COLTON, H.R. Hereditary angioneurotic edema, 1887-1987. *N Engl J Med* 317: 43-45, 1987.
91. ENNAS, M.G., LANCONI, S., DESSAI, S., *et al.* Influence of dehydroepiandrosterone on G-6-PD activity and $^{3}$H-thymidine uptake on human lymphocytes in vitro. *Toxicol Pathol* 15: 241-244, 1987.
92. HENDERSON, E.A., SCHWARTZ, A., PASHKO, L., *et al.* Dehydroepiandrosterone and 16 $\alpha$-bromoepiandrosterone: inhibition of Epstein-Barr virus induced transformation of human lymphocytes. *Carcinogenesis* 2: 683-686, 1981.
93. HENDERSON, E., YANG, J.Y., SCHWARTZ, A. Dehydroepiandrosterone (DHEA) and synthetic DHEA analogs are modest inhibitors of HIV IIIB replication. *AIDS Res Hum Retroviruses* 8: 625-631, 1992.
94. DYNER, T.S., LANG, W, GEAGA, J., *et al.* An open label dose escalation trial of oral DHEA tolerance and pharmacokinetics in patients with HIV disease. *J Acquir Immune Defic Syndr* 6: 459-465, 1993.
95. SCHWARTZ, A.G., WHITCOMB, J.M., NYCE, J.W., *et al.* Dehydroepiandrosterone and structural analogs: A new class of cancer chemopreventive agents. *Adv Cancer Res* 51: 391-423, 1988.
96. GORDON, G.B., HELZLSOVER, K.J., COMSTOCK, G.W. Serum levels of DHEA and its sulfate, and the risk of developing bladder cancer. *Cancer Res* 51: 1366-1369, 1991.
97. FIELD, A.E.R., COLDITZ, G.A., WILLETT, W.C., *et al.* The relation of smoking, age, relative weight, and dietary intake to serum adrenal steroids, sex hormones, and sex hormone-binding globulin in middle aged men. *J Clin Endocrinol Metab* 79: 1310-1316, 1994.
98. GORDON, G.B., SHANTZ, L.M., TALALAY, P. Modulation of growth, differentiation, and carcinogenesis by dehydroepiandrosterone. *Adv Enzymology Regulation* 26: 355-382, 1987.
99. BOONE, C.W., KELLOFF, G.J., MALONE, W.C. Identification of candidate cancer preventative agents and their evaluation in animal models and human clinical trials. A review. *Cancer Res* 50: 2-9, 1990.

100. HASTINGS, L.A., PASHKO, L.L., LEWBART, M.L., SCHWARTZ, A.G. Dehydroepiandrosterone and two structural analogs inhibit 12-O-tetradecanoylphorba-13-acetate stimulation of prostaglandin G2 content in mouse skin. *Carcinogenesis* 9: 1099-1102, 1988.
101. KALIMI, M., OPOKU, J., SHENG LU, Q., *et al.* Studies of the biochemical action and mechanism of dehydroepiandrosterone. *In*: *The Biologic Role of Dehydroepiandrosterone (DHEA)*. KALIMI, M., REGELSON, W, Eds., Nova York: Walter de Gruyter, pp. 397-404, 1990.
102. KALIMI, M., REGELSON, W. Physicochemical characterization of (3H)DHEA binding in rat liver. *Biochem Biophys Res Comm* 156: 22-29, 1988.
103. WAYNE-MEIKLE, A., DORCHUCK, R., ARANEO, B., *et al.* The presence of a dehydroepiandrosterone-specific receptor binding complex in murine T cells. *J Steroid Biochem Mol Biol* 42: 293-304, 1992.
104. SHANTZ, L.M., TALALAY, P., GORDON, G.B. Mechanism of inhibition of growth of 3T3-LI fibroblasts and their differentiation to adipocytes by DHEA and related steroids. Role of glucose-6-phosphate dehydrogenase. *Proc Natl Acad Sci* 86: 3852-3856, 1989.
105. RAO, C.V., TOKUMO, K., RIGOTTI, J., *et al.* Chemoprevention of colon cancer by dietary administration of peroxicam, difluoromethylornithine, 16-fluoro-5-androsten-17-one, and eliagic acid individually and in combination. *Cancer Res* 51: 4528-4534, 1991.
106. BROCHU, M., BELANGER, A. Comparative study of plasma steroid and steroid glucuronide levels in normal men and men with benign prostatic hyperplasia. *Prostate* 11: 33-40, 1987.
107. STEGE, R., CARLSTROM, K. Testicular and adrenocortical function in healthy men and in men with benign prostatic hyperplasia. *J Steroid Biochem Mol Biol* 42: 357-362, 1992.
108. SPECTOR, T.D., THOMPSON, P.W., PERRYL, A., GRUNNOS, A.C. The relationship between sex steroids and bone mineral content in women soon after menopause. *Clin Endocrinol* 34: 37-41, 1991.
109. JILKA, R.L., HANGOC, G., GIRASOLE, G., *et al.* Increased osteoclast development after estrogen loss. Mediated by interleukin-6. *Science* 257: 88-91,1992.
110. KISHIMOTO, T., AKIRA, S., TAGA, T. Interleukin 6 and its receptor and paradigm for cytokines. *Science* 258: 593-597, 1992.
111. TAGGART, D.P., GRAY, C.E., BOWMAN, A., *et al.* Serum androgens and gonadotrophins in bronchial carcinoma. *Respir Med* 87: 455-460, 1993.
112. GORDON, G.B., HELZLSOVER, K.J., ALBERG, A.J., *et al.* Serum levels of dehydroepiandrosterone and DHEAS and the risk of developing gastric cancer. *Cancer Epidemiol Biomarkers Prev* 2: 33-35, 1993.
113. HU, D.E., FAN, T.P.D. The combined use of DHEA and dexamethasone inhibits angiogenesis in the rat without causing immunosuppression. *Br J Pharmacol* 107: 260, 1992.
114. MELCHOIR, C.L., GLASKY, A., RITZMANN, R.F. Dehydroepiandrosterone (DHEA) improves memory in normal mice and mice with age induced memory deficits. *Neuroscience Abs* 487: 2, 1992.
115. FLOOD, J.F., MORLEY, J.E., ROBERTS, E. Memory enhancing effects in male

mice of pregnenolone and steroids metabolically derived from it. *Proc Natl Acad Sci USA* 89: 1567-1571, 1992.
116. CALABRESE, V.P., ISAACS, E.R., REGELSON, W. Dehydroepiandrosterone in multiple sclerosis: Positive effects on the fatigue syndrome in a non-randomized study. *In*: *The Biologic Role of Dehydroepiandrosterone (DHEA)*. KALIMI, M., REGELSON, W., Eds., Nova York: Walter de Gruyter, pp. 65-79, 1990.
117. ROBERTS, E., FAUBLE, T. Oral dehydroepiandrosterone in multiple sclerosis. Result of a phase one, open study. *In*: *The Biologic Role of Dehydroepiandrosterone (DHEA)*. KALIMI, M., REGELSON, W., Eds., Nova York: Walter de Gruyter, pp. 81-93, 1990.
118. NEUBERGER, T.J., KALIMI, M., REGELSON, W., *et al.* Glucocorticoids enhance the potency of Schwann cell mitogens. *J Neurosci Res* 38: 300-313, 1994.
119. MELCHOIR, C.L., RITZMANN, R.F. Dehydroepiandrosterone is an anxiolyric in mice on the plus maze. *Pharmacol Biochem Behavior* 47: 437-441, 1994.
120. DEMIRGOREN, S., MAJEWSKA, M.D., SPIVAK, C.E., *et al.* Receptor binding and electrophysiological effects of dehydroepiandrosterone sulfate, an antagonist to the GABAA receptor. *Neuroscience* 45: 127-135, 1991.
121. MATHER, C., PRASAD, V.V.K. RAJU, S., *et al.* Steroids and their conjugates in the mammalian brain. *Proc Natl Acad Sci USA* 90: 85-88, 1993.
122. PAPADOPOULOS, W., BERKOVICH, A., KREUGER, K.F., *et al.* Diazepam binding inhibitor and its processing products stimulate mitochondrial steroid biosynthesis via an interaction with mitochondrial benzodiazepine receptors. *Endocrinol* 129: 1481-1488, 1991.
123. FRENCH-MULLEN, J.M.H., SPENCE, T.K. Neurosteroids block Ca2+ channel current in freshly isolated hippocampal Cal neurons. *Euro J Pharmacol* 202: 269-272, 1991.
124. BONNET, K.A., BROWN, R.P. Cognitive effects of DHEA replacement therapy. In: *The Biologic Role of Dehydroepiandrosterone (DHEA)*. KALIMI, M., REGELSON, W., Eds., Nova York: Walter de Gruyter, pp. 65-79, 1990.
125. SUNDERLAND, T., MERRILL, C.R., HARRINGTON, M.G., *et al.* Reduced plasma dehydroepiandrosterone concentrations in Atzheimer's disease (Letter). *Lancet* 2: 570, 1989.
126. SVEC, F., LOPEZ, A. Antiglucocorticoid actions of dehydroepiandrosterone and low concentrations in Alzheimer's disease (Letter). *Lancet* 2: 570, 1989.
127. LEBLHUBER, F.E., WINDHAGER, E., NEUBAUER, C., *et al.* Antiglucocorticold effects of DHEAS in Alzheimer's disease. *Am J Psychiatry* 149: 1125-1126, 1992.
128. WOLKOWITZ, O.M., REUS, V.I., MANFREDI, F., ROBERTS, E. Letters to editor. *Am J Psychiatry* 149: 8, 1992.
129. HASHIMOTO, S., MIGITA, S. Serum amyloid P component regulation by sex steroids in rat. *Nippon-Ketsueki-Gakkai-Zasshi* 53: 89-97, 1990.
130. PIERPAOLL, W., REGELSON, W. Pineal control of aging effect of melatonin and pineal grafting on aging mice. *Proc Natl Acad Sci USA* 91: 787-792, 1994.
131. TAYLOR, G.T., SCHERRER, J., WEISS, J., PITHA, J. Endocrine interactions: Adrenal steroids and precursors. *Am J Physiol* 266: E676-E681, 1994.
132. SHUGH, V., KALIMI, M., PHAN, T-H, BIBER, M.C. Intra-cranial dehydroe-

piandrosterone blocks the activation of tryptophane hydroxylase in response to acute sound stress. *Mol Cell Neurosci* 5: 176-181, 1994.
133. MURPHY, B.E.P. Steroids and depression. *J Steroid Biochem Mol Biol* 28: 537-559, 1991.
134. CANONACO, M., ANDO, S., VALENTI, A., *et al.* The in vitro transformation of [$H^3$] DHEA into its principal metabolites in the adrenal cortex of adult castrated male rats and following steroid treatment. *J Endocrinol* 121: 419-424, 1989.
135. EICH, D.M., NESTLER, J.E., JOHNSON, D.E., *et al.* Inhibition of accelerated coronary atherosclerosis with dehydroepiandrosterone in the hererotopic rabbit model of cardiac transplantation. *Circulation* 87: 261-269, 1993.
136. WIEDMEIER, S.E., MU, H.H., ARANEO, B.A., DAYNES, R.A. Age and micro environment associated influences by platelet derived growth factor on T cell function. *J Immunol* 152: 3417-3426, 1994.
137. DAYNES, R.A., ARANEO, B.A., ERSHLER, W.B., *et al.* Altered regulation of IL-6 production with normal aging. *J Immunol* 150: 5219-5230, 1993.
138. MILEWICH, L., WHISNANT, M.G. Metabolism of androstendione by human platelets: A source of potent androgens. *J Clin Endocrin Metab* 54: 919-974, 1982.
139. JESSE, R., NESTLER, J., EICH, D., *et al.* Dehydroepiandrosterone in vivo and in vitro inhibits platelet aggregation. *J Am Coll Cardiol* 17: 376A (Abstract), 1991.
140. MILEWICH, L., WHISNANT, M.G., SAWYER, M.K. Androstenedione metabolism by human lymphocytes. *J Steroid Biochem* 16: 81-85, 1982.
141. MILEWICH, L., HENDRICKS, T.S., JOHNSON, A.R. Metabolism of Dehydroepiandrosterone and androstenedione in human pulmonary endothelial cells in culture. *J Clin Endocrin Metab* 56: 930-935, 1983.
142. SHOLLEY, M.M., GUDAS, S.A., SCHWARTZ, C.C., KALIMI, M.Y. Dehydroepiandrosterone and related steroids induce multilamellar lipid structures in cultured human endothelial cells. *Am J Pathol* 136: 1187-1199, 1990.
143. LA CROIX, A.Z., YANO, K., REED, D.M. Dehydroepiandrosterone sulfate, incidence of myocardial infarction and extent of atherosclerosis in men. *Circulation* 86: 1529-1535, 1992.
144. FAVA, M., LITTMAN, A., LAMON-FAVA, S., *et al.* Psychological behavioral and biochemical risk factors for coronary artery disease. *Am J Cardiol* 70: 1412-1416, 1992.
145. HAUTANEN, A., MANTTAR, I.M., MANNINEN, V., *et al.* Adrenal androgens and testosterone as coronary risk factors in the Helsinki heart study. *Atherosclerosis* 105: 191-200, 1994.
146. RICE, T., SPRECHER, D.L., BORECKI, I.B., *et al.* The Cincinnati myocardial infarction and hormone family study. Family resemblance for DHEAS in control and myocardial infarct patients. *Metabolism* 42: 1284-1290, 1993.
147. ISHIHARA, F., HIRAMATSU, K., SHIGEMATSU, S., *et al.* Role of adrenal androgens in the development of arteriosclerosis as judged by pulse wave velocity and calcification of the aorta. *Cardiol* 80: 332-338, 1992.
148. MACEWEN, E.G., KURZMAN, I.D. Obesity in the dog: Role of the adrenal steroid dehydroepiandrosterone (DHEA). *J Nutr* 121: 551-555, 1991.
149. KURZMAN, I.D., MACEWEN, E.G., HAFFA, A.L.M. Reduction in body weight and cholesterol in spontaneously obese dogs by dehydroepiandrosterone. *Int J Obesity* 14: 95-104, 1990.

150. ABADIE, J.E., WRIGHT, B., CORREA, G., *et al.* Effect of DHEA on neurotransmitter levels and appetite regulation of the obese Zucker rat. *Diabetes* 42: 662-669, 1993.
151. MCINTOSH, M.K., PAN, J.S., BERDANIER, C.D. In vitro studies on the effects of dehydroepiandrosterone and corticosterone on hepatic steroid receptor binding and mitochondrial respiration. *Biochem Physiol A* 104: 147-153, 1993.
152. WRIGHT, B.E., BROWN, E.S., SVEC, F., PORTER, J.R. Divergent effect of dehydroepiandrosterone on energy intakes of Zucker rats. *Physiol Behav* 53: 39-43, 1993.
153. MCINTOSH, M.K., BERDANIER, C.D. Influence of DHEA on the thyroid hormone status of BHE/cdb rats. *J Nutr Biochem* 3: 194-199, 1992.
154. SONG, M.K., GRIECO, D., RALL, J.E., NIKODEM, V.M. Thyroid hormonemediated transcriptional activation of the rat liver malic enzyme gene by dehydroepiandrosterone. *J Biol Chem* 264, 18981-18985, 1989.
155. MOHAN, P., CLEARY, M. Effect of short term DHEA administration on liver metabolism of lean and obese rats. *Am J Physiology* 255: 1-8, 1988.
156. OLIVIERI, A., SORICINI, M., BATTISTI, P., *et al.* Thyroid hypofunction related with the progression of human immunodeficiency virus infection. *J Endocrinol Invest* 16: 407-413, 1993.
157. PROUGH, R.A., WEBB, S.J., WU, H.O., *et al.* Induction of microsomal and peroxisomal enzymes by dehydroepiandrosterone and its reduced metabolite in rats. *Cancer Res* 54: 2878-2886, 1994.
158. SAKUMA, M., YAMADA, J., SUGA, T. Induction of peroxisomal B oxidation by structural analogues of DHEA in cultural rat hepatocytes. Structure activity relationships. *Biochem Biophys Acta* 1169: 66-72, 1993.
159. ARAGNO, M., TAMAGNO, E., BOCCUZZI, G. DHEA pretreatment protects rats against the pro-oxidant and necrogenic effects of carbon tetrachloride. *Biocbem Pharm* 46: 1689-1694, 1993.
160. LEE, T.C., LAI, G.J., KAO, S.L. Protection of rat tracheal epithelial cell line from paraquat toxicity by inhibition of glucose-6-phosphate dehydrogenase. *Biochem Pharm* 45: 1143-1147, 1993.
161. MARRENO, M., PROUGH, R.A., FRENKEL, R.A., MILEWICH, L. DHEA feeding and protein phosphorylation, phosphatases and liposinil enzymes in mouse liver. *Proc Soc Exp Biol Med* 193: 110-117, 1989.
162. HAFFNER, S.M., VALDEZ, R.A., MYKKANEN, L., *et al.* Decreased testosterone and DHEAS concentrations are associated with increased insulin and glucose concentrations in non-diabetic men. *Metabolism* 43: 599-603, 1994.
163. MCEWEN, B. An overview of novel action of steroids within and upon cells. Presented at Novel Action of Steroids Conference. Anaheim, CA, 24 de out. de 1992.
164. GEE, K.W. Neurosteroid actions at the GABA A receptors. Presented at Novel Action of Steroids Conference. Anaheim, CA, 24 de out. de 1992.
165. BEAMER, W.G., TENNET, B.J., SCHULZ, K.L., *et al.* Gene for ovarian granulosa susceptibility, et: in SWXJ recombinant inbred strains revealed by dehydroepiandrosterone. *Cancer Res* 48: 5092-5095, 1989.
166. WILLIAMS, D.P., BOYDEN, T.W., PAMENTER, R.W., *et al.* Relationship of body fat percentage and fat distribution with DHEAS in premenopausal females. *J Clin Endocrinol Metab* 77: 80-85, 1993.

167. JUNG-TESTAS, I., HU, Z.Y., BAULIEU, E.E., ROBEL, P. Neurosteroids — Biosynthesis of pregnenolone and progesterone in primary cultures of rat glial cells. *Endocrinol* 125: 2083-2091, 1989.
168. MARRERO, M., PROUGH, R.A., PUTNAM, R.S., *et al.* Inhibition of carbamyl phosphate synthetase-I by dietary dehydroepiandrosterone. *J Steroid Biochem Mol Biol* 38: 599-609, 1991.
169. MERRIMAN, R.L., TANZER, L.R., STAMM, N.B. Chemoprevention of malignant transformation by dehydroepiandrosterone (DHEA) in C3H10T1/2 cells. *13th Int Cancer Congress Proc* Seattle, WA. abs. 3102 (Abstract), p. 543, 1982.
170. VESELY, D.L. Testosterone and its precursors and metabolites enhance guanylate cyclase activity. *Proc Natl Acad Sci USA* 76: 3491-3494, 1979.
171. OZASA, H., KITA, M., INOVE, T., MORI, T. Plasma dehydroepiandrosterone to cortisol ratios as an indicator of stress to gynecologic patients. *Gynecol Oncol* 37: 178-182, 1990.
172. SPRATT, D.I., LONGCOPE, C., COX, P.M., *et al.* Differential changes in serum concentrations of androgens and estrogens (in relation with cortisol) in postmenopausal women with acute illness. *J Clin Endocrinol Metab* 76: 1542-1547, 1993.
173. WRIGHT, B.E., PORTER, J.R., BROWNE, E.S., SVEC, F. Anti-glucocorticoid action of DHEA in young obese Zucker rats. *Int J Obesity* 16: 579-583, 1992.
174. BROWNE, E., WRIGHT, B., PORTER, J., SVEC, F. Dehydroepiandrosterone: Antiglucocorticoids action in mice. *Am J Med Res* 303(6): 366-371, 1992.
175. EL RASHIDY, R. Personal communication, 1991.
176. KOWALSKI, W., CHATTERTON, R.T., JR. Effects of subchronic infusion of dehydroepiandrosterone sulfate on serum gonadotropin levels and ovarian function in the cynomolgus monkey. *Fertil Steril* 57: 912-920, 1992.
177. RUIZ-SALMERON, R.J., DEL ARBOL, J.L., RAYA-MUNOZ, J., *et al.* Dehydroepiandrosterone sulfate, cortisol and their precursors in severely ill (acute and chronic) patients. *Rev Clin Exp* 187: 389-394, 1990.
178. PARKER, C.R., SCHUSTER, M.W. Effects of syphilis infection on adrenocortical function in man. *Proc Soc Exp Biol Med* 197: 165-167, 1991.
179. CHRISTEFF, N., MICHON, C., GOERTZ, G., *et al.* Abnormal free fatty acids and cortisol concentrations in the serum of AIDS patients. *Eur J Cancer Clin Oncol* 24: 1179-1183, 1988.
180. SONKA, J. Dehydroepiandrosterone metabolic effects. *ACTA Univ Carol* 71: 9-137, 1976.
181. BUSTER, J.E., CASSON, R.R., STRAUGHN, A.B., *et al.* Postmenopausal steroid replacement with micronized dehydroepiandrosterone. Preliminary oral availability and dose proportionality studies. *Am J Obstet Gynecol* 166: 1163-1170, 1992.
182. MCINTOSH, M.K., GOLDFARB, A.H., CURTIS, L.N., COTE, P.S. Vitamin E alters hepatic antioxidant enzymes in rats treated with dehydroepiandrosterone (DHEA). *J Nutr* 123: 216-224, 1993.
183. RADOMINSKA, A., COMER, K.A., ZIMMAK, P., *et al.* Human liver steroid sulphotransferase sulfates and bile salts. *Biochem J* 272: 507-804, 1990.
184. BIRKENHAGER-GILLESSE, E.G., DERKSEN, J., LAGANY, A.M. DHEA-S in the oldest old, aged 85 and over. *Ann NY Acad Sci* 719: 543-552, 1994.

# Bibliografia

## DHEA (Desidroepiandrosterona)

Favor consultar o Apêndice: DHEA por W. Regelson e M. Kalimi: "Dehydroepiandrosterone (DHEA) — A Pleiotropic Steroid. How Can One Steroid Do So Much?" Em *Adv. in Anti-Aging Medicine*, v. 1; editado por Ronald M. Klatz, 287-317. Nova York: Mary Ann Liebert, Inc., 1996. Isto limita a literatura a junho de 1995.

Uma conferência mais recente: Bellino, F. L.; Daynes, R. A.; Hornsby, P. J.; Lavrin, D.H.; e Nestler, J., eds. "Dehydroepiandrosterone (DHEA) and Aging", *Ann. N. Y. Acad. of Sciences* v. 74, 1995.

REGELSON, W; LORIA, R.; KALIMI, M. "Dehydroepiandrosterone (DHEA) — The 'MotherSteroid'. I Immunologic Action", *Ann. N. Y. Acad. of Sciences* 719/ 553-63, 1994.

REGELSON, W., and KALIMI, M. "Dehydroepiandrosterone (DHEA) — The Multifunctional Steroid. II Effects on the CNS, Cell Proliferation, Metabolic and Vascular, Clinical; and other Effects", *Ann. N. Y. Acad. of Sciences* 564-75, 1994.

KALIMI, M., e REGELSON, W., eds. "The Biologic Role of Dehydroepiandrosterone (DHEA)." Berlim-Nova York: Walter de Gruyter, 1990.

*Os artigos mencionados acima fornecem amplas revisões sobre o lugar do DHEA como um super-hormônio.*

BELANGER, A.; CANDAS, B.; DUPONT, A.; *et al.* "Changes in Serum Concentration of Conjugated and Unconjugated Steroids in 40- to 80-Year-Old Men", *J. Clin. Endocrin. Metab.* 79:1086-90, 1994.

BRADLEY, W. G.; KRAUS, L. A.; GOOD, R. A.; DAY, N. K. "Dehydroepian drosterone inhibits replication of feline immunodeficiency virus in chronically infected cells", *Vet. Immunol. Immunopathol.* 46:159-68, 1995.

DANDONA, P.; THUSU, K.; COOK, S.; SNYDER, B.; *et al.* "Oxidative damage to DNA in diabetes mellitus", *The Lancet* 237:444-46, 1996.

FRIESS, E.; TRACHSEL, L.; GULDNER, J.; *et al.* "DHEA Administration Increases Rapid Eye Movement Sleep and EEG Power in the Sigma Frequency Range", *Am. J. Physiol.* 268: E107-E113, 1995.

HAFFNER, S. M.; NEWCOMB, P. A.; MARCUS, P. M.; *et al.* "Relation of sex hormones and dehydroepiandrosterone sulfate (DHEA-SO4) to cardiovascular risk factors in postmenopausal women", *Am. J. Epidemiol.* 142: 925-34, 1995.

HAFFNER, S. M.; VALDEZ, R. A.; MYKKANEN, L.; *et al.* "Decreased Testosterone and DHEA Sulfate Concentrations Are Associated with Increased Insulin and Glucose Concentrations in Nondiabetic Men", *Metabolism* 43:599-603, 1994.

HEDMAN, M.; NILSSON, E.; DE LA TORRE, B. "Low blood and synovial fluid levels of sulpho-conjugated steroids in rheumatoid arthritis", *Clin. Exper. Rheuma.* 10:25-30, 1992.

HERRINGTON, D. M. "DHEA and Coronary Atherosclerosis", *Ann. N.Y. Acad. of Sciences* 774:259-70, 1995.

HESS, V.; JAHREIS, G.; SCHAMBACH, H.; VOGEL, H.; *et al.* "Insulinlike growth factor I changes of the hormonal status in puberty and age", *Exp. Clin. Endocrinol.* 102:289-98, 1994.

HOLSBOER, F.; GRASSER, A.; FRIESS, E.; WIEDEMANN, K. "Steroid Effects on Central Neurons and Implications for Psychiatric and Neurological Disorders", *Ann. N. Y. Acad. of Sci.* 74:6345-59, 1994.

JAKUBOWICZ, D. J.; BEER, N. A.; NESTLER, J. "Disparate Effects of Weight Reduction by Diet on Serum DHEAS Levels in Obese Men and Women", *J. Clin. Endocrin. Metab.* 80: 3373-76, 1995.

KAWAI, S.; YAHATA, N.; NISHIDA, S.; *et al.* "Dehydroepiandrosterone inhibits B16 mouse melanoma cell growth by induction of differentiation", *Anticancer Res.* 15:427-31, 1995.

KHORRAM, O. A.; VU, L.; YEN, S. S. C. "Activation of Immune Function by Dehydroepiandrosterone (DHEA) in Age Advanced Men", *J. Gerontol*, 1996.

KIM, H. R.; RYU, S. Y.; KIM H. S.; *et al.* "Administration of Dehydroepiandrosterone Reverses the Immune Suppression Induced by High Dose Antigen in Mice", *Immunol. Invest.* 2:4583-93, 1995.

MAJEWSKA, M. "Neuronal Actions of DHEA. Possible Role in Brain Development, Aging and Memory", *Ann. N. Y. Acad. of Sci.* 774:111-20, 1995.

MASI, A. T.; FEIGENBAUM, S. L.; CHATTERTON, R. T. "Hormonal and Pregnancy (Relationships to Rheumatoid Arthritis: Convergent Effects with Immunologic and Microvascular Systems", *Semin. Arthritis Rheum.* 25:1-27, 1995.

MORALES, A. J.; NOLAN, J. J.; NELSON, J. C.; YEN, S. S. C. "Effect of Replacement Dose of DHEA in Men and Women of Advancing Age", *J. Clin. Endocrin. Metab.* 78:1360-67, 1994.

NILSSON, E.; DE LA TORRE, B.; HEDMAN, M.; *et al.* "Blood DHEAS Levels in Polymyalgia Rheumatica/Giant Cell Arteritis and Primary Fibromyalgia", *Clin. Exp. Rheumatol.* 12:415-17, 1994.

OKABE, T.; HAJI, M.; TAKAYANAGI, R.; *et al.* "Up-Regulation of High Affinity DHEA Binding Activity by DHEA in Activated T Lymphocytes", *J. Clin. Endocrin. Metab.* 80: 2993-96, 1995.

ORENTREICH, N.; BRIND, J. L.; VOGELMAN, J. H.; *et al.* "Long-Term Measurements of Plasma Dehydroepiandrosterone Sulfate in Normal Men", *J. Clin. Endocrin. Metab.* 75: 1002-1005, 1992.

PAUL, S. M.; PURDY, R. H. "Neuroactive Steroids", *FASEB J.* 6: 2311-22, 1992.

PORTER, J. R.; SVEC, F. "DHEA Diminishes Fat Food Intake in Lean and Obese Zucker Rats", *Ann. N. Y Acad. of Sci.* 774:329-31, 1995.

RAVAGLIA, G.; FORTI, P.; MAIOLI, F. *et al.* "The Relationship of DHEA Sulfate (DHEAS) to Endocrine-Metabolic Parameters and Functional Status in the Oldest Old. Results from an Italian Study on Healthy Free-Living Over-Ninety-Year-Olds", *J. Clin. Endocrin. Metab.* 81:1173-78, 1996.

SCHWARTZ, A. G.; PASHKO, L. L.: "Cancer Prevention with Dehydroepiandrosterone and Nonandrogenic Structural Analogs", *J. Cell Biochem. Suppl.* 22:210, 1995.

SVEC, F.; PORTER, J. R. "Synergistic Anorectic Effect of DHEA and Fenfluramine on Zucker Rat Food Intake and Selection", *Ann. N. Y. Acad. of Sci.* 774:332-34, 1995.

THOMAS, G.; FRENOY, N.; LEGRAIN, S.; *et al.* "Serum DHEAS Levels as an Individual Marker", *J. Clin. Endocrin. Metab.* 79:1273-76, 1994.

VAN VOLLENHOVEN, R. F., *et al.*: "An open study of dehydroepiandrosterone in systemic lupus erythematosus", *Arthritis Rheum.* 37:1305-10, 1994.

WOLKOWITZ, O. M.; REUS, V. I.; ROBERTS, E.; *et al.* "Antidepressant and Cognition-Enhancing Effects of DHEA in Major Depression", *Ann. N. Y. Acad. of Sci.* 774:337-39, 1995.

## Pregnenolona

AKWA, Y; Schumacher, M.; JUNG-TESTAS, I.; BAULIEU, E.-E. "Neurosteroids in Rat Sciatic Nerves and Schwann Cells", *CR Acad. Sci. Paris, Life Sciences* 316:410-14, 1993.

BAULIEU, E.-E. "Neurosterolds: A New Function in the Brain", *Bio. Cell.* 71:3-10, 1991.

DAVISON, R.; KOETS, P.; SNOW, W. G.; GABRIELSON, L. G. "Effects of delta 5 Pregnenolone in Rheumatoid Arthritis", *Arch. Int. Medicine* 85:365-88, 1950.

FLOOD, J. F.; MORLEY, J. F.; ROBERTS, E. "Memory Enhancing Effects in Male Mice of Pregnenolone and Steroids Metabolically Derived from It", *Proc. Nat. Acad. Sci. USA* 89: 1567-71, 1992.

FREEMAN, H.; PINCUS, G.; BACHRACH, S.; *et al.* "Steroid Medication in Rheumatoid Arthritis", in *Symposium on Steroids in Experimental and Clinical Practice*, edited by A. White, 181-98, Blakiston, Nova York, 1951.

FREEMAN, H.; PINCUS, G.; BACHRACH, S.; *et al.* "Therapeutic Efficacy of delta 5 Pregnenolone in Rheumatoid Arthritis", *JAMA* 143:338-44, 1950.

GEORGE, M. S.; GUDOTTI, A.; RUBINOW, D.; *et al.* "CSF Neuroactive Steroids in Affective Disorders: Pregnenolone, Progesterone, and DBI", *Biol. Psychiatry* 35:775-80, 1994.

GUEST, C. M.; KAMMERER, W. H.; CEDIL, R. L.; BERSON, S. A. "Epinephrine, Pregnenolone, and Testosterone in Rheumatoid Arthritis", *JAMA* 143:338-44, 1950.

GUTH, L.; ZHANG, Z.; ROBERTS, E. "Key Role for Pregnenolone in Combination Therapy That Promotes Recovery After Spinal Cord Injury", *Proc. Natl. Acad. Sci. USA* 91: 12308-12, 1994.

ISAACSON, R. L.; YODER, P. E.; VARNER, J. "The Effects of Pregnenolone on

Acquisition and Retention of a Food Search Task", *Behav. Neurol. Biol.* 61:170-76, 1994.

ISHMAEL, W. K.; HEILBAUM, A.; KUHN, J. F.; DUFFY, M. "Effects of Certain Steroid Compounds on Various Manifestations of Rheumatoid Arthritis", *J. Okla. State Med. Assoc.* 42: 434-37, 1949.

MCCAULEY, L. D.; PARK, C. H.; LAN, N. C.; *et al.* "Benzodiazepines and Peptides Stimulate Pregnenolone Synthesis in Brain Mitochondria", *Eur. J. Pharmacol.* 276:145-53, 1995.

MCGAVACK, T. H.; CHEVALLY, J.; WEISSBERG, J. "The Use of delta 5 Pregnenolone in Various Clinical Disorders", *J. Clin. Endocrinol.* 11: 559-77, 1951.

MADHU, C.; KLASSEN, C. D. "Protective Effect of Pregnenolone 16 alpha Carbonitrile on Acetaminophen-induced Hepatotoxicity in Hamsters", *Toxicol. Appl. Pharmacol.* 109: 305-13, 1991.

MATHIS, C.; PAUL, S. M.; CRAWLEY, J. N. "The Neurosteroid Pregnenolone Sulfate Blocks NMDA-induced Deficits in a Passive Avoidance Memory Task", *Psychopharm.* 116: 201-6, 1994.

MAYO, W.; DEDHU, F.; ROBEL, P.; *et al.* "Infusion of Neurosteroids into the Nucleus Basalis Magnocellularis Affects Cognitive Processes in the Rat", *Brain Res.* 607:324-28, 1993.

MELCHOIR, C. L.; ALLEN, P. M. "Interaction of Pregnenolone and Pregnenolone Sulfate with Ethanol and Pentobarbital", *Pharmacol. Biochem. Behav.* 42:605-11, 1992.

MELCHOIR, C. L.; RITZMANN, R. F. "Pregnenolone and Pregnenolone Sulfate, Alone and with Ethanol, in Mice on the Plus Maze", *Pharmacol. Biochem. Behav.* 48:893-97, 1994.

MORFIN, R.; COURCHAY, G. "Pregnenolone and DHEA as Precursors of Native Hydroxylated Metabolites Which Increase the Immune Response in Mice", *J. Steroid. Biochem. Mol. Biol.* 50:91-100, 1994.

PINCUS, G.; HOAGLAND, H. "Effects of Administered Pregnenolone on Fatiguing Psychomotor Performance", *J. Aviat. Med.* 15:98-115, 1944.

PINCUS, G.; HOAGLAND, H. "Effects on Industrial Production of the Administration of delta 5 Pregnenolone to Factory Workers", *I. Psychosomatic Med.* 7:342-46, 1945.

PINCUS, G.; HOAGLAND, H.; WILSON, C. H.; Fay, N. J. *Ibid.* II. *Psychosomatic Med.* 7: 347-52, 1945.

ROBEL, P.; YOUNG, J.; CORPECHOT, C.; *et al.* "Blosynthesis and Assay of Neurosteroids in Rats and Mice: Functional Correlates", *J. Steroid Biochem. Mol. Biol.* 53:355-60, 1995.

ROBERTS, E."Pregnenolone — From Selye to Alzheimer and a Model of the Pregnenolone Sulfate Binding Site on the GABAA Receptor", *Biochem. Pharmacol.* 49:1-16, 1995.

STEIGER, A.; TRACHSEL, L.; GULDNER, J.; *et al.* "Neurosteroid Pregnenolone Induces Sleep EEG Changes in Man Compatible with Inverse Agonistic GABAA-Receptor Modulation", *Brain Res.* 615: 267-74, 1993.

## Testosterona

ASHTON, W. S.; DEGNAN, B. M.; DANIEL, A.; FRANCIS, G. L. "Testosterone Increases Insulinlike Growth Factor 1 and Insulinlike Growth Factor Binding Protein", *Ann. Clin. Lab. Sci.* 25:381-88, 1995.

BAGATELLI, C. J.; BREMNER, W. J. "Androgens in Men — Uses and Abuses", *Drug Therapy* 334:707-14, 1996.

BARRETT-CONNOR, E. L. "Testosterone and Risk Factors for Cardiovascular Disease in Men", *Diabetes and Metab.* 21:156-61, 1995.

BHASIN, S.; STORER, T. W; BERMAN, N.; *et al.* "The Effects of Supraphysiologic Doses of Testosterone on Muscle Size and Strength in Normal Men", *N. Eng. J. Med.* 335:1-7, 1996.

DAVIDSON, J. M.; CAMARGO, C. A.; SMITH, E. R. "Effects of androgen on sexual behavior in hypogonadal men", *J. Clin. Endo. & Metab.* 48:955-58, 1979.

DAVIDSON, J. M.; CHEN, J. J.; CRAPO, L.; GRAY, G. "Hormonal changes and sexual function in aging men", *J. Clin. Endo. & Metab.* 57:71-79, 1983.

FLOOD, J. F.; FARR, S. A.; KAISER, F. E.; *et al.* "Age Related Decrease of Plasma Testosterone in Samp8 Mice; Replacement Improves Age Related Impairment of Learning and Memory", *Physiol. and Behavior* 57:669-73, 1995.

GOUCHIE, C.; KIMURA, D. "The relationship between testosterone levels and cognitive ability patterns", *Psychoneuroendocrinology* 16:323-34, 1991.

HAKKINEN, K.; PAKERINEN, A. "Serum Hormones and Strength Development During Strength Training in Middle-Aged and Elderly Males and Females", *Acta Physiol. Scandinav.* 150:211, 1994.

KAISER, F. MORLEY, J. E. "Gonadotropins, Testosterone and the Aging Male", *Neuro. of Aging* 15:559-63, 1994.

KASRA, M.; GRYNPAS, M. D. "The Effects of Androgens on the Mechanical Properties of Primate Bone", *Bone* 17:265-70, 1995.

MCLURE, R. D.; OSES, R.; ERNST, M. L. "Hypogonadal Impotence Treated by Transdermal Testosterone", *Urology* 37:224-28, 1991.

MARIN, P. "Testosterone and Regional Fat Distribution", *Obesity Res.* 3 Suppl 4: 609S-12S, 1995.

MATEO, L.; NOLLA, J. M.; BONNIN, M. R.; *et al.* "Sex Hormone Status and Bone Mineral Density in Men with Rheumatoid Arthritis", *J. Rheumatol.* 22:1455-60, 1995.

MERIGGIOLA, M. C.; MARCOVINA, S.; PAULSEN, C. A.; BREMNER, W. J. "Testosterone Enanthate at a Dose of 200mg/week Decreases HDL Cholesterol Levels in Healthy Men", *Int. J. Androl.*, 18:237-42, 1995.

MERMALL, J.; SOUTHERN, R. B.; KANABROCKI, E. L.; *et al.* "Temporal (circadian) and functional relationship between prostate-specific antigen and testosterone in healthy men", *Urology* 46:45-52, 1995.

MONATH, J. R.; MCCULLOUGH, D. K. L.; HART, L. J.; JAROW, J. P. "Physiologic variations of serum testosterone within the normal range do not affect serum prostate-specific antigen", *Urology* 46:58-61, 1995.

MORLEY, J. E.; KAISER, F. E. "Hypogonadism in the Elderly Man", *Adv. Endocrin.* 4: 241-62, 1993.

NAESSENS, G.; DE SLYPERE, J. P.; DIJS, H.; DRIESSENS, M. "Hypogonadism as a Cause of Recurrent Muscle Injury in a High Level Soccer Player", *Int. J. Sports Medicine* 16:413-17, 1995.

NICKLAS, B. J.; RYAN, A. J.; TREUTH, M. M.; *et al.* "Testosterone, Growth Hormone and IGF-1 responses to Acute and Chronic Resistive Exercise in Men Aged 55-70 Years", *Int. J. Sports Med.* 16:445-50, 1995.

PHILLIPS, G. B.; PINKERNELL, B. H. "The Association of Hypotestosteronemia with Coronary Artery Disease in Men", *Arterioscler. Thromb.* 14:701-6, 1994.

RAVAGLIA, G.; FORTI, P.; MAIOLI, F.; *et al.* "Hormonal Changes in Male Subjects Over Ninety", *Boll. Soc. Ital. Biol. Exper.* 71:133-39, 1995.

RUDMAN, D.; DRINKA, P. J.; Wilson, C. R.; *et al.* "Relations of Endogenous Anabolic Hormones and Physical Activity to Bone Mineral Density and Body Mass in Elderly Men", *Clin. Endocrinol. Oxf.* 40:653-61, 1994.

SALEHIAN, B.; WANG, C.; ALEXANDER, G.; *et al.* "Parmacokinetics, Bioefficiency, and Safety of Sublingual Testosterone Cyclodextrin", *J. Clin. Endocrinol. Metab.* 80:3567-75, 1995.

SILVER, J. J.; EINHORN, T. A. "Osteoporosis and Aging", *Clin. Orthoped. and Related Res.* 316:10-20, 1995.

SPRINIVASAN, G.; CAMPBELL, E.; BASHIRELAHI, N. "Androgen, Estrogen, and Progesterone Receptors in Normal and Aging Prostates", *Microsc. Res. Tech.* 30:293-304, 1995.

TENOVER, J. S. "Androgen Administration to Aging Men", *Endocrinol. and Metab. Clinics of North America* 23:877-88, 1994.

TENOVER, J. S. "Effects of Testosterone Supplementation in the Aging Male", *J. Clin. Endocrinol. Metab.* 75:1092-98, 1992.

TSITOURAS, P. D.; BULAT, T. "The Aging Male Reproductive System", *Endocrinol. Metab. Clinics of North America* 24:297-315, 1995.

URBAN, R. J.; BODENBURG, Y. H.; GILIKSON, C.; *et al.* "Testosterone Administration to Elderly Men Increases Muscle Strength and Protein Synthesis", *Am. J. Physiol. (Endocr.)* 269:E820-26, 1995.

YOUNG, R. L. "Androgens in Postmenopausal Therapy?", *Menopause Management*, May 1993, pp. 21-24.

## Estrogênio-Progesterona

BAKER, V. L. "Alternatives to Oral Estrogen Replacement", *Obs. and Gyn. Clin. of North America* 21:297-99, 1994.

DON GAMBRELL, R.; MAIER, R. C.; SANDERS, B. I. "Decreased Incidence of Breast Cancer in Postmenopausal Estrogen-Progestogen Users", *Ob. Gynecol.* 62:435-43, 1983.

FONDA, D. "Local Oestrogen Replacement for Local Symptoms in Older Community Dwelling Women", *Gerontology* 40 Suppl. 3:9-13, 1994.

GARCIA-SEGURA, L. M.; CHOWEN, J. A.; DUENES, M.; *et al.* "Gonadal Steroids as Promoters of Neuro-Glial Plasticity", *Psychoneuroendocrinol.* 19:445-53, 1994.

GIBBS, R. B. "Estrogen and Nerve Growth Factor Related Systems in Brain", *Ann. N. Y. Acad. of Sci.* 743:165-96, 1994.

HARGROVE, J. T.; MAXSON, W S.; WENTZ, A. C.; *et al.* "Menopausal Hormone Replacement Therapy with Continuous Daily Oral Micronized Estradiol and Progesterone", *Ob. Gyn.* 73:606-12, 1989.

KOENIG, H. L.; SCHUMACHER, M.; FEWRZAZ, B.; *et al.* "Progesterone Synthesis and Myelin Formation by Schwann Cells", *Science* 268:1500-1502, 1995.

LEE, J. R. "Osteoporosis Reversal: The Role of Progesterone", *Int. Clin. Nutr. Rev.* 10:384-91, 1990.

MARTORANO, J. T.; AHLGRIMM, M.; MEYERS, D. "Differentiating Between Natural Progesterone and Synthetic Progestogens: Clinical Implications for Premenstrual Syndrome Management", *Comprehensive Therapy* 19:96-98, 1993.

MOLDOFSKY, H. "Central Nervous System and Peripheral Immune Functions and the Sleep-Wake System", *J. Psychiatry-Neurosci.* 19:368-74, 1994.

NACHTIGALL, L. E. "Emerging Delivery Systems for Estrogen Replacement: Aspects of Transdermal and Oral Delivery", *Am. J. Obstet. Gynecol.* 173:993-97, 1995.

NELSON, J. F.; FELICIO, L. S. "Reproductive Aging in the Female: An Etiological Perspective", *Rev. Biol. Res. in Aging* 2:251-314, 1985.

NORDBO, I.; BERGE, L.; BONAA, K. H.; NORDOY, A. "Serum Ferritin, Sex Hormones and Cardiovascular Risk Factors in Healthy Women", *Arterioscler. and Thromb.* 14:857-61, 1994.

PEPI Trial "Effects of Estrogen or Estrogen/Progestin Regimens on Heart Disease Risk Factors in Postmenopausal Women", *JAMA* 273:199-208, 1995.

PICAZO, O.; FERNANDEZ-GUASTI, A. "Anti-Anxiety Effects of Progesterone and Some of Its Reduced Metabolites: An Evaluation Using the Burying Behavior Test", *Brain Res.* 680: 135-41, 1995.

PRIOR, J. C. "Progesterone as a Bone-Trophic Hormone", *Endocrine Revs.* 11: 386-98, 1990.

ROSS, J. L.; MCCAULEY, E.; ROELTGEN, D.; *et al.* "Self Concept and Behavior in Adolescent Girls with Turners Syndrome: Potential Estrogen Effects", *J. Clin. Endocrinol. Metab.* 81:926-31, 1996.

SAVVAS, M.; STUDD, J. W. W.; NORMAN, S.; *et al.* "Increase in Bone Mass After One Year of Percutaneous Oestradiol and Testosterone Implants in Post-menopausal Women Who Have Previously Received Long-term Oral Oestrogens", *Br. J. Ob. Gyn.* 99:757-60, 1992.

SHERWIN, B. B. "Sex Hormones and Psychological Functioning in Postmenopausal Women", *Exp. Gerontol.* 29: 423-30, 1994.

SHIRAKI, M.; ORIMO, H. "The Effect of Estrogen and Sex Steroids and Thyroid Hormone Preparation on Bone Mineral Density in Senile Osteoporosis", *Folia endocrinol.* 67: 84-95, 1991.

SIMPKIN, J. W.; SINGH, M.; BISHOP, J. "The Potential Role for Estrogen Replacement Therapy in the Treatment of the Cognitive Decline and Neurodegeneration Associated with Alzheimer's Disease", *Neurobiol. Aging* 15 suppl 2: S195-97, 1994.

STEVENSON, J. C.; CUST, M. P.; GANGAR, K. F. "Effects of Transdermal versus Oral Replacement Therapy on Bone Density in Spine and Proximal Femur in Postmenopausal Women", *Lancet* 336:265-69, 1990.

TRANQUILLI, A. L.; MAZZANI, L.; CUGINI, A. M.; *et al.* "Transdermal Estradiol and Medroxyprogesterone Acetate in Hormone Replacement Therapy Are Both Antioxidants", *Gynecol. Endocrinol.* 9:137-41, 1995.

VOGEL, W.; KLAIBER, E.; BROVERMAN, D. "Roles of the Gonadal Steroid Hotmones in Psychiatric Depression in Men and Women", *Prog. Neuro-Psychopharm.* 2:487-503, 1978.

WHITEHEAD, M. I.; FRASER, D.; SCHENKEL, L.; *et al.* "Transdermal Administration of Oestrogen/progestagen Hormone Replacement Therapy", *Lancet* 335:310-12, 1990.

## Tireóide

ANTIPENKO, A.; ANTIPENKO, T. N. "Thyroid Hormones and Regulation of Cell Reliability Systems", *Advan. Enzyme Regul.* 34:173-98, 1994.

BABENKO, N. A.; FILONENKO, N. S. "Effect of Thyroid hormones and diacylglycerols on sphingomyelin metabolism in liver cell nuclei in rats of various ages", *Biokhimica* 57(3): 371-77, 1991.

BARNES, B.; GALTON, L. *Hypo-thyroidism: The Unsuspected Illness.* Nova York: Harper & Row Publishers, 1976.

DANESE, M. D.; POWE, N. R.; SAWIN, T.; LADENSON, P. W. "Screening for Mild Thyroid Failure at the Periodic Health Examination", *JAMA* 276: 285-92, 1996.

DIVINO, C. M.; SCHUSSLER, G. C. "Transthyretin Receptors on Human Astrocytoma Cells", *J. Clin. Endocrinol. Metab.* 71:1265-68, 1990.

ENGLER, S.; BURGER, A. G. "Deiodination of the Iodothyronines and of Their Derivatives in Man", *Endocrinol. Rev.* 5: 151-83, 1984.

FELICETTA, J. V.; SOWERS, J. R. "The Thyroid and Aging", in *The Thyroid Gland*, edited by L. Van Middlesworth, Chicago, Londres: Year Book Med Pub., 1986, pp. 131-47.

FELZEN, B.; LOTAN, R.; BINAH, O. "Role of Thyroid state in age-dependent cardiac effects of ouabain in guinea pigs", *Dev. Pharmacol. Ther.* 17:87-94, 1991.

GALTON, V. A.; MCCARTHY, P. T.; ST. GERMAIN, D. L. "The Ontogeny of Iodothyronine Delodinase Systems in Liver and Intestine of the Rat", *Endocrinology* 128:1717-22, 1991.

GIANNELLA, R. A.; ORLOWSKI, J.; JUMP, M. L.; LINGREL, J. B. "Na,K-ATPase Gene Expression in Rat Intestine and Caco-2 Cells: Response to Thyroid Hormone", *Am. J. Physiol.* 265 (*Gastrointest. Liver Physio.* 28): G775-G782, 1993.

GIUSTINA, A.; WEHRENBERG, W. B. "Influence of Thyroid Hormones on the Regulation of Growth Hormone Secretion", *J. Endocrin.* 133:646-53, 1995.

GOIOCHOT, B.; SCHLIENGER, J. L.; GRUNENBERGER, E; *et al.* "Thyroid hormone status and nutrient intake in the free-living elderly. Interest of Reverse Triiodothyronine assessment", *Eur. J. Endocrinol.* 130:244-52, 1994.

GREENSPAN, S. L.; KLIBANSKI, A.; ROWE, J. R.; ELAHI, D. "Age Related Alterations in Pulsatile Secretion of TSH: Role of Dopaminergic Regulation", *Am. J. Physiol.* (*Endocrinol. Metab.*) 260: E486-E491, 1991.

GRIFFIN, J. E. "Review: Hypothyroidism in the Elderly", *Am. J. Med. Sci.* 299:334-45, 1990.

HATTERER, J. A.; HERBERT, J.; HIDAKA, C.; *et al.* "CSF Transthyretin in Patients with Depression", *Am. J. Psychiatry* 150: 813-15, 1993.

JOFFE, R. T.; LEVITT, A. J. "Major Depression and Subclinical (Grade 2) Hypothyroidism", *Psychoneuroendocrinology* 17:215-21, 1992.

KLATSKY, S. A.; MANSON, P. N. "Thyroid Disorders Masquerading as Aging Changes", *Ann. Plastic Surg.* 28:420-26, 1992.

LENZEN, G.; BAILEY, C. J. "Thyroid hormones, gonadal and adrenocortical steroids and the function of the islets of Langerhans", *Endocrine Reviews* 5:411-34, 1984.

LEWIS, G. E; ALESSI, C. A.; IMPERIAL, J. G.; REFETOFF, S. "Low serum free thyroxine index in ambulating elderly is due to a resetting of the threshold of thyrotropin feedback suppression", *J. Clin. Endocrinol. Metab.* 73:843-49, 1991.

LURIE M. B. "Resistance to Tuberculosis: Experimental Studies in Native and Acquired Defensive Mechanisms", Cambridge, Mass.: Harvard Univ. Press, 1964.

MCKENZIE, J. "Stress and Thyroid Function. A Pathophysiological Approach", in *Clin. Neuroendocrinology* edited by G. Tolis, *et al.* Nova York: Raven Press, 1979.

MARCOCCI, C.; GOLIA, F.; BRUNO-BOSSIO, G.; *et al.* "Carefully Monitored Levothyroxine Suppressive Therapy Is Not Associated with Bone Loss in Premenopausal Women", *J. Clin. Endocrinol. Metab.* 78:818-23, 1994.

MOORADIAN, A. D. "The Hepatic Transcellular Transport of 3,5,3'-triiodothyronine Is Reduced in Aged Rats", *Biochim. Biophys. Acta* 1054:1-7, 1990.

MOORADIAN, A. D.; HABIB, M. P.; DICKERSON, F., *et al.* "Effect of age on L-3,5,3'-triiodothyronine-induced ethane exhalation", *J. Appl. Physiol.* 77:160-64, 1994.

MOORADIAN, A. D.; WONG, N. C. "Age Related Changes in Thyroid Hormone Action", *Eur. J. Endocrinol.* 131:451-61, 1994.

MULLER, M. J. "Thyroid and Ageing", *Eur. J. Endocrinol.* 130:242-43, 1994.

NOGAMI, H.; YOKOSE, T.; TACHIBANA, T. "Regulation of Growth Hormone Expression in Fetal Rat Pituitary Gland by Thyroid or Glucocorticoid Hormone", *Am. J. Physiol. (Endocrinol. Metab.)* 268:E262-E267, 1995.

OH, J. D.; BUTCHER, L. L.; WOOLF, N. J. "Thyroid Hormone Modulates the Development of Cholinergic Terminal Fields in the Rat Forebrain: Relation to Nerve Growth Factor Receptor", *Dev. Brain Res.* 59:133-42, 1991.

PASQUINI, J. M.; ADAMO, A. M. "Thyroid Hormones and the Central Nervous System", *Dev. Neurosci*, 16:161-68, 1994.

PENZES, L.; IZSAK, J.; KRANZ, D.; *et al.* "Effect of Aging on Cold Tolerance and Thyroid Activity in CBA/CA Inbred Mice", *Exp. Gerontol.* 26:601-8, 1991.

PINCHERA, A.; MARIOTTI, S.; BARBESINO, G.; BECHI, R.; *et al.* "Thyroid Autoimmunity and Ageing", *Horm. Res.* 43:64-68, 1995.

PROVINCIALI, M.; MUZIIOLI, M.; DI STEFANO, G.; FABRIS, N. "Recovery of Spleen Cell Natural Killer Cell Activity by Thyroid Treatment on Old Mice", *Nat. Immun. Cell Growth Regulation* 10:226-36, 1991.

REGELSON, W. "The evidence for pituitary and thyroid control of aging: Is age reversal a myth or reality?! The search for a 'death hormone'", *Intervention in the Aging Process, part B,* edited by W. Regelson, M. Sinex. Nova York: Alan R. Liss, 1983, pp. 3-52.

REYMOND, F.; DENEREAZ, N.; LEMARCHAND-BERAUD, T. "Thyrotropin Action Impaired in the Thyroid Gland of Old Rats", *Acta Endocrinologica* 126:55-63, 1992.

ROBBINS, J.; LAKSHMANAN, M. "The Movement of Thyroid Hormones in the Central Nervous System", *Acta Med. Austriaca* 19 Suppl. 1:21-25, 1992.

ROTI, E.; GARDINI, E.; MINELLI, R.; *et al*. "Prevalence of Anti-Thyroid Peroxidase Antibodies in Serum in the Elderly: Comparison with Other Tests for Antithyroid Antibodies", *Cli. Chem.* 38:88-92, 1992.

RUNNELS, B. L.; GARRY, P. J.; HUNT, W. C.; STANDEFER, J. C. "Thyroid Function in a Healthy Elderly Population: Implications for Clinical Evaluation", *J. Gerontol.* 46:B39-44, 1991.

SAWIN, C. T.; GELLER, A.; KAPLAN, M. M.; *et al*. "Low Serum Thyrotropin (Thyroid Stimulating Hormone) in Older Persons without Hyperthyroldism", *Arch. Intern. Med.* 151: 165-68, 1991.

SCHREIBER, G.; ALDRED, A. R.; JAWORSKI, A.; *et al*. "Thyroxine Transport from Blood to Brain via Transthyretin Synthesis in the Choroid Plexus", *Am. J. Physiol.* 258:R338-45, 1990.

SHINDER, D. A.; RAKHIMOV, K. R.; USMANOVA, O. D. "Delay in Natural Decline of Lactase Activity in the Small Intestine of Prematurely Weaned Rats as Related to Changes in Their Thyroid Status", *Comp. Biochem. Physiol.* 111A(3): 453-59, 1995.

SIMONS, R. J.; SIMON, J. M.; DEMERS, L. M.; SANTEN, R. J. "Thyroid Dysfunction in Elderly Hospitalized Patients", *Arch. Intern. Med.* 150:1249-53, 1990.

STOUTHARD, J. M. L.; VAN DER POLL, T.; ENDERT, E. "Effects of Acute and Chronic Interleukin-6 Administration on Thyroid Hormone Metabolism in Humans", *J. Clin. Endocrinol. Metab.* 79: 1342-46, 1994.

SUSTROVA, M.; STRBAK, V. "Thyroid function and plasma immunoglobulins in subjects with Down's syndrome (DS) during ontogenesis and zinc therapy", *J. Endocrinol. Invest.* 17: 385-90, 1994.

TAN, S. A.; LEWIS, J. E.; BERK, L. S.; WILCOX, R. B. "Extrathyroidal Physiology of Monoiodotyrosine in Humans", *Clin. Physiol. Biochem.* 8:109-15, 1990.

TIETZ, N. W; SHUEY, D. F. WEKSTEIN, D. R. "Laboratory Values in Fit Aging Individuals, Sexagenarians through Centenarians", *Clin. Chem.* 38:1167-85, 1992.

URBAN, R. J. "Neuroendocrinology of Aging in the Male and Female", *Neuroendocrinology I: Endocrinology and Metabolism Clinics of North America* 21: 921-30, 1992.

VITICCHI, C.; GRINTA, R.; PIANTANELLI, L. "Influence of Age on the Thyroid Hormone-induced Up-regulation of Beta-adrenoceptors in Mouse Brain Cortex", *Gerontology* 36:286-92, 1990.

VOS, R. A.; DEJONG, M.; BERNARD, B. F. *et al*. "Impaired Thyroxin and 3,5,3'-Triiodothyronine Handling by Rat Hepatocytes in the Presence of Serum of Patients with Nonthyroidal Illness", *J. Clin. Endocrin. Metab.* 80.2364-68, 1995.

VRANCK, R.; SAVU, L.; LAMBERT, N.; *et al*. "Plasma Proteins as Biomarkers in the Aging Process", *Am. J. Physiol.* 268: R536-48, 1995.

WIENER, R.; UTIGER, R. D.; LEW, R.; EMERSON, C. H. "Age, Sex, and Serum Thyrotropin Concentration in Primary Hypothyroidism", *Acta Endocrinologica* 124: 364-69, 1991.

WIJKHUISEN, A.; DJOUADI, F.; VILAR, J.; *et al.* "Thyroid hormones regulate development of energy metabolism enzymes in rat proximal convoluted tubule", *Am. J. Physiol.* (Renal Fluid Electrolyte Physiol. 37) 268: F634-F642, 1995.

## Hormônio de Crescimento

AGRAWAL, A. K.; PAMPORI, N. A.; SHAPIRO, B. H. "Neonatal phenobarbital induced defects in age and sex specific growth hormone profiles regulating monoxygenases", *Am. J. Physiol.* 268: E439-45, 1995.

AUERNHAMMER, C. J., *et al.* "Effects of growth hormone and insulinlike growth factor I on the immune system", *Eur. J. Endocrinol.* 133:635-45, 1995.

BURMAN, P., *et al.* "Quality of life in adults with growth hormone (GH) deficiency: Response to treatment with recombinant human GH in a placebo-controlled 21 month trial", *J. Clin. Endocrin. Metab.* 80(12):3585-90, 1995.

CLAYDEN, A. M.; YOUNG, W. G.; ZHANG, C. Z.; *et al.* "Ultrastructure of cementogenesis as affected by growth hormone in the molar peridontium of the hypophysectomized rat", *J. Peridontal Res.* 29:166-75, 1994.

FAZUI, S.; SABATINI, D.; CAPALDO, C.; *et al.* "A Preliminary Study of Growth Hormone in the Treatment of Dilated Cardiomyopathy", *N. Eng. J. Med.* 334:809-14, 1996.

GELATO, M. C. "Aging and immune function: A possible role for growth hormone", *Horm. Res.* 45:46-49, 1996.

GOYA, R. G.; GAGNERAULT, M. C.; De Moraes, M. C.; *et al.* "In vivo effects of growth hormone on thymus function in aging mice", *Brain Behav. Immun.* 6:341-54, 1992.

JEEVANANDAM, M.; PETERSEN, S. R. "Altered lipid kinetics in adjuvant recombinant human growth hormone treated trauma patients", *Am. J. Physiol.* 267: E560-65, 1994.

JORGENSEN, J.; VAHL, N.; TANSEN, T; *et al.* "Influence of growth hormone and androgens on body composition in adults", *Horm. Res.* 45: 94-98, 1996.

LOH, E.; SWAIN, J. L. "Growth Hormone for Heart Failure — Cautious Optimism", *N. Eng. J. Med.* 334: E856-57, 1996.

MULLER, E. E.; CELLA, S. G.; PARENTI, M.; *et al.* "Somatotrophic dysregulation in old mammals", *Horm. Res.* 43:39-45, 1995.

PAPADEAKIS, M. A.; GRADY, D.; BLACK, D.; *et al.* "Growth hormone replacement in healthy older men improves body composition but not functional ability", *Annals of Internal Medicine* 124:708-16, 1996.

ROSEN, T.; EDEN, S.; LARSON, G.; *et al.* "Cardiovascular risk factors in adult patients with growth hormone deficiency", *Acta Endocrin.* 129:195-200, 1993.

ROSEN, T.; JOHANNSSON, G.; JOHANSSON, J.; BENGTSSON, B. "Consequences of growth hormone deficiency in adults and the benefits and risks of recombinant human growth hormone", *Horm. Res.* 43:93-99, 1995.

RUDMAN, D.; FELLER, A. G.; NAGRAJ, A. G.; *et al.* "Effects of human growth hormone in men over 60 years old", *N. Eng. J. Med.* 323: 1-9, 1990.

RUDMAN, D.; KUTNER, M. H.; ROGERS, C. M.; *et al.* "Impaired growth hormone secretion in the adult population: relation to age and adiposity", *J. Clin. Invest.* 67:1361-69, 1981.

SCHMBELAN, M. "Studies suggest growth hormone is an effective treatment of wasting syndrome in HIV", *Endocrine News* 21, #2, abril de 1996.

STIRLING, H. F.; KELNER, C. J. "Who needs growth hormone?" (Editorial) *J. R. Soc. Med.* 87:497-98, 1994.

VERMEULEN, A.; KAUFMAN, J. M. "Aging of the hypothalamo-pituitary testicular axis in men", *Horm. Res.* 43:25-28, 1995.

WOLTHERS, T.; THORBJORN, G.; LUNDE, J. O. "Effects of GH administration on functional hepatic nitrogen clearance: Studies in normal subjects and GH deficient patients", *J. Clin. Endocr. Metab.* 78:1220-24, 1994.

## Melatonina

Favor consultar nosso texto *O milagre da melatonina*, por Walter Pierpaoli, William Regelson e Carol Coleman. Nova York: Simon & Schuster, 1995. Já foram publicados cinco outros livros destinados ao público, discutindo o potencial clínico e laboratorial da melatonina.

ABE, M.; REITER, R.; ORHIL, P. B.; *et al.* "Inhibitory Effect of Melatonin on Cataract Formation in Newborn Rats: Evidence for an Antioxidative Role for Melatonin", *J. Pineal Res.* 17: 94-100, 1994.

ACUNA-CASTROVIEJO, D.; ESCAMES, G.; MACIAS, M.; *et al.* "Cell Protective Role of Melatonin in the Brain", *J. Pineal Res.* 19: 57-63, 1995.

BENOUALI-PELLISSIER, S. "Melatonin Is Involved in Cholecystokinin Induced Changes of Ileal Motility in Rats", *J. Pineal Res.* 17:79-85, 1994.

BRACKOWSKI, R.; ZUBELEWICZ, B.; ROMANOWSKI, W.; *et al.* "Preliminary study on modulation of the biological effects of tumor necrosis factor-alpha in advanced cancer patients by the pineal hormone melatonin", *J. Biol. Regulators and Homeostatic Agents* 3:77-80, 1994.

CAGNOLI, C. M.; ATABAY, C.; KHARLAMOVA, E.; MARNEY, H. "Melatonin Protects Neurons from Singlet Oxygen Induced Apoptosis", *J. Pineal Res.* 18: 222-26, 1995.

CALVO, J. R.; RAFII-EL-LDRISSI, M.; POZO, D.; GUERRERO, J. M. "Immunomodulatory Role of Melatonin: Specific Binding Sites in Human and Rodent Lymphoid Cells", *J. Pineal Res.* 18:119-26, 1995.

CARDINALI, D. P.; DELZAR, M. M.; VACAS, M. I. "The effects of melatonin in human platelets", *Apptla* 43:1-13, 1993.

CARNEIRO, R. C.; TOFFOLETO, O.; CIPOLLA-NETO, J.; MARKUS, R. P. "Modulation of sympathetic neurotransmission by melatonin", *Eur. J. Pharmacol.* 257(1-2):73-77, 1994.

CHARDON, S. P.; DEGLI, F.; DEGLI, R.; *et al.* "Parallel Nocturnal Secretion of

Melatonin and Testosterone in the Plasma of Normal Men", *J. Pineal Res.* 19:16-22, 1995.

COS, S.; BLASK, D. E. "Melatonin Modulates Growth Factor Activity in MCF-7 Human Breast Cancer Cells", *J. Pineal Res.* 17: 25-32, 1994.

DOLLINS, A. B.; LYNCH, H. J.; WURTMAN, R. J.; *et al.* "Effect of Pharmacological Daytime Doses of Melatonin on Human Mood and Performance", *Psychopharmacology* 112: 490-96, 1993.

DOLLINS, A. B.; ZHDANOVA, I. V.; WURTMAN, R. J.; *et al.* "Effect of Inducing Nocturnal Serum Melatonin Concentrations in Daytime on Sleep, Mood, Body Temperature, and Performance", *Proc. Nat. Acad. of Sci. USA* 91:1824-28, 1994.

GONZALEZ, R.; SANCHEZ, A.; FERGUSON, J. A. "Melatonin therapy of advanced human malignant melanoma", *Melanoma Res.* 1: 237-43, 1991.

HUMBERT, W.; PEVET, P. "The Pineal Gland of the Aging Rat," *J. Pineal Res.* 18:32-40, 1995.

JAN, J. E.; ESPEZEL, H. "Melatonin Treatment of Chronic Sleep Disorders" (Letter), *Dev. Med. and Child Neurology* 37: 279-81, 1995.

JAN, J. E.; ESPEZEL, H.; APPLETON, R. E. "The Treatment of Sleep Disorders with Melatonin", *Dev. Med. and Child Neurology* 36: 97-107, 1994.

KERENYI, N. A.; PANDULA, E.; FEUER, G. M. "Oncostatic Effects of the Pineal Gland", *Drug Metab and Drug Interactions* 8: 313-90, 1990.

LERCHI, A.; PARTSCH, C.-J.; NIESCHLAG. E. "Circadian and Ultradian Variations of Pituitary and Pineal Hormones in Normal Men: Evidence for a Link Between Melatonin, Gonadotrophin, and Prolactin Secretion", *J. Pineal Res.* 18: 41-48, 1995.

LEWIS, A. J.; KERENYI, N. A.; FEUER, G. "Neuropharmacology of Pineal Secretions", *Drug Metab. and Drug Interactions* 8, 1990.

LISSONI, P.; BARNI, S.; CAZZANIGA, M.; *et al.* "Efficacy of the Concomitant Administration of the Pineal Hormone Melatonin in Cancer Immunotherapy with Low Dose II-2 in Patients with Advanced Solid Tumors Who Had Progressed on II-2 Alone", *Oncology* 51: 344-47, 1994.

LISSONI, P.; MEREGALLI, S.; FOSSATI, V.; *et al.* "A Randomized Study of Low Dose Subcutaneous Interleukin-2 plus Melatonin vs. Chemotherapy for Advanced Non-Small Cell Lung Cancer", *Tumori* 80:464-67, 1994.

MAESTRONI, G. J. M.; CONTI, A.; LISSONI, P. "Colony-Stimulating Activity and Hemapoetic Rescue from Cancer Chemotherapy Compounds by Melatonin via Endogenous Interleukin 4", *Cancer Res.* 54:4740-43, 1994.

MAESTRONI, G. J. M.; COVACCI, V.; CONTI, A. "Hematopoietic Rescue via T-Cell Dependent Endogenous Granulocyte Macrophage Colony Stimulating Factor Induced by the Pineal Neurohormone Melatonin in Tumor Bearing Mice", *Cancer Res.* 54:2469, 1994.

MOCCHEGIANI, E.; BULIAN, D.; SANTARELLI, L.; *et al.* "The immunoreconstituting effect of melatonin or pineal grafting and its relation to zinc pool in aging mice", *J. Neuroimmunol.* 53:189-201, 1994.

MORGAN, P. J.; BARRETT, P.; HOWELL, H. E.; *et al.* "Melatonin Receptors: Localization, Molecular Pharmacology, and Physiological Significance", 24:101-46, 1994.

NERI, B.; FIORELLI, C.; MORONI, F.; *et al.* "Modulation of Human Lymphoblastoid Interferon Activity in Metastatic Renal Carcinoma. A Phase II Study", *Cancer* 73:3015-19, 1994.

OAKNIN-BENDAHAN, S.; ANIS, U.; NIR, I.; ZISAPEL, N. "Effects of long-term administration of melatonin and a putative antagonist on the aging rat", *Neuroreport* 6(5):785-88, 1995.

OSBORNE, N. N. "Serotonin and Melatonin in the Iris/Ciliary Process and Their Involvement in Intraocular Pressure", *Acta Neurobiol. Exp.* 54: 57-64, 1994.

PIERPAOLI, W.; BULIAN, D.; DALL'ARA, A. "Circadian Melatonin and Young-to-Old Grafting Postpone Aging and Maintain Juvenile Conditions of Reproductive Functions in Mice and Rats", *Exp. Gerontology*; Abstract: Third Int. Symp. on Neurobiology and Neuroendocrinology of Aging, 1996.

PRZYBYLSKA, B. K.; LEWCZUK, B.; DUSZA, L. "Effect of long-term administration of melatonin on ultrastructure of pinealocytes in gilts", *Folia Morphol.* 53,3, 129-36, 1994.

REITER, R. J. "Pineal Function During Aging: Attenuation of the Melatonin Rhythm and Its Neurobiological Consequences", *Acta Neurobiol. Exp.* 54:31-39, 1994.

SCHAPEL, G. J.; BERAN, R. G.; KENNAWAY, D. L.; *et al.* "Melatonin Response in Active Epilepsy", *Epilepsia* 36:75-78, 1995.

SCHMID, H. A.; RAYKHTSAUM, G. "Age Related Difference in the Structure of Human Pineal Calcium Deposits: Results of Transmission Electron Microscopy and Mineralographic Microanalysis", *J. Pineal Res.* 18:12-20, 1995.

SEWERYNEK, E.; MELCHIORRI, D.; ORTIZ, G. G.; *et al.* "Melatonin Reduces H202-induced Lipid Peroxidation in Homogenates of Different Rat Brain Regions", *J. Pineal Res.* 19:51-56, 1995.

SLOMINSKI, A.; PRUSKI, D. "Melatonin Inhibits Proliferation and Melanogenesis in Rodent Melanoma Cells", *Experimental Cell Res.* 206:189-94, 1993.

SLOMINSKI, A.; CHASSALCVRIS, M.; MAZURKIEWICA, J.; *et al.* "Murine skin as a target for melatonin in bioregulation", *Exp. Dermatol.* 3:45-50, 1994.

YING, S.-W; NILES, L. P.; CROCKER, C. "Human Malignant Melanoma Cells Express High Affinity Receptors for Melatonin: Antiproliferative Effects of Melatonin and 6-Chloromelatonin", *Eur. J. Pharmacol.* 246:89-96, 1993.

# Índice Remissivo

Este livro foi composto na tipologia
*Classical Garamond* em corpo 11/14 e impresso
em papel Offset 75g/m² no Sistema Cameron da
Divisão Gráfica da Distribuidora Record.